全新版

二级建造师执业资格考试 名师讲义

建设工程法规及相关知识

建造师考试研究中心 编
安国庆 特邀主编

哈爾濱工業大學出版社
HARBIN INSTITUTE OF TECHNOLOGY PRESS

内容简介

本书根据二级建造师执业资格考试大纲编写，分为八章，即建设工程基本法律知识，施工许可法律制度，建设工程发承包法律制度，建设工程合同和劳动合同法律制度，建设工程施工环境保护、节约能源和文物保护法律制度，建设工程安全生产法律制度，建设工程质量法律制度，解决建设工程纠纷法律制度。本书的主要特点：有名师导学、考情分析、考点讲解、名师点拨、实战演练，有免费考点视频精讲、免费视频课程和题库兑换等板块，讲练并重。

本书主要面向从事工程类相关专业职务工作，有一定的专业基础和实践经验，对二级建造师执业资格考试缺少知识梳理和系统学习的考生，可作为二级建造师执业资格考试学习的复习备考用书。

图书在版编目（CIP）数据

建设工程法规及相关知识/建造师考试研究中心编
.—哈尔滨：哈尔滨工业大学出版社，2022.11
二级建造师执业资格考试名师讲义
ISBN 978－7－5767－0359－7

Ⅰ.①建… Ⅱ.①建… Ⅲ.①建筑法－中国－资格考试－自学参考资料 Ⅳ.①D922.297

中国版本图书馆 CIP 数据核字（2022）第 147987 号

建设工程法规及相关知识
JIANSHE GONGCHENG FAGUI JI XIANGGUAN ZHISHI

策划编辑　王桂芝
责任编辑　赵凤娟
出版发行　哈尔滨工业大学出版社
社　　址　哈尔滨市南岗区复华四道街 10 号　邮编 150006
传　　真　0451－86414749
网　　址　http://hitpress.hit.edu.cn
印　　刷　三河市中晟雅豪印务有限公司
开　　本　787 mm×1 092 mm　1/16　印张 27　字数 674 千字
版　　次　2022 年 11 月第 1 版　2022 年 11 月第 1 次印刷
书　　号　ISBN 978－7－5767－0359－7
定　　价　89.00 元

师者寄语

亲爱的考生：

我是你们的安怼怼，新的二级建造师执业资格考试季已经开始，接下来的法规科目备考之旅将由我陪伴大家。面对法规科目，你准备好了吗？

是不是有人在你耳边说“法规科目很简单，考前自己看看书就行”。不可否认，曾经法规科目确实很简单。2013 年我刚接触建造师这个行业，那时用的还是第三版考试大纲，在此之前考题主要是以“填空选择”的形式出现。从 2014 年二级建造师执业资格考试大纲全新修订，到现在的新考试大纲，考题变成以综合性较强的“判断选择”题型为主。近几年，二建法规科目因为考试难度大频频登上微博热搜榜。

如何备考二建法规，我们一起浅谈一下。

★死记硬背不可取

法规科目虽然主要考查法律条文，但是需要学会灵活运用，这就需要我们理解法条的含义。法规的作用是解决生活中的矛盾，所以其来源于生活，我们可以借助生活中的实例理解法条。理解是前提，记忆是辅助。

★只听不练假把式

听课是我们备考的第一步。但实践出真知，课听得再多，不一定真的掌握了。通过做题可以对所学知识进行检验，查漏补缺，及时巩固。对于法规科目来说，多做历年真题更加有效。

★细节决定成败

法规科目的难，在于关键词考查，尤其是“判断选择”题型。借助书中提到的“应当/可以”“或/且”“分别/共同”等，在做题时要多加注意。

★大可不必“刨根问底”

建造师的法规科目考试，只是为了培养项目的管理者“懂法”，不是司法考试，不需要对法条深入研究。考生在备考时，对于法条浅尝辄止即可，过度解读反而会为备考带来不利影响。学习法规科目，最好的法则就是“别犟”，怎么讲就怎么理解，讲什么就记什么。

学习不是一蹴而就的事情，需要我们循序渐进，逐步积累。不要想着“考前抱佛脚”哟！基础不牢，地动山摇！话不多说，时间宝贵，希望这本书对您的备考有所帮助，助您顺利通过二级建造师执业资格考试。

2022 年 8 月

目　录

第一章

建设工程基本法律知识

名师导学

建设工程基本法律知识在考试中分值占比较大。本章编写主要借鉴《中华人民共和国民法典》(以下简称《民法典》)及历年真题考查情况，内容涉及面广而深。学习时建议结合生活实例了解司法名词，进行理解记忆，法条要活学活用，切忌死记硬背。重难点主要集中在代理制度、物权制度、债权制度及担保制度。

本章按照考试大纲框架编写内容，每节以相关法条顺序进行编写，局部进行调整。

考情分析

近四年考试真题分值统计表(单位：分)

节序	节名	2022年		2021年Ⅰ批		2021年Ⅱ批		2020年		2019年	
		单选	多选	单选	多选	单选	多选	单选	多选	单选	多选
第一节	建设工程法律体系	0	2	0	2	0	2	0	2	0	2
第二节	建设工程法人制度	1	0	1	0	1	0	1	0	1	0
第三节	建设工程代理制度	1	0	1	0	1	0	1	0	0	0
第四节	建设工程物权制度	1	2	1	2	1	2	1	2	2	2
第五节	建设工程债权制度	1	2	1	2	2	2	2	0	1	2
第六节	建设工程知识产权制度	1	2	1	2	1	2	1	2	1	2
第七节	建设工程担保制度	1	2	1	2	2	2	1	2	1	2
第八节	建设工程保险制度	1	0	1	0	1	0	1	0	1	0
第九节	建设工程法律责任制度	1	0	1	0	1	0	1	0	1	0
合计		8	10	8	10	10	10	9	8	8	10

第一节　建设工程法律体系

法律体系（法学中有时也称为法的体系）通常是指一个国家全部现行法律规范分类组合为不同的法律部门而形成的有机联系的统一整体。简单地说，法律体系就是部门法体系。部门法又称法律部门，是根据一定标准、原则所制定的同类规范的总称。

中国特色社会主义法律体系，是中国特色社会主义永葆本色的法制根基，是中国特色社会主义创新实践的法制体现，是中国特色社会主义兴旺发达的法制保障。它的形成，是中国社会主义民主法制建设的一个重要里程碑，体现了改革开放和社会主义现代化建设的伟大成果，具有重大的现实意义和深远的历史意义。这个体系包括法律、行政法规、地方性法规三个层次，由宪法及宪法相关法、民法商法、行政法、经济法、社会法、刑法、诉讼与非诉讼程序法等七个部分构成。

考点 1 法的形式★★

法的形式，以往也被称为法的渊源，主要是指法律创立方式和外部表现为何种法律文件形式。当代中国法的形式主要有宪法、法律、行政法规、地方性法规（自治/单行条例）、部门规章、地方政府规章等，具体内容见表 1-1-1。

表 1-1-1　法的形式

形式	制定机关	举例
宪法	全国人民代表大会	《中华人民共和国宪法》（以下简称《宪法》）
法律	全国人民代表大会及其常务委员会	××法
行政法规	国务院	××条例
地方性法规（自治/单行条例）	省级、设区的市的人民代表大会及其常务委员会	地名＋条例
部门规章	国务院各部、委	××规定、办法、实施细则
地方政府规章	省级、设区的市政府	地名＋规定、办法、实施细则
国际条约	—	—

实战演练

［经典例题·单选］《工程建设项目招标范围和规模标准规定》所属法的形式是（　　）。

A. 法律　　B. 行政法规

C. 部门规章　　D. 地方性法规

［解析］部门规章规定的事项应当属于执行法律或者国务院的行政法规、决定、命令的事项，其名称可以是规定、办法和实施细则等。

［答案］C

考点 2　法的效力层级★★★

扫码听课

一、宪法至上

《立法法》规定，宪法具有最高的法律效力，一切法律、行政法规、地方性法规、自治条例和单行条例、规章都不得同宪法相抵触。

二、上位法优于下位法

《立法法》规定，法律的效力高于行政法规、地方性法规、规章。行政法规的效力高于地方性法规、规章。

地方性法规的效力高于本级和下级地方政府规章。省、自治区的人民政府制定的规章的效力高于本行政区域内的设区的市、自治州的人民政府制定的规章。

自治条例和单行条例依法对法律、行政法规、地方性法规作变通规定的，在本自治地方适用自治条例和单行条例的规定。经济特区法规根据授权对法律、行政法规、地方性法规作变通规定的，在本经济特区适用经济特区法规的规定。

部门规章之间、部门规章与地方政府规章之间具有同等效力，在各自的权限范围内施行。

法的效力层级如图 1-1-1 所示。

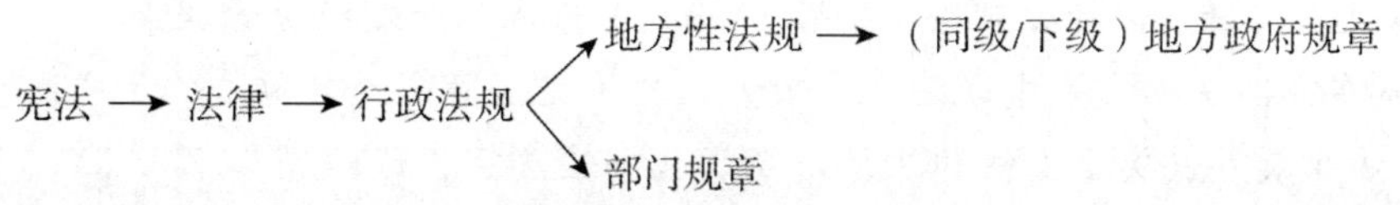

图 1-1-1　法的效力层级

三、需要由有关机关裁决适用的特殊情况

需要由有关机关作出裁决的特殊情况见表 1-1-2。

表 1-1-2　需要由有关机关作出裁决的特殊情况

<table>
<tr><td rowspan="3">同一机关制定</td><td colspan="2">新的与旧的冲突</td><td>适用新的</td></tr>
<tr><td colspan="2">特别的与一般的冲突</td><td>适用特别的</td></tr>
<tr><td colspan="2">新的一般与旧的特别冲突</td><td>不适用新的也不适用特别的，谁制定谁裁决</td></tr>
<tr><td rowspan="4">不同机关制定</td><td rowspan="2">地方性法规与部门规章冲突</td><td rowspan="2">国务院提出意见</td><td>认为适用地方性法规的，适用地方性法规</td></tr>
<tr><td>认为适用部门规章的，提请全国人民代表大会常务委员会裁决</td></tr>
<tr><td colspan="2">A 部门规章与 B 部门规章冲突</td><td rowspan="2">国务院裁决</td></tr>
<tr><td colspan="2">部门规章与地方政府规章冲突</td></tr>
<tr><td colspan="4">根据授权制定的法规与法律规定不一致，不能确定如何适用时，由全国人民代表大会常务委员会裁决</td></tr>
</table>

综上所述，法的形式主要有 4 层含义：①法律规范创制机关的性质及级别；②法律规范的外部表现形式；③法律规范的效力等级；④法律规范的地域效力。

实战演练

[经典例题·单选] 关于法的效力层级的说法中，正确的是（　　）。

A. 当一般规定与特别规定不一致时，优先适用一般规定

B. 地方性法规的效力高于本级地方政府规章

C. 特殊情况下，法律、法规可以违背宪法

D. 行政法规的法律地位仅次于宪法

[解析] 特别法优于一般法，是指公法权力主体在实施公权力行为中，当一般规定与特别规定不一致时，优先适用特别规定，选项 A 错误。任何法律、法规都必须遵循宪法而产生，无论是维护社会稳定、保障社会秩序，还是规范经济秩序，都不能违背宪法的基本准则，选项 C 错误。行政法规的法律地位和法律效力仅次于宪法和法律，高于地方性法规和部门规章，选项 D 错误。

[答案] B

[经典例题·单选] 关于上位法与下位法法律效力的说法中，正确的是（　　）。

A.《中华人民共和国招标投标法实施条例》高于《招标公告发布暂行办法》

B.《建设工程质量管理条例》高于《中华人民共和国建筑法》

C.《建筑业企业资质管理规定》高于《外商投资建筑业企业管理规定》

D.《建设工程勘察设计管理条例》高于《城市房地产开发经营管理条例》

[解析] 在我国法律体系中，法律的效力仅次于宪法而高于其他法的形式。行政法规的法律地位和法律效力仅次于宪法和法律，高于地方性法规和部门规章。

[答案] A

[2021 真题·多选] 法的形式的含义包括（　　）。

A. 法律规范的内部表现形式

B. 法律规范的时间效力

C. 法律规范创制机关的性质及级别

D. 法律规范的效力等级

E. 法律规范的地域效力

[解析] 法的形式包括 4 层含义：①法律规范创制机关的性质及级别；②法律规范的外部表现形式；③法律规范的效力等级；④法律规范的地域效力。

[答案] CDE

[2020 真题·多选] 关于法的效力层级的说法，正确的有（　　）。

A. 宪法至上

B. 新法优于旧法

C. 一般法高于特别法

D. 任何机关和个人不得裁决法律适用情况

E. 上位法优于下位法

[解析] 特别法优于一般法，选项 C 错误。一些特殊情况，如“对同一事项的新的一般规定与旧的特别规定不一致”“部门规章之间对同一事项的规定不一致”等需要由有关机关裁决，选项 D 错误。

[答案] ABE

［2019 真题·多选］下列情形中，需要由全国人民代表大会常务委员会裁决的有（　　）。

A. 行政法规之间对同一事项的新的一般规定与旧的特别规定不一致，不能确定如何适用

B. 地方性法规与部门规章之间对同一事项的规定不一致，不能确定如何适用

C. 法律之间对同一事项的新的一般规定与旧的特别规定不一致，不能确定如何适用

D. 部门规章之间对同一事项的规定不一致，不能确定如何适用

E. 根据授权制定的法规与法律规定不一致，不能确定如何适用

［解析］法律之间对同一事项的新的一般规定与旧的特别规定不一致，不能确定如何适用时，由全国人民代表大会常务委员会裁决。行政法规之间对同一事项的新的一般规定与旧的特别规定不一致，不能确定如何适用时，由国务院裁决。地方性法规、规章之间不一致时，由有关机关依照下列规定的权限作出裁决：①同一机关制定的新的一般规定与旧的特别规定不一致时，由制定机关裁决。②地方性法规与部门规章之间对同一事项的规定不一致，不能确定如何适用时，由国务院提出意见，国务院认为应当适用地方性法规的，应当决定在该地方适用地方性法规的规定；认为应当适用部门规章的，应当提请全国人民代表大会常务委员会裁决。③部门规章之间、部门规章与地方政府规章之间对同一事项的规定不一致时，由国务院裁决。根据授权制定的法规与法律规定不一致，不能确定如何适用时，由全国人民代表大会常务委员会裁决。

［答案］CE

考点 3　备案和审查★

《立法法》规定，行政法规、地方性法规、自治条例和单行条例、规章应当在公布后的30日内依照表1-1-3的规定报有关机关备案。

表 1-1-3　备案和审查要求

	备案对象	备案机关
备案	行政法规	全国人民代表大会常务委员会
	地方性法规、自治条例和单行条例	全国人民代表大会常务委员会＋国务院
	部门规章	国务院
	地方政府规章	国务院＋本级人民代表大会常务委员会
		设区的市、自治州的人民政府制定的规章还需报省、自治区的人民代表大会常务委员会＋人民政府
审查	认为行政法规、地方性法规、自治条例和单行条例同宪法、法律相抵触的，可以提请全国人民代表大会常务委员会审查	

实战演练

[2022 真题 · 多选] 关于立法备案的说法，正确的有（　　）。

A. 设区的市的地方性法规由省、自治区的人民代表大会常务委员会报送备案

B. 自治条例、单行条例报送备案时，应当说明对上位法作出变通的情况

C. 行政法规由国务院报全国人民代表大会备案

D. 部门规章报国务院备案

E. 根据授权制定的法规应当报授权决定规定的机关备案

[解析] 行政法规、地方性法规、自治条例和单行条例、规章应当在公布后的 30 日内依照下列规定报有关机关备案：①行政法规报全国人民代表大会常务委员会备案，选项 C 错误。②设区的市、自治州的人民代表大会及其常务委员会制定的地方性法规，由省、自治区的人民代表大会常务委员会报全国人民代表大会常务委员会和国务院备案，选项 A 正确。③自治条例、单行条例报送备案时，应当说明对法律、行政法规、地方性法规作出变通的情况；其中，法律和行政法规是自治条例和单行条例的上位法，应对其作出关于变通情况的说明，选项 B 正确。④部门规章和地方政府规章报国务院备案，选项 D 正确。⑤根据授权制定的法规应当报授权决定规定的机关备案，选项 E 正确。

[答案] ABDE

第二节　建设工程法人制度

根据《民法典》，法人是具有民事权利能力和民事行为能力，依法独立享有民事权利和承担民事义务的组织。

法人的民事权利能力和民事行为能力，从法人成立时产生，到法人终止时消灭。

考点 1 法人的一般规定★★★

扫码听课

《民法典》规定，法人应当依法成立。法人应当有自己的名称、组织机构、住所、财产或者经费。法人成立的具体条件和程序，依照法律、行政法规的规定。设立法人，法律、行政法规规定须经有关机关批准的，依照其规定。

法人以其全部财产独立承担民事责任。

依照法律或者法人章程的规定，代表法人从事民事活动的负责人，为法人的法定代表人。法定代表人以法人名义从事的民事活动，其法律后果由法人承受。法人章程或者法人权力机构对法定代表人代表权的限制，不得对抗善意相对人。

法定代表人因执行职务造成他人损害的，由法人承担民事责任。法人承担民事责任后，依照法律或者法人章程的规定，可以向有过错的法定代表人追偿。

法人以其主要办事机构所在地为住所。依法需要办理法人登记的，应当将主要办事机构所在地登记为住所。

综上所述并结合实际情况，法人成立的具体条件主要包括：①应当依法成立；②应当有自己的名称、组织机构、住所、财产或者经费；③独立承担民事责任；④有法定代表人等。

实战演练

［2020 真题·单选］关于法人成立的说法，正确的是（　　）。

A. 特别法人的产生可以不经过法定的程序

B. 法人的名称不得与其他法人的名称相同或者相近

C. 法人能够独立承担民事责任

D. 法人可以不设法定代表人

［解析］选项 A 错误，法人不能自然产生，它的产生必须经过法定的程序。法人的设立目的和方式必须符合法律的规定，设立法人，法律、行政法规规定须经有关机关批准的，依照其规定。选项 B 错误，法人应当有自己的名称、组织机构、住所、财产或者经费。法人的名称是法人相互区别的标志和法人进行活动时使用的代号。选项 D 错误，法人应当有法定代表人。依照法律或者法人章程的规定，代表法人从事民事活动的负责人，为法人的法定代表人。法定代表人以法人名义从事的民事活动，其法律后果由法人承受。

［答案］C

［2019 真题·单选］关于法人应当具备的条件的说法，正确的是（　　）。

A. 须经有关机关批准　　　　B. 有技术负责人

C. 承担有限民事责任　　　　D. 应当有自己的名称和组织机构

［解析］选项 A 错误，法人并不是一律须经批准设立，如有独立经费的机关法人，只需依法设立即获得法人资格。选项 B 错误，法人应当有法定代表人，而非技术负责人。选项 C 错误，法人以自己的财产独立承担民事责任。有限责任可分为人的有限责任和物的有限责任。

［答案］D

［经典例题·单选］某施工企业是法人，关于该施工企业应当具备的条件的说法，正确的是（　　）。

A. 该施工企业能够自然产生

B. 该施工企业能够独立承担民事责任

C. 该施工企业的法定代表人是法人

D. 该施工企业不必有自己的住所、财产

［解析］法人是依法成立，有自己的名称、组织机构、住所、财产或者经费，能够独立承担民事责任的组织。法定代表人是依照法律或者法人章程的规定，代表法人从事民事活动的负责人。有必要的财产或者经费是法人进行民事活动的物质基础。

［答案］B

［2018 真题·多选］关于法定代表人的说法，正确的有（　　）。

A. 法定代表人代表法人从事民事活动

B. 公司章程对法定代表人权利的限制，可以对抗善意第三人

C. 因过错履行职务行为损害他人，由法定代表人承担责任

D. 法人应当有法定代表人

E. 法定代表人为特别法人

[解析] 依照法律或者法人章程的规定，代表法人从事民事活动的负责人，为法人的法定代表人。法定代表人以法人名义从事的民事活动，其法律后果由法人承受，法人章程或者法人权力机构对法定代表人代表权的限制，不得对抗善意相对人。法定代表人因执行职务造成他人损害的，由法人承担民事责任。法人承担民事责任后，依照法律或者法人章程的规定，可以向有过错的法定代表人追偿。

[答案] AD

考点 2 法人的分类★★

根据《民法典》，法人分为三大类，见表 1-2-1。

表 1-2-1 法人的分类

分类	内容
营利法人	以取得利润并分配给股东等出资人为目的成立的法人
	包括有限责任公司、股份有限公司和其他企业法人等
	营利法人经依法登记成立。营业执照签发日期为营利法人的成立日期
非营利法人	为公益目的或者其他非营利目的成立，不向出资人、设立人或者会员分配所取得利润的法人
	包括事业单位、社会团体、基金会、社会服务机构等
	具备法人条件，为适应经济社会发展需要，提供公益服务设立的事业单位，经依法登记成立，取得事业单位法人资格；依法不需要办理法人登记的，从成立之日起，具有事业单位法人资格
特别法人	机关法人、农村集体经济组织法人、城镇农村的合作经济组织法人、基层群众性自治组织法人
	有独立经费的机关和承担行政职能的法定机构从成立之日起，具有机关法人资格，可以从事为履行职能所需要的民事活动

考点 3 法人在建设工程中的地位★

在建设工程活动中，主要涉及五方主体：建设单位、施工单位、勘察单位、设计单位、监理单位。其中，施工单位、勘察单位、设计单位、监理单位承揽工程需要有相应资质，申请资质必须具备法人资格，所以施工单位、勘察单位、设计单位、监理单位是应当具有法人资格的组织。

建设单位一般应当具有法人资格，也可以是没有法人资格的其他组织，如个人独资企业、合伙企业、不具有法人资格的专业服务机构等。

实战演练

[2021 真题 · 单选] 关于法人在建设工程中的地位的说法，正确的是（　　）。

A. 建设单位应当具备法人资格

B. 建设工程中的法人可以不具有民事行为能力

C. 非营利法人可以成为建设单位

D. 建设单位应当独立承担民事责任

［解析］选项A错误，选项C正确，建设单位一般也应当具有法人资格。但有时候，建设单位也可能是没有法人资格的其他组织。选项B错误，法人在建设工程中的地位，表现在其具有民事权利能力和民事行为能力。依法独立享有民事权利和承担民事义务，方能承担民事责任。选项D错误，建设单位可能是没有法人资格的其他组织，其他组织不用独立承担民事责任。

［答案］C

［经典例题・单选］下列法人中，属于特别法人的是（　　）。

A. 基金会法人

B. 事业单位法人

C. 社会团体法人

D. 机关法人

［解析］机关法人、农村集体经济组织法人、城镇农村的合作经济组织法人、基层群众性自治组织法人，为特别法人。选项A、B、C均属于非营利法人，非营利法人包括事业单位、社会团体、基金会、社会服务机构等。

［答案］D

考点 4 项目经理与项目经理部★★★

一、项目经理

根据《建筑施工企业项目经理资质管理办法》，建筑施工企业项目经理，是指受企业法定代表人委托对工程项目施工过程全面负责的项目管理者，是建筑施工企业法定代表人在工程项目上的代表人。

➤ **名师点拨：**结合《民法典》的规定，法定代表人以法人名义从事的民事活动，其法律后果由法人承受。故项目经理是受企业法人委托对工程项目施工过程全面负责的项目管理者。

根据《建筑施工企业项目经理资质管理办法》，项目经理是岗位职务，即同其他管理者一样，项目经理属于企业法人的一种企业内部的岗位职务，是一个组织系统中的管理者，至于他是否有人权、财权、材料和设备的采购权等，应由其企业的管理层来定。

鉴于建设工程的特殊性，在每个施工项目上必须有一个经企业法人授权的项目经理。

二、项目经理部

项目经理部是施工企业为了完成某项建设工程施工任务而设立的组织，是由项目经理在企业的支持下组建并领导、进行项目管理的组织机构。其是一个由项目经理（项目法人）与技术、生产、材料、成本等管理人员组成的项目管理班子，是一次性的、具有弹性的现场生产组织机构。项目经理部不具备法人资格，而是施工企业根据建设工程施工项目组建的非常设的下属机构。

根据《建设工程项目经理岗位职业资质管理导则》，项目经理部是指建设工程项目经理在企业法定代表人授权和职能部门支持下组建的，进行项目管理的一次性现场组织机构。

大、中型施工项目，施工企业必须在施工现场设立项目经理部；小型施工项目，可由企业法定代表人委托一个项目经理部兼管，但不得削弱其项目管理职责。

项目经理部行为的法律后果由企业法人承担。

实战演练

[**2021 真题·单选**] 关于项目经理部的说法，正确的是（　　）。

A. 项目经理部是施工企业的常设下属机构

B. 施工项目不论规模大小，均应当设立项目经理部

C. 项目经理部可以独立承担民事责任

D. 施工企业应当明确项目经理部的职责

[**解析**] 项目经理部不具备法人资格，而是施工企业根据建设工程施工项目而组建的非常设的下属机构。对于大、中型施工项目，施工企业必须在施工现场设立项目经理部；小型施工项目，可以由施工企业根据实际情况选择适当的管理方式。施工企业应当明确项目经理部的职责、任务和组织形式。项目经理部行为的法律后果由企业法人承担。

[**答案**] D

[**2014 真题·单选**] 关于施工企业法人与项目经理部法律关系的说法，正确的是（　　）。

A. 项目经理部具备法人资格

B. 项目经理是企业法定代表人授权在建设工程施工项目的管理者

C. 项目经理部行为的法律后果由其自己承担

D. 项目经理部是施工企业内部常设机构

[**解析**] 项目经理部是施工企业为完成某项施工任务而设立的组织，是由项目经理及其他管理人员组成的、一次性的、有弹性的现场生产组织机构，不是法人。项目经理是法人授权的施工项目管理者。项目经理部行为的法律后果由企业法人承担。企业法人的法定代表人，其职务行为可以代表企业法人。

[**答案**] B

[**经典例题·单选**] 关于项目经理的说法，正确的是（　　）。

A. 项目经理的权利来自于企业法人的授权

B. 施工项目可以没有项目经理

C. 项目经理具有相对独立的法人资格

D. 由项目经理签字的材料款项未及时支付，材料供应商应以项目经理为被告进行起诉

[**解析**] 选项B错误，每个施工项目都必须有一个经企业法人授权的项目经理。选项C错误，项目经理不具备法人资格，无法独立承担民事责任。选项D错误，材料供应商应以施工企业为被告进行起诉。

[**答案**] A

［2017 真题·多选］关于施工企业项目经理部的说法，正确的有（　　）。

A. 项目经理经施工企业授权管理施工项目

B. 项目经理部是施工企业组建的非常设下属机构

C. 项目经理部具有法人资格

D. 项目经理部自行承担施工行为的法律后果

E. 项目经理是施工企业的内部岗位

［解析］选项C错误，项目经理部不具有法人资格，是施工企业根据建设工程施工项目而组建的非常设的下属机构，项目经理根据企业法人的授权，组织和领导本项目经理部的全面工作。选项D错误，由于项目经理不具备独立的法人资格，无法独立承担民事责任，因此，项目经理部行为的法律后果将由企业法人承担。

［答案］ABE

第三节　建设工程代理制度

根据《民法典》，民事主体可以通过代理人实施民事法律行为。依照法律规定、当事人约定或者民事法律行为的性质，应当由本人亲自实施的民事法律行为，不得代理。

代理涉及三方当事人，即被代理人、代理人和代理关系所涉及的第三人。

考点 1　代理的法律特征★★

（1）代理是一种法律行为。

（2）代理是代理人以被代理人的名义进行的，即代替被代理人进行的法律行为。

（3）代理是代理人在授权范围内所为的独立意思表示。

（4）代理人在代理授权范围内进行代理的法律后果直接归被代理人，代理人与第三人确立的权利义务关系（甚至于代理的不良后果和损失），均由被代理人承受，从而在被代理人和第三人之间确立了法律关系。

根据《民法典》，代理人在代理权限内，以被代理人名义实施的民事法律行为，对被代理人发生效力。

代理关系如图 1-3-1 所示。

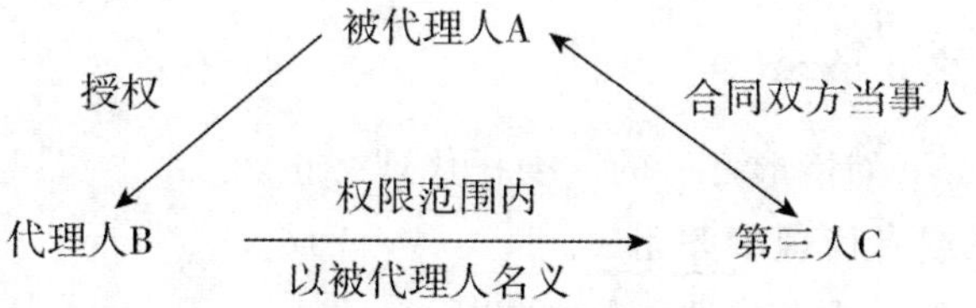

图 1-3-1　代理关系图

考点 2　代理权的种类、产生与消灭★

根据《民法典》，代理包括委托代理和法定代理。

一、委托代理

委托代理人按照被代理人的委托行使代理权，如建设工程招标代理、材料设备采购代理、民事纠纷诉讼代理。

委托代理授权采用书面形式的，授权委托书应当载明代理人的姓名或者名称、代理事项、权限和期限，并由被代理人签名或者盖章。

➤ **名师点拨：** 委托代理可以用书面形式，也可以用口头形式。

数人为同一代理事项的代理人的，应当共同行使代理权，但是当事人另有约定的除外。

二、法定代理

法定代理人依照法律的规定行使代理权。

实战演练

[2016 真题·单选] 建设单位欠付工程款，施工企业指定本单位职工申请仲裁，该职工的行为属于（　　）。

A. 法定代理　　B. 表见代理

C. 委托代理　　D. 指定代理

[解析] 委托代理是指委托代理人按照被代理人的委托行使代理权。根据题意，选项 C 正确。

[答案] C

[经典例题·单选] 关于代理的说法，正确的是（　　）。

A. 代理人在授权范围内实施代理行为的法律后果由被代理人承担

B. 代理人可以超越代理权实施代理行为

C. 被代理人对代理人的一切行为承担民事责任

D. 代理是代理人以自己的名义实施民事法律行为

[解析] 选项 B 错误，代理人必须在代理权限范围内实施代理行为。选项 C 错误，行为人无权代理，被代理人不予追认的，对被代理人不发生效力，则无权代理人需承担因无权代理行为给被代理人和善意相对人造成的损失。选项 D 错误，代理人一般应该以被代理人的名义实施代理行为。

[答案] A

考点 3 委托代理终止★★

《民法典》规定，有下列情形之一的，委托代理终止：

（1）代理期限届满或者代理事务完成。

（2）被代理人取消委托或者代理人辞去委托。

（3）代理人丧失民事行为能力。

（4）代理人或者被代理人死亡。

（5）作为被代理人或者代理人的法人、非法人组织终止。

实战演练

[**2021 真题·单选**] 建设工程代理行为终止的情形是（ ）。

A. 被代理人丧失民事行为能力　　B. 代理事项难以完成

C. 发生不可抗力　　D. 代理人辞去委托

[**解析**]《民法典》规定，有下列情形之一的，委托代理终止：①代理期限届满或者代理事务完成；②被代理人取消委托或者代理人辞去委托；③代理人丧失民事行为能力；④代理人或者被代理人死亡；⑤作为被代理人或者代理人的法人、非法人组织终止。

[**答案**] D

[**2020 真题·单选**] 导致委托代理终止的情形是（ ）。

A. 代理期间届满但代理事务未能完成

B. 被代理人丧失民事行为能力

C. 代理人因防疫需要被隔离观察

D. 作为被代理人的法人进入破产程序

[**解析**] 有下列情形之一的，委托代理终止：①代理期限届满或者代理事务完成；②被代理人取消委托或者代理人辞去委托；③代理人丧失民事行为能力；④代理人或者被代理人死亡；⑤作为被代理人或者代理人的法人、非法人组织终止。

[**答案**] A

考点 4 转（复）代理★★

《民法典》规定，代理人需要转委托第三人代理的，应当取得被代理人的同意或者追认。

转委托代理经被代理人同意或者追认的，被代理人可以就代理事务直接指示转委托的第三人，代理人仅就第三人的选任以及对第三人的指示承担责任。

转委托代理未经被代理人同意或者追认的，代理人应当对转委托的第三人的行为承担责任；但是，在紧急情况下代理人为了维护被代理人的利益需要转委托第三人代理的除外。

考点 5 无权代理★

《民法典》规定，行为人没有代理权、超越代理权或者代理权终止后，仍然实施代理行为，未经被代理人追认的，对被代理人不发生效力。

相对人可以催告被代理人自收到通知之日起 30 日内予以追认。被代理人未作表示的，视为拒绝追认。行为人实施的行为被追认前，善意相对人有撤销的权利。撤销应当以通知的方式作出。

行为人实施的行为未被追认的，善意相对人有权请求行为人履行债务或者就其受到的损害请求行为人赔偿。但是，赔偿的范围不得超过被代理人追认时相对人所能获得的利益。

相对人知道或者应当知道行为人无权代理的，相对人和行为人按照各自的过错承担责任。

➤ **名师点拨**：无权代理结果效力待定。追认便有效，被代理人担责；不追认则无效，代理人担责。

考点 6 表见代理★★

《民法典》规定，行为人没有代理权、超越代理权或者代理权终止后，仍然实施代理行为，相对人有理由相信行为人有代理权的，代理行为有效。

表见代理的构成要件：

（1）行为人无代理权，即代理人以被代理人名义与第三人订立合同时，没有代理权。

（2）有权利外观，存在足以使第三人相信行为人享有代理权的事实和理由。包括但不限于：①行为人持有被代理人的介绍信或者盖有被代理人公章的空白合同书；②法人或非法人组织对其工作人员的职权范围有限制，但第三人不知情；③无代理权的人以被代理人的名义订立合同，被代理人知道而不作否认表示。

（3）善意第三人。所谓“善意”，是指第三人“不知”代理人无代理权。

（4）权利外观的形成可归责于被代理人。

➢ **名师点拨：**表见代理是无权代理，结果有效即产生有权代理的法律后果，被代理人担责。被代理人承担责任后，可以向无权代理人追偿损失。

实战演练

［2018 真题·单选］甲委托乙采购一种原材料并签订了材料采购委托合同，经甲同意，乙将原材料采购事务转委托给丙。关于该委托中承担责任的说法，正确的是（　　）。

A. 乙对丙的行为承担责任

B. 乙仅对丙的选任及其对丙的指示承担责任

C. 甲与乙对丙的行为承担连带责任

D. 乙对丙的选任及其对丙的指示，由甲与乙承担连带责任

［解析］代理人需要转委托第三人代理的，应当取得被代理人的同意或者追认。转委托代理经被代理人同意或者追认的，被代理人可以就代理事务直接指示转委托的第三人，代理人仅就第三人的选任及对第三人的指示承担责任。

［答案］B

［2018 真题·单选］关于代理的说法，正确的是（　　）。

A. 经被代理人同意的转代理，代理人不再承担责任

B. 同一代理事项有数位代理人的，应当推选牵头人

C. 作为委托人的法人、非法人组织终止的，委托代理终止

D. 表见代理是有权代理

［解析］选项 A 错误，转委托代理未经被代理人同意或者追认的，代理人应当对转委托的第三人的行为承担责任，但是在紧急情况下代理人为了维护被代理人的利益需要转委托第三人代理的除外。选项 B 错误，数人为同一代理事项的代理人的，应当共同行使代理权，但是当事人另有约定的除外。选项 D 错误，表见代理是指行为人虽无权代理，但由于行为人的某些行为，造成了足以使善意相对人相信其有代理权的表象，而与善意相对人进行的、由本人承担法律后果的代理行为。

［答案］C

［2017 真题·单选］关于建设工程中代理的说法，正确的是（　　）。

A. 建设工程合同诉讼只能委托律师代理

B. 建设工程中的代理主要是法定代理

C. 建设工程中应由本人实施的民事法律行为，不得代理

D. 建设工程中为了被代理人的利益，代理人可直接转托他人代理

［解析］选项 A 错误，诉讼代理人不要求必须是具有律师资格的人担任。基层法律服务工作者，当事人的近亲属或工作人员，当事人所在社区、单位及有关社会团体推荐的公民也能担任委托诉讼代理人。选项 B 错误，建设工程中的代理主要是委托代理，法定代理和指定代理的被代理人是无民事行为能力人或限制民事行为能力人。选项 D 错误，转委托有两种情况，一种是被代理人同意；另一种是情况紧急，为了被代理人利益而进行转委托。本选项错在少了情况紧急的前提条件。

［答案］C

［经典例题·单选］关于转代理的说法，正确的是（　　）。

A. 法定代理人死亡后可以转代理

B. 复代理人和代理人均为被代理人选定

C. 转代理不成立的，代理人对自己所转托的人负民事责任

D. 为了保护被代理人的利益而转托他人代理的，可以不取得被代理人的同意

［解析］选项 A 错误，法定代理人死亡后不可以转代理。选项 B 错误，复代理不是被代理人选定。选项 D 错误，委托代理人为被代理人的利益需要转托他人代理的，应当事先取得被代理人的同意。事先没有取得被代理人同意的，应当在事后及时告诉被代理人，如果被代理人不同意，由代理人对自己所转托的人的行为负民事责任，但在紧急情况下，为了保护被代理人的利益而转托他人代理的除外。

［答案］C

［经典例题·单选］甲公司业务员王某被开除后，为报复甲公司，用盖有甲公司公章的空白合同书与乙公司订立一份购销合同。乙公司并不知情，并按时将货送至甲公司所在地，甲公司拒绝接收，引起纠纷。关于该案代理与合同效力的说法中，正确的是（　　）。

A. 王某的行为为无权代理，合同无效

B. 王某的行为为表见代理，合同无效

C. 王某的行为为表见代理，合同有效

D. 王某的行为为委托代理，合同有效

［解析］表见代理是指行为人虽无权代理，但由于行为人的某些行为，造成了足以使善意第三人相信其有代理权的表象，而与善意第三人进行的、由本人承担法律后果的代理行为。《民法典》规定，行为人没有代理权、超越代理权或者代理权终止后，仍然实施代理行为，相对人有理由相信行为人有代理权的，代理行为有效。

［答案］C

[经典例题·单选] 关于表见代理的说法中，正确的是（　　）。

A. 表见代理属于无权代理，对本人不发生法律效力

B. 本人承担表见代理产生的责任后，可以向无权代理人追偿因代理行为而遭受的损失

C. 表见代理中，由行为人和本人承担连带责任

D. 第三人明知行为人无代理权仍与之实施民事行为，构成表见代理

[解析] 选项A错误，表见代理是指行为人虽无权代理，但由于行为人的某些行为，造成了足以使善意相对人相信其有代理权的表象，而与善意相对人进行的、由本人承担法律后果的代理行为。选项C错误，行为人和本人不承担连带责任。选项D错误，表见代理的构成要件须相对人为善意，如果相对人明知行为人无代理权而仍与之实施民事行为，则相对人为主观恶意，不构成表见代理。

[答案] B

考点 7 不当或违法行为应承担的法律责任★★★

《民法典》规定，代理人不履行或者不完全履行职责，造成被代理人损害的，应当承担民事责任。

代理人和相对人恶意串通，损害被代理人合法权益的，代理人和相对人应当承担连带责任。

代理人知道或者应当知道代理事项违法仍然实施代理行为，或者被代理人知道或者应当知道代理人的代理行为违法未作反对表示的，被代理人和代理人应当承担连带责任。

相对人知道或者应当知道行为人无权代理的，相对人和行为人按照各自的过错承担责任。

➢ **名师点拨：** 连带责任。

（1）连带债务人每一方都有清偿全部债务的义务，找谁都行。

（2）债权人可以向任一债务人要求任意比例的债务。

（3）连带债务人在履行了全部债务后，其他债务人与债权人的债务关系结束。

（4）履行债务超过其应承担份额的债务人，有权向其他债务人追偿。

（5）连带债务人之间签订的协议对债权人无效，只在债务人之间有效。

法律责任承担见表1-3-1。

表1-3-1　法律责任承担

情形	判断标准	承担法律责任
代理人和第三人串通	两人有错，连带	代理人、第三人
第三人明知行为人属于无权代理		行为人、第三人（各自过错责任）
代理人或被代理人明知对方行为违法		被代理人、代理人

续表

情形	判断标准	承担法律责任
代理人不履行职责	谁错，谁承担	代理人
无权代理		代理人（被代理人追认除外）
表见代理		被代理人
默示代理		被代理人
转代理（复代理）		代理人（被代理人追认或紧急情况下为了被代理人利益的除外）

实战演练

[**2021 真题·单选**] 关于委托代理的说法，正确的是（　　）。

A. 委托代理授权应当采取书面形式

B. 委托书授权不明的，被代理人应当承担全部法律责任

C. 数人可以为同一代理事项的代理人

D. 代理人知道代理事项违法仍然实施代理行为的，应承担全部法律责任

[**解析**] 选项 A 错误，民事法律行为的委托代理，可以用书面形式，也可以用口头形式。选项 B 错误，按照《民法典》推断，被代理人和代理人应当各自承担过错责任。选项 C 正确，数人为同一代理事项的代理人的，应当共同行使代理权，但是当事人另有约定的除外。选项 D 错误，代理人知道或者应当知道代理事项违法仍然实施代理行为，或者被代理人知道或者应当知道代理人的代理行为违法未作反对表示的，被代理人和代理人应当承担连带责任。

[**答案**] C

[**2020 真题·单选**] 关于承担代理责任的说法，正确的是（　　）。

A. 代理行为的法律后果由被代理人和代理人共同承担

B. 被代理人应当知道代理人的代理行为违法未作反对表示的，由被代理人承担责任

C. 代理人不完全履行职责，造成被代理人损害的，应当承担民事责任

D. 代理人和相对人恶意串通，损害被代理人合法权益的，代理人和相对人应当承担按份责任

[**解析**] 选项 A 错误，代理行为的法律后果归属于被代理人。选项 B 错误，代理人知道或者应当知道代理事项违法仍然实施代理行为，或者被代理人知道或者应当知道代理人的代理行为违法未作反对表示的，被代理人和代理人应当承担连带责任。选项 D 错误，代理人和相对人恶意串通，损害被代理人合法权益的，代理人和相对人应当承担连带责任。

[**答案**] C

[**经典例题·单选**] 关于代理的说法，正确的是（　　）。

A. 代理人实施代理行为时有独立进行意思表示的权利

B. 代理人知道代理事项违法仍然实施代理行为，其代理行为后果由被代理人承担

C. 代理人完全履行职责造成被代理人损害的，代理人对该代理行为承担民事责任

D. 代理人可以对被代理人的任何民事法律行为进行代理

[解析] 选项B错误，代理人知道被委托代理的事项违法仍然进行代理活动的，或者被代理人知道代理人的代理行为违法不表示反对的，被代理人和代理人应当承担连带责任。选项C错误，代理人不履行或不完全履行职责而给被代理人造成损害的，应承担民事责任。选项D错误，依照法律规定、当事人约定或者民事法律行为的性质，应当由本人亲自实施的民事法律行为，不得代理。

[答案] A

[经典例题·多选] 下列情形中，代理人应当向被代理人承担民事责任的有（　　）。

A. 第三人知道行为人没有代理权仍与其实施民事行为给被代理人造成损害的

B. 经追认的越权代理行为

C. 委托书授权不明的代理行为

D. 代理人因事务繁忙未经被代理人同意将代理事务转托他人

E. 被代理人知道代理人的代理行为违法不表示反对的

[解析] 选项B不符合题意，被代理人对无权代理人实施的行为如果予以追认，无权代理可转化为有权代理。选项C不符合题意，委托书授权不明的，按照《民法典》推断出，被代理人和代理人应当各自承担过错责任。选项E不符合题意，代理人知道被委托代理的事项违法仍然进行代理活动的，或者被代理人知道代理人的代理行为违法不表示反对的，由被代理人和代理人负连带责任。

[答案] AD

第四节　建设工程物权制度

考点 1 物权的种类★★

《民法典》规定，民事主体依法享有物权。物权是权利人依法对特定的物享有直接支配和排他的权利，包括所有权、用益物权和担保物权，见表1-4-1。

物包括不动产和动产。

表1-4-1　物权的种类

种类	概述
所有权	所有权人依法对自己的不动产或者动产享有占有、使用、收益和处分的权利
	(1) 占有权就是对所有物事实上的控制权，事实上的控制（即占有权）是所有权的基本，没有占有权，其他三项权能的行使都会受到影响； (2) 使用权和收益权完全脱离，彼此独立。使用是为了获取物的使用价值，而收益是为了获取物的价值； (3) 处分权是财产所有人对其财产在法律规定的范围内最终处理的权利，即决定财产在事实上或法律上命运的权利。处分权是所有权四项权能的核心，是财产所有人最基本的权利。处分权在多数情况下由所有人享有

续表

种类	概述
用益物权	用益物权人对他人所有的不动产或者动产依法享有占有、使用和收益的权利
	包括土地承包经营权、建设用地使用权、宅基地使用权、居住权和地役权
担保物权	担保物权人在债务人不履行到期债务或者发生当事人约定的实现担保物权的情形，依法享有就担保财产优先受偿的权利，但是法律另有规定的除外
	包括抵押权、质权、留置权

实战演练

[2021 真题·多选] 下列物权中，属于用益物权的有（　　）。

A. 土地所有权　　B. 地役权

C. 不动产抵押权　　D. 居住权

E. 土地承包经营权

[解析] 用益物权包括土地承包经营权、建设用地使用权、宅基地使用权、居住权和地役权。

[答案] BDE

[2020 真题·多选] 物权的种类包括（　　）。

A. 所有权　　B. 占有

C. 不当得利　　D. 担保物权

E. 用益物权

[解析] 物权包括所有权、用益物权、担保物权。

[答案] ADE

[经典例题·多选] 关于所有权的说法，正确的有（　　）。

A. 财产所有权的权能包括占有权、使用权、收益权、处分权

B. 收益因使用而产生，因此要享有收益权必享有使用权

C. 占有权只能由所有人享有

D. 处分权是所有人最基本的权利，是所有权内容的核心

E. 使用权是所有人所享有的一项独立权能

[解析] 选项 B 错误，收益权往往与使用权联系在一起，但是，收益权本身是一项独立的权能，而使用权并不能包括收益权。选项 C 错误，占有权可以根据所有人的意志和利益分离出去，由非所有人享有。

[答案] ADE

考点 2 土地所有权★

根据《中华人民共和国土地管理法》（以下简称《土地管理法》），中华人民共和国实行土地的社会主义公有制，即全民所有制和劳动群众集体所有制。

城市市区的土地属于国家所有。农村和城市郊区的土地，除由法律规定属于国家所有的

以外，属于农民集体所有；宅基地和自留地、自留山，属于农民集体所有。

《民法典》进一步规定，城市的土地，属于国家所有。法律规定属于国家所有的农村和城市郊区的土地，属于国家所有。无居民海岛属于国家所有，矿藏、水流、海域属于国家所有。

考点 3 建设用地使用权★★★

扫码听课

一、建设用地使用权的概念

《民法典》规定，建设用地使用权人依法对国家所有的土地享有占有、使用和收益的权利，有权利用该土地建造建筑物、构筑物及其附属设施。

二、建设用地使用权的设立

《民法典》规定，建设用地使用权可以在土地的地表、地上或者地下分别设立。

设立建设用地使用权，可以采取出让或者划拨等方式。

通过招标、拍卖、协议等出让方式设立建设用地使用权的，当事人应当采用书面形式订立建设用地使用权出让合同。

设立建设用地使用权的，应当向登记机构申请建设用地使用权登记。建设用地使用权自登记时设立。登记机构应当向建设用地使用权人发放权属证书。

建设用地使用权人应当合理利用土地，不得改变土地用途；需要改变土地用途的，应当依法经有关行政主管部门批准。

三、建设用地使用权的转让、互换、出资、赠与或者抵押

《民法典》规定，建设用地使用权人有权将建设用地使用权转让、互换、出资、赠与或者抵押，但是法律另有规定的除外。

建设用地使用权转让、互换、出资、赠与或者抵押的，当事人应当采用书面形式订立相应的合同。使用期限由当事人约定，但是不得超过建设用地使用权的剩余期限。

建设用地使用权转让、互换、出资或者赠与的，应当向登记机构申请变更登记。

建设用地使用权转让、互换、出资或者赠与的，附着于该土地上的建筑物、构筑物及其附属设施一并处分。

建筑物、构筑物及其附属设施转让、互换、出资或者赠与的，该建筑物、构筑物及其附属设施占用范围内的建设用地使用权一并处分。

四、建设用地使用权的续期

《民法典》规定，住宅建设用地使用权期限届满的，自动续期。续期费用的缴纳或者减免，依照法律、行政法规的规定办理。

非住宅建设用地使用权期限届满后的续期，依照法律规定办理。该土地上的房屋以及其他不动产的归属，有约定的，按照约定；没有约定或者约定不明确的，依照法律、行政法规的规定办理。

建设用地使用权消灭的，出让人应当及时办理注销登记。登记机构应当收回权属证书。

实战演练

[2019 真题 · 单选] 关于建设用地使用权的说法，正确的是（　　）。

A. 建设用地使用权存在于国家所有和集体所有的土地上

B. 建设用地使用权的设立可以采取转让方式

C. 建设用地使用权流转时，附着于该土地上的建筑物、构筑物及其附属设施应一并处分

D. 建设用地使用权期间届满的，自动续期

[解析] 选项 A 错误，建设用地使用权只能存在于国家所有的土地上。选项 B 错误，设立建设用地使用权，可以采取出让或者划拨等方式。选项 D 错误，住宅建设用地使用权期间届满的，自动续期。

[答案] C

[2021 真题 · 多选] 关于建设用地使用权的说法，正确的有（　　）。

A. 建设用地使用权可以在土地的地表、地上或者地下分别设立

B. 建设用地使用权，可以采取出让或者划拨等方式

C. 建设用地使用权人应当合理利用土地，不得改变土地用途

D. 建设用地使用权只能存在于国家所有的土地上

E. 建设用地使用权消灭的，该土地使用权人应当及时办理注销登记

[解析] 建设用地使用权人应当合理利用土地，不得改变土地用途；需要改变土地用途的，应当依法经有关行政主管部门批准。言外之意，经过批准即可改变用途，选项 C 错误。建设用地使用权消灭的，出让人应当及时办理注销登记，登记机构应当收回权属证书，选项 E 错误。

[答案] ABD

[经典例题 · 多选] 关于建设用地使用权的说法中，正确的有（　　）。

A. 建设用地使用权自合同生效时设立

B. 建设用地使用权可以在土地的地表、地上或者地下分别设立

C. 建设用地使用权人将建设用地使用权转让，可以采用口头约定的形式

D. 建设用地使用权可以与附着于土地上的建筑物、构筑物及其附属设施分别处分

E. 住宅建设用地使用权期限届满的，自动续期

[解析] 建设用地使用权自登记时设立，选项 A 错误。建设用地使用权人将建设用地使用权转让，应采用书面形式，选项 C 错误。建设用地使用权应与附着于土地上的建筑物、构筑物及其附属设施一并处分，选项 D 错误。

[答案] BE

考点 4　居住权★

➤ **名师点拨：**本考点作为补充型考点，仅需理解，不做掌握要求。

根据《民法典》，居住权人有权按照合同约定，对他人的住宅享有占有、使用的用益物权，以满足生活居住的需要。

设立居住权，当事人应当采用书面形式订立居住权合同。

设立居住权的，应当向登记机构申请居住权登记。居住权自登记时设立。

居住权不得转让、继承。设立居住权的住宅不得出租，但是当事人另有约定的除外。

居住权期限届满或者居住权人死亡的，居住权消灭。居住权消灭的，应当及时办理注销登记。

考点 5 地役权★★★

一、地役权的概念

《民法典》规定，地役权人有权按照合同约定，利用他人的不动产，以提高自己的不动产的效益。他人的不动产为供役地，自己的不动产为需役地。

二、地役权的设立

（1）《民法典》规定，设立地役权，当事人应当采用书面形式订立地役权合同。地役权合同一般包括下列条款：①当事人的姓名或者名称和住所；②供役地和需役地的位置；③利用目的和方法；④地役权期限；⑤费用及其支付方式；⑥解决争议的方法。

（2）《民法典》规定，地役权自地役权合同生效时设立。当事人要求登记的，可以向登记机构申请地役权登记；未经登记，不得对抗善意第三人。

土地上已经设立土地承包经营权、建设用地使用权、宅基地使用权等用益物权的，未经用益物权人同意，土地所有权人不得设立地役权。

三、地役权的变动

《民法典》规定，地役权不得单独转让。土地承包经营权、建设用地使用权等转让的，地役权一并转让，但是合同另有约定的除外。

地役权不得单独抵押。土地经营权、建设用地使用权等抵押的，在实现抵押权时，地役权一并转让。

需役地以及需役地上的土地承包经营权、建设用地使用权等部分转让时，转让部分涉及地役权的，受让人同时享有地役权。

供役地以及供役地上的土地承包经营权、建设用地使用权等部分转让时，转让部分涉及地役权的，地役权对受让人具有法律约束力。

实战演练

[经典例题·单选] 甲在乙拥有使用权的土地上设立地役权并办理了登记，乙将自己的土地使用权让给丙。下列说法正确的是（　　）。

A. 甲的地役权因办理登记而设立

B. 乙转让土地使用权应经甲同意

C. 土地所有权人设立地役权不必经乙同意

D. 甲的地役权对丙具有约束力

[解析] 地役权自地役权合同生效时设立，选项 A 错误。供役地以及供役地上的土地承包经营权、建设用地使用权等部分转让时，转让部分涉及地役权的，地役权对受让人具有法律约束力，选项 B 错误，选项 D 正确。土地上已设立土地承包经营权、建设用地使用权、宅基地使用权等用益物权的，未经用益物权人同意，土地所有权人不得设立地役权，选项 C 错误。

[答案] D

[经典例题·单选] 甲公司与乙公司的院落相邻，甲为方便自己车辆进出，遂与乙约定：甲借用乙院内道路通行，期限 20 年，甲一次性支付给乙 50 万元补偿费。双方签订合同并办理了地役权登记。2 年后，甲拟定了下列方案，其中符合《民法典》规定的是（　　）。

A. 甲拟将全部房产所有权及土地使用权转让给丙，自己保留地役权

B. 甲拟单独将地役权转让给丁物业公司

C. 甲拟将房产所有权及土地使用权和地役权一并转让给丙

D. 甲拟将房产所有权及土地使用权转让给丙，而将地役权转让给丁

[解析] 地役权不得单独转让，选项 B 错误。土地承包经营权、建设用地使用权等转让的，地役权一并转让，但合同另有约定的除外。地役权不得单独抵押。土地经营权、建设用地使用权等抵押的，在实现抵押权时，地役权一并转让，选项 A、D 错误。

[答案] C

[2018 真题·多选] 关于地役权的说法，正确的有（　　）。

A. 需役地上的用益物权转让时，受让人同时享有地役权

B. 地役权的设立是为了提高供役地的使用效率

C. 地役权未经登记不得对抗需役地人

D. 地役权由需役地人单方设立

E. 地役权属于用益物权

[解析] 选项 B 错误，地役权是指为使用自己不动产的便利或提高其效益而按照合同约定利用他人不动产的权利。选项 C 错误，地役权自地役权合同生效时设立。当事人要求登记的，可以向登记机构申请地役权登记；未经登记，不得对抗善意第三人。选项 D 错误，设立地役权，当事人应当采取书面形式订立地役权合同。

[答案] AE

考点 6　物权的设立、变更、转让、消灭★★★

扫码听课

《民法典》规定，不动产物权的设立、变更、转让和消灭，应当依照法律规定登记。动产物权的设立和转让，应当依照法律规定交付。

一、不动产登记

《民法典》规定，不动产物权的设立、变更、转让和消灭，经依法登记，发生效力；未经登记，不发生效力，但是法律另有规定的除外。依法属于国家所有的自然资源，所有权可以不登记。

不动产登记，由不动产所在地的登记机构办理。

不动产物权的设立、变更、转让和消灭，依照法律规定应当登记的，自记载于不动产登记簿时发生效力。

当事人之间订立有关设立、变更、转让和消灭不动产物权的合同，除法律另有规定或者当事人另有约定外，自合同成立时生效；未办理物权登记的，不影响合同效力。

二、动产交付

《民法典》规定，动产物权的设立和转让，自交付时发生效力，但是法律另有规定的除外。

船舶、航空器和机动车等的物权的设立、变更、转让和消灭，未经登记，不得对抗善意第三人。

动产物权设立和转让前，权利人已经占有该动产的，物权自民事法律行为生效时发生效力。

实战演练

[2022 真题·单选] 某施工企业因工作需要购买一辆二手机动车，施工企业取得该机动车物权的时间是（　　）。

A. 订立机动车买卖合同时　　B. 交付行驶证时

C. 交付车辆时　　D. 进行过户登记时

[解析]《民法典》规定，动产物权的设立和转让，自交付时发生效力，但法律另有规定的除外。船舶、航空器和机动车等的物权的设立、变更、转让和消灭，未经登记，不得对抗善意第三人。选项 D 中“登记”只是机动车转移物权的对抗要件，而非“成立”要件。

[答案] C

[2018 真题·单选] 关于物权的说法，正确的是（　　）。

A. 同一物的担保物权人与所有权人应当为同一人

B. 用益物权人可以是该物的所有权人

C. 未经农村土地承包经营者同意，土地所有人不得在该地块设立地役权

D. 物权的变动只能基于合同关系

[解析] 选项 A 错误，担保物权是权利人在债务人不履行到期债务或者发生当事人约定的实现担保物权的情形，依法享有就担保财产优先受偿的权利。债权人在借贷、买卖等民事活动中，为保障实现其债权，需要担保的，可以依照《民法典》和其他法律的规定设立担保物权。选项 B 错误，用益物权是权利人对他人所有的不动产或者动产，依法享有占有、使用和收益的权利。选项 D 错误，物权变动的基础往往是合同关系，如买卖合同导致物权的转让；也可基于单方法律行为而使物权发生变动，如通过遗嘱设定物权或抛弃物权。

[答案] C

[经典例题·单选] 甲将其房屋卖给乙，并就房屋买卖订立合同，但未进行房屋产权变更登记，房屋也未实际交付。关于该买卖合同效力和房屋所有权的说法，正确的是（　　）。

A. 买卖合同有效，房屋所有权不发生变动

B. 买卖合同无效，房屋所有权不发生变动

C. 买卖合同有效，房屋所有权归乙所有，不能对抗善意第三人

D. 买卖合同效力待定，房屋所有权不发生变动

［解析］不动产物权的设立、变更、转让和消灭，应当依照法律规定登记，自记载于不动产登记簿时发生效力。经依法登记，发生效力；未经登记，不发生效力，但法律另有规定的除外。当事人之间订立有关设立、变更、转让和消灭不动产物权的合同，除法律另有规定或者当事人另有约定外，自合同成立时生效；未办理物权登记的，不影响合同效力。

［答案］A

［2019 真题·多选］关于不动产物权设立的说法，正确的有（　　）。

A. 不动产物权变动未经登记，不影响当事人之间订立的消灭不动产物权合同的效力

B. 依法属于国家所有的自然资源，所有权可以不登记

C. 不动产物权登记由不动产所在地的登记机构办理

D. 不动产物权的设立属自愿登记

E. 不动产物权自合同成立时设立

［解析］当事人之间订立有关设立、变更、转让和消灭不动产物权的合同，除法律另有规定或者当事人另有约定外，自合同成立时生效；未办理物权登记的，不影响合同效力。依法属于国家所有的自然资源，所有权可以不登记。不动产登记，由不动产所在地的登记机构办理。不动产物权的设立、变更、转让和消灭，应当依照法律规定登记，自记载于不动产登记簿时发生效力。经依法登记，发生效力；未经登记，不发生效力，但法律另有规定的除外。

［答案］ABC

考点 7 物权的保护★

《民法典》规定，物权受到侵害的，权利人可以通过和解、调解、仲裁、诉讼等途径解决。

物权的保护规定见表 1-4-2。

表 1-4-2 物权的保护规定

一般规定	（1）侵害物权，造成权利人损害的，权利人可以依法请求损害赔偿，也可以依法请求承担其他民事责任； （2）侵害物权，除承担民事责任外，违反行政管理规定的，依法承担行政责任；构成犯罪的，依法追究刑事责任	
具体规定	归属、内容发生争议	请求确认权利
	无权占有	请求返还原物
	妨害或可能妨害物权	请求排除妨害或消除危险
	造成不动产或者动产毁损	请求修理、重作、更换或恢复原状
对于物权保护方式，可以单独适用，也可以根据权利被侵害的情形合并适用		

实战演练

[2021 真题·单选] 关于物权的说法，正确的是（　　）。

A. 物权包括所有权、债权、用益物权和担保物权

B. 用益物权包括对自己所有的财产享有使用和收益权利

C. 依法属于国家所有的自然资源，所有权可以不登记

D. 物权保护方式，只能单独适用

[解析] 选项 A 错误，物权包括所有权、用益物权和担保物权，没有债权。选项 B 错误，用益物权是权利人对他人所有的不动产或者动产，依法享有占有、使用和收益的权利。选项 D 错误，对于物权保护方式，可以单独适用，也可以根据权利被侵害的情形合并适用。

[答案] C

[经典例题·单选] 关于物权保护的说法，正确的是（　　）。

A. 物权受到侵害的，权利人不能通过和解方式解决

B. 侵害物权造成权利人损害的，权利人既可以请求损害赔偿，也可以请求承担其他民事责任

C. 侵害物权的，承担民事责任后，不再承担行政责任

D. 物权的归属、内容发生争议的，利害关系人应当请求返还原物

[解析] 物权受到侵害的，权利人可以通过和解方式解决，选项 A 错误。侵害物权，除承担民事责任外，违反行政管理规定的，依法承担行政责任，选项 C 错误。因物权的归属、内容发生争议的，利害关系人可以请求确认权利，选项 D 错误。

[答案] B

第五节　建设工程债权制度

考点 1　债的概念与内容★

一、债的概念

《民法典》规定，民事主体依法享有债权。债权是因合同、侵权行为、无因管理、不当得利以及法律的其他规定，权利人请求特定义务人为或者不为一定行为的权利。其中，一方享有的请求他方为特定行为或不为特定行为的权利，称为债权；享有债权者为债权人。他方负有的为满足该项请求而为特定行为或不为特定行为的拘束，称为债务；负担债务者为债务人。

二、债的特征

与其他法律关系相比，作为一种相对民事法律关系，债具有以下特征：

（1）债权主体的相对性，即债权人和债务人均为特定的一人或特定的数人。债权人只能要求债务人以及连带责任人履行债务，而无权请求债务人之外的第三人履行债务。债务人也

只需要向债权人偿还债务，不需要向债权人以外的第三人清偿债务。

（2）债权内容的相对性。除非法律和合同另有规定，否则只有合同当事人享有合同规定之内的权利和义务。如施工合同中，对于完成施工任务，建设单位是债权人，施工单位是债务人；对于支付工程款，建设单位是债务人，施工单位是债权人。

（3）债权责任的相对性。债权责任的相对性一般表现为责任与债务的不可分离，责任因为债务而存在，它仅当债务人未履行偿债义务的时候存在。

扫码听课

考点 2 建设工程债产生的依据★★★

根据《民法典》的规定，债产生的依据有合同、侵权行为、无因管理和不当得利。

一、合同

依法成立的合同，对当事人具有法律约束力。合同引起债的关系，称为合同之债，是债发生的最主要、最普遍的依据。

二、侵权

侵权行为是指侵犯他人的人身权或财产权，依法应当承担民事责任的违法行为。

根据《民法典》，民事权益受到侵害的，被侵权人有权请求侵权人承担侵权责任。

建筑物、构筑物或者其他设施倒塌、塌陷造成他人损害的，由建设单位与施工单位承担连带责任，但是建设单位与施工单位能够证明不存在质量缺陷的除外。建设单位、施工单位赔偿后，有其他责任人的，有权向其他责任人追偿。

建筑物、构筑物或者其他设施及其搁置物、悬挂物发生脱落、坠落造成他人损害，所有人、管理人或者使用人不能证明自己没有过错的，应当承担侵权责任。所有人、管理人或者使用人赔偿后，有其他责任人的，有权向其他责任人追偿。

禁止从建筑物中抛掷物品。从建筑物中抛掷物品或者从建筑物上坠落的物品造成他人损害的，由侵权人依法承担侵权责任；经调查难以确定具体侵权人的，除能够证明自己不是侵权人的外，由可能加害的建筑物使用人给予补偿。可能加害的建筑物使用人补偿后，有权向侵权人追偿。

三、无因管理

无因管理是指没有法定的或约定的义务，为避免他人利益受到损失，自愿管理他人事务或为他人提供服务的行为。管理他人事务的人，为管理人；事务被管理的人，为受益人。

《民法典》规定，管理人没有法定的或者约定的义务，为避免他人利益受损失而管理他人事务的，可以请求受益人偿还因管理事务而支出的必要费用；管理人因管理事务受到损失的，可以请求受益人给予适当补偿。

四、不当得利

不当得利是指没有法律根据，使他人受到损失而自己获得了利益的行为。

《民法典》规定，得利人没有法律根据取得不当利益的，受损失的人可以请求得利人返还取得的利益，但是有下列情形之一的除外：

（1）为履行道德义务进行的给付。

（2）债务到期之前的清偿。

（3）明知无给付义务而进行的债务清偿。

实战演练

［2022 真题·单选］广告公司受施工企业委托制作并安装的广告牌致行人损害，关于民事责任承担的说法，正确的是（　　）。

A. 施工企业承担赔偿责任，广告公司承担补充赔偿责任

B. 广告公司承担赔偿责任，施工企业承担补充赔偿责任

C. 施工企业承担赔偿责任，但其有权向广告公司追偿

D. 广告公司承担赔偿责任，施工企业不承担责任

［解析］《民法典》规定，建筑物、构筑物或者其他设施及其搁置物、悬挂物发生脱落、坠落造成他人损害，所有人、管理人或者使用人不能证明自己没有过错的，应当承担侵权责任。所有人、管理人或者使用人赔偿后，有其他责任人的，有权向其他责任人追偿。施工企业是广告牌的使用人，需要承担赔偿责任，但其有权向其他责任人追偿。

［答案］C

［2020 真题·单选］关于债的基本法律关系的说法，正确的是（　　）。

A. 债是不特定当事人之间的法律关系

B. 债权人可以向债务人以外的任何人主张自己的权利

C. 债权为请求特定人为特定行为作为或者不作为的权利

D. 债权是绝对权

［解析］债是特定当事人之间的法律关系。债权人只能向特定的人主张自己的权利，债务人也只需向享有该项权利的特定人履行义务，即债的相对性。

［答案］C

［经典例题·单选］关于建筑施工活动中发生的债的说法，正确的是（　　）。

A. 对于完成施工任务，建设单位是债权人，施工企业是债务人

B. 对于建筑采购买卖合同中建筑材料的交付，材料供应商是债权人

C. 在施工中产生的噪声扰民，不会有债的发生

D. 材料供应商为施工企业自愿保管财物不会产生债

［解析］施工合同债：对于完成施工任务，建设单位是债权人，施工单位是债务人；对于支付工程款，则相反，选项 A 正确。买卖合同债：材料设备的买方有可能是建设单位，也可能是施工单位，他们会与供应商产生债。对于建筑采购买卖合同中建筑材料的交付，材料供应商是债务人；对于采购买卖合同中建筑材料款的支付，材料供应商是债权人，选项 B 错误。在侵权之债中，最常见的是施工单位的施工活动产生的侵权，此时，居民是债权人，施工单位或者建设单位是债务人，选项 C 错误。材料供应商为施工企业自愿保管财物属于无因管理产生的债，称为无因管理之债，选项 D 错误。

［答案］A

[2021 真题 · 多选] 关于建设工程债的说法，正确的有（　　）。

A. 建设工程债产生的根据有合同、侵权行为、无因管理和不当得利

B. 明知无给付义务而进行债务清偿的，受损失的人可以请求得利人返还取得的利益

C. 施工现场的施工噪声可能产生侵权之债

D. 无因管理人因管理事务受到损失的，可以请求受益人给予适当补偿

E. 建筑物、构筑物或者其他设施倒塌、坍塌造成他人损害的，由建设单位与施工企业承担按份责任

[解析] 选项B错误，《民法典》规定，得利人没有法律根据取得不当利益的，受损失的人可以请求得利人返还取得的利益，但是有下列情形之一的除外：①为履行道德义务进行的给付；②债务到期之前的清偿；③明知无给付义务而进行的债务清偿。选项E错误，《民法典》规定，建筑物、构筑物或者其他设施倒塌、塌陷造成他人损害的，由建设单位与施工单位承担连带责任，但是建设单位与施工单位能够证明不存在质量缺陷的除外。

[答案] ACD

[2018 真题 · 多选] 下列行为中构成侵权之债的有（　　）。

A. 建设行政主管部门未及时颁发施工许可证

B. 路人帮助把受伤工人送至医院

C. 建筑物上坠落物品造成他人伤害，难以确定责任人

D. 拆除屋顶广告时将住户窗户损坏

E. 建设单位未将工程款及时足额支付给施工企业

[解析] 选项A是行政不作为，由行政主体承担相应的行政责任。选项B是无因管理之债。无因管理是指管理人员和服务人员没有法律上的特定义务，也没有受到他人委托，自觉为他人管理事务或提供服务。无因管理在管理人员或服务人员与受益人之间形成了债的关系，无因管理产生的债被称为无因管理之债。选项E是合同之债，建设工程债的产生，最主要的是合同。施工合同的订立，会在施工单位与建设单位之间产生债的关系；材料设备买卖合同的订立，会在施工单位与材料设备供应商之间产生债的关系。

[答案] CD

[经典例题 · 多选] 甲家旁边有一建筑工地正在施工。某日，一货车经过甲家门前，由于颠簸掉落货物一件，被甲拾得据为己有。其后，甲发现有利可图，遂在门前撒落许多砖石。次日，果然又拾得两袋车上颠落的货包。关于甲行为性质的说法，正确的有（　　）。

A. 侵权　　　　B. 无因管理

C. 合同行为　　　　D. 不当得利

E. 法律行为

[解析] 侵权是指公民或法人没有法律依据而侵害他人的财产权利或人身权利的行为，选项A正确。无因管理是指管理人员和服务人员没有法律上的特定义务，也没有受到他人委托，自觉为他人管理事务或提供服务的行为，选项B错误。当事人之间并没有产生合同法律关系，也就是并没有产生权利义务关系，故不属于合同、法律行为，选项C、E错误。

不当得利是指没有法律依据，使他人受到损失而自己获得了利益的行为。得利人与受益人之间形成了债的关系，选项D正确。

[答案] AD

[经典例题·多选] 甲建筑设备生产企业将乙施工单位订购的价值10万元的某设备错发给了丙施工单位，几天后，甲索回该设备并交付给乙，乙因丙曾使用过该设备造成部分磨损而要求甲减少价款1万元。下列关于本案中债的性质的说法，正确的有（　　）。

A. 甲错发设备给丙属于无因管理之债

B. 丙向甲返还设备属于不当得利之债

C. 乙向甲支付设备款属于合同之债

D. 甲向乙少收1万元货款属于侵权之债

E. 丙擅自使用该设备对乙应承担侵权之债

[解析] 选项A错误，无因管理是为避免他人受损失而管理他人事务，丙占有该机器时擅自使用，显然并无为甲管理事务之意图，而是侵犯甲的财产权，因此双方之间构成的是侵权之债，而不是无因管理之债。选项B正确，甲错发设备给丙，甲、丙之间构成不当得利之债，丙应予以返还。选项C正确，乙向甲支付设备款项是合同之债。选项D错误，乙要求甲扣减价款1万元是因为甲瑕疵给付（属于违约行为），仍是合同之债。选项E错误，丙擅自使用设备构成侵权，应当对设备的物权人承担侵权责任。设备属于动产，动产所有权在移交占有时方能变动。因此，设备的合法物权人仍然是甲，丙应当对甲承担侵权责任而不是对乙（参见物权制度部分）。

[答案] BC

第六节　建设工程知识产权制度

知识产权是基于创造成果和工商标记依法产生的权利的统称。最主要的三种知识产权是著作权、专利权和商标权，其中专利权与商标权也被统称为工业产权。

知识产权法律制度通过赋予智力成果的创造者以排他性使用权和转让权的方式，创造出了一种前所未有的财产权形式。

《民法典》规定，知识产权是权利人依法就下列客体享有的专有的权利：①作品；②发明、实用新型、外观设计；③商标；④地理标志；⑤商业秘密；⑥集成电路布图设计；⑦植物新品种；⑧法律规定的其他客体。

考点 1　知识产权的法律特征★★

（1）客体具有非物质性。

知识产权的客体是具有非物质性的作品、创造发明和商誉等，它具有无体性，必须依赖于一定的物质载体而存在。知识产权的客体是知识物质载体所承载或体现的非物质成果，即知识产权是一种无形的财产权。

（2）特定的专有性。

专有性又称排他性，是指非经知识产权人许可或法律特别规定，他人不得实施受知识产权专有权利控制的行为，否则构成侵权。

（3）时间性。

知识产权的时间性是指大多数知识产权的保护期是有限的，一旦超过法律规定的保护期限就不再受保护了，创造成果将进入公有领域，成为人人都可以利用的公共资源。商标的注册也有法定的时间效力，期限届满权利人不续展注册的，也进入公有领域。

（4）地域性。

除非有国际条约、双边或多边协定的特别规定，否则知识产权的效力只限于本国境内。其原因在于知识产权是法定权利，同时也是一国公共政策的产物，必须通过法律的强制规定才能存在，其权利的范围和内容也完全取决于本国法律的规定，而各国有关知识产权的获得和保护的规定不完全相同。所以，除著作权外，一国的知识产权在他国不能自动获得保护。

（5）财产权和人身权的双重属性。

实战演练

[经典例题·多选] 关于知识产权法律特征的说法，正确的有（　　）。

A. 具有财产权和人身权的双重属性

B. 效力不受地域限制

C. 仅在法律规定的期限内受到保护

D. 不存在排他性

E. 是权利人对其创造的智力成果依法享有的权利

[解析] 知识产权在空间上的效力并不是无限的，而要受到地域的限制，其效力只限于确认和保护知识产权的一国法律所能及的地域内，选项B错误。知识产权同其他财产所有权一样，具有绝对的排他性。权利人对智力成果享有专有权，其他人若要利用这一成果必须经过权利人同意，否则构成侵权，选项D错误。

[答案] ACE

考点 2 专利权★★★

一、概念

专利权是指国家根据发明人或设计人的申请，以向社会公开发明创造的内容及发明创造对社会具有符合法律规定的利益为前提，根据法定程序在一定期限内授予发明人或设计人对其发明创造享有的独占权。

二、保护对象

《中华人民共和国专利法》（以下简称《专利法》）保护对象为发明创造，发明创造是指发明、实用新型和外观设计。

发明是指对产品、方法或者其改进所提出的新的技术方案。

实用新型是指对产品的形状、构造或者其结合所提出的适于实用的新的技术方案。

外观设计是指对产品的整体或者局部的形状、图案或者其结合以及色彩与形状、图案的结合所作出的富有美感并适于工业应用的新设计。

三、授予专利权的条件

根据《专利法》，授予专利权的条件有：

（1）授予专利权的发明和实用新型，应当具备新颖性、创造性和实用性。

新颖性是指该发明或者实用新型不属于现有技术，也没有任何单位或者个人就同样的发明或者实用新型在申请日以前向国务院专利行政部门提出过申请，并记载在申请日以后公布的专利申请文件或者公告的专利文件中。

创造性是指与现有技术相比，该发明具有突出的实质性特点和显著的进步，该实用新型具有实质性特点和进步。

实用性是指该发明或者实用新型能够制造或者使用，并且能够产生积极效果。

（2）授予专利权的外观设计，应当不属于现有设计（即新颖性），也没有任何单位或者个人就同样的外观设计在申请日以前向国务院专利行政部门提出过申请，并记载在申请日以后公告的专利文件中。

➢ **名师点拨：** 结合《专利法》中外观设计的概念，外观设计的申请条件应满足：①新颖性；②富有美感；③适合于工业应用。

四、专利权的申请

国务院专利行政部门收到专利申请文件之日为申请日。如果申请文件是邮寄的，以寄出的邮戳日为申请日。

五、专利权的生效

发明专利申请经实质审查没有发现驳回理由的，由国务院专利行政部门作出授予发明专利权的决定，发给发明专利证书，同时予以登记和公告。发明专利权自公告之日起生效。

六、专利权的保护期限

发明专利权的期限为20年，实用新型专利权的期限为10年，外观设计专利权的期限为15年，均自申请日起计算。

七、专利权的保护

发明或者实用新型专利权的保护范围以其权利要求的内容为准，说明书及附图可以用于解释权利要求的内容。

外观设计专利权的保护范围以表示在图片或者照片中的该产品的外观设计为准，简要说明可以用于解释图片或者照片所表示的该产品的外观设计。

未经专利权人许可，实施其专利，即侵犯其专利权，引起纠纷的，由当事人协商解决；不愿协商或者协商不成的，专利权人或者利害关系人可以向人民法院起诉，也可以请求管理专利工作的部门处理。

侵犯专利权的赔偿数额按照权利人因被侵权所受到的实际损失或者侵权人因侵权所获得的利益确定；权利人的损失或者侵权人获得的利益难以确定的，参照该专利许可使用费的倍数合理确定。对故意侵犯专利权，情节严重的，可以在按照上述方法确定数额的 1 倍以上 5 倍以下确定赔偿数额。

权利人的损失、侵权人获得的利益和专利许可使用费均难以确定的，人民法院可以根据专利权的类型、侵权行为的性质和情节等因素，确定给予 3 万元以上 500 万元以下的赔偿。

赔偿数额还应当包括权利人为制止侵权行为所支付的合理开支。

实战演练

[2017 真题 · 单选] 甲公司是某混凝土预制构件的专利权人，乙公司未经授权制造和销售该专利。甲发现后，对乙提起侵权诉讼。经查，乙共销售侵权产品 800 件，因乙的行为，甲少销售 600 件。甲销售专利产品每件获利 2 000 元，乙销售侵权产品每件获利 1 000 元。乙应赔偿甲（　　）。

A. 60 万元　　B. 80 万元

C. 120 万元　　D. 160 万元

[解析] 侵犯专利权的赔偿数额按照权利人因被侵权所受到的实际损失或者侵权人因侵权所获得的利益确定；权利人的损失或者侵权人获得的利益难以确定的，参照该专利许可使用费的倍数合理确定。权利人甲的实际损失＝600×2 000＝1 200 000（元）＝120（万元）。

[答案] C

[2015 真题 · 单选] 下列事项中，属于专利保护对象的是（　　）。

A. 施工企业的名称或标志　　B. 施工企业编制的投标文件

C. 施工企业编制的施工方案　　D. 施工企业发明的新技术

[解析] 选项 A 错误，施工企业的名称或标志不由《专利法》保护，可以由《中华人民共和国商标法》保护。选项 B、C 错误，施工企业编制的投标文件、施工方案是作品，由《中华人民共和国著作权法》（简称《著作权法》）保护。选项 D 正确，专利法保护的对象就是专利权的客体，各国规定各不相同。我国《专利法》保护的是发明创造专利权，并规定发明创造是指发明、实用新型和外观设计。

[答案] D

[2021 真题 · 多选] 授予专利权的发明和实用新型，应当具备（　　）。

A. 排他性　　B. 新颖性　　C. 创造性　　D. 先进性

E. 实用性

[解析] 授予发明和实用新型专利权的条件为：发明和实用新型应当具备新颖性、创造性和实用性。

[答案] BCE

考点 3　商标权★★

一、概述

商标是用以识别和区分商品或者服务来源的标志。任何能够将自然人、法人或者其他组织的商品与他人的商品区别开的标志，包括文字、图形、字母、数字、三维标志、颜色组合和声音等，以及上述要素的组合，均可以作为商标申请注册。

《中华人民共和国商标法》（以下简称《商标法》）规定，经商标局核准注册的商标为注册商标，包括商品商标、服务商标和集体商标、证明商标。商标注册人享有商标专用权，受法律保护。

商标权，就是注册商标专用权，是指商标注册人对注册商标独占的排他的使用权。

➢ **名师点拨：**《商标法》中集体商标、证明商标注册和管理的特殊事项，由国务院工商行政管理部门规定。学习时不做记忆要求。

商标专用权的内容只包括财产权，注册商标权人对注册商标主要享有以下权利：

（一）专有使用权

专有使用权是商标权最重要的内容，是商标权中最基本的核心权利。它的法律特征为：商标权人可在核定的商品上独占性地使用核准的商标，并通过使用获得其他合法权益。专有使用权具有相对性，只能在法律规定的范围内使用。

（二）禁止权

禁止权是指注册商标所有人有权禁止他人未经其许可，在同一种或者类似商品或服务项目上使用与其注册商标相同或近似的商标。专有使用权和禁止权是商标权的两个方面。

（三）许可权

许可权是指注册商标所有人通过签订许可使用合同，许可他人使用其注册商标的权利。许可使用是商标权人行使其权利的一种方式。

（四）转让权

转让是指注册商标所有人按照一定的条件，依法将其商标权转让给他人所有的行为。

同时，商标设计者对其设计的商标享有发表权、署名权、修改权等人身权，受《著作权法》保护。

二、商标专用权的保护对象

《商标法》规定，注册商标的专用权，以核准注册的商标和核定使用的商品为限，即商标专用权的保护对象为核准注册的商标。

三、注册商标的续展、变更、转让和使用许可

（一）注册商标的续展

《商标法》规定，注册商标的有效期为10年，自核准注册之日起计算。

注册商标有效期满，需要继续使用的，商标注册人应当在期满前12个月内按照规定办理续展手续；在此期间未能办理的，可以给予6个月的宽展期。每次续展注册的有效期为10年，自该商标上一届有效期满次日起计算。期满未办理续展手续的，注销其注册商标。

（二）注册商标的变更

《商标法》规定，注册商标需要变更注册人的名义、地址或者其他注册事项的，应当提出变更申请。

（三）注册商标的转让

《商标法》规定，转让注册商标的，转让人和受让人应当签订转让协议，并共同向商标

局提出申请。受让人应当保证使用该注册商标的商品质量。

转让注册商标的，商标注册人对其在同一种商品上注册的近似的商标，或者在类似商品上注册的相同或者近似的商标，应当一并转让。

转让注册商标经核准后，予以公告。受让人自公告之日起享有商标专用权。

（四）注册商标的使用许可

《商标法》规定，商标注册人可以通过签订商标使用许可合同，许可他人使用其注册商标。许可人应当监督被许可人使用其注册商标的商品质量，被许可人应当保证使用该注册商标的商品质量。

经许可使用他人注册商标的，必须在使用该注册商标的商品上标明被许可人的名称和商品产地。

许可他人使用其注册商标的，许可人应当将其商标使用许可报商标局备案，由商标局公告。商标使用许可未经备案不得对抗善意第三人。

四、商标使用的管理

《商标法》规定，商标注册人在使用注册商标的过程中，自行改变注册商标、注册人名义、地址或者其他注册事项的，由地方工商行政管理部门责令限期改正；期满不改正的，由商标局撤销其注册商标。

注册商标成为其核定使用的商品的通用名称或者没有正当理由连续3年不使用的，任何单位或者个人可以向商标局申请撤销该注册商标。

五、注册商标专用权的保护

侵犯商标专用权的赔偿数额，按照权利人因被侵权所受到的实际损失确定；实际损失难以确定的，可以按照侵权人因侵权所获得的利益确定；权利人的损失或者侵权人获得的利益难以确定的，参照该商标许可使用费的倍数合理确定。对恶意侵犯商标专用权，情节严重的，可以在按照上述方法确定数额的1倍以上5倍以下确定赔偿数额。赔偿数额应当包括权利人为制止侵权行为所支付的合理开支。

实战演练

［2021真题·单选］下列使用注册商标的情形中，应当承担行政责任的是（　　）。

A. 自行改变注册商标的

B. 改变注册商标的注册人名义、地址或者其他注册事项的

C. 转让注册商标的

D. 连续2年停止使用注册商标的

［解析］按照《商标法》的规定，商标注册人在使用注册商标的过程中，自行改变注册商标、注册人名义、地址或者其他注册事项的，由地方工商行政管理部门责令限期改正；期满不改正的，由商标局撤销其注册商标。注册商标成为其核定使用的商品的通用名称或者没有正当理由连续3年不使用的，任何单位或者个人可以向商标局申请撤销该注册商标。

［答案］A

[**2019 真题·单选**] 关于商标专用权的说法，正确的是（　　）。

A. 商标专用权是一种有形财产权

B. 转让注册商标的，由转让人向商标局提出申请

C. 注册商标的有效期为 10 年

D. 商标专用权的有效期自提出申请之日起计算

[**解析**] 选项 A 错误，知识产权、商标权为无形财产权。选项 B 错误，注册商标的转让是指商标专用人将其所有的注册商标依法转移给他人所有并由其专用的法律行为。转让注册商标的，转让人和受让人应当共同向商标局提出申请。选项 C 正确，选项 D 错误，注册商标的有效期为 10 年，自核准注册之日起计算。

[**答案**] C

[**2021 真题·多选**] 关于商标专用权的说法，正确的有（　　）。

A. 商标专用权是商标所有人对其设计的商标所享有的具体权利

B. 商标专用权包括使用权和禁止权两个方面

C. 注册商标的有效期为 10 年，自核准注册之日起计算

D. 商标专用权人可以将商标连同企业或者商誉同时转让

E. 商标专用权的内容包括财产权和人身权

[**解析**] 选项 A 错误，商标专用权是指商标所有人对注册商标所享有的具体权利。选项 B 正确，商标专用权包括使用权和禁止权两个方面。选项 C 正确，注册商标的有效期为 10 年，自核准注册之日起计算。选项 D 正确，商标专用权人可以将商标连同企业或者商誉同时转让，也可以将商标单独转让。选项 E 错误，同其他知识产权不同，商标专用权的内容只包括财产权，商标设计者的人身权受《著作权法》保护。

[**答案**] BCD

考点 4 著作权★★

一、著作权的概念

著作权是指自然人、法人或者其他组织对文学、艺术和科学作品享有的财产权利和精神权利的总称。根据《著作权法》，著作权即版权。

二、著作权的保护对象

《著作权法》所称的作品，是指文学、艺术和科学领域内具有独创性并能以一定形式表现的智力成果，包括：①文字作品；②口述作品；③音乐、戏剧、曲艺、舞蹈、杂技艺术作品；④美术、建筑作品；⑤摄影作品；⑥视听作品；⑦工程设计图、产品设计图、地图、示意图等图形作品和模型作品；⑧计算机软件；⑨符合作品特征的其他智力成果。

建设工程活动中常见的著作权作品有文字作品（如招标文件、投标文件等）、建筑作品（《中华人民共和国著作权法实施条例》规定的以建筑物或者构筑物形式表现的有审美意义的作品）、工程设计图等。

三、著作权人及其权利

（一）著作权人

根据《著作权法》，著作权人包括：

（1）作者。

（2）其他依照《著作权法》享有著作权的自然人、法人或者非法人组织。

（二）著作权人的权利

根据《著作权法》，著作权包括下列人身权和财产权：

（1）人身权包括：发表权、署名权、修改权、保护作品完整权。

（2）财产权包括：复制权、发行权、出租权、展览权、表演权、放映权、广播权、信息网络传播权、摄制权、改编权、翻译权、汇编权等。

四、著作权归属

《著作权法》规定，著作权属于作者，另有规定的除外。创作作品的自然人是作者。

根据作品的创作目的及承担的法律责任，作品分为单位作品、职务作品、委托作品。

（一）单位作品

由法人或者非法人组织主持，代表法人或者非法人组织意志创作，并由法人或者非法人组织承担责任的作品，法人或者非法人组织视为作者。

（二）职务作品

自然人为完成法人或者非法人组织工作任务所创作的作品是职务作品，著作权由作者享有，但法人或者非法人组织有权在其业务范围内优先使用。作品完成两年内，未经单位同意，作者不得许可第三人以与单位使用的相同方式使用该作品。

有下列情形之一的职务作品，作者享有署名权，著作权的其他权利由法人或者非法人组织享有，法人或者非法人组织可以给予作者奖励：

（1）主要是利用法人或者非法人组织的物质技术条件创作，并由法人或者非法人组织承担责任的工程设计图、产品设计图、地图、示意图、计算机软件等职务作品。

（2）报社、期刊社、通讯社、广播电台、电视台的工作人员创作的职务作品。

（3）法律、行政法规规定或者合同约定著作权由法人或者非法人组织享有的职务作品。

（三）委托作品

受委托创作的作品，著作权的归属由委托人和受托人通过合同约定。合同未作明确约定或者没有订立合同的，著作权属于受托人。

五、权利的保护期

《著作权法》规定，作者的署名权、修改权、保护作品完整权的保护期不受限制。

自然人的作品，其发表权、复制权、发行权、出租权、展览权、表演权、放映权、广播权、信息网络传播权、摄制权、改编权、翻译权、汇编权等权利的保护期为作者终生及其死亡后 50 年，截止于作者死亡后第 50 年的 12 月 31 日；如果是合作作品，截止于最后死亡的作者死亡后第 50 年的 12 月 31 日。

法人或者非法人组织的作品、著作权（署名权除外）由法人或者非法人组织享有的职务作品，其发表权的保护期为50年，截止于作品创作完成后第50年的12月31日；复制权、发行权、出租权、展览权、表演权、放映权、广播权、信息网络传播权、摄制权、改编权、翻译权、汇编权等权利的保护期为50年，截止于作品首次发表后第50年的12月31日，但作品自创作完成后50年内未发表的，不再受《著作权法》保护。

实战演练

［**2021真题·单选**］关于著作权保护期的说法，正确的是（　　）。

A. 作者的署名权、修改权、保护作品完整权的保护期为作者终生及其死后50年

B. 公民的作品，其发表权、使用权和获得报酬权的保护期不受限制

C. 法人或者其他组织的作品的发表权、使用权和获得报酬权的保护期为50年

D. 法人或者其他组织的作品，自创作完成后30年内未发表的，不再受《著作权法》保护

［**解析**］著作权的保护期由于权利内容及主体的不同而有所不同：①作者的署名权、修改权、保护作品完整权的保护期不受限制，选项A错误。②公民的作品，其发表权、使用权和获得报酬权的保护期，为作者终生及其死后50年；如果是合作作品，截止于最后死亡的作者死亡后第50年的12月31日，选项B错误。③法人或者其他组织的作品、著作权（署名权除外）由法人或者其他组织享有的职务作品，其发表权、使用权和获得报酬权的保护期为50年，截止于作品首次发表后第50年的12月31日，但作品自创作完成后50年内未发表的，不再受《著作权法》保护，选项D错误。

［**答案**］C

［**经典例题·单选**］建设单位委托设计单位进行设计工作，双方没有约定著作权的归属，图纸由甲设计师完成，则图纸的著作权归（　　）。

A. 设计单位独自所有　　B. 设计单位和甲设计师共同所有

C. 甲设计师独自所有　　D. 建设单位独自所有

［**解析**］一般情况下，勘察设计文件都是勘察设计单位接受建设单位委托创作的委托作品。受委托创作的作品，著作权的归属由委托人和受托人通过合同约定。合同未作明确约定或者没有订立合同的，著作权属于受托人。

［**答案**］B

第七节　建设工程担保制度

考点1　担保的一般规定★★

根据《民法典》，债权人在借贷、买卖等民事活动中，为保障实现其债权，需要担保的，可以依照《民法典》和其他法律的规定设立担保物权。

第三人为债务人向债权人提供担保的，可以要求债务人提供反担保。反担保适用《民法典》和其他法律的规定。

设立担保物权，应当依照《民法典》和其他法律的规定订立担保合同。担保合同包括抵押合同、质押合同和其他具有担保功能的合同。担保合同是主债权债务合同的从合同。主债权债务合同无效的，担保合同无效，但是法律另有规定的除外。担保合同被确认无效后，债务人、担保人、债权人有过错的，应当根据其过错各自承担相应的民事责任。

担保的关系如图 1-7-1 所示。

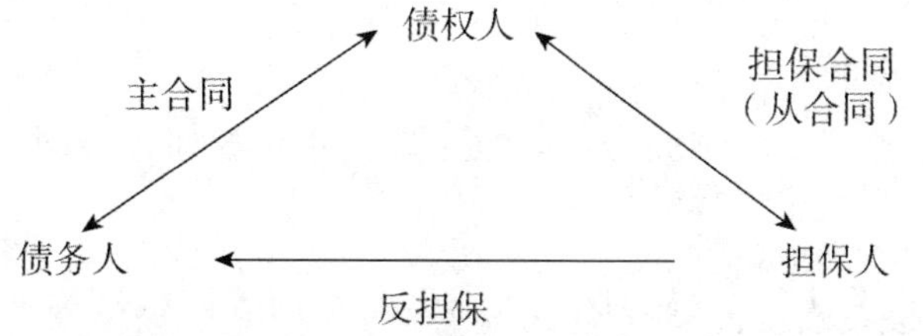

图 1-7-1　担保的关系图

担保物权的担保范围包括主债权及其利息、违约金、损害赔偿金、保管担保财产和实现担保物权的费用。当事人另有约定的，按照其约定。

实战演练

[经典例题·单选] 关于担保合同的说法，正确的是（　　）。

A. 保证合同的双方当事人是保证人与债权人

B. 第三人为债务人向债权人提供担保时，不得要求债务人提供反担保

C. 主合同的效力不影响担保合同的效力

D. 担保合同被确认无效后，担保人不承担民事责任

[解析] 选项 B 错误，第三人为债务人向债权人提供担保时，可以要求债务人提供反担保。选项 C 错误，担保合同是主合同的从合同，若主合同无效，担保合同也无效。选项 D 错误，担保合同被确认无效后，债务人、担保人、债权人有过错的，应当根据其过错各自承担相应的民事责任。

[答案] A

[2019 真题改编·多选] 关于担保的说法，正确的有（　　）。

A. 担保是用益物权的一种

B. 担保的目的是保障特定债权的实现

C. 主合同有效，担保合同有效

D. 主合同无效，担保合同可以另外约定有效

E. 反担保不适用于《民法典》的规定

[解析] 选项 A 错误，担保属于担保物权。选项 C 错误，担保合同是主债权债务合同的从合同。主债权债务合同无效的，担保合同无效，但是法律另有规定的除外。也就是说，主合同有效，担保合同不一定有效；主合同无效，担保合同可以另外约定有效。选项 E 错误，反担保适用于《民法典》的规定。

[答案] BD

考点 2 保证★★★

一、保证合同

《民法典》规定，保证合同是为保障债权的实现，保证人和债权人约定，当债务人不履行到期债务或者发生当事人约定的情形时，保证人履行债务或者承担责任的合同。

保证合同的内容一般包括被保证的主债权的种类、数额，债务人履行债务的期限，保证的方式、范围和期间等条款。

保证合同可以是单独订立的书面合同，也可以是主债权债务合同中的保证条款。

二、保证人

《民法典》规定，机关法人不得为保证人，但是经国务院批准为使用外国政府或者国际经济组织贷款进行转贷的除外。

以公益为目的的非营利法人、非法人组织不得为保证人。

三、保证方式

《民法典》规定，保证的方式包括一般保证和连带责任保证。

当事人在保证合同中对保证方式没有约定或者约定不明确的，按照一般保证承担保证责任。

（一）一般保证

当事人在保证合同中约定，债务人不能履行债务时，由保证人承担保证责任的，为一般保证。

一般保证的保证人在主合同纠纷未经审判或者仲裁，并就债务人财产依法强制执行仍不能履行债务前，有权拒绝向债权人承担保证责任，但是有下列情形之一的除外：

（1）债务人下落不明，且无财产可供执行。

（2）人民法院已经受理债务人破产案件。

（3）债权人有证据证明债务人的财产不足以履行全部债务或者丧失履行债务能力。

（4）保证人书面表示放弃本款规定的权利（即放弃一般保证的权利）。

（二）连带责任保证

连带责任保证的债务人不履行到期债务或者发生当事人约定的情形时，债权人可以请求债务人履行债务，也可以请求保证人在其保证范围内承担保证责任。

四、保证范围

《民法典》规定，保证的范围包括主债权及其利息、违约金、损害赔偿金和实现债权的费用。当事人另有约定的，按照其约定。

五、保证期间

《民法典》规定，保证期间是确定保证人承担保证责任的期间，不发生中止、中断和延长。

债权人与保证人可以约定保证期间，但是约定的保证期间早于主债务履行期限或者与主债务履行期限同时届满的，视为没有约定；没有约定或者约定不明确的，保证期间为主债务履行期限届满之日起6个月。

债权人与债务人对主债务履行期限没有约定或者约定不明确的，保证期间自债权人请求债务人履行债务的宽限期届满之日起计算。

一般保证的债权人未在保证期间对债务人提起诉讼或者申请仲裁的，保证人不再承担保证责任。

连带责任保证的债权人未在保证期间请求保证人承担保证责任的，保证人不再承担保证责任。

六、保证责任

《民法典》规定，债权人和债务人未经保证人书面同意，协商变更主债权债务合同内容，减轻债务的，保证人仍对变更后的债务承担保证责任；加重债务的，保证人对加重的部分不承担保证责任。

债权人和债务人变更主债权债务合同的履行期限，未经保证人书面同意的，保证期间不受影响。

债权人转让全部或者部分债权，未通知保证人的，该转让对保证人不发生效力。

保证人与债权人约定禁止债权转让，债权人未经保证人书面同意转让债权的，保证人对受让人不再承担保证责任。

债权人未经保证人书面同意，允许债务人转移全部或者部分债务，保证人对未经其同意转移的债务不再承担保证责任，但是债权人和保证人另有约定的除外。

实战演练

[**2020真题·单选**] 下列主体中，具有保证人资格的是（　　）。

A. 公益事业单位　　B. 建筑行业协会

C. 清算中的法人　　D. 国有金融机构

[**解析**] 机关法人不得为保证人，但是经国务院批准为使用外国政府或者国际经济组织贷款进行转贷的除外。以公益为目的的非营利法人、非法人组织不得为保证人。“清算中的法人”是指处于清算阶段，为保管破产财产，进行清算处分、分配的法人，一般只在清算清单范围内具有民事行为能力，无法再对外行使民事法律行为，无法对外担保，不能成为保证人。

[**答案**] D

[**经典例题·单选**] 甲建设单位与乙施工单位签订了施工合同，由丙公司为甲出具工程款的支付担保，担保方式为一般保证。甲到期未能支付工程款，乙应当要求（　　）。

A. 丙先行代为清偿　　B. 甲和丙共同支付

C. 甲先行支付　　D. 甲和丙不必支付

[**解析**] 当事人在保证合同中约定，债务人不能履行债务时，由保证人承担保证责任的，为一般保证。因此，乙应当要求甲先行支付。

[**答案**] C

[经典例题·单选] 甲企业向乙银行借款100万元，由丙企业作为保证人。合同签订3个月后，甲与乙协商，将贷款金额增加到150万元，甲和乙通知了丙，丙未予答复。后甲到期不能偿还债务。关于该案中的保证责任承担的说法，正确的是（　　）。

A. 丙应承担150万元的保证责任，因为丙对于甲和乙的通知未予答复，视为默认

B. 丙不再承担保证责任，因为甲与乙变更合同条款未得到丙的同意

C. 丙不再承担保证责任，保证合同因甲、乙变更了合同的金额条款而致合同无效

D. 丙对100万元应承担保证责任，增加的50万元不承担保证责任

[解析] 债权人和债务人未经保证人书面同意，协商变更主债权债务合同内容，减轻债务的，保证人仍对变更后的债务承担保证责任；加重债务的，保证人对加重的部分不承担保证责任。

[答案] D

[经典例题·单选] 关于保证责任的说法，正确的是（　　）。

A. 当事人在保证合同中约定债务人不能履行债务时，由保证人承担保证责任的为连带责任保证

B. 当事人对保证方式没有约定或者约定不明确的，按照连带责任承担保证责任

C. 当事人对保证的范围没有约定的，保证人应当对全部债务承担责任

D. 一般保证的保证人未约定保证期间的，保证期间为主债务履行期届满前6个月

[解析] 选项A错误，当事人在保证合同中约定保证人与债务人对债务承担连带责任的，为连带责任保证。选项B错误，当事人在保证合同中对保证方式没有约定或者约定不明确的，按照一般保证承担保证责任。选项D错误，一般保证的保证人未约定保证期间的，保证期间为主债务履行期届满之日起6个月。

[答案] C

[2021真题·多选] 一般保证的保证人在主合同纠纷未经审判或者仲裁，并就债务人财产依法强制执行仍不能履行债务前，无权拒绝向债权人承担保证责任的情形有（　　）。

A. 债务人下落不明，且无财产可供执行

B. 保证人口头表示放弃一般保证人的权利

C. 人民法院已经受理债务人破产案件

D. 债权人有证据证明债务人的财产不足以履行全部债务

E. 债权人有证据证明债务人丧失履行债务能力

[解析] 一般保证的保证人在主合同纠纷未经审判或者仲裁，并就债务人财产依法强制执行仍不能履行债务前，有权拒绝向债权人承担保证责任，但是有下列情形之一的除外：①债务人下落不明，且无财产可供执行；②人民法院已经受理债务人破产案件；③债权人有证据证明债务人的财产不足以履行全部债务或者丧失履行债务能力；④保证人书面表示放弃一般保证的权利。

[答案] ACDE

［**2021 真题·多选**］根据《民法典》，保证合同担保的范围包括（　　）。

A. 主债权及其利息　　B. 违约金

C. 损害赔偿金　　D. 定金

E. 实现债权的费用

［**解析**］保证担保的范围包括主债权及其利息、违约金、损害赔偿金和实现债权的费用。

［**答案**］ABCE

考点 3 抵押权★★★

扫码听课

一、抵押的概念

根据《民法典》，为担保债务的履行，债务人或者第三人不转移财产的占有，将该财产抵押给债权人的，债务人不履行到期债务或者发生当事人约定的实现抵押权的情形，债权人有权就该财产优先受偿。提供抵押财产的债务人或者第三人为抵押人，债权人为抵押权人，提供担保的财产为抵押财产。

二、抵押物

根据《民法典》，抵押物分为可以抵押的物和不可以抵押的物，见表 1-7-1。

表 1-7-1　抵押物分类

抵押物	内容	
可以抵押的物（有权处分）	不动产	（1）建筑物和其他土地附着物； （2）建设用地使用权； （3）海域使用权； （4）正在建造的建筑物
		抵押权自登记时设立
	动产	（1）生产设备、原材料、半成品、产品； （2）正在建造的船舶、航空器； （3）交通运输工具
		抵押权自抵押合同生效时设立；未经登记，不得对抗善意第三人
不可以抵押的物	（1）土地所有权； （2）宅基地、自留地、自留山等集体所有的土地使用权； （3）学校、幼儿园、医院等以公益为目的成立的非营利法人的教育设施、医疗卫生设施和其他公益设施； （4）所有权、使用权不明或者有争议的财产； （5）依法被查封、扣押、监管的财产； （6）法律、行政法规规定不得抵押的其他财产	

三、抵押的效力

《民法典》规定，抵押权设立前，抵押财产已经出租并转移占有的，原租赁关系不受该抵押权的影响。

抵押期间，抵押人可以转让抵押财产。当事人另有约定的，按照其约定。抵押财产转让的，抵押权不受影响。

抵押人转让抵押财产的，应当及时通知抵押权人。抵押权人能够证明抵押财产转让可能损害抵押权的，可以请求抵押人将转让所得的价款向抵押权人提前清偿债务或者提存。转让的价款超过债权数额的部分归抵押人所有，不足部分由债务人清偿。

抵押权不得与债权分离而单独转让或者作为其他债权的担保。债权转让的，担保该债权的抵押权一并转让，但是法律另有规定或者当事人另有约定的除外。

抵押人的行为足以使抵押财产价值减少的，抵押权人有权请求抵押人停止其行为；抵押财产价值减少的，抵押权人有权请求恢复抵押财产的价值，或者提供与减少的价值相应的担保。抵押人不恢复抵押财产的价值，也不提供担保的，抵押权人有权请求债务人提前清偿债务。

四、抵押权的实现

《民法典》规定，债务人不履行到期债务或者发生当事人约定的实现抵押权的情形，抵押权人可以与抵押人协议以抵押财产折价或者以拍卖、变卖该抵押财产所得的价款优先受偿。

抵押权人与抵押人未就抵押权实现方式达成协议的，抵押权人可以请求人民法院拍卖、变卖抵押财产。抵押财产折价或者变卖的，应当参照市场价格。

抵押财产折价或者拍卖、变卖后，其价款超过债权数额的部分归抵押人所有，不足部分由债务人清偿。

同一财产向两个以上债权人抵押的，拍卖、变卖抵押财产所得的价款依照下列规定清偿：

（1）抵押权已经登记的，按照登记的时间先后确定清偿顺序。

（2）抵押权已经登记的先于未登记的受偿。

（3）抵押权未登记的，按照债权比例清偿。

其他可以登记的担保物权，清偿顺序参照上述规定。

实战演练

［**2021 真题 · 单选**］关于抵押权的说法，正确的是（　　）。

A. 以动产抵押的，抵押权自合同生效时设立

B. 抵押权可以与债权分离而单独转让

C. 同一财产向两个以上债权人抵押，抵押权未登记的，拍卖抵押财产所得的价款按照抵押合同订立的顺序清偿

D. 同一财产向两个以上债权人抵押的，拍卖抵押财产所得的价款按照登记的债权比例清偿

［**解析**］选项 B 错误，抵押权与其担保的债权同时存在。抵押权不得与债权分离而单独转让或者作为其他债权的担保。选项 C、D 错误，同一财产向两个以上债权人抵押的，拍卖、变卖抵押财产所得的价款依照下列规定清偿：①抵押权已经登记的，按照登记的时间先后确定清偿顺序；②抵押权已经登记的先于未登记的受偿；③抵押权未登记的，按照债权比例清偿。其他可以登记的担保物权，清偿顺序参照上述规定。

［答案］A

［2016 真题·单选］关于抵押的说法，正确的是（ ）。

A. 当事人可以在抵押合同中约定抵押担保的范围

B. 抵押人没有义务妥善保管抵押物并保证其价值不变

C. 转让抵押物的价款只需高于担保债权即可

D. 抵押权可以与其担保的债权分离而单独转让

［解析］选项 A 正确，当事人可以在抵押合同中约定抵押担保的范围。选项 B 错误，抵押人有义务妥善保管抵押物并保证其价值。选项 C 错误，抵押期间，抵押人经抵押权人同意转让抵押财产的，应当将转让所得的价款向抵押权人提前清偿债务或者提存。转让的价款超过债权数额的部分归抵押人所有，不足部分由债务人清偿。选项 D 错误，抵押权与其担保的债权同时存在，抵押权不得与债权分离而单独转让或者作为其他债权的担保。

［答案］A

［经典例题·单选］关于抵押实现的说法，正确的是（ ）。

A. 抵押物折价后，其价款超过债权数额的部分归债务人所有，不足部分由债务人清偿

B. 债务履行期届满抵押权人未受清偿的，可以与抵押人协议以拍卖该抵押物所得价款受偿

C. 抵押权已经登记的和未登记的具有同等法律效力

D. 同一财产向两个以上债权人抵押，抵押合同已登记生效的，拍卖、变卖抵押物所得价款按债权比例清偿

［解析］选项 A 错误，转让的价款超过债权数额的部分归抵押人所有，不足部分由债务人清偿。选项 C、D 错误，同一财产向两个以上债权人抵押的，拍卖、变卖抵押财产所得的价款依照下列规定清偿：①抵押权已经登记的，按照登记的时间先后确定清偿顺序；②抵押权已经登记的先于未登记的受偿；③抵押权未登记的，按照债权比例清偿。其他可以登记的担保物权，清偿顺序参照上述规定。

［答案］B

［2020 真题·多选］财产抵押时，抵押权自抵押合同生效时设立的有（ ）。

A. 原材料

B. 交通运输工具

C. 建设用地使用权

D. 生产设备

E. 正在建造的建筑物

［解析］债务人或者第三人有权处分的下列财产可以抵押：①建筑物和其他土地附着物；②建设用地使用权；③海域使用权；④生产设备、原材料、半成品、产品；⑤正在建造的建筑物、船舶、航空器；⑥交通运输工具；⑦法律、行政法规未禁止抵押的其他财产。抵押人可以将上述所列财产一并抵押。对于以上第①项至第③项规定的财产或者第⑤项规定的正在建造的建筑物抵押的，应当办理抵押登记。抵押权自登记时设立。以动产抵押的，抵押权自抵押合同生效时设立；未经登记，不得对抗善意第三人。

［答案］ABD

考点 4 质权★

一、质押的概念

《民法典》规定，为担保债务的履行，债务人或者第三人将其动产出质给债权人占有的，债务人不履行到期债务或者发生当事人约定的实现质权的情形，债权人有权就该动产优先受偿。

债务人或者第三人为出质人，债权人为质权人，交付的动产为质押财产。

二、质押的分类

质押分为动产质押和权利质押。

《民法典》规定，法律、行政法规禁止转让的动产不得出质。

设立质权，当事人应当采用书面形式订立质押合同。

根据《民法典》，可以质押的权利包括：①汇票、本票、支票；②债券、存款单；③仓单、提单；④可以转让的基金份额、股权；⑤可以转让的注册商标专用权、专利权、著作权等知识产权中的财产权；⑥现有的以及将有的应收账款；⑦法律、行政法规规定可以出质的其他财产权利。

三、质押的设立

《民法典》规定，质权自出质人交付质押财产时设立。

质权人有权收取质押财产的孳息，但是合同另有约定的除外。孳息应当先充抵收取孳息的费用。

质权人负有妥善保管质押财产的义务；因保管不善致使质押财产毁损、灭失的，应当承担赔偿责任。

以汇票、本票、支票、债券、存款单、仓单、提单出质的，质权自权利凭证交付质权人时设立；没有权利凭证的，质权自办理出质登记时设立。

实战演练

[2019 真题改编·单选] 某企业以依法可以转让的股权作为担保向某银行贷款，确保按期还贷，此担保方式属于（　　）担保。

A. 保证　　B. 质押

C. 抵押　　D. 留置

[解析] 可以质押的权利包括：①汇票、本票、支票；②债券、存款单；③仓单、提单；④可以转让的基金份额、股权；⑤可以转让的注册商标专用权、专利权、著作权等知识产权中的财产权；⑥现有的以及将有的应收账款；⑦法律、行政法规规定可以出质的其他财产权利。

[答案] B

［经典例题・多选］关于可用于抵押和质押的财产的说法，正确的有（ ）。

A. 不动产既可用于抵押，也可用于质押

B. 动产既可用于抵押，也可用于质押

C. 动产可用于抵押，但不可用于质押

D. 不动产可用于抵押，但不可用于质押

E. 动产可用于质押，但不可用于抵押

［解析］质押分为动产质押和权利质押。抵押的对象为不动产和动产。

［答案］BD

［经典例题・多选］关于质权的说法，正确的有（ ）。

A. 质权包括动产质权和权利质权

B. 动产质权自出质人交付质押财产时设立

C. 权利质权自权利凭证交付质权人时设立

D. 质权人无权收取质押财产的孳息

E. 质权人负有妥善保管质押财产的义务

［解析］选项 C 不完善，以汇票、本票、支票、债券、存款单、仓单、提单出质的，质权自权利凭证交付质权人时设立；没有权利凭证的，质权自办理出质登记时设立。选项 D 错误，质权人有权收取质押财产的孳息，但是合同另有约定的除外。

［答案］ABE

考点 5 留置权★

根据《民法典》，债务人不履行到期债务，债权人可以留置已经合法占有的债务人的动产，并有权就该动产优先受偿。债权人为留置权人，占有的动产为留置财产。

债权人留置的动产，应当与债权属于同一法律关系，但是企业之间留置的除外。

留置财产为可分物的，留置财产的价值应当相当于债务的金额。

留置权人负有妥善保管留置财产的义务；因保管不善致使留置财产毁损、灭失的，应当承担赔偿责任。

留置权人有权收取留置财产的孳息。

留置权人与债务人应当约定留置财产后的债务履行期限；没有约定或者约定不明确的，留置权人应当给债务人 60 日以上履行债务的期限，但是鲜活易腐等不易保管的动产除外。债务人逾期未履行的，留置权人可以与债务人协议以留置财产折价，也可以就拍卖、变卖留置财产所得的价款优先受偿。

留置财产折价或者变卖的，应当参照市场价格。

同一动产上已经设立抵押权或者质权，该动产又被留置的，留置权人优先受偿。

➤ **名师点拨：**抵押权、质权、留置权的特点见表 1-7-2。

表 1-7-2 抵押权、质权、留置权的特点

项目	特点
抵押权	(1) 不转移占有抵押物； (2) 对象为动产、不动产
质权	(1) 转移占有质押物； (2) 对象为动产、权利
留置权	(1) 无须约定，法律直接规定； (2) 财产需与合同有直接关系； (3) 留置物为已被合法占有的动产

实战演练

[2018 真题·单选] 关于留置权的说法，正确的是（　　）。

A. 留置权属于债权

B. 债权人不负责保管留置物

C. 建设工程合同可以适用留置权

D. 留置权基于法定而产生

[解析] 选项 A 错误，留置权不属于债权，是实现债权的手段。留置权属于物权中的担保物权。选项 B 错误，留置权人负有妥善保管留置物的义务。选项 C 错误，留置权适用于动产，建设工程合同主要针对的是不动产。

[答案] D

[经典例题·单选] 施工企业购买材料设备之后由保管人进行储存，存货人未按合同约定向保管人支付仓储费时，保管人有权扣留足以清偿其所欠仓储费的货物。保管人行使的权利是（　　）。

A. 抵押权　　B. 质权

C. 留置权　　D. 用益物权

[解析] 留置权是指债权人按照合同约定占有债务人的动产，债务人不按照合同约定的期限履行债务的，债权人有权依照法律规定留置该财产，以该财产折价或者以拍卖、变卖该财产的价款优先受偿。

[答案] C

考点 6 定金★★★

扫码听课

《民法典》规定，当事人可以约定一方向对方给付定金作为债权的担保。定金合同自实际交付定金时成立。

定金的数额由当事人约定，但是不得超过主合同标的额的 20%，超过部分不产生定金的效力。实际交付的定金数额多于或者少于约定数额的，视为变更约定的定金数额。

债务人履行债务的，定金应当抵作价款或者收回。给付定金的一方不履行债务或者履行债务不符合约定，致使不能实现合同目的的，无权请求返还定金；收受定金的一方不履行债务或者履行债务不符合约定，致使不能实现合同目的的，应当双倍返还定金。

实战演练

[2022 真题·单选] 关于定金的说法，正确的是（　　）。

A. 定金合同自当事人均签名、盖章或者按指印时成立

B. 定金数额超过主合同标的额 20%的，定金无效

C. 当事人既约定违约金，又约定定金的，一方违约时，非违约方应当适用违约金条款

D. 实际交付的定金数额多于或者少于约定数额的，视为变更约定的定金数额

[解析] 定金合同自实际交付定金时成立，选项 A 错误。定金的数额由当事人约定，但是不得超过主合同标的额的 20%，超过部分不产生定金的效力，选项 B 错误。当事人既约定违约金，又约定定金的，一方违约时，非违约方可以适用违约金条款或定金条款，选项 C 错误。

[答案] D

[2021 真题·单选] 甲施工企业与乙建筑材料公司订立了建筑材料买卖合同，合同总价款 300 万元，双方约定定金为 80 万元。合同订立后，甲仅向乙交付了 55 万元定金。关于本案中定金的说法，正确的是（　　）。

A. 定金合同自合同订立时成立

B. 甲应当补交合同定金 5 万元

C. 甲应当补交合同定金 25 万元

D. 定金数额视为变更为 55 万元

[解析] 定金应当以书面形式约定，当事人在定金合同中应当约定交付定金的期限。定金合同从实际交付定金之日起生效。实际交付的定金数额多于或者少于约定数额的，视为变更约定的定金数额。

[答案] D

[2021 真题·单选] 甲施工企业与乙钢材供应商订立钢材采购合同，合同价款为 1 000 万元，约定定金为 300 万元。甲实际支付定金 100 万元，乙按照合同约定开始供货。后在合同履行过程中，双方发生争议。关于本案中定金的说法，正确的是（　　）。

A. 双方约定 300 万元的定金因为超过合同价款的 20%而无效

B. 视为变更约定的定金数额为 200 万元

C. 若甲违约，致使合同目的不能实现，则应当向乙支付 100 万元

D. 若乙违约，致使合同目的不能实现，则应当向甲返还 200 万元

[解析] 本题合同价款为 1 000 万元，定金应为 1 000×20%=200（万元），因此，本题约定的 300 万元定金中超出的 100 万元是不产生合同效力的。但是，甲实际支付 100 万元定金，以实际支付的 100 万元为准，若甲违约，致使合同目的不能实现，无权请求返还定金；若乙违约，致使合同目的不能实现，则应当向甲返还 200 万元，选项 D 正确。

[答案] D

[2017 真题·单选] 甲建设单位与乙设计单位签订设计合同，约定设计费为 200 万元，甲按约定支付了定金 50 万元。如果乙在规定期限内不履行设计合同，应该返还给甲（　　）万元。

A. 50

B. 80

C. 90

D. 100

[解析] 定金的数额不得超过主合同标的额（200 万元）的 20%，即甲支付定金最高为 40 万元。收受定金的一方不履行合同义务，应当双倍返还定金，故乙设计单位应当向甲建设单位返还 80 万元。另外，甲建设单位已交付了定金 50 万元，超出规定的定金数额 10 万元，乙设计单位也应当返还甲建设单位，因此，总共返还的金额为 80+10=90（万元）。

[答案] C

第八节　建设工程保险制度

考点 1 保险★★

一、保险的概念

根据《中华人民共和国保险法》（以下简称《保险法》），保险是指投保人根据合同约定，向保险人支付保险费，保险人对于合同约定的可能发生的事故因其发生所造成的财产损失承担赔偿保险金责任，或者当被保险人死亡、伤残、疾病或者达到合同约定的年龄、期限等条件时承担给付保险金责任的商业保险行为。

二、保险合同的一般规定

（一）保险合同及当事人

根据《保险法》，保险合同是投保人与保险人约定保险权利义务关系的协议。

投保人是指与保险人订立保险合同，并按照合同约定负有支付保险费义务的人。

保险人是指与投保人订立保险合同，并按照合同约定承担赔偿或者给付保险金责任的保险公司。

被保险人是指其财产或者人身受保险合同保障，享有保险金请求权的人。投保人可以为被保险人。

受益人是指人身保险合同中由被保险人或者投保人指定的享有保险金请求权的人。投保人、被保险人可以为受益人。

保险合同当事人关系如图 1-8-1 所示。

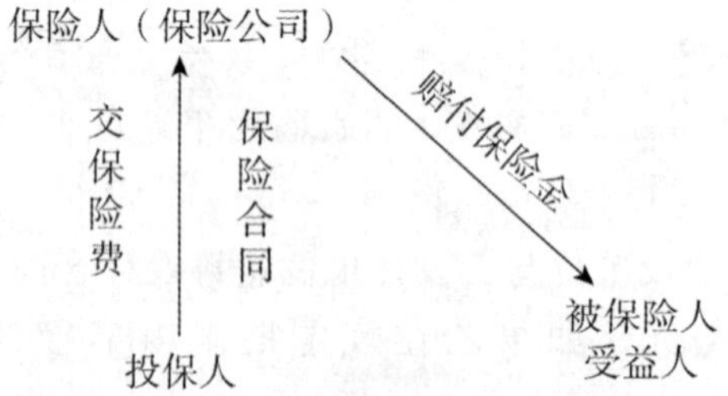

图 1-8-1　保险合同当事人关系图

（二）保险合同分类

保险合同分为人身保险合同和财产保险合同。

1. 人身保险合同

人身保险是以人的寿命和身体为保险标的的保险。

根据《保险法》，人身保险业务包括人寿保险、健康保险、意外伤害保险等保险业务。

人身保险的投保人在保险合同订立时，对被保险人应当具有保险利益。订立合同时，投保人对被保险人不具有保险利益的，合同无效。

投保人可以按照合同约定向保险人一次支付全部保险费或者分期支付保险费。

保险人对人寿保险的保险费，不得用诉讼方式要求投保人支付。

人身保险的受益人由被保险人或者投保人指定。投保人指定受益人时须经被保险人同意。投保人为与其有劳动关系的劳动者投保人身保险，不得指定被保险人及其近亲属以外的人为受益人。

2. 财产保险合同

财产保险是以财产及其有关利益为保险标的的保险。

根据《保险法》，财产保险业务包括财产损失保险、责任保险、信用保险、保证保险等保险业务。

财产保险的被保险人在保险事故发生时，对保险标的应当具有保险利益。

保险事故发生时，被保险人对保险标的不具有保险利益的，不得向保险人请求赔偿保险金。

保险标的转让的，保险标的的受让人承继被保险人的权利和义务。保险标的转让的，被保险人或者受让人应当及时通知保险人，但货物运输保险合同和另有约定的合同除外。

在合同有效期内，保险标的的危险程度显著增加的，被保险人应当按照合同约定及时通知保险人，保险人可以按照合同约定增加保险费或者解除合同。保险人解除合同的，应当将已收取的保险费，按照合同约定扣除自保险责任开始之日起至合同解除之日止应收的部分后，退还投保人。

被保险人未履行通知义务的，因保险标的的危险程度显著增加而发生的保险事故，保险人不承担赔偿保险金的责任。

考点 2 保险索赔★

一、及时通知保险人

《保险法》规定，投保人、被保险人或者受益人知道保险事故发生后，应当及时通知保险人。故意或者因重大过失未及时通知，致使保险事故的性质、原因、损失程度等难以确定的，保险人对无法确定的部分，不承担赔偿或者给付保险金的责任，但保险人通过其他途径已经及时知道或者应当及时知道保险事故发生的除外。

二、进行保险索赔须提供必要的、有效的证明

《保险法》规定，保险事故发生后，按照保险合同请求保险人赔偿或者给付保险金时，投保人、被保险人或者受益人应当向保险人提供其所能提供的与确认保险事故的性质、原因、损失程度等有关的证明和资料。

保险人按照合同的约定，认为有关的证明和资料不完整的，应当及时一次性通知投保人、被保险人或者受益人补充提供。

三、计算保险损失的金额

《保险法》规定，投保人和保险人约定保险标的的保险价值并在合同中载明的，保险标的发生损失时，以约定的保险价值为赔偿计算标准。

投保人和保险人未约定保险标的的保险价值的，保险标的发生损失时，以保险事故发生时保险标的的实际价值为赔偿计算标准。

保险损失大小和索赔项目见表 1-8-1。

表 1-8-1　保险损失大小和索赔项目

损失大小	索赔项目
保险财产全部损失	按照全损进行保险索赔
保险财产没有全部损失	按照部分损失进行保险索赔
财产虽然没有全部毁损或者灭失，但其损坏程度已达到无法修理的程度	按照全损进行索赔
财产虽然没有全部毁损或者灭失，能够修理但修理费将超过赔偿金额的	
如果一个建设工程项目同时由多家保险公司承保，则应当按照约定的比例分别向不同的保险公司提出索赔要求	

实战演练

［**2021 真题·单选**］关于保险索赔的说法，正确的是（　　）。

A. 投保人可以在保险事故发生后的任意时间向保险人提出索赔

B. 投保人仅需在保险事故发生后收集证据

C. 保险单上载明的保险财产修理费超过赔偿金额的，应当按照修理费全额赔偿

D. 一个建设工程项目同时由多家保险公司承保的，应当按照约定的比例分别向不同的保险公司提出索赔要求

［**解析**］选项 A 错误，投保人等应当及时提出保险索赔。投保人、被保险人或者受益人知道保险事故发生后，应当及时通知保险人。这与索赔的成功与否密切相关。因为资金有时间价值，如果保险事件发生后很长时间才能取得索赔，即使是全额赔偿也不足以补偿自己的全部损失。而且时间过长还会给索赔人的取证或保险人的理赔增加很大的难度。选项 B 错误，投保人在日常管理中应当注意证据的收集和保存。当保险事件发生后，更应注意证据收集，有时还需要有关部门的证明。选项 C 错误，保险单上载明的保险财产全部损失，应当按照全损进行保险索赔。保险单上载明的保险财产没有全部损失，应当按照部分损失进行保险索赔。但是，财产虽然没有全部毁损或者灭失，但其损坏程度已达到无法修理的程度，或者虽然能够修理但修理费将超过赔偿金额的，也应当按照全损进行索赔。

［**答案**］D

［2020 真题·单选］关于保险主体的说法，正确的是（　　）。

A. 被保险人负有支付保险费的义务

B. 投保人可以与被保险人不一致

C. 受益人应当是被保险人

D. 被保险人不得为两个以上

［解析］投保人是指与保险人订立保险合同，并按照保险合同约定负有支付保险费义务的人。被保险人是指其财产或者人身受保险合同保障，享有保险金请求权的人，投保人可以为被保险人。受益人是指人身保险合同中由被保险人或者投保人指定的享有保险金请求权的人，投保人、被保险人可以为受益人。

［答案］B

［2018 真题·单选］关于财产保险合同的说法，正确的是（　　）。

A. 保险合同不可以转让

B. 保险人不得以诉讼方式要求投保人支付保费

C. 保险合同中的危险具有损失发生的不确定性

D. 被保险人应当与投保人一致

［解析］选项 A 错误，在财产保险合同中，保险合同的转让应当通知保险人，经保险人同意继续承保后，依法转让合同。选项 B 错误，保险人对人寿保险的保险费，不得用诉讼方式要求投保人支付。选项 D 错误，保险合同在履行中还会涉及被保险人和受益人。被保险人是指其财产或者人身受保险合同保障，享有保险金请求权的人，投保人可以为被保险人。受益人是指人身保险合同中由被保险人或者投保人指定的享有保险金请求权的人，投保人、被保险人可以为受益人。

［答案］C

［经典例题·单选］在财产保险合同有效期内，保险标的的危险程度显著增加的，被保险人应当按照合同的约定及时通知保险人，保险人可以按照合同约定提出的权利主张是（　　）。

A. 减少保险费

B. 增加保险费，但无权解除合同

C. 增加保险费或者解除合同

D. 中止保险合同

［解析］在合同有效期内，保险标的的危险程度显著增加的，被保险人应当按照合同约定及时通知保险人，保险人可以按照合同约定增加保险费或者解除合同。

［答案］C

考点 3　建设工程保险★★★

工程中比较常见的保险种类有工程质量保险、工程保证保险、建筑工程一切险（及第三者责任险）、安装工程一切险（及第三者责任险）、工伤保险、意外伤害保险等。此处重点介绍建筑工程一切险（及第三者责任险）和安装工程一切险（及第三者责任险），见表 1-8-2。

表 1-8-2　建筑工程一切险和安装工程一切险

<table>
<tr><th>种类</th><th>建筑工程一切险（及第三者责任险）</th><th>安装工程一切险（及第三者责任险）</th></tr>
<tr><td>概念</td><td>建筑工程一切险是集财产损失险与责任险为一体的综合性保险，是承保各类民用、工业和公用事业建筑工程项目，在建造过程中因自然灾害或意外事故而引起的一切损失的险种</td><td>安装工程一切险是承保各种设备、装置的安装工程（包括电气、通风、给排水及设备安装等工作内容）的险种</td></tr>
<tr><td>投保人</td><td colspan="2">（1）发包人应投保建筑工程一切险或安装工程一切险；
（2）发包人委托承包人投保的，因投保产生的保险费和其他相关费用由发包人承担</td></tr>
<tr><td>被保险人</td><td colspan="2">（1）在建工程进行期间，对该项工程承担一定风险的有关各方（即具有可保利益的各方），均可作为被保险人；
（2）被保险人具体包括建设单位（业主或工程所有人）、承包商或者分包商、技术顾问及贷款银行等有关各方</td></tr>
<tr><td>保险责任范围</td><td colspan="2">（1）自然灾害，指地震、海啸、雷电、飓风、台风、龙卷风、风暴、暴雨、洪水、水灾、冻灾、冰雹、地崩、山崩、雪崩、火山爆发、地面下陷下沉及其他人力不可抗拒的、破坏力强大的自然现象；
（2）意外事故，指不可预料的以及被保险人无法控制并造成物质损失或人身伤亡的突发性事件，包括火灾和爆炸</td></tr>
<tr><td rowspan="2">除外责任</td><td>（1）设计错误引起的损失和费用；
（2）因原材料缺陷或工艺不善引起的保险财产本身的损失以及为换置、修理或矫正这些缺点错误所支付的费用</td><td>（1）因设计错误、铸造或原材料缺陷或工艺不善引起的保险财产本身的损失以及为换置、修理或矫正这些缺点错误所支付的费用；
（2）由于超负荷、超电压、碰线、电弧、漏电、短路、大气放电及其他电气原因造成电气设备或电气用具本身的损失；
（3）施工用机具、设备、机械装置失灵造成的本身损失</td></tr>
<tr><td colspan="2">（1）自然磨损、内在或潜在缺陷、物质本身变化、自燃、自热、氧化、锈蚀、渗漏、鼠咬、虫蛀、大气（气候或气温）变化、正常水位变化或其他渐变原因造成的保险财产自身的损失和费用；
（2）维修保养或正常检修的费用；
（3）档案、文件、账簿、票据、现金、各种有价证券、图表资料及包装物料的损失；
（4）盘点时发现的短缺；
（5）领有公共运输行驶执照的，或已由其他保险予以保障的车辆、船舶和飞机的损失；
（6）除非另有约定，在保险工程开始以前已经存在或形成的位于工地范围内或其周围的属于被保险人的财产的损失；
（7）除非另有约定，在本保险单保险期限终止以前，保险财产中已由工程所有人签发完工验收证书或验收合格或实际占有或使用或接收的部分</td></tr>
</table>

续表

种类	建筑工程一切险（及第三者责任险）	安装工程一切险（及第三者责任险）
第三者责任险	如果加保第三者责任险，保险人对下列原因造成的损失和费用，负责赔偿： (1) 在保险期限内，因发生与所保工程直接相关的意外事故引起工地内及邻近区域的第三者人身伤亡、疾病或财产损失； (2) 被保险人因上述原因支付的诉讼费用以及事先经保险人书面同意而支付的其他费用	
赔偿金额	保险人对每次事故引起的赔偿金额以法院或政府有关部门根据现行法律裁定的应由被保险人偿付的金额为准，但在任何情况下，均不得超过保险单明细表中对应列明的每次事故赔偿限额。在保险期限内，保险人经济赔偿的最高赔偿责任不得超过本保险单明细表中列明的累计赔偿限额	
保险期限	(1) 起始：开工时或材料设备运抵工地时（以先发生者为准）； (2) 终止：签发完工验收证书或验收合格，或实际占用或使用或接收时（以先发生者为准）； (3) 任何情况下，保险期限的起始或终止不得超出保险单明细表中列明的保险生效日或终止日	
特别规定	—	(1) 安装工程一切险的保险期内，一般应包括一个不超过3个月的试车考核期； (2) 安装工程一切险对于旧机器设备不负考核期的保险责任，也不承担其维修期的保险责任

实战演练

[2021真题·单选] 关于建筑工程一切险的说法，正确的是（　　）。

A. 建筑工程一切险必须加保第三者责任险

B. 在建筑工程一切险中，保险人仅对意外事故造成的损失和费用负责赔偿

C. 在建筑工程一切险中，保险人对设计错误引起的损失和费用不负责赔偿

D. 建筑工程一切险的被保险人不包括业主聘用的技术顾问

[解析] 选项A错误，建筑工程一切险往往还加保第三者责任险，但不是必须。选项B错误，在建筑工程一切险中，保险人对下列原因造成的损失和费用负责赔偿：①自然灾害，指地震、海啸、雷电、飓风、台风、龙卷风、风暴、暴雨、洪水、水灾、冻灾、冰雹、地崩、山崩、雪崩、火山爆发、地面下陷下沉及其他人力不可抗拒的、破坏力强大的自然现象；②意外事故，指不可预料的以及被保险人无法控制并造成物质损失或人身伤亡的突发性事件，包括火灾和爆炸。选项D错误，被保险人具体包括：①业主或工程所有人；②承包商或者分包商；③技术顾问，包括业主聘用的建筑师、工程师及其他专业顾问。

[答案] C

[2020真题·单选] 关于建筑工程一切险附加的第三者责任险的说法，正确的是（　　）。

A. 保险人承担保险责任的范围包括保险期限届满后30日内的损失

B. 产生损失的意外事故应当与所保工程直接相关

C. 人身伤亡、疾病或者财产损失的发生地仅限于施工场地内

D. 投保人的人员伤亡或者财产损失均包括在承保范围内

[解析] 选项 A 错误，建筑工程一切险的保险责任自保险工程在工地动工或用于保险工程的材料、设备运抵工地之时起始，至工程所有人对部分或全部工程签发完工验收证书或验收合格，或工程所有人实际占用或使用或接收该部分或全部工程之时终止，以先发生者为准。但在任何情况下，保险期限的起始或终止不得超出保险单明细表中列明的保险生效日或终止日。选项 C、D 错误，建筑工程一切险如果加保第三者责任险，保险人对下列原因造成的损失和费用负责赔偿：①在保险期限内，因发生与所保工程直接相关的意外事故引起工地内及邻近区域的第三者人身伤亡、疾病或财产损失；②被保险人因上述原因支付的诉讼费用以及事先经保险人书面同意而支付的其他费用。

[答案] B

[2019 真题 · 单选] 某建设单位与某施工企业签订了施工合同，约定开工日期为 2018 年 5 月 10 日，并于 5 月 15 日与保险公司签订了建筑工程一切险保险合同。同年 7 月 20 日施工企业将建筑材料运至工地。实际开工日期为同年 8 月 10 日。该建筑工程一切险保险责任的起始日期为（　　）。

A. 2018 年 5 月 10 日

B. 2018 年 5 月 15 日

C. 2018 年 7 月 20 日

D. 2018 年 8 月 10 日

[解析] 建筑工程一切险的保险责任自保险工程在工地动工或用于保险工程的材料、设备运抵工地之时起始，至工程所有人对部分或全部工程签发完工验收证书或验收合格，或工程所有人实际占用或使用或接收该部分或全部工程之时终止，以先发生者为准。但在任何情况下，保险期限的起始或终止不得超出保险单明细表中列明的保险生效日或终止日。

[答案] C

[经典例题 · 单选] 下列损失和费用中，属于建筑工程一切险的保险责任范围的是（　　）。

A. 爆炸造成的施工企业人员伤亡

B. 设计错误引起的损失和费用

C. 自燃造成的保险财产自身的损失和费用

D. 维修保养的费用

[解析] 保险人对下列原因造成的损失和费用负责赔偿：①自然灾害，指地震、海啸、雷电、飓风、台风、龙卷风、风暴、暴雨、洪水、水灾、冻灾、冰雹、地崩、山崩、雪崩、火山爆发、地面下陷下沉及其他人力不可抗拒的、破坏力强大的自然现象；②意外事故，指不可预料的以及被保险人无法控制并造成物质损失或人身伤亡的突发性事件，包括火灾和爆炸。

[答案] A

第九节　建设工程法律责任制度

考点 1 法律责任★

一、法律责任的概念

法律责任是指因违反了法定义务或契约义务，或不当行使法律权利、权力所产生的，由行为人承担的不利后果。就其性质而言，法律关系可以分为法律上的功利关系和法律上的道义关系，与此相适应，法律责任方式也可以分为补偿性方式和制裁性方式。

（1）法律责任首先表示为一种因违反法律上的义务（包括违约等）关系而形成的责任关系，它是以法律义务的存在为前提的。

（2）法律责任还表示为一种责任方式，即承担不利后果。

（3）法律责任具有内在逻辑性，即存在前因与后果的逻辑关系。

（4）法律责任的追究是由国家强制力实施或者潜在保证的。

二、法律责任的分类

法律责任包括刑事法律责任、民事法律责任、行政法律责任、违宪法律责任和国家赔偿责任等。

考点 2 建设工程民事责任★★★

（1）《民法典》规定，民事主体依照法律规定或者按照当事人约定，履行民事义务，承担民事责任。

➤ **名师点拨：**民事责任可以分为违约责任和侵权责任。

（2）承担民事责任的方式主要有：①停止侵害；②排除妨碍；③消除危险；④返还财产；⑤恢复原状；⑥修理、重作、更换；⑦继续履行；⑧赔偿损失；⑨支付违约金；⑩消除影响、恢复名誉；⑪赔礼道歉。

法律规定惩罚性赔偿的，依照其规定。

以上承担民事责任的方式，可以单独适用，也可以合并适用。

➤ **名师点拨：**针对“返还财产”，《民法典》规定，建设工程施工合同无效，但是建设工程经验收合格的，可以参照合同关于工程价款的约定折价补偿承包人。折价补偿主要有两种方式：一是参照无效合同中的约定价款；二是按当地市场价、定额量据实结算。

（3）民事主体因同一行为应当承担民事责任、行政责任和刑事责任的，承担行政责任或者刑事责任不影响承担民事责任；民事主体的财产不足以支付的，优先用于承担民事责任。

考点 3 建设工程行政责任★★

行政责任包括行政处罚和行政处分，见表 1-9-1。

表 1-9-1　行政处罚和行政处分

行政责任	行政处罚	行政处分
对象	普通自然人、法人、非法人组织	国家公务员
种类	根据《中华人民共和国行政处罚法》，行政处罚的种类有： （1）警告、通报批评； （2）罚款、没收违法所得、没收非法财物； （3）暂扣许可证件、降低资质等级、吊销许可证件； （4）限制开展生产经营活动、责令停产停业、责令关闭、限制从业； （5）行政拘留； （6）法律、行政法规规定的其他行政处罚	根据《行政机关公务员处分条例》，对行政机关公务员处分的种类有： （1）警告； （2）记过； （3）记大过； （4）降级； （5）撤职； （6）开除

考点 4　建设工程刑事责任★★

根据《中华人民共和国刑法》（以下简称《刑法》），刑罚分为主刑和附加刑，见表 1-9-2。

表 1-9-2　主刑和附加刑

主刑	附加刑
（1）管制； （2）拘役； （3）有期徒刑； （4）无期徒刑； （5）死刑	（1）罚金； （2）剥夺政治权利； （3）没收财产 注：附加刑也可以独立适用。对于犯罪的外国人，可以独立适用或者附加适用驱逐出境

实战演练

[2021 真题・单选] 下列责任承担方式，属于行政处罚的是（　　）。

A. 拘役　　B. 罚金

C. 停止损害　　D. 责令停产停业

[解析] 行政处罚的种类有：①警告、通报批评；②罚款、没收违法所得、没收非法财物；③暂扣许可证件、降低资质等级、吊销许可证件；④限制开展生产经营活动、责令停产停业、责令关闭、限制从业；⑤行政拘留；⑥法律、行政法规规定的其他行政处罚。

[答案] D

[2021 真题・单选] 下列法律责任中，属于刑事责任的是（　　）。

A. 没收财产　　B. 罚款

C. 没收违法所得财产　　D. 拘留

[解析] 刑罚分为主刑和附加刑。主刑的种类有：①管制；②拘役；③有期徒刑；④无期徒刑；⑤死刑。附加刑的种类有：①罚金；②剥夺政治权利；③没收财产；④驱逐出境。

[答案] A

［2020 真题 · 单选］ 建设工程施工合同无效，但已完工程验收合格，应当返还财产。关于返还财产的说法，正确的是（　　）。

A. 返还财产是指将已完工程拆除后返还施工企业

B. 折价返还应当按照建安工程费用适当下浮

C. 折价返还应当按照合同约定的价款进行

D. 折价返还可以按照当地市场价、定额量据实结算

［解析］ 执行返还财产的方式是“折价返还”，即承包人已经施工完成的工程，发包人按照“折价返还”的规则支付工程价款。主要有两种方式：一是参照无效合同中的约定价款；二是按当地市场价、定额量据实结算。

［答案］ D

［2019 真题 · 单选］ 根据《刑法》，下列刑事责任中，属于主刑的是（　　）。

A. 罚金　　B. 没收财产

C. 驱逐出境　　D. 拘役

［解析］ 刑罚分为主刑和附加刑。主刑的种类有：①管制；②拘役；③有期徒刑；④无期徒刑；⑤死刑。附加刑的种类有：①罚金；②剥夺政治权利；③没收财产；④驱逐出境。

［答案］ D

［2018 真题 · 单选］ 下列法律后果中，属于民事责任承担方式的是（　　）。

A. 解除合同　　B. 继续履行

C. 罚款　　D. 合同无效

［解析］ 承担民事责任的方式主要有：①停止侵害；②排除妨碍；③消除危险；④返还财产；⑤恢复原状；⑥修理、重作、更换；⑦继续履行；⑧赔偿损失；⑨支付违约金；⑩消除影响、恢复名誉；⑪赔礼道歉。

［答案］ B

［2017 真题 · 多选］ 某施工企业在施工过程中，由于保护措施不当，致使毗邻建筑物开裂和倾斜。受害人将该施工企业诉至法院，提出的下列诉讼请求可以获得支持的有（　　）。

A. 停止侵害　　B. 消除危险

C. 消除影响　　D. 恢复原状

E. 赔偿损失

［解析］ 承担民事责任的方式主要有：①停止侵害；②排除妨碍；③消除危险；④返还财产；⑤恢复原状；⑥修理、重作、更换；⑦继续履行；⑧赔偿损失；⑨支付违约金；⑩消除影响、恢复名誉；⑪赔礼道歉。本题中，对于施工不当造成的毗邻建筑物处于危险状态和财产损害，应对其使用停止侵害、消除危险、恢复原状、赔偿损失等方式进行保护。

［答案］ABDE

［经典例题·多选］下列行政责任的承担方式中，属于行政处分的有（　　）。

A. 警告　　B. 记过

C. 降级　　D. 撤职

E. 罚款

［解析］行政处分的种类有警告、记过、记大过、降级、撤职、开除。选项 E 属于行政处罚。

［答案］ABCD

考点 5　生产经营单位及其有关人员犯罪及其刑事责任★★

根据《刑法》，生产经营单位及其有关人员犯罪及其刑事责任如下：

一、重大责任事故罪

在生产、作业中违反有关安全管理的规定，因而发生重大伤亡事故或者造成其他严重后果的，处 3 年以下有期徒刑或者拘役；情节特别恶劣的，处 3 年以上 7 年以下有期徒刑。

二、强令、组织他人违章冒险作业罪

强令他人违章冒险作业，或者明知存在重大事故隐患而不排除，仍冒险组织作业，因而发生重大伤亡事故或者造成其他严重后果的，处 5 年以下有期徒刑或者拘役；情节特别恶劣的，处 5 年以上有期徒刑。

三、重大劳动安全事故罪

安全生产设施或者安全生产条件不符合国家规定，因而发生重大伤亡事故或者造成其他严重后果的，对直接负责的主管人员和其他直接责任人员，处 3 年以下有期徒刑或者拘役；情节特别恶劣的，处 3 年以上 7 年以下有期徒刑。

四、工程重大安全事故罪

建设单位、设计单位、施工单位、工程监理单位违反国家规定，降低工程质量标准，造成重大安全事故的，对直接责任人员，处 5 年以下有期徒刑或者拘役，并处罚金；后果特别严重的，处 5 年以上 10 年以下有期徒刑，并处罚金。

五、不报、谎报安全事故罪

在安全事故发生后，负有报告职责的人员不报或者谎报事故情况，贻误事故抢救，情节严重的，处 3 年以下有期徒刑或者拘役；情节特别严重的，处 3 年以上 7 年以下有期徒刑。

六、串通投标罪

投标人相互串通投标报价，损害招标人或者其他投标人利益，情节严重的，处 3 年以下有期徒刑或者拘役，并处或者单处罚金。投标人与招标人串通投标，损害国家、集体、公民的合法利益的，依照上述规定处罚。

实战演练

［2016 真题·单选］两家施工企业协商后同时参加一个项目的投标，给建设单位造成重大损失，则该两家施工企业直接责任人应承担的刑事责任是（　　）。

A. 徇私舞弊罪　　B. 玩忽职守罪

C. 串通投标罪　　D. 重大责任事故罪

［解析］串通投标罪：投标人相互串通投标报价，损害招标人或者其他投标人利益，情节严重的，处 3 年以下有期徒刑或者拘役，并处或者单处罚金。投标人与招标人串通投标，损害国家、集体、公民的合法利益的，依照上述规定处罚。

［答案］C

［2015 真题·单选］某开发商在一大型商场项目的开发建设中，违反国家规定，擅自降低工程质量标准，因而造成重大安全事故。该事故责任主体应该承担的刑事责任是（　　）。

A. 工程重大安全事故罪　　B. 重大责任事故罪

C. 重大劳动安全事故罪　　D. 串通投标罪

［解析］工程重大安全事故罪：建设单位、设计单位、施工单位、工程监理单位违反国家规定，降低工程质量标准，造成重大安全事故的，对直接责任人员，处 5 年以下有期徒刑或者拘役，并处罚金；后果特别严重的，处 5 年以上 10 年以下有期徒刑，并处罚金。根据本题题意，擅自降低工程质量标准，因而造成重大安全事故，构成了工程重大安全事故罪。

［答案］A

［经典例题·单选］在施工过程中，某施工企业的安全生产条件不符合国家规定，致使多人重伤、死亡。该施工企业的行为构成（　　）。

A. 重大责任事故罪　　B. 强令违章冒险作业罪

C. 重大劳动安全事故罪　　D. 工程重大安全事故罪

［解析］重大劳动安全事故罪：安全生产设施或者安全生产条件不符合国家规定，因而发生重大伤亡事故或者造成其他严重后果的，对直接负责的主管人员和其他直接责任人员，处 3 年以下有期徒刑或者拘役；情节特别恶劣的，处 3 年以上 7 年以下有期徒刑。

［答案］C

第二章

施工许可法律制度

名师导学

建设工程施工许可的专业性、技术性极强，因此使建设工程具备施工条件及对从业单位、专业技术人员进行严格的过程管控，对于规范建设市场秩序，保证工程质量和施工安全，保障公民生命财产安全和国家财产安全，提高投资效益，意义重大。

本章主要从建设单位开工前的施工许可、施工单位的企业资质和建造师资格审批三个角度进行讲解，以相关法律条文规定为主，学习时要重点注意对关键词的考查。

考情分析

近四年考试真题分值统计表（单位：分）

节序	节名	2022年		2021年Ⅰ批		2021年Ⅱ批		2020年		2019年	
		单选	多选	单选	多选	单选	多选	单选	多选	单选	多选
第一节	建设工程施工许可制度	1	0	1	0	1	0	1	0	1	0
第二节	施工企业从业资格制度	1	0	1	0	1	0	1	0	1	0
第三节	建造师注册执业制度	2	0	0	2	0	2	2	2	2	0
合计		4	0	2	2	2	2	4	2	4	0

第一节　建设工程施工许可制度

施工许可制度，是由国家授权的有关行政主管部门，在建设工程开工之前对其是否符合法定的开工条件进行审核，对符合条件的建设工程允许其开工建设的法定制度。我国目前对建设工程开工条件的审批，包括颁发“施工许可证”和批准“开工报告”两种形式。施工许可证是指建设工程开始施工前，建设单位向建设行政主管部门申请的可以施工的证明。目前，我国建设工程的多数工程是采用办理施工许可证的形式，由住房城乡建设主管部门审批，作为开发计划；部分工程则采用批准开工报告的形式，由国家发展改革主管部门审批，作为基建计划。

考点 1　施工许可证和开工报告的适用范围★★★

一、施工许可证

（一）需要办理施工许可证的建设工程

根据《建筑工程施工许可管理办法》，在中华人民共和国境内从事各类房屋建筑及其附属设施的建造、装修装饰和与其配套的线路、管道、设备的安装，以及城镇市政基础设施工程的施工，建设单位在开工前应当依照本办法的规定，向工程所在地的县级以上地方人民政府住房城乡建设主管部门（以下简称发证机关）申请领取施工许可证。

（二）不需要办理施工许可证的建设工程

（1）国务院建设行政主管部门确定的限额以下的小型工程。

《建筑工程施工许可管理办法》规定，工程投资额在 30 万元以下或者建筑面积在 300 平方米以下的建筑工程，可以不申请办理施工许可证。省、自治区、直辖市人民政府住房城乡建设主管部门可以根据当地的实际情况，对限额进行调整，并报国务院住房城乡建设主管部门备案。

（2）抢险救灾及其他临时性房屋建筑。

（3）农民自建低层住宅的建筑活动。

（4）军用房屋建筑工程。

（5）不重复办理施工许可证的建设工程。

按照国务院规定的权限和程序批准开工报告的建筑工程，不再领取施工许可证。

二、开工报告

2019 年 5 月 5 日发布的《政府投资条例》规定，国务院规定应当审批开工报告的重大政府投资项目，按照规定办理开工报告审批手续后方可开工建设。

开工报告是建设单位依照国家有关规定向计划行政主管部门申请准予开工的文件。

实战演练

[**2020 真题·单选**] 关于施工许可证适用范围的说法，正确的是（　　）。

A. 实行开工报告批准制度的建设工程，不再领取施工许可证

B. 工程投资额在 50 万元以下的建筑工程，可以不申请办理施工许可证

C. 房屋建筑配套的线路、管道、设备的安装工程，无须申请办理施工许可证

D. 建筑面积超过 300 平方米的临时性房屋建筑需办理施工许可证

[**解析**] 选项 A 正确，按照国务院规定的权限和程序批准开工报告的建筑工程，无须办理施工许可证。选项 B 错误，工程投资额在 30 万元以下或者建筑面积在 300 平方米以下的建筑工程，可以不申请办理施工许可证。选项 C 错误，房屋建筑配套的线路、管道、设备的安装工程，需要申请办理施工许可证。选项 D 错误，抢险救灾及其他临时性房屋建筑和农民自建低层住宅的建筑活动，不适用本法，不需要办理施工许可证。

[**答案**] A

[**2018 真题·单选**] 关于施工许可的说法，正确的是（　　）。

A. 省级人民政府建设主管部门对小型工程限额的调整，应当报国务院住房城乡建设主管部门备案

B. 农民自建低层住宅的，应当申请领取施工许可证

C. 限额以下小型工程应当申请领取施工许可证

D. 施工分包合同签订后，申请领取施工许可证

[**解析**] 根据《建筑法》的规定，国务院建设行政主管部门确定的限额以下的小型工程，可以不申请办理施工许可证。《建筑工程施工许可管理办法》规定，工程投资额在 30 万元以下或者建筑面积在 300 平方米以下的建筑工程，可以不申请办理施工许可证。省、自治区、直辖市人民政府住房城乡建设主管部门可以根据当地的实际情况，对限额进行调整，并报国务院住房城乡建设主管部门备案。

[**答案**] A

考点 2 施工许可证的申请与颁发★

根据《建筑法》，建筑工程开工前，建设单位应当按照国家有关规定向工程所在地县级以上人民政府建设行政主管部门申请领取施工许可证。

发证机关应当自收到申请之日起 7 日内，对符合条件的申请颁发施工许可证。

考点 3 施工许可证的法定批准条件★★

施工许可证的法定批准条件见表 2-1-1。

表 2-1-1　施工许可证的法定批准条件

《建筑法》	《建筑工程施工许可管理办法》
(1) 已经办理该建筑工程用地批准手续; (2) 依法应当办理建设工程规划许可证的，已经取得建设工程规划许可证; (3) 需要拆迁的，其拆迁进度符合施工要求; (4) 已经确定建筑施工企业; (5) 有满足施工需要的资金安排、施工图纸及技术资料; (6) 有保证工程质量和安全的具体措施	(1) 依法应当办理用地批准手续的，已经办理该建筑工程用地批准手续; (2) 依法应当办理建设工程规划许可证的，已经取得建设工程规划许可证; (3) 施工场地已经基本具备施工条件，需要征收房屋的，其进度符合施工要求; (4) 已经确定施工企业; (5) 有满足施工需要的资金安排、施工图纸及技术资料，建设单位应当提供建设资金已经落实承诺书，施工图设计文件已按规定审查合格; (6) 有保证工程质量和安全的具体措施

一、依法应当办理用地批准手续的，已经办理该建筑工程用地批准手续

根据《土地管理法》，经批准的建设项目需要使用国有建设用地的，建设单位应当持法律、行政法规规定的有关文件，向有批准权的县级以上人民政府土地行政主管部门提出建设用地申请，经土地行政主管部门审查，报本级人民政府批准。

《中华人民共和国土地管理法实施条例》规定，抢险救灾、疫情防控等急需使用土地的，可以先行使用土地。其中，属于临时用地的，用后应当恢复原状并交还原土地使用者使用，不再办理用地审批手续；属于永久性建设用地的，建设单位应当在不晚于应急处置工作结束6个月内申请补办建设用地审批手续。

二、依法应当办理建设工程规划许可证的，已经取得建设工程规划许可证

建设工程规划许可证包括“建设用地规划许可证”和“建设工程规划许可证”。

(1) 建设用地规划许可证，向城市、县人民政府城乡规划主管部门申请。

《中华人民共和国城乡规划法》(以下简称《城乡规划法》) 规定，通过划拨方式提供土地使用权的，取得建设用地规划许可证后，方可向县级以上人民政府土地主管部门申请用地，划拨土地。通过出让方式提供土地使用权的，签订国有土地使用权出让合同后，领取建设用地规划许可证。

(2) 建设工程规划许可证，向城市、县人民政府城乡规划主管部门或者省级人民政府确定的镇人民政府申请办理。

➤ **名师点拨：**建设用地规划许可证确定土地用途；建设工程规划许可证规定建筑规模，包括平面红线、高程红线及地下红线。

(3)《城乡规划法》规定，在乡、村庄规划区内进行乡镇企业、乡村公共设施和公益事业建设的，须核发乡村建设规划许可证。

三、已经确定施工企业

根据《建筑工程施工许可管理办法》，按照规定应当招标的工程没有招标，应当公开招标的工程没有公开招标，或者肢解发包工程，以及将工程发包给不具备相应资质条件的企业的，所确定的施工企业无效。

四、有保证工程质量和安全的具体措施

根据《建设工程质量管理条例》，工程质量监督手续可以与施工许可证或者开工报告合并办理。

施工企业编制的施工组织设计中有根据建筑工程特点制定的相应质量、安全技术措施。建立工程质量安全责任制并落实到人。专业性较强的工程项目编制了专项质量、安全施工组织设计，并按照规定办理了工程质量、安全监督手续。

实战演练

［**2021 真题 · 单选**］在申请领取施工许可证应当具备的条件中，关于施工图纸及技术资料的说法，正确的是（　　）。

A. 有施工方案设计即可

B. 有经审查合格的施工图设计文件

C. 有初步设计图纸并通过初步设计审查

D. 有注册执业人员签章的施工图

［**解析**］申请领取施工许可证应当具备的条件：有满足施工需要的资金安排、施工图纸及技术资料，建设单位应当提供建设资金已经落实承诺书，施工图设计文件已按规定审查合格等。

［**答案**］B

［**经典例题 · 单选**］关于申请领取施工许可证的条件的说法，正确的是（　　）。

A. 有保证工程进度的基本制度

B. 建设工程所需投资已经全部到位

C. 施工图设计文件已按规定通过了审查

D. 已经与施工企业签订了合作协议

［**解析**］根据《建筑工程施工许可管理办法》，建设单位申请领取施工许可证，应当具备下列条件，并提交相应的证明文件：①依法应当办理用地批准手续的，已经办理该建筑工程用地批准手续；②依法应当办理建设工程规划许可证的，已经取得建设工程规划许可证；③施工场地已经基本具备施工条件，需要征收房屋的，其进度符合施工要求；④已经确定施工企业；⑤有满足施工需要的资金安排、施工图纸及技术资料，建设单位应当提供建设资金已经落实承诺书，施工图设计文件已按规定审查合格；⑥有保证工程质量和安全的具体措施。

［**答案**］C

［**经典例题 · 单选**］关于城市、镇规划许可证的说法，正确的是（　　）。

A. 以划拨方式提供国有土地使用权的建设项目，建设单位在取得划拨土地之后，方可向城市、县人民政府城乡规划主管部门提出建设用地规划许可申请

B. 以出让方式取得国有土地使用权的建设项目，建设单位在取得建设用地规划许可证之后，才能取得国有土地使用权

C. 以划拨方式提供国有土地使用权的建设项目，建设单位在取得建设用地规划许可证后，方可向县级以上地方人民政府土地主管部门申请用地

D. 以出让方式取得国有土地使用权的建设项目，在签订国有土地使用权出让合同后，建设单位应当向城市、县人民政府建设行政主管部门领取建设用地规划许可证

[解析] 在城市、镇规划区内以划拨方式提供国有土地使用权的建设项目，建设单位在取得建设用地规划许可证后，方可向县级以上地方人民政府土地主管部门申请用地，经县级以上人民政府审批后，由土地主管部门划拨土地。以出让方式取得国有土地使用权的建设项目，在签订国有土地使用权出让合同后，建设单位应当持建设项目的批准、核准、备案文件和国有土地使用权出让合同，向城市、县人民政府城乡规划主管部门领取建设用地规划许可证。

[答案] C

[经典例题·多选] 关于建筑工程项目申请领取施工许可证条件的说法，正确的有（　　）。

A. 有保证工程安全的总体部署

B. 成片开发的住宅小区工程已经委托监理

C. 建设单位应当提供建设资金已经落实承诺书

D. 施工图设计文件已通过审查

E. 有保证工程质量的具体措施

[解析] 根据《建筑工程施工许可管理办法》，建设单位申请领取施工许可证，应当具备下列条件，并提交相应的证明文件：①依法应当办理用地批准手续的，已经办理该建筑工程用地批准手续；②依法应当办理建设工程规划许可证的，已经取得建设工程规划许可证；③施工场地已经基本具备施工条件，需要征收房屋的，其进度符合施工要求；④已经确定施工企业；⑤有满足施工需要的资金安排、施工图纸及技术资料，建设单位应当提供建设资金已经落实承诺书，施工图设计文件已按规定审查合格；⑥有保证工程质量和安全的具体措施。

[答案] CDE

考点 4　延期开工、核验和重新办理批准的规定★★★

扫码听课

根据《建筑法》，延期开工、核验和重新办理批准的规定见表 2-1-2。

表 2-1-2　延期开工、核验和重新办理批准的规定

施工许可证	延期施工规定	（1）自领证之日起3个月内开工； （2）不能按期开工的，应当申请延期；延期以两次为限，每次不超过3个月； （3）施工许可证自行废止的情形：①施工许可证有效期内不开工又不申请延期的；②施工许可证超过延期时限的
	中止施工规定	（1）因故中止施工的，建设单位应当自中止施工之日起1个月内，向发证机关报告并做好现场维护工作； （2）中止施工＜1年，恢复施工时，应当向发证机关报告； （3）中止施工≥1年，恢复施工前，建设单位应当报发证机关核验施工许可证（符合条件，恢复施工；不符合条件，收回证书重新领取）
开工报告	因故不能按期开工超过6个月的，应当重新办理开工报告的批准手续	

实战演练

[**2022 真题·单选**] 根据《建筑法》，在建的建筑工程因故中止施工的，关于施工许可证的说法，正确的是（　　）。

A. 施工企业应当自中止施工之日起 1 个月内，向发证机关报告

B. 中止施工未满 1 年的，无须向发证机关报告

C. 无正当理由中止施工的，施工许可证自行失效

D. 中止施工满 1 年的工程恢复施工前，建设单位应当报发证机关核验施工许可证

[**解析**]《建筑法》规定，在建的建筑工程因故中止施工的，建设单位应当自中止施工之日起 1 个月内，向发证机关报告，选项 A 错误。建筑工程恢复施工时，应当向发证机关报告；中止施工满 1 年的工程恢复施工前，建设单位应当报发证机关核验施工许可证，选项 B 错误，选项 D 正确。既不开工又不申请延期或者超过延期时限的，施工许可证自行废止，选项 C 错误。

[**答案**] D

[**2021 真题·单选**] 关于施工许可证申请延期的说法，正确的是（　　）。

A. 自领取施工许可证之日起 6 个月内因故不能按期开工的，应当申请延期

B. 延期以三次为限，每次不得超过 3 个月

C. 既不开工又不申请延期的，施工许可证由发证机关废止

D. 超过延期时限的施工许可证，自行废止

[**解析**] 建设单位应当自领取施工许可证之日起 3 个月内开工。因故不能按期开工的，应当向发证机关申请延期；延期以两次为限，每次不超过 3 个月。既不开工又不申请延期或者超过延期时限的，施工许可证自行废止。

[**答案**] D

[**经典例题·单选**] 某建设单位于 2014 年 2 月 1 日领取施工许可证，由于某种原因工程未能按期开工，该建设单位按照《建筑法》的规定向发证机关申请延期，该工程最迟应当在（　　）开工。

A. 2014 年 3 月 1 日　　B. 2014 年 5 月 1 日

C. 2014 年 8 月 1 日　　D. 2014 年 11 月 1 日

[**解析**] 建设单位应当自领取施工许可证之日起 3 个月内开工，因故不能按期开工的，应当向发证机关申请延期；延期以两次为限，每次不得超过 3 个月。因此，该工程最迟应在领取施工许可证之日起 9 个月内开工。

[**答案**] D

[**经典例题·单选**] 关于施工许可制度的说法，正确的是（　　）。

A. 中止施工满 1 年经核验不符合条件的，应当收回其施工许可证

B. 领取施工许可证后因故不能按期开工超过 6 个月的，施工许可证自行废止

C. 因故中止施工，恢复施工后 1 个月内应向发证机关报告

D. 批准开工报告的工程因故中止施工的，应当重新办理批准手续

[解析] 因故不能按期开工的，应当向发证机关申请延期；延期以两次为限，每次不超过3个月。既不开工又不申请延期或者超过延期时限的，施工许可证自行废止，选项B错误。在建的建筑工程因故中止施工的，建设单位应当自中止施工之日起1个月内，向发证机关报告，并按照规定做好建筑工程的维护管理工作，选项C错误。按照国务院有关规定批准开工报告的建筑工程，因故不能按期开工或者中止施工的，应当及时向批准机关报告情况。因故不能按期开工超过6个月的，应当重新办理开工报告的批准手续，选项D错误。

[答案] A

[经典例题·多选] 2018年1月15日，某建设单位为其工程领取了施工许可证，因未能按期开工，建设单位于2018年3月10日、5月10日两次向发证机关报告了工程准备的进展情况，直到2018年7月1日开工建设。关于该工程施工许可证的说法，正确的有（　　）。

A. 该工程施工许可证自行废止

B. 延期开工未超过6个月，施工许可证继续有效

C. 应当在2018年4月15日前申请延期

D. 不能按时开工，应当在1个月内报告

E. 2018年7月1日开工之前，需要重新申领施工许可证

[解析] 建设单位应当自领取施工许可证之日起3个月内开工。因故不能按期开工的，应当向发证机关申请延期；延期以两次为限，每次不超过3个月。既不开工又不申请延期或者超过延期时限的，施工许可证自行废止。本题中，因5月10日超过延期时限，故施工许可证自行废止。在建的建筑工程因故中止施工的，建设单位应当自中止施工之日起1个月内，向发证机关报告，并按照规定做好建筑工程的维护管理工作。

[答案] ACE

第二节　施工企业从业资格制度

施工单位即建筑业企业，是指从事土木工程、建筑工程、线路管道设备安装工程的新建、扩建、改建等施工活动的企业。

根据《建筑业企业资质管理规定》，企业应当按照其拥有的资产、主要人员、已完成的工程业绩和技术装备等条件申请建筑业企业资质，经审查合格，取得建筑业企业资质证书后，方可在资质许可的范围内从事建筑施工活动。

考点 1　企业资质的法定条件★

《建筑业企业资质标准》总则中规定，具有法人资格的企业申请建筑业企业资质应具备下列基本条件：

（1）具有满足本标准要求的资产。

（2）具有满足本标准要求的注册建造师及其他注册人员、工程技术人员、施工现场管理人员和技术工人。

《住房城乡建设部关于简化建筑业企业资质标准部分指标的通知》（建市〔2016〕226号）规定，除各类别最低等级资质外，取消关于注册建造师、中级以上职称人员、持有岗位证书的现场管理人员、技术工人的指标考核。

（3）具有满足本标准要求的工程业绩。

（4）具有必要的技术装备。

考点 2 施工企业的资质序列★

《建筑业企业资质标准》规定，施工资质分为综合资质、施工总承包资质、专业承包资质和专业作业资质。其中，综合资质不分类别和等级；施工总承包资质设有13个类别，分为2个等级（甲级、乙级）；专业承包资质设有18个类别，一般分为2个等级（甲级、乙级，部分专业不分等级）；专业作业资质不分类别和等级。

考点 3 施工企业资质证书的申请、延续和变更★★★

根据《建筑业企业资质管理规定》，施工企业资质证书的相关内容见表2-2-1。

表2-2-1 施工企业资质证书的相关内容

项目	具体要求
申请	企业可以申请一项或多项建筑业企业资质。企业首次申请或增项申请资质，应当申请最低等级资质
使用	根据《住房城乡建设部关于印发〈建筑业企业资质管理规定和资质标准实施意见〉的通知》（建市〔2015〕20号），每套新版建筑业企业资质证书包括1个正本和1个副本，每本证书上均印制二维码标识。为切实减轻企业负担，各有关部门和单位在对企业跨地区承揽业务监督管理、招标活动中，不得要求企业提供建筑业企业资质证书原件，企业资质情况可通过扫描建筑业企业资质证书复印件的二维码查询
延续	资质证书有效期为5年。建筑业企业资质证书有效期届满，企业继续从事建筑施工活动的，应当于资质证书有效期届满3个月前，向原资质许可机关提出延续申请。资质许可机关应当在建筑业企业资质证书有效期届满前作出是否准予延续的决定；逾期未作出决定的，视为准予延续
变更	企业在建筑业资质证书有效期内名称、地址、注册资本、法定代表人等发生变更的，应当在工商部门办理变更手续后1个月内办理资质证书变更手续
更换、遗失补办	（1）企业需更换、遗失补办建筑业企业资质证书的，应当持建筑业企业资质证书更换、遗失补办申请等材料向资质许可机关申请办理。资质许可机关应当在2个工作日内办理完毕； （2）企业遗失建筑业企业资质证书的，在申请补办前应当在公众媒体上刊登遗失声明； （3）《住房和城乡建设部关于取消部分部门规章和规范性文件设定的证明事项的决定》（建法规〔2019〕6号）进一步规定，申请人不再需要在公众媒体上声明作废，由申请人告知资质许可机关，由资质许可机关在官网发布信息

续表

项目	具体要求
合并、分立、改制	企业发生合并、分立、重组以及改制等事项，需承继原建筑业企业资质的，应当申请重新核定建筑业企业资质等级
不予批准企业资质升级申请和增项申请	根据《建筑业企业资质管理规定》，企业申请建筑业企业资质升级、资质增项，在申请之日起前1年至资质许可决定作出前，有下列情形之一的，资质许可机关不予批准其建筑业企业资质升级申请和增项申请： (1) 超越本企业资质等级或以其他企业的名义承揽工程，或允许其他企业或个人以本企业的名义承揽工程的； (2) 与建设单位或企业之间相互串通投标，或以行贿等不正当手段谋取中标的； (3) 未取得施工许可证擅自施工的； (4) 将承包的工程转包或违法分包的； (5) 违反国家工程建设强制性标准施工的； (6) 恶意拖欠分包企业工程款或者劳务人员工资的； (7) 隐瞒或谎报、拖延报告工程质量安全事故，破坏事故现场、阻碍对事故调查的； (8) 按照国家法律、法规和标准规定需要持证上岗的现场管理人员和技术工种作业人员未取得证书上岗的； (9) 未依法履行工程质量保修义务或拖延履行保修义务的； (10) 伪造、变造、倒卖、出租、出借或者以其他形式非法转让建筑业企业资质证书的； (11) 发生过较大以上质量安全事故或者发生过两起以上一般质量安全事故的； (12) 其他违反法律、法规的行为

考点 4　建筑业企业资质证书的撤回、撤销、注销和吊销★★

一、撤回（合法取得资质后，不再具备条件）

根据《建筑业企业资质管理规定》，企业不再符合相应建筑业企业资质标准要求条件的，县级以上地方人民政府住房城乡建设主管部门、其他有关部门，应当责令其限期改正并向社会公告，整改期限最长不超过3个月；企业整改期间不得申请建筑业企业资质的升级、增项，不能承揽新的工程；逾期仍未达到建筑业企业资质标准要求条件的，资质许可机关可以撤回其建筑业企业资质证书。

被撤回建筑业企业资质证书的企业，可以在资质被撤回后3个月内，向资质许可机关提出核定低于原等级同类别资质的申请。

二、撤销（非法手段取得资质）

根据《建筑业企业资质管理规定》，有下列情形之一的，资质许可机关应当撤销建筑业企业资质：

(1) 资质许可机关工作人员滥用职权、玩忽职守准予资质许可的。

(2) 超越法定职权准予资质许可的。

(3) 违反法定程序准予资质许可的。

(4) 对不符合资质标准条件的申请企业准予资质许可的。

(5) 以欺骗、贿赂等不正当手段取得资质许可的。

(6) 依法可以撤销资质许可的其他情形。

三、注销(取消登记在册的事项)

根据《建筑业企业资质管理规定》,有下列情形之一的,资质许可机关应当依法注销建筑业企业资质,并向社会公布其建筑业企业资质证书作废,企业应当及时将建筑业企业资质证书交回资质许可机关:

(1) 资质证书有效期届满,未依法申请延续的。

(2) 企业依法终止的。

(3) 资质证书依法被撤回、撤销或吊销的。

(4) 企业提出注销申请的。

(5) 法律、法规规定的应当注销建筑业企业资质的其他情形。

四、吊销

吊销是指由有管辖权力的部门要求原来准许进行某项活动的对象停止该项活动并收回准许文本的执行过程。起因基本是由于该对象违背或违反了发放文本时的约定。吊销是一种行使法律的处罚行为,具有强制性和制裁性。

实战演练

[**2021 真题·单选**] 关于建筑企业资质证书变更的说法,正确的是( )。

A. 建筑企业资质证书遗失补办的,由申请人告知资质许可机关,由资质许可机关在官网发布信息

B. 企业在建筑企业资质证书有效期内注册资本发生变更的,不必办理资质证书变更手续

C. 国务院住房城乡建设主管部门颁发的建筑业企业资质证书的变更,企业应当直接向国务院住房城乡建设主管部门提出变更申请

D. 企业发生合并、分立、重组以及改制等事项时,可以直接承继原建筑业企业资质

[**解析**] 选项 B 错误,企业在建筑业资质证书有效期内名称、地址、注册资本、法定代表人等发生变更的,应当在工商部门办理变更手续后 1 个月内办理资质证书变更手续。选项 C 错误,由国务院住房城乡建设主管部门颁发的建筑业企业资质证书的变更,企业应当向企业工商注册所在地省、自治区、直辖市人民政府住房城乡建设主管部门提出变更申请,省、自治区、直辖市人民政府住房城乡建设主管部门应当自受理申请之日起 2 日内将有关变更证明材料报国务院住房城乡建设主管部门,由国务院住房城乡建设主管部门在 2 日内办理变更手续。选项 D 错误,企业发生合并、分立、重组以及改制等事项,需承继原建筑业企业资质的,应当申请重新核定建筑业企业资质等级。

[**答案**] A

［**2020 真题·单选**］关于建筑业企业资质证书期限延续的说法，正确的是（　　）。

A. 企业资质证书有效期为 3 年

B. 企业应当于资质证书有效期届满 5 个月前，向原资质许可机关提出延续申请

C. 资质许可机关逾期未作出决定的，视为准予延续

D. 资质许可机关应当于资质证书有效期届满 1 个月前作出是否准予延续的决定

［**解析**］选项 A 错误，《建筑业企业资质管理规定》规定，企业资质证书有效期为 5 年。选项 B 错误，有效期届满，企业继续从事建筑施工活动的，应当于资质证书有效期届满 3 个月前，向原资质许可机关提出延续申请。选项 C 正确，选项 D 错误，资质许可机关应当在建筑业企业资质证书有效期届满前作出是否准予延续的决定；逾期未作出决定的，视为准予延续。

［**答案**］C

［**2020 真题·单选**］资质许可机关应当注销建筑业企业资质的情形是（　　）。

A. 施工企业发生合并、分立、重组以及改制的

B. 施工企业资质证书有效期届满，未依法申请延续的

C. 施工企业被责令停产整顿的

D. 施工企业名称、地址、法定代表人发生变更的

［**解析**］有下列情形之一的，资质许可机关应当依法注销建筑业企业资质，并向社会公布其建筑业企业资质证书作废，企业应当及时将建筑业企业资质证书交回资质许可机关：①资质证书有效期届满，未依法申请延续的；②企业依法终止的；③资质证书依法被撤回、撤销或吊销的；④企业提出注销申请的；⑤法律、法规规定的应当注销建筑业企业资质的其他情形。

［**答案**］B

［**2017 真题·单选**］根据《建筑业企业资质管理规定》，关于施工企业资质证书的说法，正确的是（　　）。

A. 资质许可机关未在企业资质证书有效期届满前作出是否准予延续资质证书决定的，视为不准予延续

B. 企业发生合并、分立、重组以及改制等事项，可以直接承继原施工企业资质

C. 资质证书有效期届满，未依法申请延续的，资质许可机关应当撤回其资质证书

D. 项目未取得施工许可证，施工企业擅自施工的，资质许可机关不予批准该施工企业的资质升级申请和增项申请

［**解析**］选项 A 错误，资质许可机关应当在建筑业企业资质证书有效期届满前作出是否准予延续的决定；逾期未作出决定的，视为准予延续。选项 B 错误，企业发生合并、分立、重组以及改制等事项，需承继原建筑业企业资质的，应当申请重新核定建筑业企业资质等级，而非直接承继原企业的资质等级。选项 C 错误，企业不再符合相应建筑业企业资质标准要求条件的，县级以上地方人民政府住房城乡建设主管部门和其他有关部门按规定撤回；资质证书有效期届满，未依法申请延续的，应当注销。

［答案］D

［经典例题·单选］关于施工企业资质证书的申请、延续和变更的说法，正确的是（　　）。

A. 企业首次申请资质应当申请最低等级资质，但增项申请资质不必受此限制

B. 施工企业发生合并需承继原建筑业企业资质的，不必重新核定建筑业企业资质等级

C. 被撤回建筑业企业资质的企业，可以在资质被撤回后6个月内，向资质许可机关提出核定低于原等级同类别资质的申请

D. 资质许可机关逾期未作出资质准予延续决定的，视为准予延续

［解析］选项A错误，企业首次申请或增项申请资质，应当申请最低等级资质。选项B错误，施工企业发生合并需承继原建筑业企业资质的，应重新核定建筑业企业资质等级。选项C错误，被撤回建筑业企业资质证书的企业，可以在资质被撤回后3个月内，向资质许可机关提出核定低于原等级同类别资质的申请。

［答案］D

［经典例题·单选］可以撤销建筑业企业资质的情形是（　　）。

A. 企业取得资质后不再符合相应资质条件的

B. 企业取得资质后发生重大安全事故的

C. 资质许可机关违反法定程序准予资质许可的

D. 资质证书有效期到期后未及时办理续期手续的

［解析］有下列情形之一的，资质许可机关应当撤销建筑业企业资质：①资质许可机关工作人员滥用职权、玩忽职守准予资质许可的；②超越法定职权准予资质许可的；③违反法定程序准予资质许可的；④对不符合资质标准条件的申请企业准予资质许可的；⑤以欺骗、贿赂等不正当手段取得资质许可的。选项A是撤回建筑业企业资质的情形；选项B不是撤销建筑业企业资质的情形；选项D是注销建筑业企业资质的情形。

［答案］C

考点 5 承揽工程“三个禁止”★★

一、禁止无资质承揽工程

《建筑法》规定，承包建筑工程的单位应当持有依法取得的资质证书，并在其资质等级许可的业务范围内承揽工程。

《最高人民法院关于审理建设工程施工合同纠纷案件适用法律问题的解释（一）》规定，承包人未取得建筑业企业资质时签订的建设工程施工合同认定为无效合同。

实际施工人以转包人、违法分包人为被告起诉的，人民法院应当依法受理。

实际施工人以发包人为被告主张权利的，人民法院应当追加转包人或者违法分包人为本案第三人，在查明发包人欠付转包人或者违法分包人建设工程价款的数额后，判决发包人在欠付建设工程价款范围内对实际施工人承担责任。

➤ **名师点拨**：实际施工人主要指无资质承包主体，其签订的专业分包合同或者劳务分包合同都是无效合同。

二、禁止越级承揽工程

《建筑法》规定，禁止建筑施工企业超越本企业资质等级许可的业务范围或者以任何形式用其他建筑施工企业的名义承揽工程。

《最高人民法院关于审理建设工程施工合同纠纷案件适用法律问题的解释（一）》规定，承包人超越资质等级签订的建设工程施工合同认定为无效合同。

三、禁止以其他企业或其他企业以本企业名义承揽工程

《建筑法》规定，禁止建筑施工企业以任何形式允许其他单位或者个人使用本企业的资质证书、营业执照，以本企业的名义承揽工程。

《房屋建筑和市政基础设施工程施工分包管理办法》规定，分包工程发包人没有将其承包的工程进行分包，在施工现场所设项目管理机构的项目负责人、技术负责人、项目核算负责人、质量管理人员、安全管理人员不是工程承包人本单位人员的，视同允许他人以本企业名义承揽工程。

考点 6 违法行为应承担的法律责任★

一、企业申请办理资质违法行为应承担的法律责任

根据《建筑业企业资质管理规定》，申请人隐瞒有关情况或者提供虚假材料申请建筑业企业资质的，不予受理或者不予行政许可，并给予警告，申请人在1年内不得再次申请建筑业企业资质。

以欺骗、贿赂等不正当手段取得建筑业企业资质证书的，由县级以上地方人民政府建设主管部门或者有关部门给予警告，并依法处以罚款，申请人3年内不得再次申请建筑业企业资质。

二、允许其他单位或者个人以本单位名义承揽工程应承担的法律责任

《建筑法》规定，建筑施工企业转让、出借资质证书或者以其他方式允许他人以本企业的名义承揽工程的，责令改正，没收违法所得，并处罚款，可以责令停业整顿，降低资质等级；情节严重的，吊销资质证书。对因该项承揽工程不符合规定的质量标准造成的损失，建筑施工企业与使用本企业名义的单位或者个人承担连带赔偿责任。

三、将建设工程分包给不具备相应资质条件的单位（即违法分包）应承担的法律责任

《建筑法》规定，承包单位将承包的工程转包的，或者违反本法规定进行分包的，责令改正，没收违法所得，并处罚款，可以责令停业整顿，降低资质等级；情节严重的，吊销资质证书。

承包单位有以上规定的违法行为的，对因转包工程或者违法分包的工程不符合规定的质量标准造成的损失，与接受转包或者分包的单位承担连带赔偿责任。

实战演练

[2018 真题·单选] 关于承揽工程业务的说法，正确的是（　　）。

A. 企业承揽分包工程，应当取得相应建筑业企业资质

B. 不具有相应资质等级的施工企业，可以采取同一专业联合承包的方式满足承揽工程业务要求

C. 施工企业与项目经理部签订内部承包协议，属于允许他人以本企业名义承揽工程

D. 自然人可以成为承揽分包工程业务的主体

[解析] 选项B错误，《建筑法》规定，两个以上不同资质等级的单位实行联合共同承包的，应当按照资质等级低的单位的业务许可范围承揽工程。选项C错误，《房屋建筑和市政基础设施工程施工分包管理办法》规定，分包工程发包人没有将其承包的工程进行分包，在施工现场所设项目管理机构的项目负责人、技术负责人、项目核算负责人、质量管理人员、安全管理人员不是工程承包人本单位人员的，视同允许他人以本企业名义承揽工程。选项D错误，《房屋建筑和市政基础设施工程施工分包管理办法》规定，分包工程承包人必须具有相应的资质，并在其资质等级许可的范围内承揽业务。严禁个人承揽分包工程业务。

[答案] A

[2017 真题·单选] 某建设工程施工招标，甲公司中标后将其转包给不具有相应资质等级的乙公司，乙施工过程不符合规定的质量标准，给建设单位造成损失。关于向建设单位承担赔偿责任的说法，正确的是（　　）。

A. 甲、乙承担连带赔偿责任

B. 建设单位与甲有合同关系，应由甲承担赔偿责任

C. 乙为实际施工人，应由乙承担赔偿责任

D. 甲和乙承担按份赔偿责任

[解析]《建筑法》规定，承包单位将承包的工程转包的，或者违反本法规定进行分包的，责令改正，没收违法所得，并处罚款，可以责令停业整顿，降低资质等级；情节严重的，吊销资质证书。承包单位有以上规定的违法行为的，对因转包工程或者违法分包的工程不符合规定的质量标准造成的损失，与接受转包或者分包的单位承担连带赔偿责任。

[答案] A

[2016 真题·单选] 某工程由甲施工企业承包，施工现场检查发现项目部的项目经理、技术负责人、质量管理人员和安全管理人员都是乙施工企业的职工，则甲的行为视同（　　）。

A. 违法分包

B. 与他人联合承揽工程

C. 允许他人使用本企业名义承揽工程

D. 使用其他企业名义承揽工程

[解析] 分包工程发包人没有将其承包的工程进行分包，在施工现场所设项目管理机构的项目负责人、技术负责人、项目核算负责人、质量管理人员、安全管理人员不是工程承包人本单位人员的，视同允许他人以本企业名义承揽工程。

[答案] C

［2015真题·单选］根据《建筑业企业资质管理规定》，施工企业隐瞒相关情况或提供虚假材料申请建筑业企业资质的，不予受理并给予警告，申请人在（　　）内不得再次申请。

A. 4年　　B. 3年　　C. 2年　　D. 1年

［解析］申请人隐瞒有关情况或者提供虚假材料申请建筑业企业资质的，不予受理或者不予行政许可，并给予警告，申请人在1年内不得再次申请建筑业企业资质。

［答案］D

［经典例题·单选］根据《最高人民法院关于审理建设工程施工合同纠纷案件适用法律问题的解释（一）》，下列说法正确的是（　　）。

A. 实际施工人只能起诉与其有合同关系的转包人或违法分包人

B. 发包人只在欠付工程价款范围内对实际施工人承担责任

C. 实际施工人以发包人为被告主张权利的，人民法院可以追加转包人或违法分包人为本案当事人

D. 发包人、转包人或违法分包人对实际施工人就工程价款的清偿承担连带责任

［解析］实际施工人以转包人、违法分包人为被告起诉的，人民法院应当依法受理。实际施工人以发包人为被告主张权利的，人民法院应当追加转包人或者违法分包人为本案第三人，在查明发包人欠付转包人或者违法分包人建设工程价款的数额后，判决发包人在欠付建设工程价款范围内对实际施工人承担责任。

［答案］B

第三节　建造师注册执业制度

注册建造师是指通过考核认定或考试合格取得中华人民共和国建造师资格证书（以下简称资格证书），并按照规定注册，取得中华人民共和国建造师注册证书（以下简称注册证书）和执业印章，担任施工单位项目负责人及从事相关活动的专业技术人员。

未取得注册证书和执业印章的，不得担任大中型建设工程项目的施工单位项目负责人，不得以注册建造师的名义从事相关活动。

根据《注册建造师管理规定》，注册建造师实行注册执业管理制度，注册建造师分为一级注册建造师和二级注册建造师。取得资格证书的人员，经过注册方能以注册建造师的名义执业。

考点 1　二级建造师的注册★★

根据《注册建造师管理规定》，取得二级建造师资格证书的人员申请注册，由省、自治区、直辖市人民政府建设主管部门负责受理和审批。

一、初始注册

申请初始注册时应当具备以下条件：①经考核认定或考试合格取得资格证书；②受聘于一个相关单位；③达到继续教育要求；④没有《注册建造师管理规定》中规定的不予注册的

情形。

初始注册者，可自资格证书签发之日起 3 年内提出申请。逾期未申请者，须符合本专业继续教育的要求后方可申请初始注册。

二、延续注册

注册证书和执业印章是注册建造师的执业凭证，由注册建造师本人保管、使用。注册证书与执业印章有效期为 3 年。

注册有效期满需继续执业的，应当在注册有效期届满 30 日前，按照规定申请延续注册。延续注册的，有效期为 3 年。

申请延续注册的，应当提交下列材料：①注册建造师延续注册申请表；②原注册证书；③申请人与聘用单位签订的聘用劳动合同复印件或其他有效证明文件；④申请人注册有效期内达到继续教育要求的证明材料。

三、变更注册

在注册有效期内，注册建造师变更执业单位，应当与原聘用单位解除劳动关系，并按照规定办理变更注册手续，变更注册后仍延续原注册有效期。

申请变更注册的，应当提交下列材料：①注册建造师变更注册申请表；②注册证书和执业印章；③申请人与新聘用单位签订的聘用合同复印件或有效证明文件；④工作调动证明（与原聘用单位解除聘用合同或聘用合同到期的证明文件、退休人员的退休证明）。

根据《注册建造师执业管理办法（试行）》的规定，注册建造师变更聘用企业的，应当在与新聘用企业签订聘用合同后的 1 个月内，通过新聘用企业申请办理变更手续。因变更注册申报不及时影响注册建造师执业、导致工程项目出现损失的，由注册建造师所在聘用企业承担责任，并作为不良行为记入企业信用档案。

聘用企业与注册建造师解除劳动关系的，应当及时申请办理注销注册或变更注册。

四、不予注册

申请人有下列情形之一的，不予注册：

（1）不具有完全民事行为能力的。

（2）申请在两个或者两个以上单位注册的。

（3）未达到注册建造师继续教育要求的。

（4）受到刑事处罚，刑事处罚尚未执行完毕的。

（5）因执业活动受到刑事处罚，自刑事处罚执行完毕之日起至申请注册之日止不满 5 年的。

（6）因前项规定以外的原因受到刑事处罚，自处罚决定之日起至申请注册之日止不满 3 年的。

（7）被吊销注册证书，自处罚决定之日起至申请注册之日止不满 2 年的。

（8）在申请注册之日前 3 年内担任项目经理期间，所负责项目发生过重大质量和安全事故的。

（9）申请人的聘用单位不符合注册单位要求的。

（10）年龄超过 65 周岁的。

（11）法律、法规规定不予注册的其他情形。

考点 2　二级建造师注册证书、执业印章的失效及注销★

根据《注册建造师管理规定》，注册建造师有下列情形之一的，其注册证书和执业印章失效：①聘用单位破产的；②聘用单位被吊销营业执照的；③聘用单位被吊销或者撤回资质证书的；④已与聘用单位解除聘用合同关系的；⑤注册有效期满且未延续注册的；⑥年龄超过 65 周岁的；⑦死亡或不具有完全民事行为能力的；⑧其他导致注册失效的情形。

注册建造师有下列情形之一的，由注册机关办理注销手续，收回注册证书和执业印章或者公告其注册证书和执业印章作废：①有以上规定的注册证书和执业印章失效情形发生的；②依法被撤销注册的；③依法被吊销注册证书的；④受到刑事处罚的；⑤法律、法规规定应当注销注册的其他情形。

考点 3　二级建造师继续教育的规定★

根据《注册建造师继续教育管理暂行办法》，注册一个专业的建造师在每一注册有效期内应参加继续教育不少于 120 学时，其中必修课 60 学时，选修课 60 学时。注册两个及以上专业的，每增加一个专业还应参加所增加专业 60 学时的继续教育，其中必修课 30 学时，选修课 30 学时。

实战演练

[2021 真题·单选] 根据《注册建造师管理规定》，申请人申请注册的下列情形中，不予注册的是（　　）。

A. 因执业活动受到刑事处罚，自刑事处罚执行完毕之日起至申请注册之日止已满 7 年的

B. 申请人的聘用单位不符合注册单位要求的

C. 年龄超过 60 周岁的

D. 被吊销注册证书，自处罚决定之日起至申请注册之日止已满 3 年的

[解析] 申请人有下列情形之一的，不予注册：①不具有完全民事行为能力的；②申请在两个或者两个以上单位注册的；③未达到注册建造师继续教育要求的；④受到刑事处罚，刑事处罚尚未执行完毕的；⑤因执业活动受到刑事处罚，自刑事处罚执行完毕之日起至申请注册之日止不满 5 年的；⑥因前项规定以外的原因受到刑事处罚，自处罚决定之日起至申请注册之日止不满 3 年的；⑦被吊销注册证书，自处罚决定之日起至申请注册之日止不满 2 年的；⑧在申请注册之日前 3 年内担任项目经理期间，所负责项目发生过重大质量和安全事故的；⑨申请人的聘用单位不符合注册单位要求的；⑩年龄超过 65 周岁的；⑪法律、法规规定不予注册的其他情形。

[答案] B

[2019 真题·单选] 关于注册建造师延续注册的说法，正确的是（　　）。

A. 延续注册申请应当在注册有效期满前 3 个月内提出

B. 延续注册有效期为 3 年

C. 申请延续注册只需要提供原注册证书

D. 延续注册执业期间不能申请变更注册

[解析] 注册证书和执业印章是注册建造师的执业凭证，由注册建造师本人保管、使用。注册证书与执业印章有效期为3年。注册有效期满需继续执业的，应当在注册有效期届满30日前，按照规定申请延续注册。延续注册的，有效期为3年。申请延续注册的，应当提交下列材料：①注册建造师延续注册申请表；②原注册证书；③申请人与聘用单位签订的聘用劳动合同复印件或其他有效证明文件；④申请人注册有效期内达到继续教育要求的证明材料。

[答案] B

[2017真题·单选] 关于二级建造师变更注册的说法，正确的是（　　）。

A. 变更注册后，注册有效期重新计算

B. 申请变更注册应当提交工作调动证明

C. 因变更注册申报不及时导致工程项目出现损失的，由注册建造师承担责任

D. 变更注册只能由原聘用企业申请

[解析] 选项A错误，在注册有效期内，注册建造师变更执业单位，应当与原聘用单位解除劳动关系，并按照规定办理变更注册手续，变更注册后仍延续原注册有效期。选项C错误，因变更注册申报不及时影响注册建造师执业、导致工程项目出现损失的，由注册建造师所在聘用企业承担责任，并作为不良行为记入企业信用档案。选项D错误，注册建造师变更聘用企业的，应当在与新聘用企业签订聘用合同后的1个月内，通过新聘用企业申请办理变更手续。

[答案] B

考点4 建造师的受聘单位★

根据《注册建造师管理规定》，取得资格证书的人员应当受聘于一个具有建设工程勘察、设计、施工、监理、招标代理、造价咨询等一项或者多项资质的单位，经注册后方可从事相应的执业活动。担任施工单位项目负责人的，应当受聘并注册于一个具有施工资质的企业。

建造师不仅可以在施工单位担任建设工程施工项目的项目经理，也可以在勘察、设计、监理、招标代理、造价咨询等单位或具有多项上述资质的单位执业。

考点5 二级建造师的执业岗位范围★★★

根据《建造师执业资格制度暂行规定》，建造师的执业范围包括：

（1）担任建设工程项目施工的项目经理。

（2）从事其他施工活动的管理工作。

（3）法律、行政法规或国务院建设行政主管部门规定的其他业务。

根据《注册建造师执业管理办法（试行）》，二级注册建造师可以承担中、小型工程施工项目负责人。

注册建造师不得同时担任两个及以上建设工程施工项目负责人。发生下列情形之一的除外：

（1）同一工程相邻分段发包或分期施工的。

（2）合同约定的工程验收合格的。

（3）因非承包方原因致使工程项目停工超过 120 天（含），经建设单位同意的。

注册建造师担任施工项目负责人期间原则上不得更换。如发生下列情形之一的，应当办理书面交接手续后更换施工项目负责人：

（1）发包方与注册建造师受聘企业已解除承包合同的。

（2）发包方同意更换项目负责人的。

（3）因不可抗力等特殊情况必须更换项目负责人的。

注册建造师担任施工项目负责人，在其承建的建设工程项目竣工验收或移交项目手续办结前，除以上规定的情形外，不得变更注册至另一企业。

考点 6 建造师的基本权利和义务★★

根据《注册建造师管理规定》，建造师的基本权利和义务见表 2-3-1。

表 2-3-1 建造师的基本权利和义务

权利	义务
（1）使用注册建造师名称； （2）在规定范围内从事执业活动； （3）在本人执业活动中形成的文件上签字并加盖执业印章； （4）保管和使用本人注册证书、执业印章； （5）对本人执业活动进行解释和辩护； （6）接受继续教育； （7）获得相应的劳动报酬； （8）对侵犯本人权利的行为进行申述	（1）遵守法律、法规和有关管理规定，恪守职业道德； （2）执行技术标准、规范和规程； （3）保证执业成果的质量，并承担相应责任； （4）接受继续教育，努力提高执业水准； （5）保守在执业中知悉的国家秘密和他人的商业、技术等秘密； （6）与当事人有利害关系的，应当主动回避； （7）协助注册管理机关完成相关工作

建设工程施工活动中形成的有关工程施工管理文件，应当由注册建造师签字并加盖执业印章。施工单位签署质量合格的文件上，必须有注册建造师的签字盖章。

根据《注册建造师执业管理办法（试行）》的规定，在建设工程施工管理相关文件上签字并加盖执业印章，签章文件作为工程竣工备案的依据。

注册建造师签章完整的工程施工管理文件方为有效。注册建造师有权拒绝在不合格或者有弄虚作假内容的建设工程施工管理文件上签字并加盖执业印章。

建设工程合同包含多个专业工程的，担任施工项目负责人的注册建造师，负责该工程施工管理文件签章。专业工程独立发包时，注册建造师执业范围涵盖该专业工程的，可担任该专业工程施工项目负责人。

分包工程施工管理文件应当由分包企业注册建造师签章。分包企业签署质量合格的文件上，必须由担任总包项目负责人的注册建造师签章。

修改注册建造师签字并加盖执业印章的工程施工管理文件，应当征得所在企业同意后，由注册建造师本人进行修改；注册建造师本人不能进行修改的，应当由企业指定同等资格条件的注册建造师修改，由其签字并加盖执业印章。

考点 7 禁止"挂证"等不良行为★★

职业资格"挂证"是指将本人持有的职业资格证书违规挂靠到非工作单位名下，以获取报酬或谋取其他利益的行为。存在社会保险缴纳单位与注册单位不一致的人员，应当按照《住房城乡建设部办公厅等关于开展工程建设领域专业技术人员职业资格"挂证"等违法违规行为专项整治的通知》(建办市〔2018〕57号)的规定，在自查自纠阶段予以整改。因客观原因暂时无法完成整改的，应当及时以书面形式向注册所在地省级住房和城乡建设主管部门说明原因并承诺整改期限，整改期限原则上不得超过规定自查自纠整改时间1个月。逾期仍未改正的，按"挂证"行为处理。

根据《住房和城乡建设部办公厅关于做好工程建设领域专业技术人员职业资格"挂证"等违法违规行为专项整治工作的补充通知》，对实际工作单位与注册单位一致，但社会保险缴纳单位与注册单位不一致的人员，以下情形，原则上不认定为"挂证"行为：

(1) 达到法定退休年龄正式退休和依法提前退休的。

(2) 因事业单位改制等原因保留事业单位身份，实际工作单位为所在事业单位下属企业，社会保险由该事业单位缴纳的。

(3) 属于大专院校所属勘察设计、工程监理、工程造价单位聘请的本校在职教师或科研人员，社会保险由所在院校缴纳的。

(4) 属于军队自主择业人员的。

(5) 因企业改制、征地拆迁等买断社会保险的。

(6) 有法律法规、国家政策依据的其他情形。

担任建设工程施工项目负责人的注册建造师在执业过程中，应当及时、独立完成建设工程施工管理文件签章，无正当理由不得拒绝在文件上签字并加盖执业印章。

实战演练

[2021真题·单选] 下列情形中，属于"挂证"的是(　　)。

A. 达到法定退休年龄正式退休和依法提前退休，实际工作单位与注册单位一致，但社会保险缴纳单位与注册单位不一致的

B. 因事业单位改制等原因保留事业单位身份，实际工作单位为所在事业单位下属企业，社会保险由该事业单位缴纳的

C. 社会保险缴纳单位与注册单位一致，实际工作单位与注册单位不一致的

D. 属于军队自主择业人员，实际工作单位与注册单位一致，社会保险缴纳单位与注册单位不一致的

[解析] 对实际工作单位与注册单位一致，但社会保险缴纳单位与注册单位不一致的人员，以下情形，原则上不认定为"挂证"行为：①达到法定退休年龄正式退休和依法提前退休的，选项A不属于"挂证"；②因事业单位改制等原因保留事业单位身份，实际工作单位为所在事业单位下属企业，社会保险由该事业单位缴纳的，选项B不属于"挂证"；③属于大专院校所属勘察设计、工程监理、工程造价单位聘请的本校在职教师或科研人员，社会保险由所在院校缴纳的；④属于军队自主择业人员的，选项D不属于"挂

证”；⑤因企业改制、征地拆迁等买断社会保险的；⑥有法律法规、国家政策依据的其他情形。

[答案] C

[2021 真题·单选] 关于二级建造师执业的说法，正确的是（　　）。

A. 建造师未受聘于施工企业也可以担任该企业施工项目负责人

B. 二级建造师可以在造价咨询企业执业

C. 注册建造师担任施工项目负责人期间一律不得更换

D. 注册建造师担任施工项目负责人期间一律不得变更注册到另一企业

[解析] 选项 A 错误，取得资格证书的人员应当受聘于一个具有建设工程勘察、设计、施工、监理、招标代理、造价咨询等一项或者多项资质的单位，经注册后方可从事相应的执业活动。担任施工单位项目负责人的，应当受聘并注册于一个具有施工资质的企业。选项 C、D 错误，注册建造师担任施工项目负责人期间原则上不得更换。如发生下列情形之一的，应当办理书面交接手续后更换施工项目负责人：①发包方与注册建造师受聘企业已解除承包合同的；②发包方同意更换项目负责人的；③因不可抗力等特殊情况必须更换项目负责人的。建设工程合同履行期间变更项目负责人的，企业应当于项目负责人变更 5 个工作日内报建设行政主管部门和有关部门及时进行网上变更。注册建造师担任施工项目负责人，在其承建的建设工程项目竣工验收或移交项目手续办结前，除以上规定的情形外，不得变更注册至另一企业。

[答案] B

[2020 真题·单选] 下列施工管理文件签章及修改的做法中，正确的是（　　）。

A. 分包单位签署质量合格的文件，应当由担任总承包项目负责人的注册建造师签章

B. 分包工程的施工管理文件应当由总承包企业注册建造师签章

C. 注册建造师已经签章的施工管理文件的修改，由其本人直接进行并自行负责

D. 修改注册建造师已经签章的施工管理文件，所在施工企业可以指定具有高级职称的技术人员直接修改

[解析] 分包企业签署质量合格的文件上，必须由担任总包项目负责人的注册建造师签章。分包工程施工管理文件应当由分包企业注册建造师签章。修改注册建造师签字并加盖执业印章的工程施工管理文件，应当征得所在企业同意后，由注册建造师本人进行修改；注册建造师本人不能进行修改的，应当由企业指定同等资格条件的注册建造师修改，由其签字并加盖执业印章。

[答案] A

[2020 真题·单选] 关于二级建造师职业岗位的说法，正确的是（　　）。

A. 二级建造师可以在设计单位担任注册结构工程师

B. 二级建造师只能受聘并注册于施工企业

C. 二级建造师职业岗位限于工程项目施工的项目经理

D. 二级建造师可以担任中小型项目的项目经理

[解析] 选项A错误，建造师不仅可以在施工单位担任建设工程施工项目的项目经理，也可以在勘察、设计、监理、招标代理、造价咨询等单位或具有多项上述资质的单位执业，但不能担任注册结构工程师。选项B错误，《注册建造师管理规定》规定，取得资格证书的人员应当受聘于一个具有建设工程勘察、设计、施工、监理、招标代理、造价咨询等一项或者多项资质的单位，经注册后方可从事相应的执业活动，并不是只能受聘并注册于施工企业。选项C错误，《建造师执业资格制度暂行规定》规定，建造师的执业范围包括：①担任建设工程项目施工的项目经理；②从事其他施工活动的管理工作；③法律、行政法规或国务院建设行政主管部门规定的其他业务。二级建造师职业岗位并不是限于工程项目施工的项目经理。

[答案] D

[2018真题·单选] 担任施工项目负责人的注册建造师，在所负责的工程项目竣工验收手续办结前，不得变更注册到另一施工企业，除非（　　）。

A. 施工企业同意更换项目负责人

B. 建设单位与施工企业产生了合同纠纷

C. 因不可抗力暂停施工

D. 建设单位同意更换项目负责人

[解析] 注册建造师担任施工项目负责人期间原则上不得更换。如发生下列情形之一的，应当办理书面交接手续后更换施工项目负责人：①发包方与注册建造师受聘企业已解除承包合同的；②发包方同意更换项目负责人的；③因不可抗力等特殊情况必须更换项目负责人的。建设工程合同履行期间变更项目负责人的，企业应当于项目负责人变更5个工作日内报建设行政主管部门和有关部门及时进行网上变更。注册建造师担任施工项目负责人，在其承建的建设工程项目竣工验收或移交项目手续办结前，除以上规定的情形外，不得变更注册至另一企业。

[答案] D

[2015真题·单选] 根据《注册建造师执业管理办法（试行）》，注册建造师可以同时担任两个及以上项目负责人的情形是（　　）。

A. 两个项目的发包人是同一单位

B. 因发包人原因导致停工超过3个月

C. 合同约定的工程验收合格，正在办理工程结算

D. 建造师同时具有两个专业的执业资格

[解析] 注册建造师不得同时担任两个及以上建设工程施工项目负责人。发生下列情形之一的除外：①同一工程相邻分段发包或分期施工的；②合同约定的工程验收合格的；③因非承包方原因致使工程项目停工超过120天（含），经建设单位同意的。

[答案] C

［经典例题·单选］甲为某事业单位的技术人员，取得二级建造师资格证书后，正确的做法是（　　）。

A. 甲不辞职，即可受聘并注册于一个施工企业

B. 甲辞职后，可以受聘并注册于一个勘察企业

C. 甲不辞职，即可受聘并注册于一个设计企业

D. 甲辞职后，只能受聘并注册于一个施工企业

［解析］取得资格证书的人员应当受聘于一个具有建设工程勘察、设计、施工、监理、招标代理、造价咨询等一项或者多项资质的单位，经注册后方可从事相应的执业活动。

［答案］B

［经典例题·单选］关于注册建造师的权利和义务的说法，正确的是（　　）。

A. 修改注册建造师已签字并加盖执业印章的工程施工管理文件，只能由注册建造师本人修改

B. 注册建造师享有保管和使用本人注册证书、执业印章的权利

C. 注册建造师可以超出聘用单位业务范围从事执业活动

D. 高校教师可以以注册建造师的名义执业

［解析］选项A错误，修改注册建造师签章的工程施工管理文件，应当征得所在企业同意后，由注册建造师本人进行修改，注册建造师本人不能进行修改的，应当由企业指定同等资格条件的注册建造师修改，由其签字并加盖执业印章。选项C错误，注册建造师不得超出执业范围和聘用单位业务范围从事执业活动。选项D错误，取得资格证书的人员应当受聘于一个具有建设工程勘察、设计、施工、监理、招标代理、造价咨询等一项或者多项资质的单位，经注册后方可从事相应的执业活动。

［答案］B

［经典例题·单选］根据《住房和城乡建设部办公厅关于做好工程建设领域专业技术人员职业资格“挂证”等违法违规行为专项整治工作的补充通知》，下列实际工作单位与注册单位一致，但社会保险缴纳单位与注册单位不一致的人员，原则上不认定为“挂证”的是（　　）。

A. 某国有企业改制，按该企业政策内退，但仍由该企业缴纳社会保险的职工

B. 在某造价咨询公司注册并实际工作，但由某商贸公司缴纳社会保险的军队转业人员

C. 某城建大学所属设计院聘用的该校在职教师

D. 在某监理公司注册并实际工作，但由某劳务公司缴纳社会保险的因征地拆迁暂无居所的人员

［解析］对实际工作单位与注册单位一致，但社会保险缴纳单位与注册单位不一致的人员，以下情形，原则上不认定为“挂证”行为：①达到法定退休年龄正式退休和依法提前退休的；②因事业单位改制等原因保留事业单位身份，实际工作单位为所在事业单位下属企业，社会保险由该事业单位缴纳的；③属于大专院校所属勘察设计、工程监理、工程造价单位聘请的本校在职教师或科研人员，社会保险由所在院校缴纳的；④属于军队自主择业人员的；⑤因企业改制、征地拆迁等买断社会保险的；⑥有法律法规、国家政策依据的其他情形。

［答案］C

考点 8 注册建造师不良行为记录的认定标准★

根据《注册建造师执业管理办法（试行）》，注册建造师有下列行为之一，经有关监督部门确认后由工程所在地建设主管部门或有关部门记入注册建造师执业信用档案：①《注册建造师执业管理办法（试行）》所列注册建造师不得有的行为（如下文所示）；②未履行注册建造师职责，造成质量、安全、环境事故的；③泄露商业秘密的；④无正当理由拒绝或未及时签字盖章的；⑤未按要求提供注册建造师信用档案信息的；⑥未履行注册建造师职责，造成不良社会影响的；⑦未履行注册建造师职责，导致项目未能及时交付使用的；⑧不配合办理交接手续的；⑨不积极配合有关部门监督检查的。

《注册建造师执业管理办法（试行）》规定，注册建造师不得有下列行为：①不按设计图纸施工；②使用不合格建筑材料；③使用不合格设备、建筑构配件；④违反工程质量、安全、环保和用工方面的规定；⑤在执业过程中，索贿、行贿、受贿或者谋取合同约定费用外的其他不法利益；⑥签署弄虚作假或在不合格文件上签章；⑦以他人名义或允许他人以自己的名义从事执业活动；⑧同时在两个或者两个以上企业受聘并执业；⑨超出执业范围和聘用企业业务范围从事执业活动；⑩未变更注册单位，而在另一家企业从事执业活动；⑪所负责工程未办理竣工验收或移交手续前，变更注册到另一企业；⑫伪造、涂改、倒卖、出租、出借或以其他形式非法转让资格证书、注册证书和执业印章；⑬不履行注册建造师义务和法律、法规、规章禁止的其他行为。

实战演练

[2020 真题·单选] 关于记入注册建造师执业信用档案的说法，正确的是（　　）。

A. 注册建造师无正当理由拒绝或者未及时签字盖章的，记入注册建造师执业信用档案

B. 注册建造师不配合办理交接手续的，视情况记入注册建造师执业信用档案

C. 注册建造师透露建设单位商业信息的，记入注册建造师执业信用档案

D. 注册建造师修改施工文件的，记入注册建造师执业信用档案

[解析] 注册建造师有下列行为之一，经有关监督部门确认后由工程所在地建设主管部门或有关部门记入注册建造师执业信用档案：①《注册建造师执业管理办法（试行）》所列注册建造师不得有的行为；②未履行注册建造师职责，造成质量、安全、环境事故的；③泄露商业秘密的；④无正当理由拒绝或未及时签字盖章的；⑤未按要求提供注册建造师信用档案信息的；⑥未履行注册建造师职责，造成不良社会影响的；⑦未履行注册建造师职责，导致项目未能及时交付使用的；⑧不配合办理交接手续的；⑨不积极配合有关部门监督检查的。

[答案] A

[2018 真题·单选] 注册建造师的下列行为中，可以记入注册建造师执业信用档案的是（　　）。

A. 泄露商业秘密的

B. 对设计变更有异议的

C. 经常外出参会的

D. 拒绝执行监理工程师指令的

[**解析**] 根据《注册建造师执业管理办法（试行）》的规定，注册建造师有下列行为之一，经有关监督部门确认后由工程所在地建设主管部门或有关部门记入注册建造师执业信用档案：①《注册建造师执业管理办法（试行）》所列注册建造师不得有的行为；②未履行注册建造师职责，造成质量、安全、环境事故的；③泄露商业秘密的；④无正当理由拒绝或未及时签字盖章的；⑤未按要求提供注册建造师信用档案信息的；⑥未履行注册建造师职责，造成不良社会影响的；⑦未履行注册建造师职责，导致项目未能及时交付使用的；⑧不配合办理交接手续的；⑨不积极配合有关部门监督检查的。

[**答案**] A

考点 9 违法行为应承担的法律责任★

一、建造师注册违法行为应承担的法律责任

根据《注册建造师管理规定》，隐瞒有关情况或者提供虚假材料申请注册的，建设主管部门不予受理或者不予注册，并给予警告，申请人1年内不得再次申请注册。

以欺骗、贿赂等不正当手段取得注册证书的，由注册机关撤销其注册，3年内不得再次申请注册，并由县级以上地方人民政府建设主管部门处以罚款。

根据《关于开展工程建设领域专业技术人员职业资格“挂证”等违法违规行为专项整治的通知》，对违规的专业技术人员撤销其注册许可，自撤销注册之日起3年内不得再次申请注册，记入不良行为记录，并列入建筑市场主体“黑名单”，向社会公布。

二、建造师继续教育违法行为应承担的法律责任

根据《注册建造师继续教育管理暂行办法》（建市〔2010〕192号），注册建造师应按规定参加继续教育，接受培训测试，不参加继续教育或继续教育不合格的不予注册。

对于采取弄虚作假等手段取得《注册建造师继续教育证书》的，一经发现，立即取消其继续教育记录，并记入不良信用记录，向社会公布。

实战演练

[**2020真题·单选**] 李某被查出存在二级建造师职业资格“挂证”行为，2018年9月13日其注册被撤销，记入不良行为记录，并列入建筑市场主体“黑名单”。李某可以再次申请二级建造师注册的最早日期为（ ）。

A. 2019年9月13日

B. 2021年9月13日

C. 2020年9月13日

D. 2022年9月13日

[**解析**]《关于开展工程建设领域专业技术人员职业资格“挂证”等违法违规行为专项整治的通知》规定，对违规的专业技术人员撤销其注册许可，自撤销注册之日起3年内不得再次申请注册，记入不良行为记录，并列入建筑市场主体“黑名单”，向社会公布。

[**答案**] B

[2019/2014 真题·单选] 采取弄虚作假等手段取得《注册建造师继续教育证书》的，一经发现，立即（　　）。

A. 撤销当事人注册证书

B. 撤销当事人建造师资格证书

C. 取消当事人继续教育记录，记入不良行为记录，向社会公布

D. 处以罚款

[解析]《注册建造师继续教育管理暂行办法》（建市〔2010〕192 号）规定，注册建造师应按规定参加继续教育，接受培训测试，不参加继续教育或继续教育不合格的不予注册。对于采取弄虚作假等手段取得《注册建造师继续教育证书》的，一经发现，立即取消其继续教育记录，并记入不良行为记录，向社会公布。

[答案] C

第三章

建设工程发承包法律制度

名师导学

建设工程发包，是建设工程的建设单位（或总承包单位）将建设工程任务通过招标发包或直接发包的方式，交付给具有法定从业资格的单位完成，并按照合同约定支付报酬的行为。

建设工程承包，是具有法定从业资格的单位依法承揽建设工程任务，通过签订合同确立双方的权利与义务，按照合同约定取得相应报酬，并完成建设工程任务的行为。

学习本章，主要以记忆关键词为主，重点为“建设工程招标投标制度”，其每年的考试分数为整书最高。

建设工程招标投标制度，以《中华人民共和国招标投标法》（以下简称《招标投标法》）、《中华人民共和国招标投标法实施条例》（以下简称《招标投标法实施条例》）的法律条文为编写依据，按照“招标→投标→评标→中标→签订合同”的顺序进行编写，方便理解记忆。

建设工程承包制度，以《中华人民共和国建筑法》（以下简称《建筑法》）为总纲，以《建筑工程施工发包与承包违法行为认定查处管理办法》相关法条为依据进行编写。

建筑市场信用体系建设，参照大纲，主要以《建筑市场信用管理暂行办法》相关法条的顺序进行编写。

考情分析

近四年考试真题分值统计表（单位：分）

节序	节名	2022年		2021年Ⅰ批		2021年Ⅱ批		2020年		2019年	
		单选	多选	单选	多选	单选	多选	单选	多选	单选	多选
第一节	建设工程招标投标制度	8	6	8	6	9	6	8	6	8	6
第二节	建设工程承包制度	1	2	0	2	0	2	0	2	0	2
第三节	建筑市场信用体系建设	2	0	2	0	2	0	2	0	2	0
合计		11	8	10	8	11	8	10	8	10	8

第一节　建设工程招标投标制度

《建筑法》规定，建筑工程依法实行招标发包，对不适用于招标发包的可以直接发包。

招标投标是基本建设领域促进竞争的全面经济责任制形式。一般由若干施工单位参与工程投标，招标单位（建设单位）择优入选，谁的工期短、造价低、质量高、信誉好，就把工程任务发包给谁，由承建单位与发包单位签订合同，一包到底，按交钥匙的方式组织建设。

考点 1　必须招标的项目★★

必须招标的工程建设项目应同时满足招标范围和规模标准两方面条件。

一、建设工程必须招标的范围

根据《招标投标法》，在中华人民共和国境内进行下列工程建设项目，包括项目的勘察、设计、施工、监理以及与工程建设有关的重要设备、材料等的采购，必须进行招标。

招标范围及说明见表 3-1-1。

表 3-1-1　招标范围及说明

范围	说明
大型基础设施、公用事业等关系社会公共利益、公众安全的项目	基础设施——能源、交通、通信、水利、城市轨道 公用事业——市政、“教科文卫体”、住宅
全部或者部分使用国有资金投资或者国家融资的项目	根据《必须招标的工程项目规定》，全部或者部分使用国有资金投资或者国家融资的项目包括： (1) 使用预算资金 200 万元人民币以上，并且该资金占投资额 10%以上的项目； (2) 使用国有企业事业单位资金，并且该资金占控股或者主导地位的项目
使用国际组织或者外国政府贷款、援助资金的项目	根据《必须招标的工程项目规定》，使用国际组织或者外国政府贷款、援助资金的项目包括： (1) 使用世界银行、亚洲开发银行等国际组织贷款、援助资金的项目； (2) 使用外国政府及其机构贷款、援助资金的项目

二、建设工程必须招标的规模标准

根据《必须招标的工程项目规定》，勘察、设计、施工、监理以及与工程建设有关的重要设备、材料等的采购达到下列标准之一的，必须招标：

(1) 施工单项合同估算价在 400 万元人民币以上。

(2) 重要设备、材料等货物的采购，单项合同估算价在 200 万元人民币以上。

(3) 勘察、设计、监理等服务的采购，单项合同估算价在 100 万元人民币以上。

同一项目中可以合并进行的勘察、设计、施工、监理以及与工程建设有关的重要设备、材料等的采购，合同估算价合计达到上述规定标准的，必须招标。

考点 2 可以不进行招标的建设工程项目★★

可以不进行招标的建设工程项目见表 3-1-2。

表 3-1-2　可以不进行招标的建设工程项目

《招标投标法》的规定	《招标投标法实施条例》的规定
(1) 涉及国家安全、国家秘密的不适宜招标； (2) 抢险救灾不适宜招标； (3) 利用扶贫资金实行以工代赈、需要使用农民工的不适宜招标	(1) 需要采用不可替代的专利或者专有技术； (2) 采购人依法能够自行建设、生产或者提供； (3) 已通过招标方式选定的特许经营项目投资人依法能够自行建设、生产或者提供； (4) 需要向原中标人采购工程、货物或者服务，否则将影响施工或者功能配套要求； (5) 国家规定的其他特殊情形

根据《招标投标法实施条例》，工程建设项目是指工程以及与工程建设有关的货物、服务。

工程是指建设工程，包括建筑物和构筑物的新建、改建、扩建及其相关的装修、拆除、修缮等。

与工程建设有关的货物，是指构成工程不可分割的组成部分，且为实现工程基本功能所必需的设备、材料等。

与工程建设有关的服务，是指为完成工程所需的勘察、设计、监理等服务。

➢ **名师点拨：**

(1) 采购人依法能够自行建设、生产或者提供。采购人指符合民事主体资格的法人、其他组织，不包括与其相关的母公司、子公司，以及与其具有管理或利害关系的、具有独立民事主体资格的法人、其他组织。例如，某房地产开发公司除具有房屋开发资质外，还具有相应的房屋建筑工程施工总承包一级资质，其开发的商品房就可以按有关法律法规和规定自行组织施工，而不需要招标。

(2) 已通过招标方式选定的特许经营项目投资人依法能够自行建设、生产或者提供。这里所称的特许经营项目，是指政府将公共基础设施和公用事业的特许经营权出让给投资人并签订特许经营协议，由其组建项目公司负责投资、建设、经营的项目。类似的项目特许经营模式有 BOT、BOO、TOT、BT 等。

考点 3 建设工程招标投标交易场所★

根据《招标投标法实施条例》，设区的市级以上地方人民政府可以根据实际需要，建立统一规范的招标投标交易场所，为招标投标活动提供服务。招标投标交易场所不得与行政监督部门存在隶属关系，不得以营利为目的。

国家鼓励利用信息网络进行电子招标投标。

考点 4 建设工程招标方式★★

根据《招标投标法》，招标分为公开招标和邀请招标，见表 3-1-3。

表 3-1-3 公开招标和邀请招标

招标方式	概念	范围
公开招标	招标人采用招标公告的方式邀请不特定法人或组织参加	(1)《招标投标法实施条例》规定，国有资金占控股或者主导地位的依法必须进行招标的项目，应当公开招标；但有下列情形之一的，可以邀请招标： ①技术复杂，只有少量潜在投标人可供选择； ②有特殊要求，只有少量潜在投标人可供选择； ③受自然环境限制，只有少量潜在投标人可供选择； ④采用公开招标方式的费用占项目合同金额的比例过大； (2)《招标投标法》规定，国务院发展计划部门确定的国家重点项目和省、自治区、直辖市人民政府确定的地方重点项目不适宜公开招标的，经国务院发展计划部门或者省、自治区、直辖市人民政府批准，可以进行邀请招标
邀请招标	招标人采用投标邀请书的方式邀请特定法人或组织参加（邀请数目为3个以上）	

➢ **名师点拨：** 由于实践中不同招标项目差别较大，上述条款中没有规定公开招标费用占项目合同金额的具体比例。

考点 5 总承包招标★

根据《招标投标法实施条例》，招标人可以依法对工程以及与工程建设有关的货物、服务全部或者部分实行总承包招标。以暂估价形式包括在总承包范围内的工程、货物、服务属于依法必须进行招标的项目范围且达到国家规定规模标准的，应当依法进行招标。

以上所称暂估价，是指总承包招标时不能确定价格而由招标人在招标文件中暂时估定的工程、货物、服务的金额。

考点 6 两阶段招标★★

根据《招标投标法实施条例》，对技术复杂或者无法精确拟定技术规格的项目，招标人可以分两阶段进行招标。

第一阶段，投标人按照招标公告或者投标邀请书的要求提交不带报价的技术建议，招标人根据投标人提交的技术建议确定技术标准和要求，编制招标文件。

第二阶段，招标人向在第一阶段提交技术建议的投标人提供招标文件，投标人按照招标文件的要求提交包括最终技术方案和投标报价的投标文件。

实战演练

[**2021 真题·单选**] 下列建设工程项目中，属于依法必须进行招标的项目是（　　）。

A. 使用预算资金 100 万元，并且该资金占投资额 10%以上的项目

B. 使用国有企业资金 100 万元，并且该资金占投资额 10%以下的项目

C. 使用预算资金 300 万元，并且该资金占投资额 10%以上的项目

D. 使用国有事业单位资金 300 万元，并且该资金占投资额 10%以下的项目

［解析］使用预算资金 200 万元人民币以上，并且该资金占投资额 10%以上的项目必须招标。

［答案］C

［2021 真题·单选］关于建设工程招标投标交易场所的说法，正确的是（　　）。

A. 县级以上地方人民政府可以建立招标投标交易场所

B. 招标投标交易场所不得以营利为目的

C. 招标投标交易场所应当隶属于行政监督部门

D. 招标投标交易场所应当按照不同行业分别设立

［解析］设区的市级以上地方人民政府可以根据实际需要，建立统一规范的招标投标交易场所，为招标投标活动提供服务。招标投标交易场所不得与行政监督部门存在隶属关系，不得以营利为目的。

［答案］B

［2021 真题·单选］下列国有资金占控股或者主导地位的依法必须进行招标的项目，可以采取邀请招标的是（　　）。

A. 采用公开招标方式的费用占项目合同金额的比例过大的项目

B. 省、自治区、直辖市人民政府确定的地方重点项目

C. 由于技术复杂导致公开招标程序复杂的项目

D. 受资金限制，只有少量潜在投标人可供选择的项目

［解析］国有资金占控股或者主导地位的依法必须进行招标的项目，应当公开招标；但有下列情形之一的，可以邀请招标：①技术复杂、有特殊要求或者受自然环境限制，只有少量潜在投标人可供选择；②采用公开招标方式的费用占项目合同金额的比例过大。国务院发展计划部门确定的国家重点项目和省、自治区、直辖市人民政府确定的地方重点项目不适宜公开招标的，经国务院发展计划部门或者省、自治区、直辖市人民政府批准，可以进行邀请招标。

［答案］A

［2021 真题·单选］关于两阶段招标的说法，正确的是（　　）。

A. 对技术复杂或者无法精确拟定技术规格的项目，招标人必须分两阶段进行招标

B. 第一阶段，投标人按照招标文件或者投标邀请书的要求提交带报价的技术建议

C. 第二阶段，投标人按照招标文件的要求，提交包括最终技术方案和投标报价的投标文件

D. 招标人要求投标人提交投标保证金的，应当在第一阶段提出

［解析］选项 A 错误，不是“必须”。对技术复杂或者无法精确拟定技术规格的项目，招标人可以分两阶段进行招标。选项 B 错误，第一阶段，投标人按照招标公告或者投标邀请书的要求提交不带报价的技术建议，招标人根据投标人提交的技术建议确定技术标准和要求，编制招标文件。选项 C 正确，第二阶段，招标人向在第一阶段提交技术建议的投标人提供招标文件，投标人按照招标文件的要求提交包括最终技术方案和投标报价的投标文件。选项 D 错误，实行两阶段招标的，招标人要求投标人提交投标保证金的，应当在第二阶段提出。

[答案] C

[2020 真题 · 单选] 下列全部使用国有资金投资的项目中，依法必须进行招标的项目是（　　）。

A. 施工单项合同估算价在 400 万元以上

B. 重要设备、材料等货物的采购，单项合同估算价在 200 万元以下

C. 勘察单项合同估算价在 100 万元以下

D. 监理单项合同估算价在 50 万元以上

[解析]《必须招标的工程项目规定》范围内的项目，其勘察、设计、施工、监理以及与工程建设有关的重要设备、材料等的采购达到下列标准之一的，必须招标：①施工单项合同估算价在 400 万元人民币以上；②重要设备、材料等货物的采购，单项合同估算价在 200 万元人民币以上；③勘察、设计、监理等服务的采购，单项合同估算价在 100 万元人民币以上。同一项目中可以合并进行的勘察、设计、施工、监理以及与工程建设有关的重要设备、材料等的采购，合同估算价合计达到上述规定标准的，必须招标。

[答案] A

[2015 真题 · 单选] 关于招标方式的说法，正确的是（　　）。

A. 公开招标是招标人以招标公告的方式邀请特定的法人或者其他组织投标

B. 邀请招标是指招标人以投标邀请书的方式邀请五个以上特定的法人或者其他组织投标

C. 省级人民政府确定的地方重点项目不适宜公开招标的，经省级人民政府批准，可以进行邀请招标

D. 国有资金占控股或者主导地位的依法必须进行招标的项目，一律公开招标

[解析] 选项 A 错误，公开招标是招标人以招标公告的方式邀请不特定的法人或者其他组织投标。选项 B 错误，邀请招标是指招标人以投标邀请书的方式邀请三个以上特定的法人或者其他组织投标。选项 D 错误，《招标投标法实施条例》规定，国有资金占控股或者主导地位的依法必须进行招标的项目，应当公开招标；但有下列情形之一的，可以邀请招标：①技术复杂、有特殊要求或者受自然环境限制，只有少量潜在投标人可供选择；②采用公开招标方式的费用占项目合同金额的比例过大。

[答案] C

[2019 真题 · 多选] 根据《必须招标的工程项目规定》，下列项目属于必须招标的有（　　）。

A. 使用国有企业资金，并且该资金占控股或者主导地位的项目

B. 使用世界银行、亚洲开发银行等国际组织贷款、援助资金的项目

C. 使用外国政府及其机构贷款、援助资金的项目

D. 使用财政预算资金 200 万元以上，并且该资金占投资额 10%以上的项目

E. 使用有限公司资金的项目

［解析］建设工程法定招标的范围：①大型基础设施、公用事业等关系社会公共利益、公众安全的项目。②全部或者部分使用国有资金投资或者国家融资的项目：a. 使用预算资金200万元人民币以上，并且该资金占投资额10%以上的项目；b. 使用国有企业事业单位资金，并且该资金占控股或者主导地位的项目。③使用国际组织或者外国政府贷款、援助资金的项目：a. 使用世界银行、亚洲开发银行等国际组织贷款、援助资金的项目；b. 使用外国政府及其机构贷款、援助资金的项目。

［答案］ABCD

［2018真题·多选］下列情形中，依法可以不进行招标的项目有（　　）。

A. 需要使用不可替代的施工专有技术的项目

B. 采购人的全资子公司能够自行建设的

C. 需要向原中标人采购工程，否则将影响施工或者功能配套要求的

D. 只有少量潜在投标人可供选择的项目

E. 已通过招标方式选定的特许经营项目投资人依法能够自行建设的

［解析］根据《招标投标法实施条例》，除《招标投标法》规定的可以不进行招标的特殊情况外，有下列情形之一的，可以不进行招标：①需要采用不可替代的专利或者专有技术；②采购人依法能够自行建设、生产或者提供；③已通过招标方式选定的特许经营项目投资人依法能够自行建设、生产或者提供；④需要向原中标人采购工程、货物或者服务，否则将影响施工或者功能配套要求；⑤国家规定的其他特殊情形。

［答案］ACE

［2015真题·多选］依法必须进行施工招标的工程建设项目，可以采用邀请招标的情形有（　　）。

A. 项目受自然地域环境限制，只有少数潜在投标人可供选择

B. 施工主要技术采用不可替代的专利或者专有技术

C. 采用公开招标方式的费用占项目合同金额的比例过大

D. 涉及国家安全、国家秘密或者抢险救灾，适宜招标但不宜公开招标

E. 在建工程追加附属小型工程或者主体加层工作

［解析］国有资金占控股或者主导地位的依法必须进行招标的项目，应当公开招标；但有下列情形之一的，可以邀请招标：①技术复杂、有特殊要求或者受自然环境限制，只有少量潜在投标人可供选择；②采用公开招标方式的费用占项目合同金额的比例过大。选项D，适宜招标但不宜公开招标应为邀请招标，注意与不适宜招标的区分。

［答案］ACD

考点7　招标★★★

一、履行项目审批手续，招标内容审核

《招标投标法》规定，招标项目按照国家有关规定需要履行项目审批手续的，应当先履行审批手续，取得批准。招标人应当有进行招标项目的相应资金或者资金来源已经落实，并

应当在招标文件中如实载明。

《招标投标法实施条例》规定，按照国家有关规定需要履行项目审批、核准手续的依法必须进行招标的项目，其招标范围、招标方式、招标组织形式应当报项目审批、核准部门审批、核准。

➢ **名师点拨**：关于招标范围、招标方式和招标组织形式。

(1) 招标范围是指项目的勘察、设计、施工、监理及与项目有关的重要设备、材料等内容，哪些部分进行招标，哪些部分不进行招标。

(2) 招标方式分为公开招标和邀请招标。

(3) 招标组织形式分为委托招标和自行招标。

二、委托招标代理机构

(一) 自行招标

根据《招标投标法》，招标人有权自行选择招标代理机构，委托其办理招标事宜。任何单位和个人不得以任何方式为招标人指定招标代理机构。

招标人具有编制招标文件和组织评标能力的（招标人具有与招标项目规模和复杂程度相适应的技术、经济等方面的专业人员），可以自行办理招标事宜。任何单位和个人不得强制其委托招标代理机构办理招标事宜。

依法必须进行招标的项目，招标人自行办理招标事宜的，应当向有关行政监督部门备案。

(二) 委托招标

根据《招标投标法》，招标代理机构是依法设立、从事招标代理业务并提供相关服务的社会中介组织。

招标代理机构应当具备下列条件：①有从事招标代理业务的营业场所和相应资金；②有能够编制招标文件和组织评标的相应专业力量。

招标代理机构与行政机关和其他国家机关不得存在隶属关系或者其他利益关系。

根据《招标投标法实施条例》，招标代理机构在其资格许可和招标人委托的范围内开展招标代理业务，任何单位和个人不得非法干涉。

招标代理机构不得在所代理的招标项目中投标或者代理投标，也不得为所代理的招标项目的投标人提供咨询。

招标人应当与被委托的招标代理机构签订书面委托合同。

三、编制招标文件

《招标投标法》规定，招标人应当根据招标项目的特点和需要编制招标文件。招标文件应当包括招标项目的技术要求、对投标人资格审查的标准、投标报价要求和评标标准等所有实质性要求和条件以及拟签订合同的主要条款。

(一) 文件的澄清和修改

根据《招标投标法》，招标人对已发出的招标文件进行必要的澄清或者修改的，应当在招标文件要求提交投标文件截止时间至少 15 日前，以书面形式通知所有招标文件收受人。

该澄清或者修改的内容为招标文件的组成部分。

根据《招标投标法实施条例》，招标人可以对已发出的资格预审文件或者招标文件进行必要的澄清或者修改。投标截止时间不足 3 日或者 15 日的，招标人应当顺延提交资格预审申请文件或者投标文件的截止时间。

（二）文件的提交

根据《招标投标法》，招标人应当确定投标人编制投标文件所需要的合理时间。但是，依法必须进行招标的项目，自招标文件开始发出之日起至投标人提交投标文件截止之日止，最短不得少于 20 日。

（三）对文件的异议

根据《招标投标法实施条例》，潜在投标人或者其他利害关系人对招标文件有异议的，应当在投标截止时间 10 日前提出。招标人应当自收到异议之日起 3 日内作出答复，作出答复前，应当暂停招标投标活动。

（四）投标有效期

根据《招标投标法实施条例》，招标人应当在招标文件中载明投标有效期。投标有效期从提交投标文件的截止之日起算。

（五）标底编制

根据《招标投标法实施条例》，招标人可以自行决定是否编制标底。一个招标项目只能有一个标底，标底必须保密。招标人设有最高投标限价的，应当在招标文件中明确最高投标限价或者最高投标限价的计算方法。招标人不得规定最低投标限价。

招标项目设有标底的，招标人应当在开标时公布。标底只能作为评标的参考，不得以投标报价是否接近标底作为中标条件，也不得以投标报价超过标底上下浮动范围作为否决投标的条件。

根据《建筑工程施工发包与承包计价管理办法》，国有资金投资的建筑工程招标的，应当设有最高投标限价；非国有资金投资的建筑工程招标的，可以设有最高投标限价或者招标标底。

全部使用国有资金投资或者以国有资金投资为主的建筑工程，应当采用工程量清单计价；非国有资金投资的建筑工程，鼓励采用工程量清单计价。

工程量清单应当作为招标文件的组成部分。

最高投标限价应当依据工程量清单、工程计价有关规定和市场价格信息等编制。

四、发布招标公告或投标邀请书

根据《招标投标法实施条例》，资格预审文件或者招标文件的发售期不得少于 5 日。招标人发售资格预审文件、招标文件收取的费用应当限于补偿印刷、邮寄的成本支出，不得以营利为目的。

根据《招标公告和公示信息发布管理办法》，依法必须招标项目的招标公告和公示信息，除依法需要保密或者涉及商业秘密的内容外，应当按照公益服务、公开透明、高效便捷、集中共享的原则，依法向社会公开。

依法必须招标项目的资格预审公告和招标公告，应当载明以下内容：①招标项目名称、内容、范围、规模、资金来源；②投标资格能力要求，以及是否接受联合体投标；③获取资格预审文件或招标文件的时间、方式；④递交资格预审文件或投标文件的截止时间、方式；⑤招标人及其招标代理机构的名称、地址、联系人及联系方式；⑥采用电子招标投标方式的，潜在投标人访问电子招标投标交易平台的网址和方法。

依法必须招标项目的招标公告和公示信息应当在“中国招标投标公共服务平台”或者项目所在地省级电子招标投标公共服务平台（以下简称发布媒介）发布。

发布媒介应当免费提供依法必须招标项目的招标公告和公示信息发布服务，并允许社会公众和市场主体免费、及时查阅前述招标公告和公示的完整信息。

五、资格审查

根据《招标投标法实施条例》，资格审查分为资格预审和资格后审。

（一）资格预审

依法必须进行招标的项目提交资格预审申请文件的时间，自资格预审文件停止发售之日起不得少于5日。

资格预审应当按照资格预审文件载明的标准和方法进行。国有资金占控股或者主导地位的依法必须进行招标的项目，招标人应当组建资格审查委员会审查资格预审申请文件。

未通过资格预审的申请人不具有投标资格。通过资格预审的申请人少于3个的，应当重新招标。

（二）资格后审

招标人采用资格后审办法对投标人进行资格审查的，应当在开标后由评标委员会按照招标文件规定的标准和方法对投标人的资格进行审查。

招标人可以对已发出的资格预审文件进行必要的澄清或者修改。澄清或者修改的内容可能影响资格预审申请文件编制的，招标人应当在提交资格预审申请文件截止时间至少3日前，以书面形式通知所有获取资格预审文件的潜在投标人；不足3日的，招标人应当顺延提交资格预审申请文件的截止时间。

潜在投标人或者其他利害关系人对资格预审文件有异议的，应当在提交资格预审申请文件截止时间2日前提出。招标人应当自收到异议之日起3日内作出答复；作出答复前，应当暂停招标投标活动。

实战演练

[2021真题·单选] 关于招标代理机构的说法，正确的是（　　）。

A. 招标代理机构可以在所代理的招标项目中投标或者代理投标

B. 招标代理机构可以为所代理的招标项目的投标人提供咨询

C. 招标人与被委托的招标代理机构之间的委托合同可以是口头形式

D. 招标代理机构应当拥有一定数量的具备编制招标文件、组织评标等相应能力的专业人员

[解析] 选项 A、B 错误，招标代理机构不得在所代理的招标项目中投标或者代理投标，也不得为所代理的招标项目的投标人提供咨询。选项 C 错误，招标人与被委托的招标代理机构之间的委托合同应当是书面形式。招标代理机构应当具备下列条件：①有从事招标代理业务的营业场所和相应资金；②有能够编制招标文件和组织评标的相应专业力量。

[答案] D

[2021 真题·单选] 关于标底的说法，正确的是（　　）。

A. 招标人可以自行决定是否编制标底

B. 招标人可以根据实际情况确定招标项目标底的数量

C. 国有资金投资的建筑工程招标的，应当设有招标标底

D. 在保密的前提下，接受招标人委托编制标底的中介机构可以为该项目的投标人提供咨询

[解析] 选项 A 正确，选项 B 错误，招标人可以自行决定是否编制标底，一个招标项目只能有一个标底，标底必须保密。选项 C 错误，国有资金投资的建筑工程招标的，应当设有最高投标限价；非国有资金投资的建筑工程招标的，可以设有最高投标限价或者招标标底。选项 D 错误，接受委托编制标底的中介机构不得参加受托编制标底项目的投标，也不得为该项目的投标人编制投标文件或者提供咨询。

[答案] A

[2020 真题·单选] 关于招标文件的说法，正确的是（　　）。

A. 招标文件不得要求或者标明特定的生产供应者，以及含有倾向或者排斥潜在投标人的内容

B. 招标人已对发出的招标文件进行必要的澄清的，该澄清的内容不得再次澄清

C. 招标人已对发出的招标文件进行必要的修改的，应当在招标文件要求提交投标文件截止时间至少 10 日前

D. 招标人对已发出的招标文件进行必要的修改的，应当以电话等即时通信方式及时通知所有获取招标文件的潜在招标人

[解析] 招标人对已发出的招标文件进行必要的澄清或者修改的，应当在招标文件要求提交投标文件截止时间至少 15 日前，以书面形式通知所有招标文件收受人。该澄清或者修改的内容为招标文件的组成部分。

[答案] A

[2020 真题·单选] 关于招标公告的说法，正确的是（　　）。

A. 招标人无论采用何种招标方式，均应当发布招标公告

B. 招标公告应当载明的事项包括招标人的名称和地址

C. 依法必须进行招标的项目的招标公告，可以在任一报刊、信息网络或者其他媒介发布

D. 招标公告无须载明招标项目的性质、实施地点和时间

［解析］选项A错误，《招标投标法》规定，招标人采用公开招标方式的，应当发布招标公告。选项B正确，选项D错误，招标公告应当载明招标人的名称和地址，招标项目的性质、数量、实施地点和时间以及获取招标文件的办法等事项。选项C错误，依法必须进行招标的项目的招标公告，应当通过国家指定的报刊、信息网络或者其他媒介发布。

［答案］B

［2018真题·单选］关于招标价格的说法，正确的是（　　）。

A. 招标时可以设定最低投标限价

B. 招标时应当编制标底

C. 招标的项目应当采用工程量清单计价

D. 招标时可以设定最高投标限价

［解析］选项A错误，招标人不得规定最低投标限价。选项B错误，招标人可以自行决定是否编制标底。选项C错误，全部使用国有资金投资或者以国有资金投资为主的建筑工程，应当采用工程量清单计价；非国有资金投资的建筑工程，鼓励采用工程量清单计价。工程量清单应当依据国家制定的工程量清单计价规范、工程量计算规范等编制。工程量清单应当作为招标文件的组成部分。

［答案］D

［2021真题·多选］关于招标基本程序的说法，正确的有（　　）。

A. 招标项目按照国家有关规定需要履行项目审批手续的，可以先行办理招标事宜，再履行审批手续

B. 招标投标活动应当遵循公开、公平、公正和诚实信用的原则

C. 招标人具有编制招标文件和组织评标能力的，可以自行办理招标事宜

D. 招标代理机构可以为所代理的招标项目的投标人提供咨询

E. 委托招标代理机构应当采用招标方式进行

［解析］选项A错误，招标项目按照国家有关规定需要履行项目审批手续的，应当先履行审批手续，取得批准。选项D错误，招标代理机构不得在所代理的招标项目中投标或者代理投标，也不得为所代理的招标项目的投标人提供咨询。选项E错误，招标人有权自行选择招标代理机构，委托其办理招标事宜。

［答案］BC

［经典例题·多选］关于投标人资格审查的说法，正确的有（　　）。

A. 资格审查分为资格预审、资格中审和资格后审

B. 资格预审结束后，评标委员会应当及时向资格预审申请人发出资格预审结果通知书

C. 招标人采用资格预审的，应当发布资格预审公告

D. 国有资金占控股或主导地位的依法必须招标的项目，招标人应当组建资格审查委员会

E. 资格后审在开标后由招标人按照招标文件的标准和方法对投标人资格进行审查

［解析］资格审查分为资格预审和资格后审，选项A错误。资格预审结束后，招标人应当及时向资格预审申请人发出资格预审结果通知书，选项B错误。招标人采用资格后审办法对投标人进行资格审查的，应当在开标后由评标委员会按照招标文件规定的标准和方法对投标人的资格进行审查，选项E错误。

［答案］CD

考点 8 投标★★★

扫码听课

一、投标人

根据《招标投标法》，投标人是响应招标、参加投标竞争的法人或者其他组织。投标人应当具备承担招标项目的能力。

（一）投标活动不受地区或者部门限制

根据《招标投标法实施条例》，投标人参加依法必须进行招标的项目的投标，不受地区或者部门的限制，任何单位和个人不得非法干涉。

（二）对投标人的限制

根据《招标投标法实施条例》，与招标人存在利害关系可能影响招标公正性的法人、其他组织或者个人，不得参加投标。

单位负责人为同一人或者存在控股、管理关系的不同单位，不得参加同一标段投标或者未划分标段的同一招标项目投标。

违反以上规定的，相关投标均无效。

（三）投标的变化

根据《招标投标法实施条例》，投标人发生合并、分立、破产等重大变化的，应当及时书面告知招标人。投标人不再具备资格预审文件、招标文件规定的资格条件或者其投标影响招标公正性的，其投标无效。

二、联合体投标

根据《招标投标法》，两个以上法人或者其他组织可以组成一个联合体，以一个投标人的身份共同投标。

联合体各方均应当具备承担招标项目的相应能力。由同一专业的单位组成的联合体，按照资质等级较低的单位确定资质等级。

联合体各方应当签订共同投标协议，明确约定各方拟承担的工作和责任，并将共同投标协议连同投标文件一并提交招标人。联合体中标的，联合体各方应当共同与招标人签订合同，就中标项目向招标人承担连带责任。

招标人不得强制投标人组成联合体共同投标，不得限制投标人之间的竞争。

根据《招标投标法实施条例》，招标人应当在资格预审公告、招标公告或者投标邀请书中载明是否接受联合体投标。

招标人接受联合体投标并进行资格预审的，联合体应当在提交资格预审申请文件前组成。资格预审后联合体增减、更换成员的，其投标无效。

联合体各方在同一招标项目中以自己名义单独投标或者参加其他联合体投标的，相关投标均无效。

➢ 名师点拨：《建筑法》规定，大型建筑工程或者结构复杂的建筑工程，可以由两个以上的承包单位联合共同承包。

三、投标文件

（一）投标文件内容

根据《招标投标法》，投标人应当按照招标文件的要求编制投标文件。投标文件应当对招标文件提出的实质性要求和条件作出响应。

招标项目属于建设施工项目的，投标文件的内容应当包括拟派出的项目负责人与主要技术人员的简历、业绩和拟用于完成招标项目的机械设备等。

《〈标准施工招标资格预审文件〉和〈标准施工招标文件〉试行规定》中规定，投标文件应包括下列内容：①投标函及投标函附录；②法定代表人身份证明或附有法定代表人身份证明的授权委托书；③联合体协议书；④投标保证金；⑤已标价工程量清单；⑥施工组织设计；⑦项目管理机构；⑧拟分包项目情况表；⑨资格审查资料；⑩投标人须知前附表规定的其他材料。但是，投标人须知前附表规定不接受联合体投标的，或投标人没有组成联合体的，投标文件不包括联合体协议书。

（二）投标文件的送达

根据《招标投标法》，投标人应当在招标文件要求提交投标文件的截止时间前，将投标文件送达投标地点。招标人收到投标文件后，应当签收保存，不得开启。投标人少于 3 个的，招标人应当依照《招标投标法》重新招标。

（三）拒收投标文件

《招标投标法》规定，在招标文件要求提交投标文件的截止时间后送达的投标文件，招标人应当拒收。

《招标投标法实施条例》规定，未通过资格预审的申请人提交的投标文件，以及逾期送达或者不按照招标文件要求密封的投标文件，招标人应当拒收。

招标人应当如实记载投标文件的送达时间和密封情况，并存档备查。

➢ 名师点拨：投标文件的逾期送达，无论是投标人自身原因导致的，还是不可抗力等客观原因导致的，招标人都应当拒绝接收。同时，为避免引起争议，防止滥用拒收权，招标人不得扩大拒收投标文件的范围。

（四）投标文件的撤回与撤销

《招标投标法》规定，投标人在招标文件要求提交投标文件的截止时间前，可以补充、修改或者撤回已提交的投标文件，并书面通知招标人。补充、修改的内容为投标文件的组成部分。

《招标投标法实施条例》规定，投标人撤回已提交的投标文件，应当在投标截止时间前书面通知招标人。招标人已收取投标保证金的，应当自收到投标人书面撤回通知之日起 5 日内退还。

投标截止后投标人撤销投标文件的，招标人可以不退还投标保证金。

四、投标保证金

（一）投标保证金的概念

投标保证金是投标人按照招标文件规定的形式和金额向招标人递交的，约束投标人履行其投标义务的担保。招投标作为一种特殊的合同缔结过程，投标保证金所担保的主要是合同缔结过程中招标人的权利。为有效约束投标人的投标行为，有必要设立投标保证金制度。

《关于清理规范工程建设领域保证金的通知》规定，建筑业企业在工程建设中需缴纳的保证金，除依法依规设立的投标保证金、履约保证金、工程质量保证金、农民工工资保证金外，其他保证金一律取消。

（二）投标保证金数额

《招标投标法实施条例》规定，招标人在招标文件中要求投标人提交投标保证金的，投标保证金不得超过招标项目估算价的2%。投标保证金有效期应当与投标有效期一致。

依法必须进行招标的项目的境内投标单位，以现金或者支票形式提交的投标保证金应当从其基本账户转出。

招标人不得挪用投标保证金。

➢ **名师点拨：** 关于投标保证金，《工程建设项目施工招标投标办法》进一步规定，投标保证金不得超过项目估算价的2%，但最高不得超过80万元人民币。

《关于加快推进房屋建筑和市政基础设施工程实行工程担保制度的指导意见》规定，加快推行银行保函制度，在有条件的地区推行工程担保公司保函和工程保证保险。

（三）投标保证金提交时间

《招标投标法实施条例》规定，实行两阶段招标，招标人要求投标人提交投标保证金的，应当在第二阶段提出。

（四）投标保证金的退还

《招标投标法实施条例》规定，招标人终止招标，已经收取投标保证金的，招标人应当及时退还所收取的投标保证金及银行同期存款利息。

投标人撤回已提交的投标文件，招标人已收取投标保证金的，应当自收到投标人书面撤回通知之日起5日内退还。

招标人最迟应当在书面合同签订后5日内向中标人和未中标的投标人退还投标保证金及银行同期存款利息。

（五）投标保证金的没收

《招标投标法实施条例》规定，投标截止后投标人撤销投标文件的，招标人可以不退还投标保证金。

中标人无正当理由不与招标人订立合同，在签订合同时向招标人提出附加条件，或者不按照招标文件要求提交履约保证金的，取消其中标资格，投标保证金不予退还。

实战演练

[**2022 真题·单选**] 关于投标的说法，正确的是（　　）。

A. 投标人参加依法必须进行招标项目的投标，应当受地区或者部门的限制

B. 存在控股、管理关系的不同单位，可以参加未划分标段的同一招标项目的投标

C. 单位负责人为同一人的不同单位参与同一标段投标，相关投标均无效

D. 投标人发生合并、分立、破产等重大变化的，其投标无效

[**解析**] 依法必须进行招标的项目，其招标投标活动不受地区或者部门的限制，选项 A 错误。单位负责人为同一人或者存在控股、管理关系的不同单位，不得参加同一标段投标或者未划分标段的同一招标项目投标，选项 B 错误。投标人发生合并、分立、破产等重大变化的，应当及时书面告知招标人，投标人不再具备资格预审文件、招标文件规定的资格条件或者其投标影响招标公正性的，其投标无效，选项 D 错误。

[**答案**] C

[**2021 真题·单选**] 关于投标保证金的说法，正确的是（　　）。

A. 投标保证金不得超过招标项目估算价的 5%

B. 投标保证金有效期可以短于投标有效期

C. 招标人分两阶段招标的，应当在第一阶段要求投标人提交投标保证金

D. 投标截止后投标人撤销投标文件的，招标人可以不退还投标保证金

[**解析**] 选项 A 错误，《招标投标法实施条例》规定，招标人在招标文件中要求投标人提交投标保证金的，投标保证金不得超过招标项目估算价的 2%。《工程建设项目施工招标投标办法》进一步规定，投标保证金不得超过项目估算价的 2%，但最高不得超过 80 万元人民币。选项 B 错误，投标保证金有效期应当与投标有效期一致。选项 C 错误，实行两阶段招标的，招标人要求投标人提交投标保证金的，应当在第二阶段提出。

[**答案**] D

[**2021 真题·单选**] 下列投标文件中，应当拒收的是（　　）。

A. 提前送达的投标文件

B. 投标联合体提交的未附共同投标协议的投标文件

C. 未通过资格预审的申请人提交的投标文件

D. 未提交投标保证金的投标文件

[**解析**] 未通过资格预审的申请人提交的投标文件，以及逾期送达或者不按照招标文件要求密封的投标文件，招标人应当拒收。

[**答案**] C

[**2021 真题·单选**] 关于投标人的说法，正确的是（　　）。

A. 存在管理关系的不同单位，可以参加未划分标段的同一招标项目投标

B. 投标人发生合并、分立、破产等重大变化的，其投标无效

C. 单位负责人为同一人的不同单位，可以参加同一标段投标

D. 投标人不再具备资格预审文件、招标文件规定的资格条件的，其投标无效

[解析] 选项A、C错误，与招标人存在利害关系可能影响招标公正性的法人、其他组织或者个人，不得参加投标。单位负责人为同一人或者存在控股、管理关系的不同单位，不得参加同一标段投标或者未划分标段的同一招标项目投标。违反以上规定的，相关投标均无效。选项B错误，投标人发生合并、分立、破产等重大变化的，应当及时书面告知招标人。

[答案] D

[2020真题·单选] 关于投标文件修改的说法，正确的是（　　）。

A. 投标人在招标文件要求提交投标文件的截止时间前，可以修改已提交的投标文件

B. 投标人不得修改已提交投标文件的实质性内容

C. 投标人对已提交的投标文件，仅能修改一次

D. 投标人修改已提交的投标文件，修改的内容应当作为一个独立文件

[解析] 投标人在招标文件要求提交投标文件的截止时间前，可以补充、修改或者撤回已提交的投标文件，并书面通知招标人。补充、修改的内容为投标文件的组成部分。

[答案] A

[2020真题·单选] 关于联合体投标的说法，正确的是（　　）。

A. 招标人接受联合体投标并进行资格预审的，联合体应当在提交资格预审申请文件后组成

B. 资格预审后联合体增减、更换成员的，其投标有效

C. 投标人应当在资格预审公告、招标公告或者投标邀请书中载明是否接受联合体投标

D. 联合体各方在同一招标项目中以自己名义单独投标或者参加其他联合体投标的，相关投标均有效

[解析] 选项A错误，招标人接受联合体投标并进行资格预审的，联合体应当在提交资格预审申请文件前组成。选项B错误，资格预审后联合体增减、更换成员的，其投标无效。选项D错误，联合体各方在同一招标项目中以自己名义单独投标或者参加其他联合体投标的，相关投标均无效。

[答案] C

[2020真题·单选] 关于投标保证金的说法，正确的是（　　）。

A. 投标保证金的数额，上限为招标项目估算价的5%

B. 投标截止后投标人撤销投标文件的，招标人应当退还投标保证金

C. 中标人被取消中标资格的，招标人应当退还其投标保证金

D. 招标人应当在书面合同订立后5日内向中标人和未中标的投标人退还投标保证金及银行同期存款利息

[解析] 选项A错误，《招标投标法实施条例》规定，招标人在招标文件中要求投标人提交投标保证金的，投标保证金不得超过招标项目估算价的2%。《工程建设项目施工招标投标办法》进一步规定，投标保证金不得超过项目估算价的2%，但最高不得超过80万元人民币。选项B错误，投标截止后投标人撤销投标文件的，招标人可以不退还投标保证

金。选项 C 错误，《招标投标法实施条例》规定，中标人无正当理由不与招标人订立合同，在签订合同时向招标人提出附加条件，或者不按照招标文件要求提交履约保证金的，取消其中标资格，投标保证金不予退还。

[答案] D

[2019 真题·单选] 根据《招标投标法实施条例》，关于联合体投标的说法，正确的是（　　）。

A. 招标人接受联合体投标并进行资格预审的，联合体可以在资格预审后组成

B. 资格预审后联合体增减、更换成员的，应当书面通知招标人

C. 招标人应当在资格预审公告、招标公告或者投标邀请书中载明是否接受联合体投标

D. 联合体各方在同一招标项目中可以自己名义单独投标

[解析] 选项 A 错误，招标人接受联合体投标并进行资格预审的，联合体应当在提交资格预审申请文件前组成。选项 B 错误，资格预审后联合体增减、更换成员的，其投标无效。选项 C 正确，招标人应当在资格预审公告、招标公告或者投标邀请书中载明是否接受联合体投标。选项 D 错误，联合体各方在同一招标项目中以自己名义单独投标或者参加其他联合体投标的，相关投标均无效。

[答案] C

[2019 真题·单选] 根据《招标投标法》，关于投标人提交投标文件的说法，正确的是（　　）。

A. 在招标文件要求提交投标文件的截止时间后送达的投标文件，招标人可以拒收

B. 投标人少于 5 个的，招标人应当重新招标

C. 招标人收到投标文件后，应当开启检查并签收保存

D. 投标截止后，投标人撤销投标文件的，招标人可以不退还投标保证金

[解析]《招标投标法》规定，投标人应当在招标文件要求提交投标文件的截止时间前，将投标文件送达投标地点。招标人收到投标文件后，应当签收保存，不得开启。投标人少于 3 个的，招标人应当依法重新招标。在招标文件要求提交投标文件的截止时间后送达的投标文件，招标人应当拒收。《招标投标法实施条例》进一步规定，未通过资格预审的申请人提交的投标文件，以及逾期送达或者不按照招标文件要求密封的投标文件，招标人应当拒收。招标人应当如实记载投标文件的送达时间和密封情况，并存档备查。投标截止后，投标人撤销投标文件的，招标人可以不退还投标保证金。

[答案] D

[2017 真题·单选] 关于联合体投标的说法，正确的是（　　）。

A. 招标人接受联合体投标并进行资格预审的，联合体应当在提交资格预审申请文件后组成

B. 联合体某成员在同一招标项目中以自己名义单独投标，其投标有效

C. 由同一专业的单位组成的联合体，按照资质等级较高的单位确定其资质等级

D. 招标人应当在资格预审公告、招标公告或者投标邀请书中载明是否接受联合体投标

[解析] 选项A错误，招标人接受联合体投标并进行资格预审的，联合体应当在提交资格预审申请文件前组成。资格预审后联合体增减、更换成员的，其投标无效。选项B错误，联合体各方在同一招标项目中以自己名义单独投标或者参加其他联合体投标的，相关投标均无效。选项C错误，由同一专业的单位组成的联合体，按照资质等级较低的单位确定资质等级。

[答案] D

[2017真题·单选] 关于投标文件撤回和撤销的说法，正确的是（　　）。

A. 投标人撤回已提交的投标文件，应当在投标截止时间前通知招标人

B. 投标人可以选择电话或书面方式通知招标人撤回投标文件

C. 招标人收到的投标保证金，应当自收到投标人撤回通知之日起10日内退还

D. 投标截止时间后投标人撤销投标文件的，招标人应当退还投标保证金

[解析] 选项A正确，选项B错误，投标人在招标文件要求提交投标文件的截止时间前，可以补充、修改或者撤回已提交的投标文件，并书面通知招标人。补充、修改的内容为投标文件的组成部分。投标人撤回已提交的投标文件，应当在投标截止时间前书面通知招标人。选项C、D错误，投标人撤回已提交的投标文件，招标人已收取投标保证金的，应当自收到投标人书面撤回通知之日起5日内退还。投标截止后投标人撤销投标文件的，招标人可以不退还投标保证金。

[答案] A

[2015真题·单选] 关于投标的说法，正确的是（　　）。

A. 投标文件未按照招标文件要求密封的，招标人应当拒收

B. 投标文件未经投标单位盖章和单位负责人签字的，招标人应当拒收

C. 投标人逾期送达投标文件的，应当向招标人作出合理说明

D. 联合体投标时，可以在评标委员会提出书面投标报告前更换成员

[解析] 选项A正确，投标文件未密封的，招标人不予受理。选项B错误，投标文件未经投标单位盖章和单位负责人签字的，招标人应否决投标，而非拒收。选项C错误，逾期送达投标文件的，不予受理，无须说明。选项D错误，招标人接受联合体投标并进行资格预审的，联合体应当在提交资格预审申请文件前组成。资格预审后联合体增减、更换成员的，其投标无效。

[答案] A

[2021真题·多选] 关于联合体投标的说法，正确的有（　　）。

A. 联合体投标一般适用于大型的或者结构复杂的建设项目

B. 联合体至少一方应当具备承担招标项目的相应能力

C. 联合体中标的，联合体各方应当共同与招标人订立合同

D. 由同一专业的单位组成的联合体，按照资质等级较高的单位确定资质等级

E. 联合体中标的，联合体各方就中标项目向招标人承担按份责任

[解析] 联合体投标是一种特殊的投标人组织形式，一般适用于大型的或结构复杂的建设项目，选项 A 正确。联合体各方均应当具备承担招标项目的相应能力；国家有关规定或者招标文件对投标人资格条件有规定的，联合体各方均应当具备规定的相应资格条件，选项 B 错误。联合体中标的，联合体各方应当共同与招标人签订合同，就中标项目向招标人承担连带责任，选项 C 正确，选项 E 错误。由同一专业的单位组成的联合体，按照资质等级较低的单位确定资质等级，选项 D 错误。

[答案] AC

[2020 真题 · 多选] 关于投标保证金的说法，正确的有（　　）。

A. 招标人在招标文件中可以要求投标人提交投标保证金

B. 退还投标保证金时，无须退还保证金利息

C. 投标保证金有效期应当与投标有效期一致

D. 投标保证金不得超过招标项目结算价的 2%

E. 中标人无正当理由不与招标人订立合同，取消其中标资格，投标保证金不予退还

[解析] 选项 B 错误，招标人最迟应当在书面合同签订后 5 日内向中标人和未中标的投标人退还投标保证金及银行同期存款利息。选项 D 错误，招标人在招标文件中要求投标人提交投标保证金的，投标保证金不得超过招标项目估算价的 2%。

[答案] ACE

[2020 真题 · 多选] 关于建设工程联合共同承包的说法，正确的有（　　）。

A. 对于中小型或结构不复杂的工程，无须采用联合共同承包方式

B. 两个以上不同资质等级的单位实行联合共同承包的，可以按照资质等级高的单位的业务许可范围承揽工程

C. 两个以上具备承包资格的单位共同组成的联合体不具有法人资格

D. 联合共同承包的各方应当与建设单位分别订立合同

E. 联合共同承包的各方对承包合同的履行承担连带责任

[解析] 中小型或结构不复杂的工程，无须采用共同承包方式，完全可以由一家承包单位独立完成，选项 A 正确。两个以上不同资质等级的单位实行联合共同承包的，应当按照资质等级低的单位的业务许可范围承揽工程，选项 B 错误。共同承包是指由两个以上具备承包资格的单位共同组成非法人的联合体，以共同的名义对工程进行承包的行为，选项 C、E 正确，选项 D 错误。

[答案] ACE

[2019 真题 · 多选] 关于施工项目投标保证金的说法，正确的有（　　）。

A. 招标人在招标文件中可以要求投标人提交投标保证金

B. 投标保证金有效期应当与投标有效期一致

C. 中标人无正当理由不与招标人订立合同，取消其中标资格，投标保证金不予退还

D. 两阶段进行招标的项目，投标保证金应当在第一阶段提出

E. 投标保证金不得超过招标项目估算价的 2%，但最高不得超过 80 万元人民币

[解析] 实行两阶段招标，招标人要求投标人提交投标保证金的，应当在第二阶段提出。

[答案] ABCE

[2015 真题·多选] 关于投标人的说法，正确的有（　　）。

A. 投标人发生合并、分立、破产等重大变化时，其投标无效

B. 投标人参加依法必须进行招标的项目投标，不受地区或部门限制

C. 存在控股关系的不同单位不得参加同一招标项目的投标

D. 单位负责人为同一人的不同单位参加同一标段投标的，相关投标无效

E. 两个以上法人或者其他组织可以组成一个联合体投标

[解析] 选项 A 错误，投标人发生合并、分立、破产等重大变化的，应当及时书面告知招标人，只有其不再具备资格预审文件、招标文件规定的资格条件或者其投标影响招标公正性的，其投标才无效。选项 C 错误，单位负责人为同一人或存在控股、管理关系的不同单位，不得参加同一标段投标或未划分标段的同一招标项目的投标，所以选项表述不准确，如果划分了标段，可以参加同一项目不同标段的投标。

[答案] BDE

考点 9 开标★★

一、开标时间和地点

根据《招标投标法实施条例》，招标人应当按照招标文件规定的时间、地点开标。

根据《招标投标法》，开标应当在招标文件确定的提交投标文件截止时间的同一时间公开进行；开标地点应当为招标文件中预先确定的地点。

二、开标过程

根据《招标投标法》，开标由招标人主持，邀请所有投标人参加。

开标时，由投标人或者其推选的代表检查投标文件的密封情况，也可以由招标人委托的公证机构检查并公证；经确认无误后，由工作人员当众拆封，宣读投标人名称、投标价格和投标文件的其他主要内容。

招标人在招标文件要求提交投标文件的截止时间前收到的所有投标文件，开标时都应当当众予以拆封、宣读。

开标过程应当记录，并存档备查。

三、开标异议

根据《招标投标法实施条例》，投标人少于 3 个的，不得开标，招标人应当重新招标。投标人对开标有异议的，应当在开标现场提出，招标人应当当场作出答复，并制作记录。

第三章

实战演练

[2021 真题·单选] 关于开标的说法，正确的是（　　）。

A. 投标人少于 5 个的，不得开标

B. 投标人对开标有异议的，应当在开标结束后另行提出

C. 开标应当由招标代理机构主持

D. 招标人应当按照招标文件规定的时间、地点开标

[解析] 开标应当在招标文件确定的提交投标文件截止时间的同一时间公开进行；开标地点应当为招标文件中预先确定的地点。开标由招标人主持，邀请所有投标人参加。投标人少于 3 个的，不得开标，招标人应当重新招标。投标人对开标有异议的，应当在开标现场提出，招标人应当当场作出答复，并制作记录。

[答案] D

[经典例题·单选] 关于开标的说法，正确的是（　　）。

A. 投标文件经确认无误后，由招标监管部门人员当众拆封

B. 开标时只能由投标人或者其推选的代表检查投标文件的密封情况

C. 开标过程应当及时向社会公布

D. 开标地点应当为招标文件中预先确定的地点

[解析]《招标投标法》规定，开标应当在招标文件确定的提交投标文件截止时间的同一时间公开进行；开标地点应当为招标文件中预先确定的地点。开标由招标人主持，邀请所有投标人参加。开标时，由投标人或者其推选的代表检查投标文件的密封情况，也可以由招标人委托的公证机构检查并公证；经确认无误后，由工作人员当众拆封，宣读投标人名称、投标价格和投标文件的其他主要内容。招标人在招标文件要求提交投标文件的截止时间前收到的所有投标文件，开标时都应当当众予以拆封、宣读。开标过程应当记录，并存档备查。

[答案] D

考点 10 评标★★

一、确定评标委员会

根据《招标投标法》，评标由招标人依法组建的评标委员会负责。

依法必须进行招标的项目，其评标委员会由招标人的代表和有关技术、经济等方面的专家组成，成员人数为 5 人以上单数，其中技术、经济等方面的专家不得少于成员总数的 2/3。

与投标人有利害关系的人不得进入相关项目的评标委员会；已经进入的应当更换。

评标委员会成员的名单在中标结果确定前应当保密。

根据《招标投标法实施条例》，除特殊招标项目外，依法必须进行招标的项目，其评标委员会的专家成员应当从评标专家库内相关专业的专家名单中以随机抽取方式确定。任何单位和个人不得以明示、暗示等任何方式指定或者变相指定参加评标委员会的专家成员。

二、对评标委员会成员评标要求

根据《招标投标法》，评标委员会可以要求投标人对投标文件中含义不明确的内容作必要的澄清或者说明，但是澄清或者说明不得超出投标文件的范围或者改变投标文件的实质性内容。

评标委员会完成评标后，应当向招标人提出书面评标报告，并推荐合格的中标候选人。

根据《招标投标法实施条例》，评标委员会成员应当依照《招标投标法》和本条例的规定，按照招标文件规定的评标标准和方法，客观、公正地对投标文件提出评审意见。招标文件没有规定的评标标准和方法不得作为评标的依据。评标委员会成员不得私下接触投标人，不得收受投标人给予的财物或者其他好处，不得向招标人征询确定中标人的意向，不得接受任何单位或者个人明示或者暗示提出的倾向或者排斥特定投标人的要求，不得有其他不客观、不公正履行职务的行为。

三、否决投标的情形

根据《招标投标法》，评标委员会经评审，认为所有投标都不符合招标文件要求的，可以否决所有投标。依法必须进行招标的项目的所有投标被否决的，招标人应当依照《招标投标法》重新招标。

根据《招标投标法实施条例》，有下列情形之一的，评标委员会应当否决其投标：①投标文件未经投标单位盖章和单位负责人签字；②投标联合体没有提交共同投标协议；③投标人不符合国家或者招标文件规定的资格条件；④同一投标人提交两个以上不同的投标文件或者投标报价，但招标文件要求提交备选投标的除外；⑤投标报价低于成本或者高于招标文件设定的最高投标限价；⑥投标文件没有对招标文件的实质性要求和条件作出响应；⑦投标人有串通投标、弄虚作假、行贿等违法行为。

➢ **名师点拨：**投标文件未经投标单位盖章和单位负责人签字，评标委员会应当否决其投标。（有一不否）

四、投标文件澄清说明

根据《招标投标法实施条例》，投标文件中有含义不明确的内容、明显文字或者计算错误，评标委员会认为需要投标人作出必要澄清、说明的，应当书面通知该投标人。投标人的澄清、说明应当采用书面形式，并不得超出投标文件的范围或者改变投标文件的实质性内容。

评标委员会不得暗示或者诱导投标人作出澄清、说明，不得接受投标人主动提出的澄清、说明。

五、评标报告

根据《招标投标法实施条例》，评标完成后，评标委员会应当向招标人提交书面评标报告和中标候选人名单。中标候选人应当不超过 3 个，并标明排序。

评标报告应当由评标委员会全体成员签字。对评标结果有不同意见的评标委员会成员应当以书面形式说明其不同意见和理由，评标报告应当注明该不同意见。评标委员会成员拒绝在评标报告上签字又不书面说明其不同意见和理由的，视为同意评标结果。

实战演练

[**2021 真题·单选**] 关于评标的说法，正确的是（　　）。

A. 投标报价低于成本或者高于招标文件设定的最高投标限价时，评标委员会应当否决其投标

B. 招标人可以不向评标委员会提供评标所必需的信息

C. 投标文件未经投标单位盖章和单位负责人签字，评标委员会不应当直接否决其投标

D. 评标过程中，评标委员会成员不能继续评标被更换后，由更换后的评标委员会成员继续进行评审

[**解析**] 选项B错误，招标人应向评标委员会提供评标所必需的信息。选项C错误，投标文件未经投标单位盖章和单位负责人签字，评标委员会应当直接否决其投标。选项D超纲，评标过程中，评标委员会成员不能继续评标被更换后，被更换的成员所做的评审结论无效。由更换后的评标委员会成员重新评审。

[**答案**] A

[**经典例题·单选**] 关于评标规则的说法中，正确的是（　　）。

A. 评标委员会成员的名单可在开标前予以公布

B. 投标文件未经投标单位盖章和负责人签字的，评标委员会应当否决其投标

C. 招标项目的标底应当在中标结果确定前公布

D. 评标委员会确定的中标候选人至少3个，并标明顺序

[**解析**] 选项A错误，评标委员会成员的名单在开标前不可公布，评标委员会成员的名单在中标结果确定前应当保密。选项C错误，招标项目设有标底的，招标人应当在开标时公布。选项D错误，评标完成后，评标委员会应当向招标人提交书面评标报告和中标候选人名单。中标候选人应当不超过3个，并标明排序。

[**答案**] B

[**经典例题·单选**] 关于评标的说法中，正确的是（　　）。

A. 评标委员会认为所有投标都不符合招标文件要求的，可以否决所有投标

B. 招标项目设有标底的，可以以投标报价是否接近标底作为中标条件

C. 评标委员会成员拒绝在评标报告上签字的，视为不同意评标结果

D. 投标文件中有含义不明确的内容的，评标委员会可以口头要求投标人作出必要澄清、说明

[**解析**] 选项B错误，招标项目设有标底的，不得以投标报价是否接近标底作为中标条件。选项C错误，评标委员会成员拒绝在评标报告上签字的，视为同意评标结果。选项D错误，投标文件中有含义不明确的内容的，评标委员会应书面要求投标人作出必要澄清、说明。

[**答案**] A

［2022 真题·多选］下列情形中，评标委员会应当否决投标的有（ ）。

A. 投标联合体没有提交共同投标协议的

B. 投标报价高于招标文件设定的最高投标限价的

C. 投标文件未经投标单位盖章和单位负责人签字的

D. 投标报价超过标底上下浮动范围的

E. 投标人不符合招标文件规定的资格条件的

［解析］《招标投标法实施条例》规定，有下列情形之一的，评标委员会应当否决其投标：①投标文件未经投标单位盖章和单位负责人签字；②投标联合体没有提交共同投标协议；③投标人不符合国家或者招标文件规定的资格条件；④同一投标人提交两个以上不同的投标文件或者投标报价，但招标文件要求提交备选投标的除外；⑤投标报价低于成本或者高于招标文件设定的最高投标限价；⑥投标文件没有对招标文件的实质性要求和条件作出响应；⑦投标人有串通投标、弄虚作假、行贿等违法行为。

［答案］ABCE

［经典例题·多选］根据《招标投标法》和相关法律法规，下列评标委员会的做法中，正确的有（ ）。

A. 以所有投标都不符合招标文件的要求为由，否决所有投标

B. 拒绝招标人在评标时提出新的评标要求

C. 按照招标人的要求倾向特定投标人

D. 在评标报告中注明评标委员会成员对评标结果的不同意见

E. 以投标报价超过标底上下浮动范围作为由否决投标

［解析］评标委员会不得向招标人征询确定中标人的意向，或者接受任何单位或者个人明示或者暗示提出的倾向，或者接受排斥特定投标人的要求，选项 C 错误。标底只能作为评标的参考，不得以投标报价是否接近标底作为中标条件，也不得以投标报价超过标底上下浮动范围作为否决投标的条件，选项 E 错误。

［答案］ABD

考点 11 中标和签订合同★★★

一、评标结果公示

根据《招标投标法实施条例》，依法必须进行招标的项目，招标人应当自收到评标报告之日起 3 日内公示中标候选人，公示期不得少于 3 日。

投标人或者其他利害关系人对依法必须进行招标的项目的评标结果有异议的，应当在中标候选人公示期间提出。招标人应当自收到异议之日起 3 日内作出答复；作出答复前，应当暂停招标投标活动。

根据《招标公告和公示信息发布管理办法》，依法必须招标项目的中标候选人公示应当载明以下内容：①中标候选人排序、名称、投标报价、质量、工期（交货期），以及评标情况；②中标候选人按照招标文件要求承诺的项目负责人姓名及其相关证书名称和编号；③中

标候选人响应招标文件要求的资格能力条件；④提出异议的渠道和方式；⑤招标文件规定公示的其他内容。

依法必须招标项目的中标结果公示应当载明中标人名称。

二、中标人的确定

根据《招标投标法》，招标人根据评标委员会提出的书面评标报告和推荐的中标候选人确定中标人。招标人也可以授权评标委员会直接确定中标人。

中标人的投标应当符合下列条件之一：

（1）能够最大限度地满足招标文件中规定的各项综合评价标准。

（2）能够满足招标文件的实质性要求，并且经评审的投标价格最低，但是投标价格低于成本的除外。

在确定中标人前，招标人不得与投标人就投标价格、投标方案等实质性内容进行谈判。

根据《招标投标法实施条例》，国有资金占控股或者主导地位的依法必须进行招标的项目，招标人应当确定排名第一的中标候选人为中标人。

排名第一的中标候选人放弃中标、因不可抗力不能履行合同、不按照招标文件要求提交履约保证金，或者被查实存在影响中标结果的违法行为等情形，不符合中标条件的，招标人可以按照评标委员会提出的中标候选人名单排序依次确定其他中标候选人为中标人，也可以重新招标。

三、履约能力审查

根据《招标投标法实施条例》，中标候选人的经营、财务状况发生较大变化或者存在违法行为，招标人认为可能影响其履约能力的，应当在发出中标通知书前由原评标委员会按照招标文件规定的标准和方法审查确认。

四、发出中标通知书和报告招标投标情况

根据《招标投标法》，中标人确定后，招标人应当向中标人发出中标通知书，并同时将中标结果通知所有未中标的投标人。中标通知书对招标人和中标人具有法律效力。

依法必须进行招标的项目，招标人应当自确定中标人之日起 15 日内，向有关行政监督部门提交招标投标情况的书面报告。

五、签订合同

根据《招标投标法》，招标人和中标人应当自中标通知书发出之日起 30 日内，按照招标文件和中标人的投标文件订立书面合同。招标人和中标人不得再行订立背离合同实质性内容的其他协议。

根据《招标投标法实施条例》，招标人和中标人应当依法签订书面合同，合同的标的、价款、质量、履行期限等主要条款应当与招标文件和中标人的投标文件的内容一致。

根据《最高人民法院关于审理建设工程施工合同纠纷案件适用法律问题的解释（一）》，当事人签订的建设工程施工合同与招标文件、投标文件、中标通知书载明的工程范围、建设工期、工程质量、工程价款不一致，一方当事人请求将招标文件、投标文件、中标通知书作为结算工程价款的依据的，人民法院应予支持。

六、履约保证金

履约保证金属于中标人向招标人提供的用以保障其履行合同义务的担保。

根据《招标投标法实施条例》，招标文件要求中标人提交履约保证金的，中标人应当按照招标文件的要求提交。履约保证金不得超过中标合同金额的10%。

中标人应当按照合同约定履行义务，完成中标项目。

根据《国务院办公厅关于促进建筑业持续健康发展的意见》，要引导承包企业以银行保函或担保公司保函的形式，向建设单位提供履约担保。

考点12　终止招标

根据《招标投标法实施条例》，招标人终止招标的，应当及时发布公告，或者以书面形式通知被邀请的或者已经获取资格预审文件、招标文件的潜在投标人。已经发售资格预审文件、招标文件或者已经收取投标保证金的，招标人应当及时退还所收取的资格预审文件、招标文件的费用，以及所收取的投标保证金及银行同期存款利息。

实战演练

[2022真题·单选] 关于中标和订立合同的说法，正确的是（　　）。

A. 招标人不得授权评标委员会直接确定中标人

B. 招标人和中标人应当自中标通知书发出之日起20日内，按照招标文件和中标人的投标文件订立书面合同

C. 招标人和中标人可以再行订立背离合同实质性内容的其他协议

D. 招标人根据评标委员会提出的书面评标报告和推荐的中标候选人确定中标人

[解析]《招标投标法》规定，招标人根据评标委员会提出的书面评标报告和推荐的中标候选人确定中标人，招标人也可以授权评标委员会直接确定中标人，选项A错误，选项D正确。招标人和中标人应当自中标通知书发出之日起30日内，按照招标文件和中标人的投标文件订立书面合同，选项B错误。招标人和中标人不得再行订立背离合同实质性内容的其他协议，选项C错误。

[答案] D

[2021真题·单选] 关于确定中标人的说法，正确的是（　　）。

A. 招标人不得授权评标委员会直接确定中标人

B. 确定中标人之前，招标人可以与投标人就投标价格进行谈判

C. 中标人应当是投标报价最低的投标人

D. 中标人的投标应当能够最大限度地满足招标文件中规定的各项条件

[解析] 选项A错误，招标人根据评标委员会提出的书面评标报告和推荐的中标候选人确定中标人，招标人也可以授权评标委员会直接确定中标人。选项B错误，在确定中标人之前，招标人不得与投标人就投标价格、投标方案等实质性内容进行谈判。选项C错误，选项D正确，中标人的投标应当符合下列条件之一：①能够最大限度地满足招标文件中规定的各项综合评价标准；②能够满足招标文件的实质性要求，并且经评审的投标价格最低，但是投

标价格低于成本的除外。

[答案] D

[2020 真题·单选] 在建设工程招标投标中，关于中标的说法，正确的是（　　）。

A. 国有资金占控股或者主导地位的依法必须进行招标的项目，招标人应当确定排名第一的中标候选人为中标人

B. 招标人应当授权评标委员会直接确定中标人

C. 中标候选人的经营、财务状况发生较大变化的，取消其中标资格

D. 排名第一的中标候选人放弃中标的，招标人应当重新招标

[解析] 选项A正确，《招标投标法实施条例》规定，国有资金占控股或者主导地位的依法必须进行招标的项目，招标人应当确定排名第一的中标候选人为中标人。选项B错误，《招标投标法》规定，招标人根据评标委员会提出的书面评标报告和推荐的中标候选人确定中标人。招标人也可以授权评标委员会直接确定中标人。选项C错误，中标候选人的经营、财务状况发生较大变化或者存在违法行为，招标人认为可能影响其履约能力的，应当在发出中标通知书前由原评标委员会按照招标文件规定的标准和方法审查确认。选项D错误，排名第一的中标候选人放弃中标、因不可抗力不能履行合同、不按照招标文件要求提交履约保证金，或者被查实存在影响中标结果的违法行为等情形，不符合中标条件的，招标人可以按照评标委员会提出的中标候选人名单排序依次确定其他中标候选人为中标人，也可以重新招标。

[答案] A

[2019 真题·单选] 关于履约保证金的说法，正确的是（　　）。

A. 招标文件要求中标人提交履约保证金的，中标人应当提交

B. 履约保证金不得低于中标合同金额的10%

C. 中标人不履行与招标人订立的合同的，履约保证金不予退还，给招标人造成的损失超过履约保证金数额的，对超过部分不予赔偿

D. 施工企业不得以银行保函或担保公司保函的形式，向建设单位提供履约担保金

[解析] 选项B错误，《招标投标法实施条例》规定，履约保证金不得超过中标合同金额的10%。选项C错误，中标人不履行与招标人订立的合同是违约，给招标人造成的损失超过履约保证金数额的，对超过部分应当赔偿。选项D错误，《国务院办公厅关于促进建筑业持续健康发展的意见》规定，要引导承包企业以银行保函或担保公司保函的形式，向建设单位提供履约担保。

[答案] A

[2019 真题·单选] 关于招标人终止招标要求的说法，正确的是（　　）。

A. 应当及时发布公告

B. 以口头形式通知被邀请的或者已经获取资格预审文件、招标文件的潜在投标人

C. 已发售的资格预审文件、招标文件，招标人无须退还所收取的资格预审文件、招标文件的费用

D. 已经收取投标保证金的，应当及时退还投标保证金，但不必退还银行同期存款利息

[**解析**] 选项A正确，选项B错误，《招标投标法实施条例》规定，招标人终止招标的，应当及时发布公告，或者以书面形式通知被邀请的或者已经获取资格预审文件、招标文件的潜在投标人。选项C、D错误，已经发售资格预审文件、招标文件或者已经收取投标保证金的，招标人应当及时退还所收取的资格预审文件、招标文件的费用，以及所收取的投标保证金及银行同期存款利息。

[**答案**] A

[**2021真题·多选**] 关于依法必须招标的项目公示中标候选人的说法，正确的有（　　）。

A. 中标候选人公示期不得少于3日

B. 招标人应当自收到评标报告之日起5日内公示中标候选人

C. 投标人对评标结果有异议，应当在中标候选人公示期间提出

D. 招标人应当自收到对评标结果的异议之日起5日内作出答复

E. 招标人在对评标结果的异议作出答复前，可以暂停招标投标活动

[**解析**] 选项A正确，选项B错误，依法必须进行招标的项目，招标人应当自收到评标报告之日起3日内公示中标候选人，公示期不得少于3日。选项C正确，选项D、E错误，投标人或者其他利害关系人对依法必须进行招标的项目的评标结果有异议的，应当在中标候选人公示期间提出。招标人应当自收到异议之日起3日内作出答复；作出答复前，应当暂停招标投标活动。

[**答案**] AC

[**2020真题·多选**] 关于中标的说法，正确的有（　　）。

A. 中标人确定后，招标人应当公示中标通知书

B. 中标人确定后，招标人无须将中标结果通知所有未中标的投标人

C. 在确定中标人前，招标人不得与投标人就投标价格、投标方案等实质性内容进行谈判

D. 中标人确定后，招标人应当向中标人发出中标通知书

E. 中标通知书对招标人和中标人具有法律效力

[**解析**] 中标人确定后，招标人应当向中标人发出中标通知书，并同时将中标结果通知所有未中标的投标人。中标通知书对招标人和中标人具有法律效力。

[**答案**] CDE

[**2015真题·多选**] 招标人在发出中标通知书前，由评标委员会对中标候选人进行再次审查确认的情形有（　　）。

A. 中标候选人财务状况发生较大变化，可能影响其履约能力

B. 中标候选人未缴纳履约保证金

C. 中标候选人放弃中标

D. 中标候选人存在违法行为，可能影响其履约能力

E. 中标候选人经营发生较大变化，可能影响其履约能力

[**解析**] 中标候选人的经营、财务状况发生较大变化或者存在违法行为，招标人认为可能影响其履约能力的，应当在发出中标通知书前由原评标委员会按照招标文件规定的标准和方法审查确认。

[**答案**] ADE

[**2014 真题·多选**] 根据《招标投标法》和《招标投标法实施条例》，关于招标项目的说法，正确的有（　　）。

A. 招标人不可以直接授权评标委员会直接确定中标人

B. 评标委员会成员对其评审意见承担个人责任

C. 履约保证金不得超过中标合同金额的 10%

D. 国有资金控股的依法必须招标的项目，排名第一的中标候选人为中标人

E. 招标人可以与投标人就投标价格、投标方案等实质性内容进行谈判

[**解析**] 选项 A 错误，招标人根据评标委员会提出的书面评标报告和推荐的中标候选人确定中标人。招标人也可以授权评标委员会直接确定中标人。选项 E 错误，招标人和中标人应当依照《招标投标法》和《招标投标法实施条例》规定签订书面合同，合同的标的、价款、质量、履行期限等主要条款应当与招标文件和中标人的投标文件的内容一致。因此，不能谈判。

[**答案**] BCD

➢ **名师点拨：**

（1）招标投标基本程序如图 3-1-1 所示。

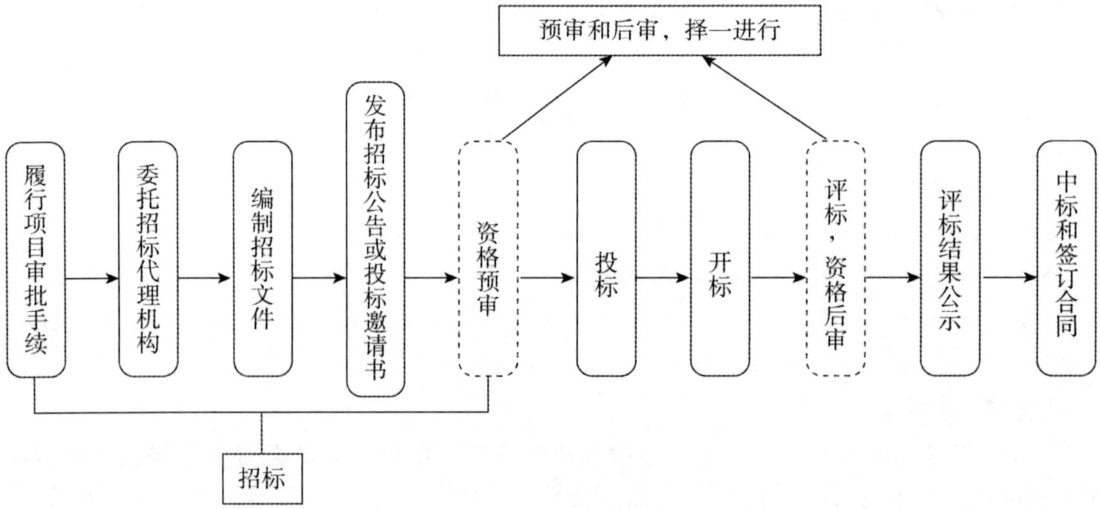

图 3-1-1　招标投标基本程序

（2）招标投标时间轴如图 3-1-2 所示。

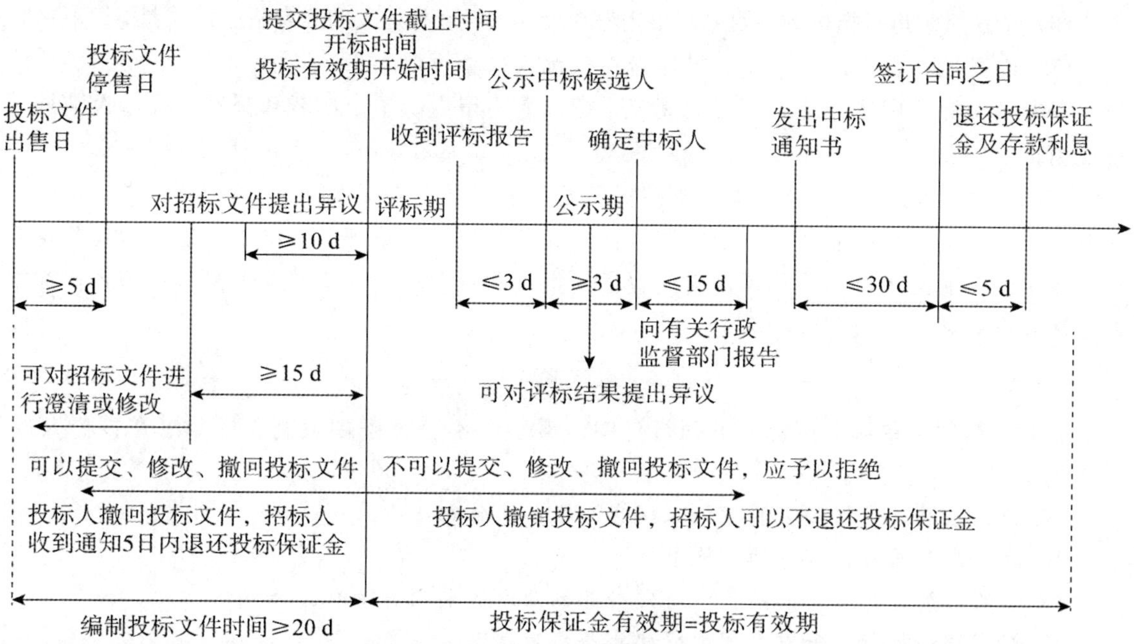

图 3-1-2　招标投标时间轴

考点 13 限制或者排斥投标人行为★★★

根据《招标投标法实施条例》，招标人不得以不合理的条件限制、排斥潜在投标人或者投标人。招标人有下列行为之一的，属于以不合理条件限制、排斥潜在投标人或者投标人：

（1）就同一招标项目向潜在投标人或者投标人提供有差别的项目信息。

（2）设定的资格、技术、商务条件与招标项目的具体特点和实际需要不相适应或者与合同履行无关。

➤ **名师点拨：**例如，某冶金系统的办公大楼施工招标，却要求投标人具有冶金专业项目的类似业绩；某货物招标项目，按照某投标供应商拥有的条件"量体裁衣"，将本来无关紧要的普通技术指标设定为必须响应的实质性指标，或者要求项目负责人近几年内没有违反交通安全的行政处罚记录。

（3）依法必须进行招标的项目以特定行政区域或者特定行业的业绩、奖项作为加分条件或者中标条件。

➤ **名师点拨：**例如，某招标项目规定投标人获得项目所在地区的产品质量或企业信誉奖励，或者投标人的项目负责人是项目所在地区的劳动模范的，给予评标加分；某招标项目规定投标人拥有本行业项目业绩的，将给予评标加分等。

（4）对潜在投标人或者投标人采取不同的资格审查或者评标标准。

（5）限定或者指定特定的专利、商标、品牌、原产地或者供应商。

➤ **名师点拨：**如果必须引用某一品牌或生产供应商才能准确清楚地说明招标项目的技术标准和要求，则应当在引用的品牌或生产供应商名称前加上"参照或相当于"的字样，而且引用的货物品牌或生产供应商在市场上具有可选择性。

（6）依法必须进行招标的项目非法限定潜在投标人或者投标人的所有制形式或者组织形式。

（7）以其他不合理条件限制、排斥潜在投标人或者投标人。

根据《招标投标法实施条例》的规定，招标人不得组织单个或者部分潜在投标人踏勘项目现场。

《住房和城乡建设部办公厅关于支持民营建筑企业发展的通知》规定，民营建筑企业在注册地以外的地区承揽业务时，地方各级住房和城乡建设主管部门要给予外地民营建筑企业与本地建筑企业同等待遇，不得擅自设置任何审批和备案事项，不得要求民营建筑企业在本地区注册设立独立子公司或分公司。

实战演练

[2021真题·单选] 招标人下列行为中，属于以不合理条件限制、排斥潜在投标人或者投标人的是（　　）。

A. 拒收未通过资格预审的投标人提交的投标文件

B. 设定与合同履行有关的资格条件

C. 依法必须进行招标的项目以特定行业的业绩、奖项作为加分条件

D. 对不同的投标人采取相同的资格审查标准

[解析] 招标人有下列行为之一的，属于以不合理条件限制、排斥潜在投标人或者投标人：①就同一招标项目向潜在投标人或者投标人提供有差别的项目信息；②设定的资格、技术、商务条件与招标项目的具体特点和实际需要不相适应或者与合同履行无关；③依法必须进行招标的项目以特定行政区域或者特定行业的业绩、奖项作为加分条件或者中标条件；④对潜在投标人或者投标人采取不同的资格审查或者评标标准；⑤限定或者指定特定的专利、商标、品牌、原产地或者供应商；⑥依法必须进行招标的项目非法限定潜在投标人或者投标人的所有制形式或者组织形式；⑦以其他不合理条件限制、排斥潜在投标人或者投标人。

[答案] C

[2021真题·多选] 招标人的下列行为中，属于以不合理的条件限制、排斥潜在投标人或者投标人的有（　　）。

A. 对同一招标项目向投标人提出有差别的项目信息

B. 对潜在投标人采取不同的资格审查标准

C. 设定与合同履行有关的资格条件

D. 指定特定的专利、商标、品牌、原产地或者供应商

E. 以投标人的业绩、奖项作为加分条件

[解析] 招标人有下列行为之一的，属于以不合理条件限制、排斥潜在投标人或者投标人：①就同一招标项目向潜在投标人或者投标人提供有差别的项目信息；②设定的资格、技术、商务条件与招标项目的具体特点和实际需要不相适应或者与合同履行无关；③依法必须进行招标的项目以特定行政区域或者特定行业的业绩、奖项作为加分条件或者中标条件；④对潜在投标人或者投标人采取不同的资格审查或者评标标准；⑤限定或者指定特定的专利、商标、品牌、原产地或者供应商；⑥依法必须进行招标的项目非法限定潜在投标人或者投标人的所有制形式或者组织形式；⑦以其他不合理条件限制、排斥潜在投标人或者投标人。

[答案] ABD

考点 14 投标人串通投标★★★

根据《招标投标法》，投标人不得相互串通投标报价，不得排挤其他投标人的公平竞争，损害招标人或者其他投标人的合法权益。

根据《招标投标法实施条例》，禁止投标人相互串通投标。

有下列情形之一的，属于投标人相互串通投标：

（1）投标人之间协商投标报价等投标文件的实质性内容。

（2）投标人之间约定中标人。

（3）投标人之间约定部分投标人放弃投标或者中标。

（4）属于同一集团、协会、商会等组织成员的投标人按照该组织要求协同投标。

（5）投标人之间为谋取中标或者排斥特定投标人而采取的其他联合行动。

有下列情形之一的，视为投标人相互串通投标：

（1）不同投标人的投标文件由同一单位或者个人编制。

（2）不同投标人委托同一单位或者个人办理投标事宜。

（3）不同投标人的投标文件载明的项目管理成员为同一人。

（4）不同投标人的投标文件异常一致或者投标报价呈规律性差异。

（5）不同投标人的投标文件相互混装。

（6）不同投标人的投标保证金从同一单位或者个人的账户转出。

考点 15 招标人与投标人串通投标★★

根据《招标投标法》，投标人不得与招标人串通投标，损害国家利益、社会公共利益或者他人的合法权益。

根据《招标投标法实施条例》，禁止招标人与投标人串通投标。

有下列情形之一的，属于招标人与投标人串通投标：①招标人在开标前开启投标文件并将有关信息泄露给其他投标人；②招标人直接或者间接向投标人泄露标底、评标委员会成员等信息；③招标人明示或者暗示投标人压低或者抬高投标报价；④招标人授意投标人撤换、修改投标文件；⑤招标人明示或者暗示投标人为特定投标人中标提供方便；⑥招标人与投标人为谋求特定投标人中标而采取的其他串通行为。

考点 16 以行贿的手段谋取中标★

根据《招标投标法》，禁止投标人以向招标人或者评标委员会成员行贿的手段谋取中标。

根据《中华人民共和国反不正当竞争法》（以下简称《反不正当竞争法》），经营者不得采用财物或者其他手段贿赂下列单位或者个人，以谋取交易机会或者竞争优势：

（1）交易相对方的工作人员。

（2）受交易相对方委托办理相关事务的单位或者个人。

（3）利用职权或者影响力影响交易的单位或者个人。

经营者在交易活动中，可以以明示方式向交易相对方支付折扣，或者向中间人支付佣金。经营者向交易相对方支付折扣、向中间人支付佣金的，应当如实入账。接受折扣、佣金的经营者也应当如实入账。

第三章

考点 17 以低于成本的报价竞标★

根据《招标投标法》，投标人不得以低于成本的报价竞标。

根据《建设工程施工发包与承包计价管理办法》，投标报价不得低于工程成本，不得高于最高投标限价。

投标报价低于工程成本或者高于最高投标限价总价的，评标委员会应当否决投标人的投标。

考点 18 以他人名义投标或者以其他方式弄虚作假骗取中标★★

根据《招标投标法》，投标人不得以他人名义投标或者以其他方式弄虚作假，骗取中标。

根据《招标投标法实施条例》，使用通过受让或者租借等方式获取的资格、资质证书投标的，属于以他人名义投标。

投标人有下列情形之一的，属于《招标投标法》规定的以其他方式弄虚作假的行为：①使用伪造、变造的许可证件；②提供虚假的财务状况或者业绩；③提供虚假的项目负责人或者主要技术人员简历、劳动关系证明；④提供虚假的信用状况；⑤其他弄虚作假的行为。

根据《反不正当竞争法》，经营者不得实施下列混淆行为，引人误认为是他人商品或者与他人存在特定联系：①擅自使用与他人有一定影响的商品名称、包装、装潢等相同或者近似的标识；②擅自使用他人有一定影响的企业名称（包括简称、字号等）、社会组织名称（包括简称等）、姓名（包括笔名、艺名、译名等）；③擅自使用他人有一定影响的域名主体部分、网站名称、网页等。

实战演练

[**2020 真题 · 单选**] 下列情形中，属于投标人相互串通投标的是（　　）。

A. 两个以上投标人的投标文件具有特殊标记

B. 不同投标人的投标文件在同一文印店装订

C. 不同投标人的投标保函由同一银行开具

D. 投标人之间协商投标报价等投标文件的实质性内容

[**解析**]《招标投标法实施条例》规定，禁止投标人相互串通投标。有下列情形之一的，属于投标人相互串通投标：①投标人之间协商投标报价等投标文件的实质性内容；②投标人之间约定中标人；③投标人之间约定部分投标人放弃投标或者中标；④属于同一集团、协会、商会等组织成员的投标人按照该组织要求协同投标；⑤投标人之间为谋取中标或者排斥特定投标人而采取的其他联合行动。

[**答案**] D

[**2020 真题 · 单选**] 下列投标人的竞争行为中，符合法律规定的是（　　）。

A. 投标人利用其影响力影响招标人，以谋取竞争优势

B. 投标人在投标文件中载明投标报价下浮率

C. 投标人给予招标代理机构的工作人员财物，以谋取交易机会

D. 投标人以行贿手段谋取中标

［解析］经营者不得采用财物或者其他手段贿赂下列单位或者个人，以谋取交易机会或者竞争优势：①交易相对方的工作人员；②受交易相对方委托办理相关事务的单位或者个人；③利用职权或者影响力影响交易的单位或者个人。经营者对工作人员进行贿赂的，应当认定为经营者的行为；但是，经营者有证据证明该工作人员的行为与为经营者谋取交易机会或者竞争优势无关的除外。

［答案］B

［2020真题·单选］下列投标人的行为中，属于以他人名义投标的是（　　）。

A. 使用通过受让或者租借的方式获取的资质证书投标

B. 使用伪造、变造的许可证件投标

C. 提供虚假的财务状况或者业绩投标

D. 提供虚假的信用状况投标

［解析］《招标投标法》规定，使用通过受让或者租借等方式获取的资格、资质证书投标的，属于以他人名义投标。

［答案］A

［2021真题·多选］下列情形中，属于招标人与投标人串通投标的有（　　）。

A. 投标人未经招标人授意，自行撤换、修改投标文案

B. 招标人在开标前开启投标文件并将有关信息泄露给投标人

C. 设定的资格条件与招标项目的实际需要不相适应

D. 招标人直接向投标人泄露标底、评标委员会成员等信息

E. 招标人暗示投标人压低或抬高投标报价

［解析］有下列情形之一的，属于招标人与投标人串通投标：①招标人在开标前开启投标文件并将有关信息泄露给其他投标人；②招标人直接或者间接向投标人泄露标底、评标委员会成员等信息；③招标人明示或者暗示投标人压低或者抬高投标报价；④招标人授意投标人撤换、修改投标文件；⑤招标人明示或者暗示投标人为特定投标人中标提供方便；⑥招标人与投标人为谋求特定投标人中标而采取的其他串通行为。

［答案］BDE

［2018真题·多选］下列情形中，视为投标人相互串通投标的有（　　）。

A. 不同投标人的投标文件由同一人编制

B. 不同投标人的投标文件的报价呈规律性差异

C. 不同投标人的投标文件相互混装

D. 属于同一组织的成员按照该组织要求协同投标

E. 投标人之间约定部分投标人放弃投标

［解析］有下列情形之一的，视为投标人相互串通投标：①不同投标人的投标文件由同一单位或者个人编制；②不同投标人委托同一单位或者个人办理投标事宜；③不同投标人的投标文件载明的项目管理成员为同一人；④不同投标人的投标文件异常一致或者投标报价呈规律性差异；⑤不同投标人的投标文件相互混装；⑥不同投标人的投标保证金从同一单位或者个人的账户转出。

［答案］ABC

［2014 真题·多选］下列投标行为中，属于弄虚作假骗取中标的有（　　）。

A. 使用伪造、变造的许可证件

B. 提供虚假的财务状况或者业绩

C. 提供虚假的信用状况

D. 提供虚假的项目负责人或者主要技术人员简历、劳动关系证明

E. 不同投标人的投标文件相互混装

［解析］投标人有下列情形之一的，属于《招标投标法》规定的以其他方式弄虚作假的行为：①使用伪造、变造的许可证件；②提供虚假的财务状况或者业绩；③提供虚假的项目负责人或者主要技术人员简历、劳动关系证明；④提供虚假的信用状况；⑤其他弄虚作假的行为。

［答案］ABCD

考点 19 投诉与处理★

一、投诉时间

根据《招标投标法实施条例》，投标人或者其他利害关系人认为招标投标活动不符合法律、行政法规规定的，可以自知道或者应当知道之日起 10 日内向有关行政监督部门投诉。投诉应当有明确的请求和必要的证明材料。

对资格预审文件、招标文件、开标以及对依法必须进行招标项目的评标结果有异议的，应当依法先向招标人提出异议，其异议答复期间不计算在以上规定的期限内。

二、投诉处理

根据《招标投标法实施条例》，投诉人就同一事项向两个以上有权受理的行政监督部门投诉的，由最先收到投诉的行政监督部门负责处理。

行政监督部门应当自收到投诉之日起 3 个工作日内决定是否受理投诉，并自受理投诉之日起 30 个工作日内作出书面处理决定；需要检验、检测、鉴定、专家评审的，所需时间不计算在内。

投诉人捏造事实、伪造材料或者以非法手段取得证明材料进行投诉的，行政监督部门应当予以驳回。

三、行政监督措施

根据《招标投标法实施条例》，行政监督部门处理投诉，有权查阅、复制有关文件、资料，调查有关情况，相关单位和人员应当予以配合。必要时，行政监督部门可以责令暂停招标投标活动。

行政监督部门的工作人员对监督检查过程中知悉的国家秘密、商业秘密，应当依法予以保密。

实战演练

［**2017 真题·单选**］关于评标结果异议的说法，正确的是（　　）。

A. 只有投标人有权利对项目的评标结果提出异议

B. 对评标结果有异议，应当在中标候选人公示期间提出

C. 招标人对评标结果的异议作出答复前，招标投标活动继续进行

D. 对评标结果异议不是对评标结果投诉必然的前置条件

［**解析**］选项 A 错误，投标人或者其他利害关系人对评标结果有异议的，应当在中标候选人公示期间提出。除投标人外，利害关系人也可以对评标结果提出异议。选项 C 错误，招标人应当自收到异议之日起 3 日内作出答复；作出答复前，应当暂停招标投标活动。选项 D 错误，投标人或者其他利害关系人对资格预审文件、招标文件、开标以及对依法必须进行招标项目的评标结果有异议的，应当依法先向招标人提出异议，其异议答复期间不计算在以上规定的期限内。因此，不能直接投诉，而要先行提出异议。

［**答案**］B

［**2021 真题·多选**］关于招标投标投诉的说法，正确的有（　　）。

A. 投诉应当有明确的请求和必要的证明材料

B. 投标人或者其他利害关系人认为招标投标活动不符合法律、行政法规规定的，可以自知道或者应当知道之日起 5 日内向有关行政监督部门投诉

C. 对开标有异议的，可以直接向行政监督部门投诉

D. 投诉人就同一事项向两个以上有权受理的行政监督部门投诉的，由级别高的行政监督部门负责处理

E. 对招标文件有异议的，应当先向招标人提出异议

［**解析**］选项 A 正确，选项 B 错误，《招标投标法实施条例》规定，投标人或者其他利害关系人认为招标投标活动不符合法律、行政法规规定的，可以自知道或者应当知道之日起 10 日内向有关行政监督部门投诉。投诉应当有明确的请求和必要的证明材料。选项 C 错误，选项 E 正确，对资格预审文件、招标文件、开标以及对依法必须进行招标项目的评标结果有异议的，应当依法先向招标人提出异议，其异议答复期间不计算在以上规定的期限内。选项 D 错误，投诉人就同一事项向两个以上有权受理的行政监督部门投诉的，由最先收到投诉的行政监督部门负责处理。

［**答案**］AE

考点 20　法律责任★

一、招标人违法行为

根据《招标投标法》，招标人的下列行为影响中标结果的，中标无效：

（1）依法必须进行招标的项目的招标人向他人透露已获取招标文件的潜在投标人的名称、数量或者可能影响公平竞争的有关招标投标的其他情况的，或者泄露标底的。

（2）依法必须进行招标的项目，招标人违反本法规定，与投标人就投标价格、投标方案

等实质性内容进行谈判的。

（3）招标人在评标委员会依法推荐的中标候选人以外确定中标人的；依法必须进行招标的项目在所有投标被评标委员会否决后自行确定中标人的。

二、投标人违法行为

根据《招标投标法》，投标人有下列行为的，中标无效：

（1）投标人相互串通投标或者与招标人串通投标的，投标人以向招标人或者评标委员会成员行贿的手段谋取中标的。

（2）投标人以他人名义投标或者以其他方式弄虚作假，骗取中标的。

三、中标人违法行为

根据《招标投标法》，中标人不履行与招标人订立的合同的，履约保证金不予退还，给招标人造成的损失超过履约保证金数额的，还应当对超过部分予以赔偿；没有提交履约保证金的，应当对招标人的损失承担赔偿责任。

根据《招标投标法实施条例》，中标人无正当理由不与招标人订立合同，在签订合同时向招标人提出附加条件，或者不按照招标文件要求提交履约保证金的，取消其中标资格，投标保证金不予退还。

实战演练

［经典例题·多选］导致中标无效的情形有（　　）。

A. 依法必须进行招标项目的招标人向他人泄露标底，影响中标结果的

B. 投标人向招标人展示工程业绩、企业实力，谋取中标

C. 投标截止日期以前投标人撤回已提交的招标文件进行修改

D. 招标人要求投标人提交投标保证金

E. 依法必须进行招标的项目在所有投标被评标委员会否决后自行确定中标人

［解析］选项 B 合法；选项 C 可以撤回；选项 D 合理合法。

［答案］AE

第二节　建设工程承包制度

建设工程承包制度包括总承包、共同承包、专业承包等。

考点 1　发包★

《建筑法》规定，建筑工程实行招标发包的，发包单位应当将建筑工程发包给依法中标的承包单位。建筑工程实行直接发包的，发包单位应当将建筑工程发包给具有相应资质条件的承包单位。

根据《建筑工程施工发包与承包违法行为认定查处管理办法》，违法发包是指建设单位将工程发包给个人或不具有相应资质的单位、肢解发包、违反法定程序发包及其他违反法律法规规定发包的行为。

存在下列情形之一的，属于违法发包：①建设单位将工程发包给个人的；②建设单位将工程发包给不具有相应资质的单位的；③依法应当招标未招标或未按照法定招标程序发包的；④建设单位设置不合理的招标投标条件，限制、排斥潜在投标人或者投标人的；⑤建设单位将一个单位工程的施工分解成若干部分发包给不同的施工总承包或专业承包单位的。

根据《建筑法》，按照合同约定，建筑材料、建筑构配件和设备由工程承包单位采购的，发包单位不得指定承包单位购入用于工程的建筑材料、建筑构配件和设备或者指定生产厂、供应商。

考点 2 承包★

根据《建筑法》的规定，提倡对建筑工程实行总承包，禁止将建筑工程肢解发包。

建筑工程的发包单位可以将建筑工程的勘察、设计、施工、设备采购一并发包给一个工程总承包单位，也可以将建筑工程勘察、设计、施工、设备采购的一项或者多项发包给一个工程总承包单位；但是，不得将应当由一个承包单位完成的建筑工程肢解成若干部分发包给几个承包单位。

《房屋建筑和市政基础设施项目工程总承包管理办法》进一步规定：

一、总则

工程总承包是指承包单位按照与建设单位签订的合同，对工程设计、采购、施工或者设计、施工等阶段实行总承包，并对工程的质量、安全、工期和造价等全面负责的工程建设组织实施方式。

二、工程总承包项目的发包和承包

建设单位应当在发包前完成项目审批、核准或者备案程序。采用工程总承包方式的企业投资项目，应当在核准或者备案后进行工程总承包项目发包。采用工程总承包方式的政府投资项目，原则上应当在初步设计审批完成后进行工程总承包项目发包；其中，按照国家有关规定简化报批文件和审批程序的政府投资项目，应当在完成相应的投资决策审批后进行工程总承包项目发包。

建设单位依法采用招标或者直接发包等方式选择工程总承包单位。

工程总承包项目范围内的设计、采购或者施工中，有任一项属于依法必须进行招标的项目范围且达到国家规定规模标准的，应当采用招标的方式选择工程总承包单位。

工程总承包单位应当同时具有与工程规模相适应的工程设计资质和施工资质，或者由具有相应资质的设计单位和施工单位组成联合体。工程总承包单位应当具有相应的项目管理体系和项目管理能力、财务和风险承担能力，以及与发包工程相类似的设计、施工或者工程总承包业绩。

设计单位和施工单位组成联合体的，应当根据项目的特点和复杂程度，合理确定牵头单位，并在联合体协议中明确联合体成员单位的责任和权利。联合体各方应当共同与建设单位签订工程总承包合同，就工程总承包项目承担连带责任。

工程总承包单位不得是工程总承包项目的代建单位、项目管理单位、监理单位、造价咨询单位、招标代理单位。

政府投资项目的项目建议书、可行性研究报告、初步设计文件编制单位及其评估单位，一般不得成为该项目的工程总承包单位。

鼓励设计单位申请取得施工资质，已取得工程设计综合资质、行业甲级资质、建筑工程专业甲级资质的单位，可以直接申请相应类别施工总承包一级资质。鼓励施工单位申请取得工程设计资质，具有一级及以上施工总承包资质的单位可以直接申请相应类别的工程设计甲级资质。完成的相应规模工程总承包业绩可以作为设计、施工业绩申报。

企业投资项目的工程总承包宜采用总价合同，政府投资项目的工程总承包应当合理确定合同价格形式。采用总价合同的，除合同约定可以调整的情形外，合同总价一般不予调整。

三、工程总承包项目实施

建设单位根据自身资源和能力，可以自行对工程总承包项目进行管理，也可以委托勘察设计单位、代建单位等项目管理单位，赋予相应权利，依照合同对工程总承包项目进行管理。

工程总承包项目经理不得同时在两个或者两个以上工程项目担任工程总承包项目经理、施工项目负责人。

工程总承包单位可以采用直接发包的方式进行分包。但以暂估价形式包括在总承包范围内的工程、货物、服务分包时，属于依法必须进行招标的项目范围且达到国家规定规模标准的，应当依法招标。

政府投资项目所需资金应当按照国家有关规定确保落实到位，不得由工程总承包单位或者分包单位垫资建设。政府投资项目建设投资原则上不得超过经核定的投资概算。

考点 3 工程总承包企业的责任★★★

根据《建筑法》，建筑工程总承包单位按照总承包合同的约定对建设单位负责；分包单位按照分包合同的约定对总承包单位负责。总承包单位和分包单位就分包工程对建设单位承担连带责任。

根据《建设工程质量管理条例》，施工单位对建设工程的施工质量负责。

施工单位应当建立质量责任制，确定工程项目的项目经理、技术负责人和施工管理负责人。

建设工程实行总承包的，总承包单位应当对全部建设工程质量负责；建设工程勘察、设计、施工、设备采购的一项或者多项实行总承包的，总承包单位应当对其承包的建设工程或者采购的设备的质量负责。

《房屋建筑和市政基础设施项目工程总承包管理办法》进一步规定：

工程总承包单位应当对其承包的全部建设工程质量负责，分包单位对其分包工程的质量负责，分包不免除工程总承包单位对其承包的全部建设工程所负的质量责任。

工程总承包单位、工程总承包项目经理依法承担质量终身责任。

工程总承包单位对承包范围内工程的安全生产负总责。分包单位应当服从工程总承包单位的安全生产管理，分包单位不服从管理导致生产安全事故的，由分包单位承担主要责任，分包不免除工程总承包单位的安全责任。

工程保修书由建设单位与工程总承包单位签署，保修期内工程总承包单位应当根据法律法规规定以及合同约定承担保修责任，工程总承包单位不得以其与分包单位之间保修责任划分而拒绝履行保修责任。

实战演练

[**经典例题·单选**] 关于工程建设中使用建筑材料的说法，正确的是（　　）。

A. 建筑材料应该由建设单位采购

B. 建设单位采购的建筑材料经施工企业检验不合格的，应当拒绝使用

C. 建设单位招标采购建筑材料的，可以指定三个以上品牌

D. 建设单位采购的建筑材料经施工企业检验合格，使用后被证实属于不合格材料的，应由施工企业承担责任

[**解析**] 选项A错误，建筑材料也可由施工单位自行采购。选项C错误，不可指定建筑材料品牌。选项D错误，应由采购单位（建设单位）承担责任。

[**答案**] B

[**2021真题·多选**] 已经取得下列资质的设计单位，可以直接申请相应类别施工总承包一级资质的有（　　）。

A. 工程设计综合资质

B. 行业乙级资质

C. 行业甲级资质

D. 建筑工程行业乙级资质

E. 建筑工程专业甲级资质

[**解析**] 鼓励设计单位申请取得施工资质，已取得工程设计综合资质、行业甲级资质、建筑工程专业甲级资质的单位，可以直接申请相应类别施工总承包一级资质。

[**答案**] ACE

[**2021真题·多选**] 根据《房屋建筑和市政基础设施项目工程总承包管理办法》，关于工程总承包单位的说法，正确的有（　　）。

A. 工程总承包单位应当同时具有与工程规模相适应的工程设计资质和施工资质

B. 工程总承包单位可以由具有相应资质的设计单位和施工企业组成联合体

C. 工程总承包单位应当具有相应的项目管理体系和项目管理能力、财务和风险承担能力

D. 工程总承包单位应当具有与发包工程相类似的设计、施工或工程总承包业绩

E. 工程总承包单位可以是工程总承包项目的代建单位或者造价咨询单位

[**解析**] 工程总承包单位应当具有相应的项目管理体系和项目管理能力、财务和风险承担能力，以及与发包工程相类似的设计、施工或者工程总承包业绩。工程总承包单位不得是工程总承包项目的代建单位、项目管理单位、监理单位、造价咨询单位、招标代理单位。

[**答案**] ABCD

[经典例题·多选] 关于总承包单位与分包单位对建设工程承担质量责任的说法中，正确的有（　　）。

A. 分包单位按照分包合同的约定对其分包工程的质量向总承包单位及建设单位负责

B. 分包单位对分包工程的质量负责，总承包单位未尽到相应监管义务的，承担相应的补充责任

C. 建设工程实行总承包的，总承包单位应当对全部建设工程质量负责

D. 当分包工程发生质量责任或者违约责任，建设单位可以向总承包单位或分包单位请求赔偿；总承包单位或分包单位赔偿后，有权就不属于自己责任的赔偿向另一方追偿

E. 当分包工程发生质量责任或者违约责任，建设单位应当向总承包单位请求赔偿，总承包单位赔偿后，有权要求分包单位赔偿

[解析] 分包单位按照分包合同的约定对其分包工程的质量向总承包单位负责，选项 A 错误。分包单位对分包工程的质量负责，总承包单位未尽到相应监管义务的，承担相应的连带责任，选项 B 错误。当分包工程发生质量责任或者违约责任，建设单位可以向总承包单位或分包单位请求赔偿；总承包单位或分包单位赔偿后，有权就不属于自己责任的赔偿向另一方追偿，选项 E 错误。

[答案] CD

考点 4　分包★★★

一、分包的分类

根据《房屋建筑和市政基础设施工程施工分包管理办法》，房屋建筑和市政基础设施工程施工分包分为专业工程分包和劳务作业分包。

（1）专业工程分包是指施工总承包企业（以下简称专业分包工程发包人）将其所承包工程中的专业工程发包给具有相应资质的其他建筑业企业（以下简称专业分包工程承包人）完成的活动。

（2）劳务作业分包是指施工总承包企业或者专业承包企业（以下简称劳务作业发包人）将其承包工程中的劳务作业发包给劳务分包企业（以下简称劳务作业承包人）完成的活动。

分包工程发包人包括专业分包工程发包人和劳务作业发包人；分包工程承包人包括专业分包工程承包人和劳务作业承包人。

二、分包工程的范围

根据《建筑法》，建筑工程总承包单位可以将承包工程中的部分工程发包给具有相应资质条件的分包单位。

禁止承包单位将其承包的全部建筑工程转包给他人，禁止承包单位将其承包的全部建筑工程肢解以后以分包的名义分别转包给他人。

施工总承包的，建筑工程主体结构的施工必须由总承包单位自行完成。

三、分包单位的选用

根据《房屋建筑和市政基础设施工程施工分包管理办法》，建设单位不得直接指定分包工程承包人。

➤ **名师点拨：**总承包单位有权选择拒绝或者采用建设单位推荐的分包单位。

严禁个人承揽分包工程业务。

专业工程分包除在施工总承包合同中有约定外，必须经建设单位认可。

劳务作业分包由劳务作业发包人与劳务作业承包人通过劳务合同约定。

➤ **名师点拨：**专业工程分包认可以下两种方式：

(1) 在施工总承包合同中约定进行分包。

(2) 施工总承包合同中没有约定进行分包，但经建设单位认可。

四、分包的保障

根据《房屋建筑和市政基础设施工程施工分包管理办法》，分包工程发包人可以就分包合同的履行，要求分包工程承包人提供分包工程履约担保；分包工程承包人在提供担保后，要求分包工程发包人同时提供分包工程付款担保的，分包工程发包人应当提供。

五、转包

根据《建筑工程施工发包与承包违法行为认定查处管理办法》，转包是指承包单位承包建设工程后，不履行合同约定的责任和义务，将其承包的全部建设工程或者将其承包的全部工程肢解后以分包的名义分别转给其他单位或个人施工的行为。

存在下列情形之一的，属于转包：

(1) 承包单位将其承包的全部工程转给其他单位（包括母公司承接建筑工程后将所承接工程交由具有独立法人资格的子公司施工的情形）或个人施工的。

(2) 承包单位将其承包的全部工程肢解以后，以分包的名义分别转给其他单位或个人施工的。

(3) 施工总承包单位或专业承包单位未派驻项目负责人、技术负责人、质量管理负责人、安全管理负责人等主要管理人员，或派驻的项目负责人、技术负责人、质量管理负责人、安全管理负责人中一人及以上与施工单位没有订立劳动合同且没有建立劳动工资和社会养老保险关系，或派驻的项目负责人未对该工程的施工活动进行组织管理，又不能进行合理解释并提供相应证明的。

(4) 合同约定由承包单位负责采购的主要建筑材料、构配件及工程设备或租赁的施工机械设备，由其他单位或个人采购、租赁，或施工单位不能提供有关采购、租赁合同及发票等证明，又不能进行合理解释并提供相应证明的。

(5) 专业作业承包人承包的范围是承包单位承包的全部工程，专业作业承包人计取的是除上缴给承包单位“管理费”之外的全部工程价款的。

(6) 承包单位通过采取合作、联营、个人承包等形式或名义，直接或变相将其承包的全部工程转给其他单位或个人施工的。

(7) 专业工程的发包单位不是该工程的施工总承包或专业承包单位的，但建设单位依约作为发包单位的除外。

(8) 专业作业的发包单位不是该工程承包单位的。

(9) 施工合同主体之间没有工程款收付关系，或者承包单位收到款项后又将款项转拨给其他单位和个人，又不能进行合理解释并提供材料证明的。

两个以上的单位组成联合体承包工程，在联合体分工协议中约定或者在项目实际实施过程中，联合体一方不进行施工也未对施工活动进行组织管理的，并且向联合体其他方收取管理费或者其他类似费用的，视为联合体一方将承包的工程转包给联合体其他方。

分包工程发包人将工程分包后，未在施工现场设立项目管理机构和派驻相应人员，并未对该工程的施工活动进行组织管理的，视同转包行为。

六、挂靠

根据《建筑工程施工发包与承包违法行为认定查处管理办法》，存在下列情形之一的，属于挂靠：

(1) 没有资质的单位或个人借用其他施工单位的资质承揽工程的。

(2) 有资质的施工单位相互借用资质承揽工程的，包括资质等级低的借用资质等级高的，资质等级高的借用资质等级低的，相同资质等级相互借用的。

(3) 有上述认定转包第 (3) 至第 (9) 项规定的情形，有证据证明属于挂靠的。

七、违法分包

《建设工程质量管理条例》规定，违法分包是指下列行为：

(1) 总承包单位将建设工程分包给不具备相应资质条件的单位的。

(2) 建设工程总承包合同中未有约定，又未经建设单位认可，承包单位将其承包的部分建设工程交由其他单位完成的。

(3) 施工总承包单位将建设工程主体结构的施工分包给其他单位的。

(4) 分包单位将其承包的建设工程再分包的。

《房屋建筑和市政基础设施工程施工分包管理办法》规定，禁止将承包的工程进行违法分包。下列行为，属于违法分包：

(1) 分包工程发包人将专业工程或者劳务作业分包给不具备相应资质条件的分包工程承包人的。

(2) 施工总承包合同中未有约定，又未经建设单位认可，分包工程发包人将承包工程中的部分专业工程分包给他人的。

《建筑工程施工发包与承包违法行为认定查处管理办法》规定，存在下列情形之一的，属于违法分包：

(1) 承包单位将其承包的工程分包给个人的。

(2) 施工总承包单位或专业承包单位将工程分包给不具备相应资质的单位的。

(3) 施工总承包单位将施工总承包合同范围内工程主体结构的施工分包给其他单位的，钢结构工程除外。

(4) 专业分包单位将其承包的专业工程中非劳务作业部分再分包的。

（5）专业作业承包人将其承包的劳务再分包的。

（6）专业作业承包人除计取劳务作业费用外，还计取主要建筑材料款和大中型施工机械设备、主要周转材料费用的。

实战演练

［2022 真题·多选］ 关于承包人将其工程分包的说法，正确的是（　　）。

A. 承包人可以不经发包人认可将工程分包给他人

B. 承包人可以将工程分包给个人

C. 承包人可以将工程的主体结构分包给他人

D. 分包人不得将其承包的工程再分包

［解析］《建筑法》规定，建筑工程总承包单位可以将承包工程中的部分工程发包给具有相应资质条件的分包单位，但是，除总承包合同中约定的分包外，必须经建设单位认可，选项 A 错误。《建筑工程施工发包与承包违法行为认定查处管理办法》规定，承包单位将其承包的工程分包给个人的，属于违法分包，选项 B 错误。施工总承包单位将施工总承包合同范围内工程主体结构的施工分包给其他单位的（钢结构工程除外），属于违法分包，选项 C 错误。

［答案］ D

［2020 真题·多选］ 根据《建筑工程施工发包与承包违法行为认定查处管理办法》，属于违法分包行为的有（　　）。

A. 施工总承包单位将钢结构工程的施工分包给其他具备相应资质的单位的

B. 专业分包单位将其承包的专业工程中劳务作业部分再分包的

C. 专业作业承包人将其承包的劳务再分包的

D. 承包单位将其承包的工程分包给个人的

E. 有资质的施工企业相互借用资质承揽工程的

［解析］ 存在下列情形之一的，属于违法分包：①承包单位将其承包的工程分包给个人的；②施工总承包单位或专业承包单位将工程分包给不具备相应资质的单位的；③施工总承包单位将施工总承包合同范围内工程主体结构的施工分包给其他单位的，钢结构工程除外；④专业分包单位将其承包的专业工程中非劳务作业部分再分包的；⑤专业作业承包人将其承包的劳务再分包的；⑥专业作业承包人除计取劳务作业费用外，还计取主要建筑材料款和大中型施工机械设备、主要周转材料费用的。

［答案］ CD

［2016 真题·多选］ 关于建设工程发承包的说法，正确的有（　　）。

A. 发包人不得将工程发包给个人

B. 建筑材料可以由发包人采购

C. 用于工程的设备只能由发包人采购

D. 发包人不得指定分包人

E. 对于承包人采购的建筑构配件，发包人可以指定生产商

[**解析**] 建设单位将工程发包给个人的，属于违法发包，选项A正确。《建设工程质量管理条例》规定，按照合同约定，由建设单位采购建筑材料、建筑构配件和设备的，建设单位应当保证建筑材料、建筑构配件和设备符合设计文件和合同要求，选项B正确。按照合同约定，建筑材料、建筑构配件和设备由工程承包单位采购的，发包单位不得指定承包单位购入用于工程的建筑材料、建筑构配件和设备或者指定生产厂、供应商，选项C、E错误。《房屋建筑和市政基础设施工程施工分包管理办法》中明确规定，建设单位不得直接指定分包工程承包人，选项D正确。

[**答案**] ABD

[**经典例题·多选**] 施工总承包单位分包工程应当经过建设单位认可，符合法律规定的认可方式有（　　）。

A. 总承包合同中约定分包的内容

B. 建设单位指定分包人

C. 总承包合同没有约定分包内容的，事先征得建设单位同意

D. 劳务分包合同由建设单位确认

E. 总承包单位在建设单位推荐的分包人中选择

[**解析**] 工程分包必须经建设单位认可。认可形式有两种：①在工程总承包合同中有明确约定的，工程总承包单位应按约定进行工程分包；②在工程总承包合同中没有明确约定的，工程分包须经建设单位的书面同意。

[**答案**] AC

第三节　建筑市场信用体系建设

《建筑市场信用管理暂行办法》规定，建筑市场信用管理是指在房屋建筑和市政基础设施工程建设活动中，对建筑市场各方主体信用信息的认定、采集、交换、公开、评价、使用及监督管理。

建筑市场各方主体是指工程项目的建设单位和从事工程建设活动的勘察、设计、施工、监理等企业，以及注册建筑师、勘察设计注册工程师、注册建造师、注册监理工程师等注册执业人员。

考点 1 信用信息的采集★

根据《建筑市场信用管理暂行办法》，信用信息由基本信息、优良信用信息、不良信用信息构成。

一、基本信息

基本信息是指注册登记信息、资质信息、工程项目信息、注册执业人员信息等。

二、优良信用信息

优良信用信息是指建筑市场各方主体在工程建设活动中获得的县级以上行政机关或群团

组织表彰奖励等信息。

三、不良信用信息

不良信用信息是指建筑市场各方主体在工程建设活动中有违反相关法律、法规、规章或工程建设强制性标准等，受到县级以上住房城乡建设主管部门行政处罚的信息，以及经有关部门认定的其他不良信用信息。

各级住房城乡建设主管部门应当建立健全信息推送机制，自优良信用信息和不良信用信息产生之日起7个工作日内，通过省级建筑市场监管一体化工作平台依法对社会公开，并推送至全国建筑市场监管公共服务平台。

考点 2 信用信息公开和应用★★★

一、信用信息的公开内容

根据《建筑市场信用管理暂行办法》，公开建筑市场各方主体信用信息不得危及国家安全、公共安全、经济安全和社会稳定，不得泄露国家秘密、商业秘密和个人隐私。

根据《招标投标违法行为记录公告暂行办法》，招标投标违法行为记录公告不得公开涉及国家秘密、商业秘密、个人隐私的记录。但是，经权利人同意公开或者行政机关认为不公开可能对公共利益造成重大影响的涉及商业秘密、个人隐私的违法行为记录，可以公开。

二、信用信息的公开期限

根据《建筑市场信用管理暂行办法》，建筑市场各方主体的信用信息公开期限为：

（1）基本信息长期公开。

（2）优良信用信息公开期限一般为3年。

（3）不良信用信息公开期限一般为6个月至3年，并不得低于相关行政处罚期限。具体公开期限由不良信用信息的认定部门确定。

根据《建筑市场诚信行为信息管理办法》，属于《全国建筑市场各方主体不良行为记录认定标准》范围的不良行为记录除在当地发布外，还将由住房和城乡建设部统一在全国公布，公布期限与地方确定的公布期限相同，法律、法规另有规定的从其规定。

根据《招标投标违法行为记录公告暂行办法》，违法行为记录公告期限为6个月。公告期满后，转入后台保存。依法限制招标投标当事人资质（资格）等方面的行政处理决定，所认定的限制期限长于6个月的，公告期限从其决定。

三、信用信息的变更

根据《建筑市场诚信行为信息管理办法》，对发布有误的信息，由发布该信息的省、自治区和直辖市建设行政主管部门进行修正，根据被曝光单位对不良行为的整改情况，调整其信息公布期限，保证信息的准确和有效。

省、自治区和直辖市建设行政主管部门负责审查整改结果，对整改确有实效的，由企业提出申请，经批准，可缩短其不良行为记录信息公布期限，但公布期限最短不得少于3个月，同时将整改结果列于相应不良行为记录后，供有关部门和社会公众查询；对于拒不整改或整改不力的单位，信息发布部门可延长其不良行为记录信息公布期限。

行政处罚决定经行政复议、行政诉讼以及行政执法监督被变更或被撤销的，应及时变更或删除该不良记录，并在相应诚信信息平台上予以公布，同时应依法妥善处理相关事宜。

根据《招标投标违法行为记录公告暂行办法》，被公告的招标投标当事人认为公告记录与行政处理决定的相关内容不符的，可向公告部门提出书面更正申请，并提供相关证据。公告部门接到书面申请后，应在5个工作日内进行核对。公告的记录与行政处理决定的相关内容不一致的，应当给予更正并告知申请人；公告的记录与行政处理决定的相关内容一致的，应当告知申请人。公告部门在作出答复前不停止对违法行为记录的公告。

行政处理决定在被行政复议或行政诉讼期间，公告部门依法不停止对违法行为记录的公告，但行政处理决定被依法停止执行的除外。

原行政处理决定被依法变更或撤销的，公告部门应当及时对公告记录予以变更或撤销，并在公告平台上予以声明。

考点 3 建筑市场主体“黑名单”★★

根据《建筑市场信用管理暂行办法》，县级以上住房城乡建设主管部门按照“谁处罚、谁列入”的原则，将存在下列情形的建筑市场各方主体，列入建筑市场主体“黑名单”：

（1）利用虚假材料、以欺骗手段取得企业资质的。

（2）发生转包、出借资质，受到行政处罚的。

（3）发生重大及以上工程质量安全事故，或1年内累计发生2次及以上较大工程质量安全事故，或发生性质恶劣、危害性严重、社会影响大的较大工程质量安全事故，受到行政处罚的。

（4）经法院判决或仲裁机构裁决，认定为拖欠工程款，且拒不履行生效法律文书确定的义务的。

建筑市场主体“黑名单”管理期限为自被列入名单之日起1年。建筑市场各方主体修复失信行为并且在管理期限内未再次发生符合列入建筑市场主体“黑名单”情形行为的，由原列入部门将其从“黑名单”移出。

实战演练

[2021 真题·单选] 根据《建筑市场信用管理暂行办法》，建筑市场各方主体的下列情形中，应当列入建筑市场主体“黑名单”的是（　　）。

A. 发生违法分包，受到行政处罚的

B. 发生工程质量安全事故受到行政处罚的

C. 经法院判决或者仲裁机构裁决，认定为拖欠工程款的

D. 利用虚假材料、以欺骗手段取得企业资质的

[解析] 县级以上住房城乡建设主管部门将存在下列情形的建筑市场各方主体，列入建筑市场主体“黑名单”：①利用虚假材料、以欺骗手段取得企业资质的；②发生转包、出借资质，受到行政处罚的；③发生重大及以上工程质量安全事故，或1年内累计发生2次及以上较大工程质量安全事故，或发生性质恶劣、危害性严重、社会影响大的较大工程质量

安全事故，受到行政处罚的；④经法院判决或仲裁机构裁决，认定为拖欠工程款，且拒不履行生效法律文书确定的义务的。

[答案] D

[2020 真题·单选] 关于公布建筑市场诚信行为的说法，正确的是（ ）。

A. 优良行为记录信息的公布期限一般为 6 个月

B. 不良行为记录信息公布期限一般为 5 年

C. 对整改确有实效的单位，信息发布部门可以直接取消公布其不良行为

D. 对于整改不力的单位，信息发布部门可以延长其不良行为记录信息公布期限

[解析] 优良信用信息公开期限一般为 3 年，不良信用信息公开期限一般为 6 个月至 3 年，并不得低于相关行政处罚期限，选项 A、B 错误。省、自治区和直辖市建设行政主管部门负责审查整改结果，对整改确有实效的，由企业提出申请，经批准，可缩短其不良行为记录信息公布期限，但公布期限最短不得少于 3 个月，同时将整改结果列于相应不良行为记录后，供有关部门和社会公众查询，选项 C 错误。对于拒不整改或整改不力的单位，信息发布部门可延长其不良行为记录信息公布期限，选项 D 正确。

[答案] D

[2019 真题·单选] 根据《建筑市场诚信行为信息管理办法》，关于建筑市场诚信行为记录信息的公布期限的说法，正确的是（ ）。

A. 对整改确实有实效的，经企业申请、审批，可缩短其不良行为记录信息公布期限，但公布期限最短不得少于 6 个月

B. 对招标投标违法行为记录公告期限为 1 年

C. 建筑市场诚信行为记录的公布期限一般为 6 个月至 3 年

D. 行政处理决定认定对招标投标当事人资质限制期限短于 6 个月的，公告期限从其决定

[解析] 选项 A 错误，省、自治区和直辖市建设行政主管部门负责审查整改结果，对整改确有实效的，由企业提出申请，经批准，可缩短其不良行为记录信息公布期限，但公布期限最短不得少于 3 个月，同时将整改结果列于相应不良行为记录后，供有关部门和社会公众查询；对于拒不整改或整改不力的单位，信息发布部门可延长其不良行为记录信息公布期限。选项 B、D 错误，《招标投标违法行为记录公告暂行办法》规定，国务院有关行政主管部门和省级人民政府有关行政主管部门应自招标投标违法行为行政处理决定作出之日起 20 个工作日内对外进行记录公告。违法行为记录公告期限为 6 个月。依法限制招标投标当事人资质（资格）等方面的行政处理决定，所认定的限制期限长于 6 个月的，公告期限从其决定。选项 C 正确，《建筑市场诚信行为信息管理办法》规定，建筑市场不良行为记录信息的公布时间为行政处罚决定做出后 7 日内，公布期限一般为 6 个月至 3 年；良好行为记录信息公布期限一般为 3 年。公布内容应与建筑市场监管信息系统中的企业、人员和项目管理数据库相结合，形成信用档案，内部长期保留。

[答案] C

［**2015 真题·单选**］关于建筑市场诚信行为的公布内容和范围的说法，正确的是（　　）。

A. 招标投标违法行为记录公告涉及商业秘密的一律不得公开

B. 招标投标违法行为记录公告涉及个人隐私的一律不得公开

C. 招标投标违法行为记录公告涉及公共利益的一律不得公开

D. 招标投标违法行为记录公告涉及国家秘密的一律不得公开

［**解析**］招标投标违法行为记录公告不得公开涉及国家秘密、商业秘密、个人隐私的记录。但是，经权利人同意公开或者行政机关认为不公开可能对公共利益造成重大影响的涉及商业秘密、个人隐私的违法行为记录，可以公开。

［**答案**］D

考点 4　建筑市场施工单位不良行为记录认定标准★★★

《全国建筑市场各方主体不良行为记录认定标准》规定，施工单位不良行为分为资质不良行为、承揽业务不良行为、工程质量不良行为、工程安全不良行为、拖欠工程款或工人工资不良行为。

一、资质不良行为认定标准

（1）未取得资质证书承揽工程的，或超越本单位资质等级承揽工程的。

（2）以欺骗手段取得资质证书承揽工程的。

（3）允许其他单位或个人以本单位名义承揽工程的。（外借资质）

（4）未在规定期限内办理资质变更手续的。

（5）涂改、伪造、出借、转让建筑业企业资质证书的。

（6）按照国家规定需要持证上岗的技术工种的作业人员未经培训、考核，未取得证书上岗，情节严重的。

二、承揽业务不良行为认定标准

（1）利用向发包单位及其工作人员行贿、提供回扣或者给予其他好处等不正当手段承揽业务的。

（2）相互串通投标或与招标人串通投标的，以向招标人或评标委员会成员行贿的手段谋取中标的。

（3）以他人名义投标或以其他方式弄虚作假，骗取中标的。（内借资质）

（4）不按照与招标人订立的合同履行义务，情节严重的。

（5）将承包的工程转包或违法分包的。

三、工程质量不良行为认定标准

（1）在施工中偷工减料的，使用不合格的建筑材料、建筑构配件和设备的，或者有不按照工程设计图纸或施工技术标准施工的其他行为的。

（2）未按照节能设计进行施工的。

（3）未对建筑材料、建筑构配件、设备和商品混凝土进行检测，或未对涉及结构安全的试块、试件以及有关材料取样检测的。

（4）工程竣工验收后，不向建设单位出具质量保修书的，或质量保修的内容、期限违反规定的。

（5）不履行保修义务或者拖延履行保修义务的。

四、工程安全不良行为认定标准

（1）主要负责人在本单位发生重大生产安全事故时，不立即组织抢救或者在事故调查处理期间擅离职守或者逃匿的，主要负责人对生产安全事故隐瞒不报、谎报或者拖延不报的。

（2）对建筑安全事故隐患不采取措施予以消除的。

（3）未设立安全生产管理机构、配备专职安全生产管理人员或者分部分项工程施工时无专职安全生产管理人员现场监督的。

（4）主要负责人、项目负责人、专职安全生产管理人员、作业人员或特种作业人员，未经安全教育培训或经考核不合格即从事相关工作的。

（5）未在施工现场的危险部位设置明显的安全警示标志，或者未按照国家有关规定在施工现场设置消防通道、消防水源、配备消防设施和灭火器材的。

（6）未向作业人员提供安全防护用具和安全防护服装的。

（7）未按照规定在施工起重机械和整体提升脚手架、模板等自升式架设设施验收合格后登记的。

（8）使用国家明令淘汰、禁止使用的危及施工安全的工艺、设备、材料的。

（9）违法挪用列入建设工程概算的安全生产作业环境及安全施工措施所需费用的。

（10）施工前未对有关安全施工的技术要求作出详细说明的。

（11）未根据不同施工阶段和周围环境及季节、气候的变化，在施工现场采取相应的安全施工措施，或者在城市市区内的建设工程的施工现场未实行封闭围挡的。

（12）在尚未竣工的建筑物内设置员工集体宿舍的。

（13）施工现场临时搭建的建筑物不符合安全使用要求的。

（14）未对因建设工程施工可能造成损害的毗邻建筑物、构筑物和地下管线等采取专项防护措施的。

（15）安全防护用具、机械设备、施工机具及配件在进入施工现场前未经查验或者查验不合格即投入使用的。

（16）使用未经验收或验收不合格的施工起重机械和整体提升脚手架、模板等自升式架设设施的。

（17）委托不具有相应资质的单位承担施工现场安装、拆卸施工起重机械和整体提升脚手架、模板等自升式架设设施的。

（18）在施工组织设计中未编制安全技术措施、施工现场临时用电方案或者专项施工方案的。

（19）主要负责人、项目负责人未履行安全生产管理职责的，或不服管理、违反规章制度和操作规程冒险作业的。

（20）施工单位取得资质证书后，降低安全生产条件的，或经整改仍未达到与其资质等级相适应的安全生产条件的。

（21）取得安全生产许可证发生重大安全事故的。

（22）未取得安全生产许可证擅自进行生产的。

（23）安全生产许可证有效期满未办理延期手续，继续进行生产的，或逾期不办理延期手续，继续进行生产的。

（24）转让安全生产许可证的，接受转让的，冒用或者使用伪造的安全生产许可证的。

五、拖欠工程款或工人工资不良行为认定标准

恶意拖欠或克扣劳动者工资。

实战演练

［2021 真题·单选］ 下列行为中属于工程质量不良行为的是（　　）。

A. 未按照国家有关规定在施工现场设置消防通道、消防水源、配备消防设施和灭火器材的

B. 在尚未竣工的建筑物内设置员工集体宿舍的

C. 未对涉及结构安全的试块、试件以及有关材料见证取样的

D. 未对因建设工程施工造成损害的毗邻建筑物、构筑物和地下管线等采取专项防护措施的

［解析］ 未在施工现场的危险部位设置明显的安全警示标志，或者未按照国家有关规定在施工现场设置消防通道、消防水源、配备消防设施和灭火器材的，属于工程安全不良行为。在尚未竣工的建筑物内设置员工集体宿舍的，属于工程安全不良行为。未对建筑材料、建筑构配件、设备和商品混凝土进行检测，或者未对涉及结构安全的试块、试件以及有关材料取样检测的，属于工程质量不良行为。未对因建设工程施工可能造成损害的毗邻建筑物、构筑物和地下管线等采取专项防护措施的，属于工程安全不良行为。

［答案］ C

［2021 真题·单选］ 下列行为中，属于施工企业承揽业务不良行为的是（　　）。

A. 超越本单位资质承揽工程的

B. 允许其他单位或者个人以本单位名义承揽工程的

C. 不按照与招标人订立的合同履行义务，情节严重的

D. 涂改、伪造、出借、转让建筑业企业资质证书的

［解析］ 承揽业务不良行为认定标准：①利用向发包单位及其工作人员行贿、提供回扣或者给予其他好处等不正当手段承揽业务的；②相互串通投标或者与招标人串通投标的，以向招标人或者评标委员会成员行贿的手段谋取中标的；③以他人名义投标或以其他方式弄虚作假，骗取中标的；④不按照与招标人订立的合同履行义务，情节严重的；⑤将承包的工程转包或违法分包的。

［答案］C

［2020 真题 · 单选］根据《全国建筑市场各方主体不良行为记录认定标准》，以他人名义投标骗取中标的，属于（　　）。

A. 资质不良

B. 工程质量不良

C. 工程安全不良

D. 承揽业务不良

［解析］承揽业务不良行为认定标准：①利用向发包单位及其工作人员行贿、提供回扣或者给予其他好处等不正当手段承揽业务的；②相互串通投标或者与招标人串通投标的，以向招标人或者评标委员会成员行贿的手段谋取中标的；③以他人名义投标或者以其他方式弄虚作假，骗取中标的；④不按照与招标人订立的合同履行义务，情节严重的；⑤将承包的工程转包或违法分包的。

［答案］D

［2019 真题 · 单选］下列不良行为中，属于施工企业资质不良行为的是（　　）。

A. 不按照与招标人订立的合同履行义务，情节严重的

B. 将承包的工程转包或违法分包的

C. 允许其他单位或个人以企业名义承揽工程的

D. 未按照节能设计进行施工的

［解析］资质不良行为认定标准：①未取得资质证书承揽工程的，或超越本单位资质等级承揽工程的；②以欺骗手段取得资质证书承揽工程的；③允许其他单位或个人以本单位名义承揽工程的；④未在规定期限内办理资质变更手续的；⑤涂改、伪造、出借、转让建筑业企业资质证书的；⑥按照国家规定需要持证上岗的技术工种的作业人员未经培训、考核，未取得证书上岗，情节严重的。选项 A、B 属于承揽业务不良行为；选项 D 属于工程质量不良行为。

［答案］C

［2017 真题 · 单选］根据《全国建筑市场各方主体不良行为记录认定标准》，属于施工企业工程安全不良行为的是（　　）。

A. 未按照节能设计进行施工

B. 未对涉及结构安全的试块、试件以及有关材料取样检测

C. 按照规定需要持证上岗的技术工种的作业人员未取得证书上岗，情节严重的

D. 在城市市区内建设工程的施工现场未实行封闭围挡

［解析］选项 A、B 属于工程质量不良行为；选项 C 属于资质不良行为。

［答案］D

[**2015 真题 · 单选**] 下列行为中，属于工程安全不良行为的是（　　）。

A. 在施工中偷工减料的，使用不合格建筑材料、建筑配件和设备的

B. 不按照工程设计图纸或施工技术标准施工的

C. 未对工程施工可能造成伤害的毗邻建筑物、构筑物和地下管线等采取专项防护措施的

D. 未对建筑材料、建筑构配件、设备和商品混凝土进行检测的

[**解析**] 选项 A、B、D 属于工程质量不良行为；选项 C 属于工程安全不良行为。

[**答案**] C

第四章

建设工程合同和劳动合同法律制度

名师导学

合同是平等民事主体之间的协议，该部分的主要内容包括合同的订立、履行、变更、转让、消灭、终止和终止后的违约责任承担等。

劳动合同是用人单位与劳动者之间的雇佣协议，该部分的主要内容包括劳动合同订立、变更及解除、终止等。

建设工程合同制度部分，以《民法典》以及《最高人民法院关于审理建设工程施工合同纠纷案件适用法律问题的解释（一）》为编写依据，学习时，以理解为主。

劳动合同及劳动者权益保护制度部分，主要参照《中华人民共和国劳动合同法》（以下简称《劳动合同法》）的法条顺序进行编写。

相关合同制度部分，以考试大纲为依据，结合《民法典》的编写顺序进行适当调整。

考情分析

近四年考试真题分值统计表（单位：分）

节序	节名	2022 年		2021 年Ⅰ批		2021 年Ⅱ批		2020 年		2019 年	
		单选	多选	单选	多选	单选	多选	单选	多选	单选	多选
第一节	建设工程合同制度	7	2	8	2	7	2	9	2	8	2
第二节	劳动合同及劳动者权益保护制度	2	8	2	8	2	8	2	8	2	8
第三节	相关合同制度	3	2	3	2	3	2	3	2	3	2
合计		12	12	13	12	12	12	14	12	13	12

第一节　建设工程合同制度

《民法典》规定，合同是民事主体之间设立、变更、终止民事法律关系的协议。依法成立的合同，受法律保护。依法成立的合同，仅对当事人具有法律约束力，但是法律另有规定的除外。《建设工程施工合同（示范文本）》（GF—2017—0201）进一步明确，合同是指根据法律规定和合同当事人约定具有约束力的文件，构成合同的文件包括合同协议书、中标通知书（如果有）、投标函及其附录（如果有）、专用合同条款及其附件、通用合同条款、技术标准和要求、图纸、已标价工程量清单或预算书以及其他合同文件。

根据《民法典》，建设工程合同是承包人进行工程建设，发包人支付价款的合同。建设工程合同包括工程勘察、设计、施工合同。

考点 1　合同的分类★

一、双务合同与单务合同

双务合同即缔约双方相互负担义务，双方的义务与权利相互关联、互为因果的合同，如买卖合同、借款合同、租赁合同、融资租赁合同、承揽合同、建设工程合同、运输合同、委托合同等。

单务合同指仅由当事人一方负担义务，而他方只享有权利的合同，如赠与合同、无息借款合同、无偿保管合同等为典型的单务合同。

二、有偿合同与无偿合同

有偿合同为合同当事人一方因取得权利需向对方偿付一定代价的合同，如买卖合同、借款合同、租赁合同、融资租赁合同、承揽合同、建设工程合同、运输合同、委托合同等。

无偿合同即当事人一方只取得权利而不偿付代价的合同，如赠与合同等。

三、诺成合同与实践合同

以当事人双方意思表示一致，合同即可成立的，为诺成合同，如买卖合同、租赁合同、建设工程合同等。

除双方当事人意思表示一致外，还须实物给付，合同才能成立的，为实践合同，如定金合同、保管合同等。

四、要式合同与非要式合同

凡合同成立须以特定形式视为有效的，为要式合同；反之，为非要式合同。要式合同主要有融资租赁合同、建设工程合同等；买卖合同、自然人之间的借款合同、承揽合同等为非要式合同。

五、主合同与从合同

凡不依他种合同的存在为前提而能独立成立的合同，称为主合同。凡必须以他种合同的存在为前提才能成立的合同，称为从合同。例如，债权合同为主合同，保证该合同债务履行的保证合同为从合同。

考点 2 合同的订立★★

一、合同的形式

根据《民法典》，当事人订立合同，可以采用书面形式、口头形式或者其他形式。

书面形式是合同书、信件、电报、电传、传真等可以有形地表现所载内容的形式。以电子数据交换、电子邮件等方式能够有形地表现所载内容，并可以随时调取查用的数据电文，视为书面形式。

其他形式是指根据当事人的行为或者特定情形推定成立的合同，也称之为默示合同。此类合同是指当事人未用语言明确表示成立，而是根据当事人的行为推定合同成立，如房屋租赁合同，租赁期满后，出租人未提出让承租人退房，承租人也未表示退房而是继续交房屋租金，出租人仍然接受租金。尽管当事人没有重新签订合同，但是可以依当事人的行为推定合同仍然有效，继续履行。

建设工程合同应当采用书面形式。

二、合同的内容

根据《民法典》，合同的内容由当事人约定，一般包括下列条款：①当事人的姓名或者名称和住所；②标的；③数量；④质量；⑤价款或者报酬；⑥履行期限、地点和方式；⑦违约责任；⑧解决争议的方法。

施工合同的内容一般包括工程范围、建设工期、中间交工工程的开工和竣工时间、工程质量、工程造价、技术资料交付时间、材料和设备供应责任、拨款和结算、竣工验收、质量保修范围和质量保证期、相互协作等条款。

三、要约与承诺

根据《民法典》，当事人订立合同，可以采取要约方式、承诺方式或者其他方式。

（一）要约邀请（被动，特定人或非特定人）

要约邀请是希望他人向自己发出要约的表示。拍卖公告、招标公告、招股说明书、债券募集办法、基金招募说明书、商业广告和宣传、寄送的价目表等为要约邀请。

（二）要约（主动，希望与他人订立合同的意思表示）

根据《民法典》，要约的相关内容见表 4-1-1。

表 4-1-1　要约的相关内容

项目	具体内容
要约的构成	(1) 内容具体确定； (2) 表明经受要约人承诺，要约人即受该意思表示约束
生效时间	以对话方式作出的意思表示，相对人知道其内容时生效；以非对话方式作出的意思表示，到达相对人时生效
要约撤回	要约可以撤回，但撤回要约的通知应当在意思表示到达相对人前或者与意思表示同时到达相对人

续表

项目	具体内容
要约撤销	(1) 撤销要约的意思表示以对话方式作出的，该意思表示的内容应当在受要约人作出承诺之前为受要约人所知道；撤销要约的意思表示以非对话方式作出的，应当在受要约人作出承诺之前到达受要约人； (2) 要约不得撤销情形：①要约人以确定承诺期限或者其他形式明示要约不可撤销；②受要约人有理由认为要约是不可撤销的，并已经为履行合同做了合理准备工作
要约失效	有下列情形之一的，要约失效： (1) 要约被拒绝； (2) 要约被依法撤销； (3) 承诺期限届满，受要约人未作出承诺； (4) 受要约人对要约的内容作出实质性变更

(三) 承诺

根据《民法典》，承诺的相关内容见表 4-1-2。

表 4-1-2 承诺的相关内容

项目	具体内容
方式	承诺应当以通知的方式作出；但是，根据交易习惯或者要约表明可以通过行为（支付价款、工地上开始工作）作出承诺的除外
生效时间	(1) 要约以信件或者电报作出的，承诺期限自信件载明的日期或者电报交发之日开始计算。信件未载明日期的，自投寄该信件的邮戳日期开始计算。要约以电话、传真、电子邮件等快速通讯方式作出的，承诺期限自要约到达受要约人时开始计算； (2) 承诺生效时合同成立，但是法律另有规定或者当事人另有约定的除外； (3) 以通知方式作出的承诺，到达相对人时生效。承诺不需要通知的，根据交易习惯或者要约的要求作出承诺的行为时生效
内容要求	(1) 承诺的内容应当与要约的内容一致； (2) 受要约人对要约的内容作出实质性变更的，为新要约； (3) 有关合同标的、数量、质量、价款或者报酬、履行期限、履行地点和方式、违约责任和解决争议方法等的变更，是对要约内容的实质性变更

实战演练

[2021 真题 · 单选] 关于合同形式的说法，正确的是（ ）。

A. 电子邮件不能视为书面形式

B. 书面形式仅指合同书形式

C. 合同可以采用书面形式、口头形式或者其他形式

D. 默示合同是指当事人默认的合同

[解析] 当事人订立合同，可以采用书面形式、口头形式或者其他形式。书面形式是合同书、信件、电报、电传、传真等可以有形地表现所载内容的形式。以电子数据交换、电子邮件等方式能够有形地表现所载内容，并可以随时调取查用的数据电文，视为书面形式。可以根据当事人的行为或者特定情形推定成立的合同，称为默示合同。

[答案] C

第四章

考点 3 建设工程工期和期限的规定★★★

扫码听课

根据《建设工程施工合同（示范文本）》(GF—2017—0201)，工期是指在合同协议书中约定的承包人完成工程所需的期限，包括按照合同约定所作的期限变更。

《最高人民法院关于审理建设工程施工合同纠纷案件适用法律问题的解释（一）》(法释〔2020〕25号）规定，当事人约定顺延工期应当经发包人或者监理人签证等方式确认，承包人虽未取得工期顺延的确认，但能够证明在合同约定的期限内向发包人或者监理人申请过工期顺延且顺延事由符合合同约定，承包人以此为由主张工期顺延的，人民法院应予支持。

当事人约定承包人未在约定期限内提出工期顺延申请视为工期不顺延的，按照约定处理，但发包人在约定期限后同意工期顺延或者承包人提出合理抗辩的除外。

一、开工日期

根据《建设工程施工合同（示范文本）》(GF—2017—0201)，开工日期包括计划开工日期和实际开工日期。计划开工日期是指合同协议书约定的开工日期；实际开工日期是指监理人按照约定发出的符合法律规定的开工通知中载明的开工日期。

监理人应在计划开工日期7天前向承包人发出开工通知，工期自开工通知中载明的开工日期起算。

除专用合同条款另有约定外，因发包人原因造成监理人未能在计划开工日期之日起90天内发出开工通知的，承包人有权提出价格调整要求，或者解除合同。发包人应当承担由此增加的费用和（或）延误的工期，并向承包人支付合理利润。

《最高人民法院关于审理建设工程施工合同纠纷案件适用法律问题的解释（一）》(法释〔2020〕25号）规定，当事人对建设工程开工日期有争议的，人民法院应当分别按照以下情形予以认定：

(1) 开工日期为发包人或者监理人发出的开工通知载明的开工日期；开工通知发出后，尚不具备开工条件的，以开工条件具备的时间为开工日期；因承包人原因导致开工时间推迟的，以开工通知载明的时间为开工日期。

(2) 承包人经发包人同意已经实际进场施工的，以实际进场施工时间为开工日期。

(3) 发包人或者监理人未发出开工通知，亦无相关证据证明实际开工日期的，应当综合考虑开工报告、合同、施工许可证、竣工验收报告或者竣工验收备案表等载明的时间，并结合是否具备开工条件的事实，认定开工日期。

二、竣工日期

根据《建设工程施工合同（示范文本）》(GF—2017—0201)，竣工日期包括计划竣工日期和实际竣工日期。计划竣工日期是指合同协议书约定的竣工日期；实际竣工日期按照约定确定。

工程经竣工验收合格的，以承包人提交竣工验收申请报告之日为实际竣工日期，并在工程接收证书中载明；因发包人原因，未在监理人收到承包人提交的竣工验收申请报告42天内完成竣工验收，或完成竣工验收不予签发工程接收证书的，以提交竣工验收申请报告的日期为实际竣工日期；工程未经竣工验收，发包人擅自使用的，以转移占有工程之日为实际竣

第四章

工日期。

《最高人民法院关于审理建设工程施工合同纠纷案件适用法律问题的解释（一）》（法释〔2020〕25号）规定，当事人对建设工程实际竣工日期有争议的，人民法院应当分别按照以下情形予以认定：

（1）建设工程经竣工验收合格的，以竣工验收合格之日为竣工日期。

（2）承包人已经提交竣工验收报告，发包人拖延验收的，以承包人提交验收报告之日为竣工日期。

（3）建设工程未经竣工验收，发包人擅自使用的，以转移占有建设工程之日为竣工日期。

三、缺陷责任期

根据《建设工程施工合同（示范文本）》（GF—2017—0201），缺陷责任期是指承包人按照合同约定承担缺陷修复义务，且发包人预留质量保证金（已缴纳履约保证金的除外）的期限，自工程实际竣工日期起计算。

➢ **名师点拨：** 此处规定与《建设工程质量保证金管理办法》不一致，以第七章相关内容为准。

四、保修期

保修期是指承包人按照合同约定对工程承担保修责任的期限，从工程竣工验收合格之日起计算。

五、基准日期

招标发包的工程以投标截止日前28天的日期为基准日期，直接发包的工程以合同签订日前28天的日期为基准日期。

实战演练

［2021真题·单选］ 当事人对建设工程实际竣工日期有争议，关于人民法院认定竣工日期的说法，正确的是（　　）。

A. 承包人已经提交竣工验收报告，发包人拖延验收的，以承包人提交竣工验收报告之日为竣工日期

B. 建设工程经竣工验收合格的，以承包人提交竣工验收报告之日为竣工日期

C. 建设工程未经竣工验收，承包人向发包人交付工程，发包人拒绝接收的，以承包人申请交付之日为竣工日期

D. 建设工程未经竣工验收，发包人通知承包人交付工程，并实际占有实际使用工程，以发包人通知到达之日为竣工日期

［解析］ 当事人对建设工程实际竣工日期有争议的，按照以下情形分别处理：①建设工程经竣工验收合格的，以竣工验收合格之日为竣工日期；②承包人已经提交竣工验收报告，发包人拖延验收的，以承包人提交验收报告之日为竣工日期；③建设工程未经竣工验收，发包人擅自使用的，以转移占有建设工程之日为竣工日期。

［答案］A

［2020 真题·单选］ 某建设工程施工合同约定的开工日期为 3 月 1 日，发包人于 3 月 10 日向承包人发出开工通知，开工通知载明的开工日期为 3 月 20 日。接到开工通知后，承包人由于人员、设备未能及时到位，3 月 30 日才正式施工。根据《最高人民法院关于审理建设工程施工合同纠纷案件适用法律问题的解释（一）》，该项目开工日期应当为（　　）。

A. 3 月 1 日　　B. 3 月 20 日

C. 3 月 10 日　　D. 3 月 30 日

［解析］ 开工通知发出后，尚不具备开工条件的，以开工条件具备的时间为开工日期；因承包人原因导致开工时间推迟的，以开工通知载明的时间为开工日期。

［答案］B

［2020 真题·多选］ 关于竣工日期的说法，正确的有（　　）。

A. 承包人已经提交竣工验收报告，发包人未及时验收的，以承包人提交验收报告之日为竣工日期

B. 承包人已经提交竣工验收报告，发包人拖延验收的，以实际完工之日为竣工日期

C. 建设工程未经竣工验收的，以发包人与承包人协商确定的使用日期为竣工日期

D. 建设工程经竣工验收合格的，以竣工验收合格之日为竣工日期

E. 建设工程未经竣工验收，发包人擅自使用的，以转移占有建设工程之日为竣工日期

［解析］ 当事人对建设工程实际竣工日期有争议的，按照以下情形分别处理：①建设工程经竣工验收合格的，以竣工验收合格之日为竣工日期；②承包人已经提交竣工验收报告，发包人拖延验收的，以承包人提交验收报告之日为竣工日期；③建设工程未经竣工验收，发包人擅自使用的，以转移占有建设工程之日为竣工日期。

［答案］ADE

考点 4　建设工程价款的规定★★★

扫码听课

根据《建设工程施工合同（示范文本）》（GF—2017—0201），合同价格是指发包人用于支付承包人按照合同约定完成承包范围内全部工作的金额，包括合同履行过程中按合同约定发生的价格变化。

一、合同价款的形式

根据《建筑工程施工发包与承包计价管理办法》，发承包双方在确定合同价款时，应当考虑市场环境和生产要素价格变化对合同价款的影响。

（1）实行工程量清单计价的建筑工程，鼓励发承包双方采用单价方式确定合同价款。

（2）建设规模较小、技术难度较低、工期较短的建筑工程，发承包双方可以采用总价方式确定合同价款。

（3）紧急抢险、救灾以及施工技术特别复杂的建筑工程，发承包双方可以采用成本加酬金方式确定合同价款。

二、合同价款的调整

《建设工程施工合同（示范文本）》（GF—2017—0201）规定，价格调整影响因素主要包括市场价格波动引起的调整和法律变化引起的调整。

《建筑工程施工发包与承包计价管理办法》进一步规定，发承包双方应当在合同中约定，发生下列情形时合同价款的调整方法：①法律、法规、规章或者国家有关政策变化影响合同价款的；②工程造价管理机构发布价格调整信息的；③经批准变更设计的；④发包方更改经审定批准的施工组织设计造成费用增加的；⑤双方约定的其他因素。

三、工程价款的支付

根据《建筑工程施工发包与承包计价管理办法》，承包方应当按照合同约定向发包方提交已完成工程量报告。发包方收到工程量报告后，应当按照合同约定及时核对并确认。

发承包双方应当按照合同约定，定期或者按照工程进度分段进行工程款结算和支付。

《建设工程施工合同（示范文本）》（GF—2017—0201）也明确规定，除专用合同条款另有约定外，付款周期应与计量周期保持一致。

《最高人民法院关于审理建设工程施工合同纠纷案件适用法律问题的解释（一）》（法释〔2020〕25号）规定，当事人对建设工程的计价标准或者计价方法有约定的，按照约定结算工程价款。因设计变更导致建设工程的工程量或者质量标准发生变化，当事人对该部分工程价款不能协商一致的，可以参照签订建设工程施工合同时当地建设行政主管部门发布的计价方法或者计价标准结算工程价款。

四、工程价款的竣工结算

根据《建筑工程施工发包与承包计价管理办法》，工程完工后，应当按照下列规定进行竣工结算：

（1）承包方应当在工程完工后的约定期限内提交竣工结算文件。

➤ **名师点拨：**根据《建设工程施工合同（示范文本）》（GF—2017—0201），除专用合同条款另有约定外，承包人应在工程竣工验收合格后28天内向发包人和监理人提交竣工结算申请单，并提交完整的结算资料，有关竣工结算申请单的资料清单和份数等要求由合同当事人在专用合同条款中约定。

（2）国有资金投资建筑工程的发包方，应当委托具有相应资质的工程造价咨询企业对竣工结算文件进行审核，并在收到竣工结算文件后的约定期限内向承包方提出由工程造价咨询企业出具的竣工结算文件审核意见；逾期未答复的，按照合同约定处理，合同没有约定的，竣工结算文件视为已被认可。

非国有资金投资的建筑工程发包方，应当在收到竣工结算文件后的约定期限内予以答复，逾期未答复的，按照合同约定处理，合同没有约定的，竣工结算文件视为已被认可；发包方对竣工结算文件有异议的，应当在答复期内向承包方提出，并可以在提出异议之日起的约定期限内与承包方协商；发包方在协商期内未与承包方协商或者经协商未能与承包方达成协议的，应当委托工程造价咨询企业进行竣工结算审核，并在协商期满后的约定期限内向承包方提出由工程造价咨询企业出具的竣工结算文件审核意见。

➤ **名师点拨**：根据《建设工程施工合同（示范文本）》（GF—2017—0201），发包人在收到承包人提交竣工结算申请书后28天内未完成审批且未提出异议的，视为发包人认可承包人提交的竣工结算申请单，并自发包人收到承包人提交的竣工结算申请单后第29天起视为已签发竣工付款证书。

（3）承包方对发包方提出的工程造价咨询企业竣工结算审核意见有异议的，在接到该审核意见后1个月内，可以向有关工程造价管理机构或者有关行业组织申请调解，调解不成的，可以依法申请仲裁或者向人民法院提起诉讼。

工程竣工结算文件经发承包双方签字确认的，应当作为工程决算的依据，未经对方同意，另一方不得就已生效的竣工结算文件委托工程造价咨询企业重复审核。发包方应当按照竣工结算文件及时支付竣工结算款。竣工结算文件应当由发包方报工程所在地县级以上地方人民政府住房城乡建设主管部门备案。

五、工程价款结算争议的解决

《最高人民法院关于审理建设工程施工合同纠纷案件适用法律问题的解释（一）》（法释〔2020〕25号）对解决工程价款结算争议的规定如下。

（一）对工程量的争议

当事人对工程量有争议的，按照施工过程中形成的签证等书面文件确认。承包人能够证明发包人同意其施工，但未能提供签证文件证明工程量发生的，可以按照当事人提供的其他证据确认实际发生的工程量。

（二）不予答复竣工结算文件的争议

当事人约定，发包人收到竣工结算文件后，在约定期限内不予答复，视为认可竣工结算文件的，按照约定处理。承包人请求按照竣工结算文件结算工程价款的，人民法院应予支持。

（三）对合同优先性的争议

当事人签订的建设工程施工合同与招标文件、投标文件、中标通知书载明的工程范围、建设工期、工程质量、工程价款不一致，一方当事人请求将招标文件、投标文件、中标通知书作为结算工程价款的依据的，人民法院应予支持。

发包人将依法不属于必须招标的建设工程进行招标后，与承包人另行订立的建设工程施工合同背离中标合同的实质性内容，当事人请求以中标合同作为结算建设工程价款依据的，人民法院应予支持，但发包人与承包人因客观情况发生了在招标投标时难以预见的变化而另行订立建设工程施工合同的除外。

当事人就同一建设工程订立的数份建设工程施工合同均无效，但建设工程质量合格，一方当事人请求参照实际履行的合同关于工程价款的约定折价补偿承包人的，人民法院应予支持。

实际履行的合同难以确定，当事人请求参照最后签订的合同关于工程价款的约定折价补偿承包人的，人民法院应予支持。

（四）对施工中垫资的争议

当事人对垫资和垫资利息有约定，承包人请求按照约定返还垫资及其利息的，人民法院

第四章

应予支持，但是约定的利息计算标准高于垫资时的同类贷款利率或者同期贷款市场报价利率的部分除外。

当事人对垫资没有约定的，按照工程欠款处理。

当事人对垫资利息没有约定，承包人请求支付利息的，人民法院不予支持。

《保障中小企业款项支付条例》规定，政府投资项目所需资金应当按照国家有关规定确保落实到位，不得由施工单位垫资建设。

（五）对欠付工程价款的争议

当事人对欠付工程价款利息计付标准有约定的，按照约定处理；没有约定的，按照同期同类贷款利率或者同期贷款市场报价利率计息。

《保障中小企业款项支付条例》进一步规定，机关、事业单位和大型企业迟延支付中小企业款项的，应当支付逾期利息。双方对逾期利息的利率有约定的，约定利率不得低于合同订立时1年期贷款市场报价利率；未作约定的，按照每日利率万分之五支付逾期利息。

《最高人民法院关于审理建设工程施工合同纠纷案件适用法律问题的解释（一）》（法释〔2020〕25号）规定，利息从应付工程价款之日开始计付。当事人对付款时间没有约定或者约定不明的，下列时间视为应付款时间：

（1）建设工程已实际交付的，为交付之日。

（2）建设工程没有交付的，为提交竣工结算文件之日。

（3）建设工程未交付，工程价款也未结算的，为当事人起诉之日。

（六）对造价鉴定的争议

当事人约定按照固定价结算工程价款，一方当事人请求对建设工程造价进行鉴定的，人民法院不予支持。

当事人在诉讼前已经对建设工程价款结算达成协议，诉讼中一方当事人申请对工程造价进行鉴定的，人民法院不予准许。

（七）对工程价款优先受偿权的争议

《民法典》规定，发包人未按照约定支付价款的，承包人可以催告发包人在合理期限内支付价款。发包人逾期不支付的，除根据建设工程的性质不宜折价、拍卖的以外，承包人可以与发包人协议将该工程折价，也可以申请人民法院将该工程依法拍卖。建设工程的价款就该工程折价或者拍卖的价款优先受偿。

《最高人民法院关于审理建设工程施工合同纠纷案件适用法律问题的解释（一）》（法释〔2020〕25号）规定：

（1）与发包人订立建设工程施工合同的承包人，依据《民法典》的规定请求其承建工程的价款就工程折价或者拍卖的价款优先受偿的，人民法院应予支持。

（2）承包人根据《民法典》规定享有的建设工程价款优先受偿权优于抵押权和其他债权。

（3）装饰装修工程具备折价或者拍卖条件，装饰装修工程的承包人请求工程价款就该装饰装修工程折价或者拍卖的价款优先受偿的，人民法院应予支持。

（4）建设工程质量合格，承包人请求其承建工程的价款就工程折价或者拍卖的价款优先受偿的，人民法院应予支持。

（5）未竣工的建设工程质量合格，承包人请求其承建工程的价款就其承建工程部分折价或者拍卖的价款优先受偿的，人民法院应予支持。

（6）承包人就逾期支付建设工程价款的利息、违约金、损害赔偿金等主张优先受偿的，人民法院不予支持。

（7）承包人应当在合理期限内行使建设工程价款优先受偿权，但最长不得超过 18 个月，自发包人应当给付建设工程价款之日起算。

（8）发包人与承包人约定放弃或者限制建设工程价款优先受偿权，损害建筑工人利益，发包人根据该约定主张承包人不享有建设工程价款优先受偿权的，人民法院不予支持。

实战演练

［**2022 真题·单选**］关于建设工程价款优先受偿权的说法，正确的是（　　）。

A. 建设工程价款优先受偿权与抵押权效力相同

B. 未竣工的建设工程质量合格，承包人对其承建工程的价款就其承建工程部分折价或者拍卖的价款优先受偿

C. 装饰装修工程的承包人不享有建设工程价款优先受偿权

D. 建设工程价款优先受偿的范围包括工程款、利息、违约金、损害赔偿金等

［**解析**］《最高人民法院关于审理建设工程施工合同纠纷案件适用法律问题的解释（一）》规定，建设工程质量合格，承包人请求其承建工程的价款就工程折价或者拍卖的价款优先受偿的，人民法院应予支持；未竣工的建设工程质量合格，承包人请求其承建工程的价款就其承建工程部分折价或者拍卖的价款优先受偿的，人民法院应予支持，选项 A 错误。装饰装修工程具备折价或者拍卖条件，装饰装修工程的承包人请求工程价款就该装饰装修工程折价或者拍卖的价款优先受偿的，人民法院应予支持，选项 C 错误。建设工程价款优先受偿的范围包括工程价款的利息、违约金、损害赔偿金等，选项 D 错误。

［**答案**］B

［**2021 真题·单选**］关于建设工程施工工程垫资的说法，正确的是（　　）。

A. 垫资的法律性质为当事人之间的借款

B. 政府投资项目禁止由施工企业垫资施工

C. 当事人之间关于垫资的约定无效

D. 当事人对垫资利息没有约定，承包人请求参照金融机构贷款市场报价利率计算利息的，人民法院应予支持

［**解析**］政府投资项目所需资金应当按照国家有关规定确保落实到位，不得由施工单位垫资建设。当事人对垫资和垫资利息有约定，承包人请求按照约定返还垫资及其利息的，人民法院应予支持。

［**答案**］B

[2021 真题·单选] 关于建设工程款结算的说法，正确的是（　　）。

A. 当事人在诉讼前已经对建设工程价款结算达成协议，诉讼中一方当事人申请对工程造价进行鉴定的，人民法院不予准许

B. 对争议的工程量，承包人能够证明发包人同意其施工，但未能提供签证文件证明工程量发生的，不得按照当事人提供的其他证据确认实际发生的工程量结算工程款

C. 当事人就同一建设工程订立的数份施工合同均无效，但建设工程质量合格的，当事人可以请求参照最后订立的合同约定折价补偿承包人

D. 当事人就同一建设工程订立的数份施工合同均无效，但建设工程质量不合格的，当事人可以请求参照最后订立的合同约定折价补偿承包人

[解析] 选项 A 正确，当事人在诉讼前已经对建设工程价款结算达成协议，诉讼中一方当事人申请对工程造价进行鉴定的，人民法院不予准许。选项 B 错误，当事人对工程量有争议的，按照施工过程中形成的签证等书面文件确认。承包人能够证明发包人同意其施工，但未能提供签证文件证明工程量发生的，可以按照当事人提供的其他证据确认实际发生的工程量。选项 C、D 错误，当事人就同一建设工程订立的数份建设工程施工合同均无效，但建设工程质量合格，一方当事人请求参照实际履行的合同关于工程价款的约定折价补偿承包人的，人民法院应予支持；实际履行的合同难以确定，当事人请求参照最后签订的合同关于工程价款的约定折价补偿承包人的，人民法院应予支持。

[答案] A

[2021 真题·单选] 关于建设工程价款优先授权的说法，正确的是（　　）。

A. 承包人就逾期支付建设工程价款的利息、违约金、损害赔偿金等主张优先受偿的，人民法院不予支持

B. 建设工程价款优先受偿权与抵押权效力相当，优于其他债权

C. 装饰装修工程的承包人，无权主张建设工程价款优先受偿权

D. 建设工程价款优先受偿权的起算日为建设工程竣工验收之日

[解析] 选项 B 错误，人民法院在审理房地产纠纷案件和办理执行案件中，应当认定建筑工程的承包人的优先受偿权优于抵押权和其他债权。选项 C 错误，装饰装修工程的承包人，请求装饰装修工程价款就该装饰装修工程折价或者拍卖的价款优先受偿的，人民法院应予支持，但装饰装修工程的发包人不是该建筑物的所有权人的除外。选项 D 错误，承包人应当在合理期限内行使建设工程价款优先受偿权，但最长不得超过 18 个月，自发包人应当给付建设工程价款之日起算。

[答案] A

[2020 真题·单选] 根据《最高人民法院关于审理建设工程施工合同纠纷案件适用法律问题的解释（一）》，关于工程价款结算的说法，正确的是（　　）。

A. 当事人就同一建设工程订立的数份建设工程施工合同均无效，建设工程质量合格的，可以直接参照最后订立的合同结算建设工程价款

第四章

B. 当事人就同一建设工程订立的数份建设工程施工合同均无效，建设工程质量合格的，可以请求参照实际履行的合同结算建设工程价款

C. 当事人就同一建设工程订立的数份建设工程施工合同均无效，建设工程质量不合格的，可以参照实际履行的合同结算建设工程价款

D. 当事人签订的建设工程施工合同与招标文件、投标文件、中标通知书载明的工程范围、建设工明、工程质量、工程价款不一致的，应当将建设工程施工合同作为结算建设工程价款的依据

［解析］选项A、C错误，当事人就同一建设工程订立的数份建设工程施工合同均无效，但建设工程质量合格，一方当事人请求参照实际履行的合同关于工程价款的约定折价补偿承包人的，人民法院应予支持。实际履行的合同难以确定，当事人请求参照最后签订的合同关于工程价款的约定折价补偿承包人的，人民法院应予支持。选项D错误，当事人签订的建设工程施工合同与招标文件、投标文件、中标通知书载明的工程范围、建设工期、工程质量、工程价款不一致，一方当事人请求将招标文件、投标文件、中标通知书作为结算工程价款的依据的，人民法院应予支持。

［答案］B

［2020真题·单选］根据《最高人民法院关于审理建设工程施工合同纠纷案件适用法律问题的解释（一）》，当事人对工程款付款时间没有约定或者约定不明的，视为应付款时间的是（　　）。

A. 建设工程未交付，工程款也未结算的，为提交竣工结算文件之日

B. 建设工程未交付的，为提交竣工结算文件之日

C. 建设工程已经实际交付的，为工程竣工验收合格之日

D. 建设工程已经实际交付的，为当事人起诉之日

［解析］当事人对付款时间没有约定或者约定不明的，下列时间视为应付款时间：①建设工程已实际交付的，为交付之日；②建设工程没有交付的，为提交竣工结算文件之日；③建设工程未交付，工程价款也未结算的，为当事人起诉之日。

［答案］B

［2019真题·单选］某建设工程承包人在工程完工后于2月1日提交了竣工验收报告，发包人未组织验收；3月1日工程由发包人接收；4月1日承包人提交了结算文件，发包人迟迟未予结算；6月1日，承包人起诉至人民法院。该工程应付款时间为（　　）。

A. 2月1日　　B. 4月1日

C. 6月1日　　D. 3月1日

［解析］当事人对付款时间没有约定或者约定不明的，下列时间视为应付款时间：①建设工程已实际交付的，为交付之日；②建设工程没有交付的，为提交竣工结算文件之日；③建设工程未交付，工程价款也未结算的，为当事人起诉之日。

［答案］D

［经典例题·单选］关于欠付工程款的利息支付的说法，正确的是（　　）。

A. 当事人对欠付工程价款利息计付标准有约定的，按照约定处理，但是约定的利息计算标准高于同期贷款市场报价利率的部分除外

B. 当事人对欠付工程价款利息计付标准没有约定的，可以按照同期存款市场报价利率计息

C. 当事人对工程款支付时间约定不明，建设工程未交付的，起算逾期付款利息的时间为提交竣工结算文件之日

D. 当事人对工程款支付时间没有约定，建设工程已实际交付的，起算逾期付款利息的时间为竣工验收之日

［解析］选项A、B错误，当事人对欠付工程价款利息计付标准有约定的，按照约定处理。没有约定的，按照同期同类贷款利率或者同期贷款市场报价利率计息。选项D错误，建设工程已实际交付的，起算逾期付款利息的时间为交付之日。

［答案］C

［经典例题·单选］关于垫资的说法，正确的是（　　）。

A. 政府投资项目可以由施工单位垫资建设

B. 法律、行政法规明确禁止垫资行为

C. 当事人对垫资利息未作约定的，法院不予支持利息

D. 当事人约定垫资利息的，其利率最高为同期银行贷款利率的4倍

［解析］政府投资项目所需资金应当按照国家有关规定确保落实到位，不得由施工单位垫资建设。当事人对垫资和垫资利息有约定，承包人请求按照约定返还垫资及其利息的，人民法院应予支持，但是约定的利息计算标准高于垫资时的同类贷款利率或者同期贷款市场报价利率的部分除外。当事人对垫资没有约定的，按照工程欠款处理。当事人对垫资利息没有约定，承包人请求支付利息的，人民法院不予支持。

［答案］C

考点 5 建设工程赔偿损失的规定★★

根据《民法典》，当事人一方不履行合同义务或者履行合同义务不符合约定的，在履行义务或者采取补救措施后，对方还有其他损失的，应当赔偿损失。

当事人一方不履行合同义务或者履行合同义务不符合约定，造成对方损失的，损失赔偿额应当相当于因违约所造成的损失，包括合同履行后可以获得的利益；但是，不得超过违约一方订立合同时预见到或者应当预见到的因违约可能造成的损失。

当事人一方违约后，对方应当采取适当措施防止损失的扩大；没有采取适当措施致使损失扩大的，不得就扩大的损失请求赔偿。

当事人因防止损失扩大而支出的合理费用，由违约方负担。

实战演练

［2021真题·单选］关于施工合同违约赔偿损失范围的说法，正确的是（　　）。

A. 损失赔偿额可以明显高于违约所造成的损失

B. 订立合同时对因违约造成的损害不可预见，违约方也应当承担赔偿责任

C. 守约方采取的措施不适当致使损失扩大的，仍可以就扩大的损失部分请求赔偿

D. 合同履行后可以获得的利益应当在损失赔偿范围之内

［解析］当事人一方不履行合同义务或者履行合同义务不符合约定，造成对方损失的，损失赔偿额应当相当于因违约所造成的损失，包括合同履行后可以获得的利益；但是，不得超过违约一方订立合同时预见到或者应当预见到的因违约可能造成的损失。约定的违约金低于造成的损失的，人民法院或者仲裁机构可以根据当事人的请求予以增加；约定的违约金过分高于造成的损失的，人民法院或者仲裁机构可以根据当事人的请求予以适当减少。当事人一方违约后，对方应当采取适当措施防止损失的扩大；没有采取适当措施致使损失扩大的，不得就扩大的损失请求赔偿。当事人因防止损失扩大而支出的合理费用，由违约方承担。

［答案］D

［经典例题·单选］某工程施工中某水泥厂为施工企业供应水泥，延迟交货1周，延迟交货导致施工企业每天损失0.4万元。第一天晚上施工企业为减少损失，采取紧急措施共花费1万元，使剩余6天共损失0.7万元。水泥厂因违约应向施工企业赔偿的损失为（　　）。

A. 1.1万元　　B. 1.7万元

C. 2.1万元　　D. 2.8万元

［解析］当事人一方违约后，对方应当采取适当措施防止损失的扩大；没有采取适当措施致使损失扩大的，不得就扩大的损失要求赔偿。当事人因防止损失扩大而支出的合理费用，由违约方承担。本题中，水泥厂因违约应向施工企业赔偿的损失为0.4＋1＋0.7＝2.1(万元)。

［答案］C

考点6　合同的效力★★★

扫码听课

一、有效的民事法律行为

根据《民法典》，民事法律行为是民事主体通过意思表示设立、变更、终止民事法律关系的行为。

具备下列条件的民事法律行为有效：

（1）行为人具有相应的民事行为能力。

（2）意思表示真实。

（3）不违反法律、行政法规的强制性规定，不违背公序良俗。

二、无效合同

（一）无效的民事法律行为

根据《民法典》，有下列情形之一的，属于无效的民事法律行为：

（1）无民事行为能力人实施的民事法律行为无效。

➢ **名师点拨：** 不满8周岁的未成年人、不能辨认自己行为的成年人为无民事行为能力人。

（2）行为人与相对人以虚假的意思表示实施的民事法律行为无效。

（3）违反法律、行政法规的强制性规定的民事法律行为无效。

（4）违背公序良俗的民事法律行为无效。

（5）行为人与相对人恶意串通，损害他人合法权益的民事法律行为无效。

（二）无效免责条款

根据《民法典》，合同中的下列免责条款无效：

（1）造成对方人身损害的。

（2）因故意或者重大过失造成对方财产损失的。

（三）无效施工合同

《最高人民法院关于审理建设工程施工合同纠纷案件适用法律问题的解释（一）》（法释〔2020〕25号）规定，建设工程施工合同具有下列情形之一的，应当认定无效：

（1）承包人未取得建筑业企业资质或者超越资质等级的。

（2）没有资质的实际施工人借用有资质的建筑施工企业名义的。

（3）建设工程必须进行招标而未招标或者中标无效的。

（4）承包人因转包、违法分包建设工程与他人签订的建设工程施工合同。

当事人以发包人未取得建设工程规划许可证等规划审批手续为由，请求确认建设工程施工合同无效的，人民法院应予支持，但发包人在起诉前取得建设工程规划许可证等规划审批手续的除外。

（四）无效合同的法律后果

《民法典》规定，无效的或者被撤销的民事法律行为自始没有法律约束力。

民事法律行为部分无效，不影响其他部分效力的，其他部分仍然有效。合同不生效、无效、被撤销或者终止的，不影响合同中有关解决争议方法的条款的效力。

民事法律行为无效、被撤销或者确定不发生效力后，行为人因该行为取得的财产，应当予以返还；不能返还或者没有必要返还的，应当折价补偿。有过错的一方应当赔偿对方由此所受到的损失；各方都有过错的，应当各自承担相应的责任。法律另有规定的，依照其规定。

（五）无效施工合同的工程款结算

《民法典》规定，建设工程施工合同无效，但是建设工程经验收合格的，可以参照合同关于工程价款的约定折价补偿承包人。

建设工程施工合同无效，且建设工程经验收不合格的，按照以下情形处理：

（1）修复后的建设工程经验收合格的，发包人可以请求承包人承担修复费用。

（2）修复后的建设工程经验收不合格的，承包人无权请求参照合同关于工程价款的约定折价补偿。

发包人对因建设工程不合格造成的损失有过错的，应当承担相应的责任。

三、效力待定合同

效力待定合同是指已成立的合同因欠缺一定的生效要件，其生效与否尚未确定，须经过补正方可生效，在一定的期限内不予补正则视为无效的合同。

（一）限制民事行为能力人签订的合同

《民法典》规定，限制民事行为能力人实施的纯获利益的民事法律行为或者与其年龄、智力、精神健康状况相适应的民事法律行为有效；实施的其他民事法律行为经法定代理人同意或者追认后有效。

相对人可以催告法定代理人自收到通知之日起 30 日内予以追认。法定代理人未作表示的，视为拒绝追认。民事法律行为被追认前，善意相对人有撤销的权利。撤销应当以通知的方式作出。

（二）行为人无权代理签订的合同

《民法典》规定，行为人没有代理权、超越代理权或者代理权终止后，仍然实施代理行为，未经被代理人追认的，对被代理人不发生效力。

相对人可以催告被代理人自收到通知之日起 30 日内予以追认。被代理人未作表示的，视为拒绝追认。行为人实施的行为被追认前，善意相对人有撤销的权利。撤销应当以通知的方式作出。

行为人实施的行为未被追认的，善意相对人有权请求行为人履行债务或者就其受到的损害请求行为人赔偿。但是，赔偿的范围不得超过被代理人追认时相对人所能获得的利益。

相对人知道或者应当知道行为人无权代理的，相对人和行为人按照各自的过错承担责任。

四、可撤销合同

可撤销合同是指因违反当事人真实意思表示而订立的，当事人可以行使或可以不行使撤销权而使已经生效的合同归于无效的合同。合同的可撤销，侧重保护和突出的是当事人的意思自治，当事人交易时意思表示不真实，可以请求法律加以干涉，保证当事人真实的意思得以实现。

（一）可撤销合同的种类

根据《民法典》，有下列情形之一的，行为人（受损害方）有权请求人民法院或者仲裁机构予以撤销：

（1）基于重大误解实施的民事法律行为。

（2）一方以欺诈手段，使对方在违背真实意思的情况下实施的民事法律行为。

（3）一方或者第三人以胁迫手段，使对方在违背真实意思的情况下实施的民事法律行为。

（4）一方利用对方处于危困状态、缺乏判断能力等情形，致使民事法律行为成立时显失公平的。

（二）撤销权的行使

根据《民法典》，有下列情形之一的，撤销权消灭：

（1）当事人自知道或者应当知道撤销事由之日起1年内（欺诈、显失公平）、重大误解的当事人自知道或者应当知道撤销事由之日起90日内没有行使撤销权。

（2）当事人受胁迫，自胁迫行为终止之日起1年内没有行使撤销权。

（3）当事人知道撤销事由后明确表示或者以自己的行为表明放弃撤销权。

当事人自民事法律行为发生之日起5年内没有行使撤销权的，撤销权消灭。

（三）可撤销合同的法律后果

《民法典》规定，无效的或者被撤销的民事法律行为自始没有法律约束力。

实战演练

[2022真题·单选] 关于可撤销合同中撤销权行使的说法，正确的是（　　）。

A. 受胁迫的当事人应当自胁迫行为终止之日起6个月内行使撤销权

B. 当事人不得放弃撤销权

C. 重大误解的当事人应当自知道或者应当知道撤销事由之日起90日内行使撤销权

D. 当事人自民事法律行为发生之日起3年内没有行使撤销权的，撤销权消灭

[解析]《民法典》规定，有下列情形之一的，撤销权消灭：①当事人自知道或者应当知道撤销事由之日起1年内、重大误解的当事人自知道或者应当知道撤销事由之日起90日内没有行使撤销权；②当事人受胁迫，自胁迫行为终止之日起1年内没有行使撤销权，选项A错误；③当事人知道撤销事由后明确表示或者以自己的行为表明放弃撤销权；当事人自民事法律行为发生之日起5年内没有行使撤销权的，撤销权消灭，选项B、D错误。

[答案] C

[2021真题·单选] 承包人将建设工程主体结构的施工分包给第三人，该分包合同（　　）。

A. 效力待定　　B. 无效

C. 经发包人确认有效　　D. 可撤销

[解析] 承包人非法转包、违法分包建设工程，或者没有资质的实际施工人借用有资质的建筑施工企业名义与他人签订建设工程施工合同的行为无效。

[答案] B

[2021真题·单选] 关于无效施工合同工程款结算的说法，正确的是（　　）。

A. 建设工程经验收合格的，发包人应当按照合同约定进行工程款结算

B. 建设工程验收不合格，修复后的建设工程经验收仍不合格的，发包人可以在结算中大幅度减少结算金额

C. 建设工程验收不合格，修复后的建设工程经验收合格的，维修费用应当由发包人与承包人共同承担

D. 建设工程经验收合格的，发包人可以参照合同关于工程价款的约定折价补偿承包人

第四章

[解析] 建设工程施工合同无效，但是建设工程经验收合格的，可以参照合同关于工程价款的约定折价补偿承包人。建设工程施工合同无效，且建设工程经验收不合格的，按照以下情形处理：①修复后的建设工程经验收合格的，发包人可以请求承包人承担修复费用；②修复后的建设工程经验收不合格的，承包人无权请求参照合同关于工程价款的约定折价补偿。发包人对因建设工程不合格造成的损失有过错的，应当承担相应的责任。

[答案] D

[2021 真题·单选] 根据《民法典》，下列合同的免责条款中，无效的是（　　）。

A. 因轻微过失违约无须承担违约责任的免责条款

B. 因不可抗力造成对方财产损失的免责条款

C. 因市场价格波动造成对方财产损失的免责条款

D. 因重大过失造成对方财产损失的免责条款

[解析] 合同中的下列免责条款无效：①造成对方人身损害的；②因故意或者重大过失造成对方财产损失的。

[答案] D

[2021 真题·单选] 关于无效合同法律后果的说法，正确的是（　　）。

A. 无效合同自被确认为无效时起没有法律的约束力

B. 无效合同的当事人因该合同取得的财产，应当折价补偿

C. 无效合同中双方都有过错的，仅需承担各自的损失

D. 合同无效的，不影响合同中有关解决争议方法的条款的效力

[解析] 选项 A 错误，无效的或者被撤销的民事法律行为自始没有法律约束力。选项 B 错误，民事法律行为无效、被撤销或者确定不发生效力后，行为人因该行为取得的财产，应当予以返还；不能返还或者没有必要返还的，应当折价补偿。选项 C 错误，无效合同中有过错的一方应当赔偿对方由此所受到的损失；各方都有过错的，应当各自承担相应的责任。

[答案] D

[2021 真题·单选] 关于可撤销合同的说法，正确的是（　　）。

A. 代理权终止后，代理人以被代理人的名义订立的合同，可以撤销

B. 当事人只能以提起诉讼的方式行使撤销权

C. 被撤销的合同自法院判决生效之日起失去法律约束力

D. 当事人可以放弃撤销权

[解析] 选项 A 错误，可撤销合同的种类包括：①因重大误解订立的合同；②在订立合同时显失公平的合同；③以欺诈手段订立的合同；④以胁迫的手段订立的合同。选项 B 错误，被欺诈、胁迫或因重大误解订立的合同，当事人有权请求人民法院或者仲裁机构予以撤销。选项 C 错误，无效的或者被撤销的民事法律行为自始没有法律约束力。

[答案] D

[2020 真题·单选] 关于无效合同的说法，正确的是（　　）。

A. 一方以欺诈手段订立的，损害对方利益的合同无效

B. 违反部门规章的强制性规定的合同无效

C. 无效的合同自被认定无效之日起没有法律约束力

D. 双方恶意串通，损害第三人利益的合同无效

[解析] 有下列情形之一的，属于无效的民事法律行为：①无民事行为能力人实施的民事法律行为无效；②行为人与相对人以虚假的意思表示实施的民事法律行为无效；③违反法律、行政法规的强制性规定的民事法律行为无效；④违背公序良俗的民事法律行为无效；⑤行为人与相对人恶意串通，损害他人合法权益的民事法律行为无效。无效的或者被撤销的民事法律行为自始没有法律约束力。

[答案] D

[2019 真题·单选] 关于效力待定合同的说法，正确的是（　　）。

A. 善意相对人对合同有追认权

B. 权利人有撤销的权利

C. 撤销应当向人民法院或仲裁机构申请

D. 限制民事行为能力人签订的纯获利益的合同，无须追认

[解析] 选项 A 错误，善意相对人对合同有催告权、撤销权，而不是追认权。选项 B 错误，权利人有追认或拒绝追认的权利。选项 C 错误，效力待定合同中善意相对人行使撤销权并不需要向人民法院或仲裁机构申请。选项 D 正确，限制民事行为能力人订立的合同，经法定代理人追认后，该合同有效，但纯获利益的合同或者与其年龄、智力、精神健康状况相适应而订立的合同，不必经法定代理人追认。

[答案] D

[2019 真题·单选] 关于可撤销合同撤销权的说法，正确的是（　　）。

A. 因欺诈致使对方意思不真实，构成撤销事由

B. 可以使尚未成立的合同归于无效

C. 撤销权的行使应当以通知的方式作出

D. 当事人不得自行放弃撤销权

[解析] 可撤销合同的种类：①因重大误解订立的合同；②在订立合同时显失公平的合同；③以欺诈手段订立的合同；④以胁迫手段订立的合同。有下列情形之一的，撤销权消灭：①当事人自知道或者应当知道撤销事由之日起 1 年内、重大误解的当事人自知道或者应当知道撤销事由之日起 90 日内没有行使撤销权；②当事人受胁迫，自胁迫行为终止之日起 1 年内没有行使撤销权；③当事人知道撤销事由后明确表示或者以自己的行为表明放弃撤销权。当事人自民事法律行为发生之日起 5 年内没有行使撤销权的，撤销权消灭。无效的或者被撤销的民事法律行为自始没有法律约束力。

[答案] A

[2022 真题 · 多选] 根据《民法典》，民事法律行为的有效要件有（　　）。

A. 行为人具有相应的民事行为能力

B. 不超越经营范围

C. 意思表示真实

D. 不违反法律、行政法规的强制性规定

E. 不违背公序良俗

[解析]《民法典》规定，具备下列条件的民事法律行为有效：①行为人具有相应的民事行为能力；②意思表示真实；③不违反法律、行政法规的强制性规定，不违背公序良俗。

[答案] ACDE

[2018 真题 · 多选] 下列施工合同中，属于无效合同的有（　　）。

A. 施工企业借用他人资质签订的

B. 施工企业与建设单位串通投标，中标后签订的

C. 建设工程依法必须进行招标而未招标的

D. 施工企业超越资质等级与建设单位签订的

E. 施工企业将其承包的部分非主体工程分包的

[解析] 建设工程施工合同具有下列情形之一的，认定无效：①承包人未取得建筑施工企业资质或者超越资质等级的；②没有资质的实际施工人借用有资质的建筑施工企业名义的；③建设工程必须进行招标而未招标或者中标无效的。承包人因非法转包、违法分包建设工程与他人签订建设工程施工合同的行为无效。

[答案] ABCD

[经典例题 · 多选] 甲公司以国产设备为样品，谎称进口设备，与乙施工企业订立设备买卖合同后乙施工企业知悉实情。关于该合同争议处理的说法，正确的有（　　）。

A. 若买卖合同被撤销后，有关争议解决条款也随之无效

B. 乙施工企业有权自主决定是否行使撤销权

C. 乙施工企业有权自合同订立之日起 1 年内主张撤销该合同

D. 该买卖合同被法院撤销后，则该合同自始没有法律约束力

E. 乙施工企业有权自知道设备为国产之日起 1 年内主张撤销该合同

[解析] 有下列情形之一的，撤销权消灭：①当事人自知道或者应当知道撤销事由之日起 1 年内、重大误解的当事人自知道或者应当知道撤销事由之日起 90 日内没有行使撤销权的；②当事人受胁迫，自胁迫行为终止之日起 1 年内没有行使撤销权的；③当事人知道撤销事由后明确表示或者以自己的行为表明放弃撤销权的。当事人自民事法律行为发生之日起 5 年内没有行使撤销权的，撤销权消灭。无效的或者被撤销的民事法律行为自始没有法律约束力。

[答案] BDE

考点 7 合同的履行★★

根据《民法典》，当事人应当按照约定全面履行自己的义务。当事人应当遵循诚信原则，根据合同的性质、目的和交易习惯履行通知、协助、保密等义务。当事人在履行合同过程中，应当避免浪费资源、污染环境和破坏生态。

债权人可以拒绝债务人提前履行债务，但是提前履行不损害债权人利益的除外。债务人提前履行债务给债权人增加的费用，由债务人负担。

合同生效后，当事人不得因姓名、名称的变更或者法定代表人、负责人、承办人的变动而不履行合同义务。

考点 8 合同的变更★★

根据《民法典》，当事人协商一致，可以变更合同。

当事人对合同变更的内容（质量、价款或者报酬、履行地点等）约定不明确的，推定为未变更。

合同成立后，合同的基础条件发生了当事人在订立合同时无法预见的、不属于商业风险的重大变化，继续履行合同对于当事人一方明显不公平的，受不利影响的当事人可以与对方重新协商；在合理期限内协商不成的，当事人可以请求人民法院或者仲裁机构变更或者解除合同。

考点 9 合同的转让★★

扫码听课

一、债权转让

（一）转让的限制

《民法典》规定，债权人可以将债权的全部或者部分转让给第三人，但是有下列情形之一的除外：①根据债权性质不得转让；②按照当事人约定不得转让；③依照法律规定不得转让。

当事人约定非金钱债权不得转让的，不得对抗善意第三人。当事人约定金钱债权不得转让的，不得对抗第三人。

（二）转让的程序

《民法典》规定，债权人转让债权，未通知债务人的，该转让对债务人不发生效力。债权转让的通知不得撤销，但是经受让人同意的除外。

（三）转让涉及的从权利

《民法典》规定，债权人转让债权的，受让人取得与债权有关的从权利，但是该从权利专属于债权人自身的除外。受让人取得从权利不因该从权利未办理转移登记手续或者未转移占有而受到影响。

（四）债务人的抗辩与主张

根据《民法典》，债务人接到债权转让通知后，债务人对让与人的抗辩，可以向受让人主张。

有下列情形之一的，债务人可以向受让人主张抵销：

（1）债务人接到债权转让通知时，债务人对让与人享有债权，且债务人的债权先于转让的债权到期或者同时到期。

（2）债务人的债权与转让的债权是基于同一合同产生。

（五）转让的后果

《民法典》规定，因债权转让增加的履行费用，由让与人负担。

二、债务转让与加入

根据《民法典》，债务人将债务的全部或者部分转移给第三人的，应当经债权人同意。债务人或者第三人可以催告债权人在合理期限内予以同意，债权人未作表示的，视为不同意。

第三人与债务人约定加入债务并通知债权人，或者第三人向债权人表示愿意加入债务，债权人未在合理期限内明确拒绝的，债权人可以请求第三人在其愿意承担的债务范围内和债务人承担连带债务。

三、债权债务一并转让

《民法典》规定，当事人一方经对方同意，可以将自己在合同中的权利和义务一并转让给第三人。

实战演练

［2021 真题·单选］关于建设工程合同变更的说法，正确的是（　　）。

A. 一方当事人可以根据交易习惯直接变更双方已达成的合同约定

B. 双方当事人协商变更后的内容取代原合同的内容

C. 双方当事人对合同变更的内容约定不明确的，先提出变更的一方有权要求对方按其要求履行

D. 合同订立时的市场环境发生变化后，一方当事人可以直接变更原合同约定

［解析］当事人协商一致，可以变更合同。如果双方当事人就变更事项达成一致意见，则变更后的内容取代原合同的内容，当事人应当按照变更后的内容履行合同。如果当事人对于合同变更的内容约定不明确，则将被推定为未变更。任何一方不得要求对方履行约定不明确的变更内容。合同成立后，合同的基础条件发生了当事人在订立合同时无法预见的、不属于商业风险的重大变化，继续履行合同对于当事人一方明显不公平的，受不利影响的当事人可以与对方重新协商；在合理期限内协商不成的，当事人可以请求人民法院或者仲裁机构变更或者解除合同。

［答案］B

［2020 真题·单选］关于合同权利转让的说法，正确的是（　　）。

A. 债权人转让权利的通知可以撤销

B. 债权人转让债权的，应当经债务人同意

C. 债务人接到债权转让通知后，债务人对让与人的抗辩，可以向受让人主张

D. 债权人转让权利的，受让人不能取得与债权有关的从权利

[解析] 选项A错误，债权人转让权利的通知不得撤销，但经受让人同意的除外。选项B错误，债权人转让权利的，应当通知债务人。未经通知，该转让对债务人不发生效力。选项D错误，债权人转让权利的，受让人取得与债权有关的从权利，但该从权利专属于债权人自身的除外。

[答案] C

[2017真题·单选] 2016年9月15日，甲材料供应商与丙材料供应商订立书面合同，转让甲对乙施工企业的30万元债权。同年9月25日，乙接到甲关于转让债权的通知。关于该债权转让的说法，正确的是（　　）。

A. 甲与丙之间的债权转让合同于9月25日生效

B. 丙于9月15日可以向乙主张30万元债权

C. 乙拒绝清偿30万元债务的，丙可以要求甲与乙承担连带责任

D. 甲与丙之间的债权转让行为于9月25日对乙生效

[解析] 甲与丙之间签订的债权转让合同自签字盖章之日起生效，但甲与丙之间债权转让行为自债权转让通知到达乙（债务人）时生效。因此，丙可于9月25日开始向乙主张债权。当债务人接到权利转让的通知后，权利转让即行生效，原债权人被新的债权人替代，或者新债权人的加入使原债权人不再完全享有原债权。因此，甲与乙不必向丙承担连带责任。

[答案] D

考点10 合同的权利义务终止★

合同的权利义务终止，指依法生效的合同，因具备法定情形，合同债权、债务归于消灭，债权人不再享有合同权利，债务人也不必再履行合同义务。

根据《民法典》，有下列情形之一的，债权债务终止：

（1）债务已经履行。

（2）债务相互抵销。

（3）债务人依法将标的物提存。

（4）债权人免除债务。

（5）债权债务同归于一人。

（6）法律规定或者当事人约定终止的其他情形。

合同解除的，该合同的权利义务关系终止。

债权债务终止时，债权的从权利同时消灭，但是法律另有规定或者当事人另有约定的除外。

考点11 合同的解除★★★

扫码听课

一、合同解除的种类

根据《民法典》，合同解除包括约定解除和法定解除，见表4-1-3。

表 4-1-3　约定解除和法定解除

约定解除	(1) 当事人协商一致，可以解除合同； (2) 当事人可以约定一方解除合同的事由。解除合同的事由发生时，解除权人可以解除合同
法定解除	(1) 有下列情形之一的，当事人可以解除合同（无须对方同意）：①因不可抗力致使不能实现合同目的；②在履行期限届满前，当事人一方明确表示或者以自己的行为表明不履行主要债务；③当事人一方延迟履行主要债务，经催告后在合理期限内仍未履行；④当事人一方延迟履行债务或者有其他违约行为致使不能实现合同目的；⑤法律规定的其他情形； (2) 以持续履行的债务为内容的不定期合同，当事人可以随时解除合同，但是应当在合理期限之前通知对方

二、合同解除的法律特征

（一）解除以有效合同为标的

合同有效成立之后，由于主客观情况的变化，使合同履行成为不必要或者不可能。如果再让合同继续发生法律效力，约束当事人双方，不但对其中一方甚至双方有害无益，有时还会有碍于市场经济的顺利发展；只有允许有关当事人解除合同，或者赋予法院适用情势变更原则的权力，才会使局面改观。

（二）必须具备解除的条件

合同一经有效成立，就具有法律效力，当事人双方都必须严格遵守，适当履行，不得擅自变更或解除。只是在主客观情况发生变化使合同履行成为不必要或不可能的情况下，合同继续存在已失去积极意义，将造成不适当的结果，才允许解除合同。

（三）原则上必须有解除行为

当解除的条件具备时，合同并不必然解除，欲使它解除，一般还需要有解除行为。解除行为是当事人的行为，当事人是解除行为的主体。解除行为有两种类型，一是当事人双方协商同意，二是解除权人一方发出解除的意思表示。

（四）解除使合同关系消灭

合同解除的法律效果是使合同关系消灭，一类是使合同关系自始消灭，即溯及合同成立之时消灭，发生与合同从未订立相同的后果，承认合同解除有溯及力；另一类是使合同关系自解除时消灭，解除以前的债权债务关系依然存在，不承认解除有溯及力。

三、合同解除的法定程序

《民法典》规定，当事人一方依法主张解除合同的，应当通知对方。合同自通知到达对方时解除；通知载明债务人在一定期限内不履行债务则合同自动解除，债务人在该期限内未履行债务的，合同自通知载明的期限届满时解除。

对方对解除合同有异议的，任何一方当事人均可以请求人民法院或者仲裁机构确认解除行为的效力。

当事人一方未通知对方，直接以提起诉讼或者申请仲裁的方式依法主张解除合同，人民法院或者仲裁机构确认该主张的，合同自起诉状副本或者仲裁申请书副本送达对方时解除。

四、施工合同的解除

（一）发包人解除施工合同

《民法典》规定，承包人将建设工程转包、违法分包的，发包人可以解除合同。

（二）承包人解除施工合同

《民法典》规定，发包人提供的主要建筑材料、建筑构配件和设备不符合强制性标准或者不履行协助义务，致使承包人无法施工，经催告后在合理期限内仍未履行相应义务的，承包人可以解除合同。

五、合同解除的法律后果

《民法典》规定，合同解除后，尚未履行的，终止履行；已经履行的，根据履行情况和合同性质，当事人可以要求恢复原状或者采取其他补救措施，并有权要求赔偿损失。

合同解除后，已经完成的建设工程质量合格的，发包人应当按照约定支付相应的工程价款；已经完成的建设工程质量不合格的，参照无效合同的规定处理。

实战演练

[2021 真题·单选] 根据《民法典》，关于法定解除的说法，正确的是（　　）。

A. 发生不可抗力，即可解除合同

B. 在履行期限届满前，当事人一方以自己的行为表明不履行主要债务，即可解除合同

C. 当事人一方迟延履行主要债务，即可解除合同

D. 以持续履行的债务为内容的不定期合同，当事人无权随时解除合同

[解析] 有下列情形之一的，当事人可以解除合同：①因不可抗力致使不能实现合同目的的，选项 A 错误；②在履行期限届满前，当事人一方明确表示或者以自己的行为表明不履行主要债务的，选项 B 正确；③当事人一方延迟履行主要债务，经催告后在合理期限内仍未履行的，选项 C 错误；④当事人一方延迟履行债务或者有其他违约行为致使不能实现合同目的；⑤法律规定的其他情形。以持续履行的债务为内容的不定期合同，当事人可以随时解除合同，但是应当在合理期限之前通知对方，选项 D 错误。

[答案] B

[2020 真题·单选] 承包人可以解除建设工程施工合同的情形是（　　）。

A. 发包人提供的主要建筑材料、建筑构配件和设备不符合强制性标准的

B. 发包人不履行合同约定的协助义务的

C. 发包人未按约定支付工程价款，致使承包人无法施工，且在催告的合理期限内仍未履行相应义务的

D. 发包人迟延履行主要债务的

[解析] 发包人提供的主要建筑材料、建筑构配件和设备不符合强制性标准或者不履行协助义务，致使承包人无法施工，经催告后在合理期限内仍未履行相应义务的，承包人可以解除合同。

[答案] C

[2020 真题·单选] 关于施工合同解除后法律后果的说法，正确的是（　　）。

A. 施工合同解除后，已经完成的建设工程质量不合格，经修复后质量合格的，发包人应当按照约定向承包人支付相应的工程价款，修复费用由发包人承担

B. 施工合同解除后，已经完成的建设工程质量不合格，经修复后质量仍不合格的，承包人请求支付工程价款的，发包人应当视情况支付工程价款

C. 施工合同解除后，合同双方权利义务不再履行，已经完成的建设工程质量合格的，发包人也无须向承包人支付工程价款

D. 因一方违约导致施工合同解除的，违约方应当赔偿因此给对方造成的损失

[解析] 合同解除后，已经完成的建设工程质量合格的，发包人应当按照约定支付相应的工程价款；已经完成的建设工程质量不合格的，参照无效合同的规定处理。因一方违约导致合同解除的，违约方应当赔偿因此而给对方造成的损失。

[答案] D

[2020 真题·单选] 关于合同解除的说法，正确的是（　　）。

A. 无效合同、可撤销合同可以导致合同解除

B. 合同解除可以视为当事人之间未发生合同关系，或者合同尚存的权利义务不再履行

C. 合同当事人不得根据自己的意愿解除合同

D. 享有合同解除权的一方无须向对方提出解除合同的意思表示，合同可以自动解除

[解析] 合同解除具有以下四个特征：①合同的解除适用于合法有效的合同，而无效合同、可撤销合同不发生合同解除。②合同解除须具备法律规定的条件。非依照法律规定，当事人不得随意解除合同。我国法律规定的合同解除条件主要有约定解除和法定解除。③合同解除须有解除的行为。无论哪一方当事人享有解除合同的权利，其必须向对方提出解除合同的意思表示，才能达到合同解除的法律后果。④合同解除使合同关系自始消灭或者向将来消灭，可视为当事人之间未发生合同关系，或者合同尚存的权利义务不再履行。

[答案] B

[2017 真题·单选] 甲施工企业有一辆里程表存在故障的工程用车，该车实际行驶里程为 8 万公里，市场价格约为 16 万元，里程表显示行驶里程为 4 万公里。甲明知上述情况存在，仍将该车以 23 万元的价格卖给了乙施工企业，乙知情后诉至法院。乙的下列诉讼请求可以获得支持的是（　　）。

A. 请求减少价款至 16 万元

B. 以欺诈为由请求解除合同

C. 以重大误解为由请求撤销合同

D. 请求甲承担缔约过失责任

[解析] 选项 A 正确，请求减少价款属于请求变更合同。选项 B 错误，解除的合同必须是合法有效的合同。选项 C 错误，本题情形是欺诈而非重大误解。选项 D 错误，本题不属于缔约过失的情形。缔约过失是指在合同订立过程中，一方当事人因违背其依据诚实信用原则所应负有的义务，而使另一方当事人信赖的利益遭受损失，而应当承担民事责任的情况。

[答案] A

第四章

[**2019 真题·多选**] 关于合同解除的说法，正确的有（　　）。

A. 当事人对合同解除的异议期限有约定的依照约定，没有约定的，最长期为 3 个月

B. 合同解除适用于可撤销合同

C. 对解除有异议的，可以申请人民法院确认解除的效力

D. 合同解除仅使合同关系自始消灭

E. 合同解除须有解除的行为

[**解析**] 合同解除具有以下特征：①合同的解除适用于合法有效的合同，而无效合同、可撤销合同不发生合同解除。②合同解除须具备法律规定的条件。非依照法律规定，当事人不得随意解除合同。我国法律规定的合同解除条件主要有约定解除和法定解除。③合同解除须有解除的行为。无论哪一方当事人享有解除合同的权利，其必须向对方提出解除合同的意思表示，才能达到合同解除的法律后果。④合同解除使合同关系自始消灭或者向将来消灭，可视为当事人之间未发生合同关系，或者合同尚存的权利义务不再履行。当事人一方依法主张解除合同的，应当通知对方。合同自通知到达对方时解除；通知载明债务人在一定期限内不履行债务则合同自动解除，债务人在该期限内未履行债务的，合同自通知载明的期限届满时解除。对方对解除合同有异议的，任何一方当事人均可以请求人民法院或者仲裁机构确认解除行为的效力。

[**答案**] ACE

[**2015 真题·多选**] 根据《民法典》，合同权利义务终止的情形有（　　）。

A. 债务人依法将标的物抵押

B. 合同解除

C. 债务相互抵消

D. 债权人依法将标的物提存

E. 债权人免除债务

[**解析**] 有下列情形之一的，债权债务终止：①债务已经履行；②债务相互抵销；③债务人依法将标的物提存；④债权人免除债务；⑤债权债务同归于一人；⑥法律规定或者当事人约定终止的其他情形。合同解除的，该合同的权利义务关系终止。

[**答案**] BCE

考点 12 违约责任★★★

扫码听课

《民法典》规定，当事人一方不履行合同义务或者履行合同义务不符合约定的，应当承担继续履行、采取补救措施或者赔偿损失等违约责任。

一、违约责任的种类

承担违约责任的种类分为法定情形和约定情形，如图 4-1-1 所示。

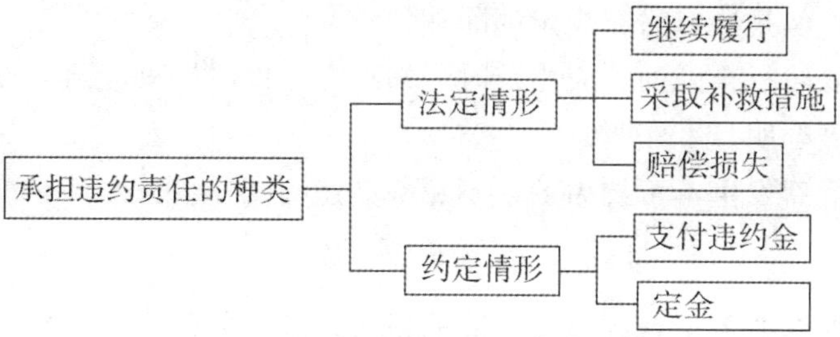

图 4-1-1　承担违约责任的种类

（一）继续履行

继续履行也称强制实际履行，是指违约方根据对方当事人的请求继续履行合同规定的义务的违约责任形式。不能与解除合同的方式并用。

（二）采取补救措施

关于采取补救措施的具体方式，我国相关法律作了如下规定：

(1)《民法典》规定，补救措施有修理、重作、更换、退货、减少价款或者报酬等。

(2)《中华人民共和国消费者权益保护法》规定，补救措施有修理、重作、更换、退货、补足商品数量、退还货款和服务费用、赔偿损失。

(3)《中华人民共和国产品质量法》规定，补救措施有修理、更换、退货。

（三）赔偿损失

根据《民法典》，当事人一方不履行合同义务或者履行合同义务不符合约定的，在履行义务或者采取补救措施后，对方还有其他损失的，应当赔偿损失。

当事人可以约定一方违约时应当根据违约情况向对方支付一定数额的违约金，也可以约定因违约产生的损失赔偿额的计算方法。

约定的违约金低于造成的损失的，人民法院或者仲裁机构可以根据当事人的请求予以增加；约定的违约金过分高于造成的损失的，人民法院或者仲裁机构可以根据当事人的请求予以适当减少。

当事人就迟延履行约定违约金的，违约方支付违约金后，还应当履行债务。

（四）违约金和定金

《民法典》规定，当事人既约定违约金，又约定定金的，一方违约时，对方可以选择适用违约金或者定金条款。

(1) 收受定金方违约，守约方（给付定金的一方）可主张：（取最大值）

①守约方选择适用违约金条款→违约金＋定金。

②守约方选择适用定金条款→2 倍定金。

(2) 给付定金方违约，守约方（收受定金的一方）可主张：（取最大值）

①守约方选择适用违约金条款→退回定金，要求支付违约金。

②守约方选择适用定金条款→没收定金。

二、违约责任的免除

根据《民法典》，当事人一方因不可抗力不能履行合同的，根据不可抗力的影响，部分

第四章

或者全部免除责任，但是法律另有规定的除外。

因不可抗力不能履行合同的，应当及时通知对方，以减轻可能给对方造成的损失，并应当在合理期限内提供证明。

当事人迟延履行后发生不可抗力的，不免除其违约责任。

实战演练

［2021 真题·单选］关于违约责任免除的说法，正确的是（　　）。

A. 合同中约定造成对方人身损害的免责条款有效

B. 发生不可抗力后，必然导致全部责任的免除

C. 迟延履行后发生不可抗力的，不免除责任

D. 因不可抗力不能履行合同，不用通知对方

［解析］选项 A 错误，《民法典》规定，合同中的下列免责条款无效：①造成对方人身损害的；②因故意或者重大过失造成对方财产损失的。选项 B 错误，当事人一方因不可抗力不能履行合同的，根据不可抗力的影响，部分或者全部免除责任，但是法律另有规定的除外。选项 D 错误，因不可抗力不能履行合同的，应当及时通知对方，以减轻可能给对方造成的损失，并应当在合理期限内提供证明。

［答案］C

［2020 真题·单选］关于不可抗力的说法，正确的是（　　）。

A. 不可抗力包括主观情况与客观情况

B. 法定的免责事由主要限于不可抗力

C. 因不可抗力不能履行合同的，全部免除责任

D. 当事人迟延履行后发生不可抗力的，可以免除责任

［解析］《民法典》仅承认不可抗力为法定的免责事由。《民法典》规定，因不可抗力不能履行合同的，根据不可抗力的影响，部分或者全部免除责任，但法律另有规定的除外。当事人迟延履行后发生不可抗力的，不能免除责任。《民法典》所称不可抗力，是指不能预见、不能避免并不能克服的客观情况。

［答案］B

［2019 真题·单选］施工合同当事人向人民法院主张的诉讼请求中，可以得到支持的是（　　）。

A. 继续履行并解除合同

B. 支付违约金和双倍定金

C. 解除合同并赔偿损失

D. 确认合同无效并支付违约金

［解析］选项 A 错误，选项 C 正确，继续履行是一种违约后的补救方式，是否要求违约方继续履行是非违约方的一项权利。继续履行可以与违约金、定金、赔偿损失并用，但不能与解除合同的方式并用。选项 B 错误，当事人既约定违约金，又约定定金的，一方违约时，对方可以选择适用违约金或者定金条款。选项 D 错误，主张承担违约责任以合同有效为前提。

［答案］C

[**2018 真题·单选**] 设备采购合同约定，任何一方不履行合同应当支付违约金 5 万元。采购人按照约定向供应商交付定金 8 万元，合同履行期限届满，供应商未能交付设备，则采购人能获得法院支持的最高请求额是（　　）万元。

A. 16　　B. 5

C. 8　　D. 13

[**解析**] 当事人既约定违约金，又约定定金的，一方违约时，对方可以选择适用违约金或者定金条款。本题中，5 万元违约金和 8 万元定金二选一：①8 万元定金，双倍返还，8×2=16（万元）；②违约金＋定金=5＋8=13（万元）。所以，采购人能获得法院支持的最高请求额是 16 万元。

[**答案**] A

[**2018 真题·单选**] 施工合同履行过程中出现以下情形，施工企业可以被免除违约责任的是（　　）。

A. 施工过程中发生罕见洪灾，导致工期延误

B. 施工过程中遭遇梅雨季节，导致工期延误

C. 施工企业的设备损坏，导致工期延误

D. 施工企业延迟施工遭遇泥石流，导致工期延误

[**解析**] 在合同履行过程中，如果出现法定的免责条件或合同约定的免责事由，违约人将免于承担违约责任。《民法典》仅承认不可抗力为法定的免责事由。《民法典》规定，因不可抗力不能履行合同的，根据不可抗力的影响，部分或者全部免除责任，但法律另有规定的除外。当事人迟延履行后发生不可抗力的，不能免除责任。《民法典》所称不可抗力，是指不能预见、不能避免并不能克服的客观情况。当事人一方因不可抗力不能履行合同的，应当及时通知对方，以减轻可能给对方造成的损失，并应当在合理期限内提供证明。

[**答案**] A

[**2017 真题·单选**] 甲公司与乙公司订立了一份建材买卖合同，乙按约定向甲支付了定金 4 万元，合同约定如任何一方不履行合同应向对方支付违约金 6 万元。交货日期届满，甲无法支付该建材，乙诉至法院提出的以下诉讼请求中，既能最大限度保护自己的利益，又能获得支持的是（　　）。

A. 请求甲双倍返还定金 8 万元

B. 请求甲双倍返还定金 8 万元，同时请求甲支付违约金 6 万元

C. 请求甲支付违约金 6 万元

D. 请求甲支付违约金 6 万元，同时请求甲返还支付的定金 4 万元

[**解析**] 既约定违约金又约定定金的，一方违约时，对方可以选择适用违约金或者定金条款（只能二选一）。甲方是违约方，同时是收受定金的一方。如乙方选择定金，甲方应双倍返还定金，即 8 万元；如乙方选择违约金，甲方应向乙方支付 6 万元违约金，同时向乙方返还收受的 4 万元定金，共计 10 万元。因此，乙方如想最大限度保护自己的利益，应选择主张违约金条款。

第四章

[答案] D

[2017 真题·多选] 下列民事责任承担方式中，属于违约责任的有（　　）。

A. 继续履行　　B. 赔礼道歉

C. 恢复原状　　D. 赔偿损失

E. 支付违约金

[解析] 承担违约责任的种类主要有继续履行、采取补救措施、停止违约行为、赔偿损失、支付违约金或定金等。

[答案] ADE

[2015 真题·多选] 根据《民法典》，免除施工单位违约责任的情形有（　　）。

A. 施工单位因安全事故隐患，被监理工程师责令暂停施工，致使工期延误

B. 因拖欠农民工工资，部分农民工停工抗议，致使工期延误

C. 地震导致已完工程被爆破拆除重建，造成建设单位费用增加

D. 由于战争，施工单位暂停施工，致使工期延误

E. 因延迟履行而遭遇洪水，致使工期延误

[解析] 选项 A、B 不符合题意，这两种情形均为非不可抗力，也不是当事人约定的免责事由。选项 C、D 符合题意，违约责任的免责事由包括法定免责事由和约定免责事由，法定免责事由仅指不可抗力，约定免责事由由双方约定。不可抗力，是指不能预见、不能避免并不能克服的客观情况，包括自然灾害和社会事件，社会事件一般指战争等。选项 E 不符合题意，当事人迟延履行后发生不可抗力的，不能免除责任。

[答案] CD

[2014 真题·多选] 合同未约定违约责任，当事人一方不履行合同义务的，违约方应当承担的违约责任有（　　）。

A. 赔礼道歉　　B. 继续履行

C. 赔偿损失　　D. 采取补救措施

E. 支付违约金

[解析] 合同当事人违反合同义务，承担违约责任的种类主要有继续履行、采取补救措施、停止违约行为、赔偿损失、支付违约金或定金等。

[答案] BCD

考点 13《建设工程施工合同（示范文本）》的性质与作用★

一、《建设工程施工合同（示范文本）》的组成

《建设工程施工合同（示范文本）》（GF—2017—0201）由合同协议书、通用合同条款和专用合同条款三部分组成。

（一）合同协议书

《建设工程施工合同（示范文本）》（GF—2017—0201）合同协议书共计 13 条，主要包括：工程概况、合同工期、质量标准、签约合同价和合同价格形式、项目经理、合同文件构成、承诺以及合同生效条件等重要内容，集中约定了合同当事人基本的合同权利义务。

第四章

（二）通用合同条款

通用合同条款是合同当事人根据《建筑法》《中华人民共和国合同法》（后者已废止）等法律法规的规定，就工程建设的实施及相关事项，对合同当事人的权利义务作出的原则性约定。

通用合同条款共计20条，具体条款分别为：一般约定、发包人、承包人、监理人、工程质量、安全文明施工与环境保护、工期和进度、材料与设备、试验与检验、变更、价格调整、合同价格、计量与支付、验收和工程试车、竣工结算、缺陷责任与保修、违约、不可抗力、保险、索赔和争议解决。前述条款安排既考虑了现行法律法规对工程建设的有关要求，也考虑了建设工程施工管理的特殊需要。

（三）专用合同条款

专用合同条款是对通用合同条款原则性约定的细化、完善、补充、修改或另行约定的条款。合同当事人可以根据不同建设工程的特点及具体情况，通过双方的谈判、协商对相应的专用合同条款进行修改补充。

二、《建设工程施工合同（示范文本）》的性质和适用范围

《建设工程施工合同（示范文本）》（GF—2017—0201）为非强制性使用文本。其适用于房屋建筑工程、土木工程、线路管道和设备安装工程、装修工程等建设工程的施工承发包活动，合同当事人可结合建设工程具体情况，根据《建设工程施工合同（示范文本）》订立合同，并按照法律法规规定和合同约定承担相应的法律责任及合同权利义务。

实战演练

[2020真题·单选]《建设工程施工合同（示范文本）》由（　　）三部分组成。

A. 合同总则、合同分则、合同附则

B. 合同协议书、通用合同条款、专用合同条款

C. 合同总则、通用条件、专用条件

D. 合同协议书、合同条款、合同附件

[解析]《建设工程施工合同（示范文本）》由合同协议书、通用合同条款、专用合同条款三部分组成。

[答案] B

[2015真题·单选] 关于合同示范文本的说法，正确的是（　　）。

A. 示范文本能够使合同的签订规范和条款完备

B. 示范文本为强制使用的合同文本

C. 示范文本是合同成立的前提

D. 采用示范文本是合同生效的前提

[解析] 合同示范文本对当事人订立合同起参考作用，但不要求当事人必须采用合同示范文本，即合同的成立与生效同当事人是否采用合同示范文本无直接关系。合同示范文本具有引导性、参考性，但无法律强制性，为非强制性使用文本。

[答案] A

第二节　劳动合同及劳动者权益保护制度

《劳动合同法》规定，订立劳动合同，应当遵循合法、公平、平等自愿、协商一致、诚实信用的原则。依法订立的劳动合同具有约束力，用人单位与劳动者应当履行劳动合同约定的义务。

考点 1 劳动合同的订立★★

一、书面劳动合同

根据《劳动合同法》，用人单位自用工之日起即与劳动者建立劳动关系。用人单位应当建立职工名册备查。

建立劳动关系，应当订立书面劳动合同。已建立劳动关系，未同时订立书面劳动合同的，应当自用工之日起1个月内订立书面劳动合同。用人单位与劳动者在用工前订立劳动合同的，劳动关系自用工之日起建立。

用人单位自用工之日起超过1个月不满1年未与劳动者订立书面劳动合同的，应当向劳动者每月支付2倍的工资。

➢ **名师点拨**：根据《劳动合同法》，非全日制用工双方当事人可以订立口头协议。非全日制用工是指以小时计酬为主，劳动者在同一用人单位一般平均每日工作时间不超过4小时，每周工作时间累计不超过24小时的用工形式。

二、劳动合同订立的限制

根据《劳动合同法》，用人单位招用劳动者时，应当如实告知劳动者工作内容、工作条件、工作地点、职业危害、安全生产状况、劳动报酬，以及劳动者要求了解的其他情况；用人单位有权了解劳动者与劳动合同直接相关的基本情况，劳动者应当如实说明。

用人单位招用劳动者，不得扣押劳动者的居民身份证和其他证件，不得要求劳动者提供担保或者以其他名义向劳动者收取财物。

三、劳动合同的种类

根据《劳动合同法》，劳动合同分为固定期限劳动合同、无固定期限劳动合同和以完成一定工作任务为期限的劳动合同，见表4-2-1。

表4-2-1　劳动合同的种类

种类	相关规定
固定期限劳动合同	是指用人单位与劳动者约定合同终止时间的劳动合同
	用人单位与劳动者协商一致，可以订立固定期限劳动合同

续表

种类	相关规定
无固定期限劳动合同	是指用人单位与劳动者约定无确定终止时间的劳动合同
	有下列情形之一，劳动者提出或者同意续订、订立劳动合同的，除劳动者提出订立固定期限劳动合同外，应当订立无固定期限劳动合同： (1) 劳动者在该用人单位连续工作满 10 年的； (2) 用人单位初次实行劳动合同制度或者国有企业改制重新订立劳动合同时，劳动者在该用人单位连续工作满 10 年且距法定退休年龄不足 10 年的； (3) 连续订立 2 次固定期限劳动合同，且劳动者没有《劳动合同法》第 39 条和第 40 条第 1 项、第 2 项规定的情形，续订劳动合同的
	用人单位自用工之日起满 1 年不与劳动者订立书面劳动合同的，视为用人单位与劳动者已订立无固定期限劳动合同
	用人单位违反《劳动合同法》规定不与劳动者订立无固定期限劳动合同的，自应当订立无固定期限劳动合同之日起向劳动者每月支付 2 倍的工资
以完成一定工作任务为期限的劳动合同	是指用人单位与劳动者约定以某项工作的完成为合同期限的劳动合同

➤ **名师点拨**：劳动合同订立时间关系如图 4-2-1 所示。

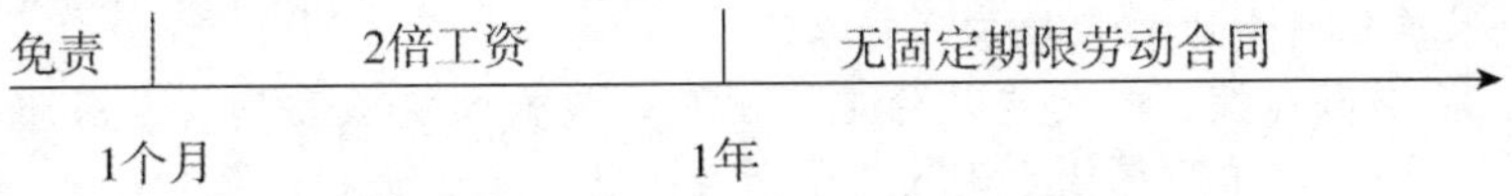

图 4-2-1　劳动合同订立时间关系图

四、劳动合同的生效

根据《劳动合同法》，劳动合同由用人单位与劳动者协商一致，并经用人单位与劳动者在劳动合同文本上签字或者盖章生效。劳动合同文本由用人单位和劳动者各执一份。

五、劳动合同条款

根据《劳动合同法》，劳动合同条款见表 4-2-2。

表 4-2-2　劳动合同条款

必备条款	选择条款
(1) 用人单位的名称、住所和法定代表人或者主要负责人； (2) 劳动者的姓名、住址和居民身份证或者其他有效身份证件号码； (3) 劳动合同期限； (4) 工作内容和工作地点； (5) 工作时间和休息休假； (6) 劳动报酬； (7) 社会保险； (8) 劳动保护、劳动条件和职业危害防护； (9) 法律、法规规定应当纳入劳动合同的其他事项	(1) 试用期； (2) 培训； (3) 保守秘密； (4) 补充保险； (5) 福利待遇

六、劳动报酬

《劳动合同法》规定，劳动合同对劳动报酬和劳动条件等标准约定不明确，引发争议的，用人单位与劳动者可以重新协商；协商不成的，适用集体合同规定；没有集体合同或者集体合同未规定劳动报酬的，实行同工同酬；没有集体合同或者集体合同未规定劳动条件等标准的，适用国家有关规定。

七、试用期

根据《劳动合同法》，试用期的规定见表 4-2-3。

表 4-2-3 试用期的规定

时间限制	劳动合同期限（X）	试用期（Y）
	3 个月$\leqslant X<$1 年	$Y\leqslant$1 个月
	1 年$\leqslant X<$3 年	$Y\leqslant$2 个月
	$X\geqslant$3 年	$Y\leqslant$6 个月
	无固定期限劳动合同	
	以完成一定工作任务为期限的劳动合同	不得约定试用期
	$X<$3 个月	
试用期工资	《劳动合同法实施条例》规定，劳动者在试用期的工资不得低于本单位相同岗位最低档工资的 80%或者不得低于劳动合同约定工资的 80%，并不得低于用人单位所在地的最低工资标准 ➤ **名师点拨**：有约定从约定的 80%，没有约定看相同岗位最低档工资不得低于 80%，并不得低于用人单位所在地的最低工资标准	
其他规定	（1）同一用人单位与同一劳动者只能约定一次试用期； （2）试用期包含在劳动合同期限内； （3）劳动合同仅约定试用期的，试用期不成立，该期限为劳动合同期限	

实战演练

[2020 真题 · 单选] 关于劳动合同试用期的说法，正确的是（　　）。

A. 初次订立劳动合同的，可以仅约定试用期，而不约定劳动合同期限

B. 试用期不包含在劳动合同期限之内

C. 同一用人单位与同一劳动者只能约定 1 次试用期

D. 劳动合同期限不满 1 年的，不得约定试用期

[解析] 选项 A 错误，劳动合同仅约定试用期的，试用期不成立，该期限为劳动合同期限。选项 B 错误，试用期包含在劳动合同期限内。选项 D 错误，以完成一定工作任务为期限的劳动合同或者劳动合同期限不满 3 个月的，不得约定试用期。

[答案] C

[2016 真题 · 单选] 根据《劳动合同法》，劳动合同期限 1 年以上不满 3 年的，试用期不得超过（　　）。

A. 1 个月　　B. 2 个月

C. 3 个月　　D. 4 个月

［解析］劳动合同期限 3 个月以上不满 1 年的，试用期不得超过 1 个月；劳动合同期限 1 年以上不满 3 年的，试用期不得超过 2 个月；3 年以上固定期限和无固定期限的劳动合同，试用期不得超过 6 个月。

［答案］B

［2022 真题·多选］下列情形中，劳动者提出或者同意续订、订立劳动合同的，除劳动者提出订立无固定期限劳动合同外，用人单位应当与劳动者订立无固定期限劳动合同的有（ ）。

A. 乙连续 2 次与某施工企业订立期限为 2 年的劳动合同，续订劳动合同的

B. 丁应聘时要求订立无固定期限劳动合同的

C. 用人单位未及时缴纳社会保险，戊要求订立无固定期限劳动合同的

D. 甲在某施工企业连续工作超过 10 年的

E. 用人单位初次实行劳动合同制度时，丙在该用人单位连续工作满 10 年且距法定退休年龄不足 10 年的

［解析］《劳动合同法》规定，有下列情形之一，劳动者提出或者同意续订、订立劳动合同的，除劳动者提出订立无固定期限劳动合同外，应当订立无固定期限劳动合同：①劳动者在该用人单位连续工作满 10 年的，选项 D 正确；②用人单位初次实行劳动合同制度或者国有企业改制重新订立劳动合同时，劳动者在该用人单位连续工作满 10 年且距法定退休年龄不足 10 年的，选项 E 正确；③连续订立 2 次固定期限劳动合同，且劳动者没有《劳动合同法》第 39 条和第 40 条第 1 项、第 2 项规定的情形，续订劳动合同的，选项 A 正确。

［答案］ADE

［2021 真题·多选］下列条款中，劳动合同应当具备的条款有（ ）。

A. 试用期

B. 社会保险

C. 劳动合同期限

D. 工作方法与要求

E. 工作内容和工作地点

［解析］劳动合同应当具备以下条款：①用人单位的名称、住所和法定代表人或者主要负责人；②劳动者的姓名、住址和居民身份证或者其他有效身份证件号码；③劳动合同期限；④工作内容和工作地点；⑤工作时间和休息休假；⑥劳动报酬；⑦社会保险；⑧劳动保护、劳动条件和职业危害防护；⑨法律、法规规定应当纳入劳动合同的其他事项。劳动合同除上述规定的必备条款外，用人单位与劳动者可以约定试用期、培训、保守秘密、补充保险和福利待遇等其他事项。

［答案］BCE

［2018 真题·多选］关于劳动合同订立的说法，正确的有（ ）。

A. 试用期包含在劳动合同期限内

B. 固定期限劳动合同不能超过 10 年

C. 商业保险是劳动合同的必备条款

D. 劳动关系自劳动合同订立之日起建立

E. 建立全日制劳动关系，应当订立书面劳动合同

第四章

[解析] 选项A正确，试用期包含在劳动合同期限内。选项B错误，固定期限劳动合同是指用人单位与劳动者约定合同终止时间的劳动合同，即劳动合同双方当事人在劳动合同中明确规定了合同效力的起始和终止的时间。劳动合同期限届满，劳动关系即告终止。固定期限劳动合同可以是1年、2年，也可以是5年、10年，甚至更长时间。选项C错误，劳动合同应当具备以下条款：①用人单位的名称、住所和法定代表人或者主要负责人；②劳动者的姓名、住址和居民身份证或者其他有效身份证件号码；③劳动合同期限；④工作内容和工作地点；⑤工作时间和休息休假；⑥劳动报酬；⑦社会保险；⑧劳动保护、劳动条件和职业危害防护；⑨法律、法规规定应当纳入劳动合同的其他事项。选项D错误，用人单位自用工之日起即与劳动者建立劳动关系。选项E正确，按照《劳动合同法》的规定，除了非全日制用工可以订立口头协议外，建立劳动关系应当订立书面劳动合同。

[答案] AE

[2014 真题·多选] 根据《劳动合同法》，用人单位在与劳动者签订合同时采取的正当行为有（　　）。

A. 约定专业技术培训服务违约金

B. 扣押居民身份证

C. 签订竞业限制协议书

D. 扣押职业资格证

E. 要求提供担保

[解析] 订立劳动合同，应当遵循合法、公平、平等自愿、协商一致、诚实信用的原则。用人单位招用劳动者，不得要求劳动者提供担保或者以其他名义向劳动者收取财物；不得扣押劳动者的居民身份证或者其他证件。

[答案] AC

第四章

考点 2 无效劳动合同★★

一、无效劳动合同类型

《劳动合同法》规定，下列劳动合同无效或者部分无效：

（1）以欺诈、胁迫的手段或者乘人之危，使对方在违背真实意思的情况下订立或者变更劳动合同的。

（2）用人单位免除自己的法定责任、排除劳动者权利的。

（3）违反法律、行政法规强制性规定的。

对劳动合同的无效或者部分无效有争议的，由劳动争议仲裁机构或者人民法院确认。

二、无效劳动合同的法律后果

根据《劳动合同法》，劳动合同部分无效，不影响其他部分效力的，其他部分仍然有效。

劳动合同被确认无效，劳动者已付出劳动的，用人单位应当向劳动者支付劳动报酬。劳动报酬的数额，参照本单位相同或者相近岗位劳动者的劳动报酬确定。

实战演练

[2018 真题·多选] 根据《劳动合同法》，劳动合同无效或部分无效的情形有（　　）。

A. 劳动者死亡，或者被人民法院宣告死亡或者失踪的

B. 用人单位被吊销营业执照、责令关闭、撤销的

C. 以欺诈、胁迫的手段，使对方在违背真实意思的情况下订立劳动合同的

D. 劳动者被依法追究刑事责任的

E. 用人单位免除自己的法定责任、排除劳动者权利的

[解析] 根据《劳动合同法》，下列劳动合同无效或者部分无效：①以欺诈、胁迫的手段或者乘人之危，使对方在违背真实意思的情况下订立或者变更劳动合同的；②用人单位免除自己的法定责任、排除劳动者权利的；③违反法律、行政法规强制性规定的。对于部分无效的劳动合同，只要不影响其他部分效力的，其他部分仍然有效。劳动合同被确认无效，劳动者已付出劳动的，用人单位应当向劳动者支付劳动报酬。劳动报酬的数额，参照本单位相同或者相近岗位劳动者的劳动报酬确定。选项 A、B 为劳动合同终止的情形，选项 D 为劳动合同解除的情形。

[答案] CE

[2016 真题·多选] 下列情形中，导致劳动合同无效或者部分无效的有（　　）。

A. 约定内部承包违约金

B. 以胁迫的手段，使对方在违背真实意思的情况下订立

C. 乘人之危，使对方在违背真实意思的情况下订立

D. 有重大误解，在违背真实意思的情况下订立

E. 以欺诈的手段，使对方在违背真实意思的情况下订立

[解析] 根据《劳动合同法》，下列劳动合同无效或者部分无效：①以欺诈、胁迫的手段或者乘人之危，使对方在违背真实意思的情况下订立或者变更劳动合同的；②用人单位免除自己的法定责任、排除劳动者权利的；③违反法律、行政法规强制性规定的。

[答案] BCE

考点 3 劳动合同的履行、变更★★

《劳动合同法》规定，用人单位与劳动者应当按照劳动合同的约定，全面履行各自的义务。

一、支付劳动报酬

根据《中华人民共和国劳动法》（以下简称《劳动法》），工资应当以货币形式按月支付给劳动者本人。不得克扣或者无故拖欠劳动者的工资。

劳动者在法定休假日和婚丧假期间以及依法参加社会活动期间，用人单位应当依法支付工资。

用人单位应当按照劳动合同约定和国家规定，向劳动者及时足额支付劳动报酬。用人单位拖欠或者未足额支付劳动报酬的，劳动者可以依法向当地人民法院申请支付令，人民法院

应当依法发出支付令。

➤ **名师点拨：** 劳动报酬由货币工资（包括各种工资、奖金、津贴、补贴等）、实物报酬、社会保险组成。

二、加班

根据《劳动合同法》，用人单位应当严格执行劳动定额标准，不得强迫或者变相强迫劳动者加班。用人单位安排加班的，应当按照国家有关规定向劳动者支付加班费。

三、拒绝违章劳动

根据《劳动合同法》，劳动者拒绝用人单位管理人员违章指挥、强令冒险作业的，不视为违反劳动合同。

劳动者对危害生命安全和身体健康的劳动条件，有权对用人单位提出批评、检举和控告。

四、劳动合同主体变更

根据《劳动合同法》，用人单位变更名称、法定代表人、主要负责人或者投资人等事项，不影响劳动合同的履行。

用人单位发生合并或者分立等情况，原劳动合同继续有效，劳动合同由承继其权利和义务的用人单位继续履行。

五、劳动合同内容变更

根据《劳动合同法》，用人单位与劳动者协商一致，可以变更劳动合同约定的内容。变更劳动合同，应当采用书面形式。

实战演练

[**2020 真题·单选**] 关于劳动合同履行的说法，正确的是（　　）。

A. 用人单位变更名称，原劳动合同可终止

B. 用人单位发生合并或者分立，原劳动合同解除

C. 用人单位变更投资人不影响劳动合同的履行

D. 用人单位变更法定代表人，应当重新订立劳动合同

[**解析**] 用人单位如果变更名称、法定代表人、主要负责人或者投资人等事项，不影响劳动合同的履行。用人单位发生合并或者分立等情况，原劳动合同继续有效，劳动合同由承继其权利和义务的用人单位继续履行。

[**答案**] C

[**2017 真题·单选**] 关于用人单位向劳动者支付报酬的说法，正确的是（　　）。

A. 劳动者依法参加社会活动期间，用人单位应当依法支付工资

B. 劳动报酬中的货币工资不包括津贴、补贴和奖金

C. 用人单位支付的工资可以以实物或有价证券等形式代替货币形式支付

D. 劳动者在婚丧假期间，用人单位可以不支付工资

[解析] 选项A正确，选项C、D错误，工资应当以货币形式按月支付给劳动者本人，不得克扣或者无故拖欠劳动者的工资。劳动者在法定休假日和婚丧假期间以及依法参加社会活动期间，用人单位应当依法支付工资。选项B错误，工资是指用人单位依据国家有关规定和劳动关系双方的约定，以货币形式支付给劳动者的劳动报酬，如计时工资、计件工资、奖金、津贴和补贴等。

[答案] A

[2017真题·单选] 关于劳动合同效力的说法，正确的是（　　）。

A. 用人单位投资人发生变更，原劳动合同继续有效

B. 存在用人单位免除自己的法定责任，排除劳动者权利条款的，劳动合同全部无效

C. 用人单位发生合并或者分立，须与劳动者重新签订劳动合同

D. 劳动合同双方当事人签字或者盖章时间不一致的，以在先的时间为劳动合同的生效时间

[解析] 选项A正确，用人单位名称、法定代表人、主要负责人或者投资人、地址等变更不影响劳动合同履行。选项B错误，对于部分无效的劳动合同，只要不影响其他部分效力的，其他部分仍然有效。选项C错误，用人单位发生合并、分立等情况，劳动合同继续有效，劳动合同由承继其权利和义务的用人单位继续履行。选项D错误，劳动合同双方当事人签字或者盖章时间不一致的，以最后一方签字或者盖章的时间为准；如果一方没有写签字时间，则另一方写明的签字时间就是合同生效时间。

[答案] A

[2021真题·多选] 劳动者的货币工资有（　　）。

A. 工资　　　　B. 奖金

C. 保险金　　　D. 津贴

E. 补贴

[解析] 货币工资包括各种工资、奖金、津贴、补贴等。

[答案] ABDE

考点4 劳动合同的解除和终止★★★

扫码听课

解除劳动合同是指在劳动合同终止日期前劳动者或用工单位单方或协商一致解除劳动合同的行为。终止劳动合同是指劳动合同满足某些条件后，自动终止的行为。通俗地讲，排除个别原因（死亡、破产等），劳动合同到期不续订就是终止，未到期有人提出终止就是解除。

《劳动合同法》规定，用人单位与劳动者协商一致，可以解除劳动合同。

一、劳动者解除劳动合同

根据《劳动合同法》，劳动者解除劳动合同的相关内容见表4-2-4。

表 4-2-4　劳动者解除劳动合同的相关内容

<table>
<tr><th>类型</th><th>解除原因</th><th>程序</th><th>解除成本</th></tr>
<tr><td rowspan="2">预告解除</td><td rowspan="2">无原因</td><td>试用期内提前 3 日（书面，口头）</td><td rowspan="2">无
经济补偿</td></tr>
<tr><td>试用期满提前 30 日，书面形式</td></tr>
<tr><td>通知解除</td><td colspan="2">用人单位有下列情形之一的，劳动者可以解除劳动合同：
（1）未按照劳动合同约定提供劳动保护或者劳动条件的；
（2）未及时足额支付劳动报酬的；
（3）未依法为劳动者缴纳社会保险费的；
（4）用人单位的规章制度违反法律、法规的规定，损害劳动者权益的；
（5）因《劳动合同法》第 26 条第 1 款规定的情形致使劳动合同无效的；
➤ 名师点拨：规定的情形：用人单位以欺诈、胁迫的手段或者乘人之危，使劳动者在违背真实意思的情况下订立或者变更劳动合同的
（6）法律、行政法规规定的其他情形</td><td rowspan="2">有
经济补偿</td></tr>
<tr><td>无须通知立即解除</td><td colspan="2">（1）用人单位以暴力、威胁或者非法限制人身自由的手段强迫劳动者劳动的；
（2）用人单位违章指挥危及劳动者人身安全的；
（3）用人单位强令冒险作业危及劳动者人身安全的</td></tr>
</table>

二、用人单位解除劳动合同

根据《劳动合同法》，用人单位解除劳动合同的相关内容见表 4-2-5。

表 4-2-5　用人单位解除劳动合同的相关内容

类型	解除原因	程序	解除成本
立即解除	劳动者有下列情形之一的，用人单位可以解除劳动合同： （1）在试用期间被证明不符合录用条件的； （2）严重违反用人单位的规章制度的； （3）严重失职，营私舞弊，给用人单位造成重大损害的； （4）劳动者同时与其他用人单位建立劳动关系，对完成本单位的工作任务造成严重影响，或者经用人单位提出，拒不改正的； （5）因《劳动合同法》第 26 条第 1 款第 1 项规定的情形致使劳动合同无效的； ➤ **名师点拨：**规定的情形：劳动者以欺诈的手段，使用人单位在违背真实意思的情况下订立或者变更劳动合同的 （6）被依法追究刑事责任的	无须提前通知	无 经济补偿

续表

类型	解除原因	程序	解除成本
预告解除	有下列情形之一的，用人单位可以提前解除劳动合同： （1）劳动者患病或者非因工负伤，在规定的医疗期满后不能从事原工作，也不能从事由用人单位另行安排的工作的； （2）劳动者不能胜任工作，经过培训或者调整工作岗位，仍不能胜任工作的； （3）劳动合同订立时所依据的客观情况发生重大变化，致使劳动合同无法履行，经用人单位与劳动者协商，未能就变更劳动合同内容达成协议的	提前30日以书面形式通知或者额外支付劳动者1个月工资	有 经济补偿
经济性裁员	（1）有下列情形之一，用人单位可以裁减人员： ①依照《中华人民共和国企业破产法》（以下简称《企业破产法》）规定进行重整的； ②生产经营发生严重困难的； ③企业转产、重大技术革新或者经营方式调整，经变更劳动合同后，仍需裁减人员的； ④其他因劳动合同订立时所依据的客观经济情况发生重大变化，致使劳动合同无法履行的； （2）裁减人员时，应当优先留用下列人员： ①与本单位订立较长期限的固定期限劳动合同的； ②与本单位订立无固定期限劳动合同的； ③家庭无其他就业人员，有需要扶养的老人或者未成年人的； 用人单位依照（1）的规定裁减人员，在6个月内重新招用人员的，应当通知被裁减的人员，并在同等条件下优先招用被裁减的人员	需要裁减人员20人以上或者裁减不足20人但占企业职工总数10%以上的，用人单位提前30日向工会或者全体职工说明情况，听取工会或者职工的意见后，裁减人员方案经向劳动行政部门报告，可以裁减人员	有 经济补偿

三、用人单位不得解除劳动合同

根据《劳动合同法》，劳动者有下列情形之一的，用人单位不得依照《劳动合同法》第40条、第41条的规定解除劳动合同：

（1）从事接触职业病危害作业的劳动者未进行离岗前职业健康检查，或者疑似职业病病人在诊断或者医学观察期间的。

（2）在本单位患职业病或者因工负伤并被确认丧失或者部分丧失劳动能力的。

（3）患病或者非因工负伤，在规定的医疗期内的。

（4）女职工在孕期、产期、哺乳期的。

（5）在本单位连续工作满15年，且距法定退休年龄不足5年的。

（6）法律、行政法规规定的其他情形。

用人单位违反《劳动合同法》规定解除或者终止劳动合同，劳动者要求继续履行劳动合同的，用人单位应当继续履行；劳动者不要求继续履行劳动合同或者劳动合同已经不能继续履行的，用人单位应当支付赔偿金。

用人单位违反《劳动合同法》规定解除或者终止劳动合同的，应当依照本法第47条规

第四章

定的经济补偿标准的2倍向劳动者支付赔偿金。

➢ **名师点拨**：继续履行劳动合同和双倍经济补偿只能选择一项。

四、劳动合同终止

根据《劳动合同法》，有下列情形之一的，劳动合同终止：①劳动合同期满的；②劳动者开始依法享受基本养老保险待遇的；③劳动者死亡，或者被人民法院宣告死亡或者宣告失踪的；④用人单位被依法宣告破产的；⑤用人单位被吊销营业执照、责令关闭、撤销或者用人单位决定提前解散的；⑥法律、行政法规规定的其他情形。

五、经济补偿

根据《劳动合同法》，有下列情形之一的，用人单位应当向劳动者支付经济补偿：

（1）劳动者依照本法第38条规定解除劳动合同的。（劳动者通知解除、无须通知立即解除情形）

（2）用人单位依照本法第36条规定向劳动者提出解除劳动合同并与劳动者协商一致解除劳动合同的。

（3）用人单位依照本法第40条规定解除劳动合同的。（用人单位预告解除情形）

（4）用人单位依照本法第41条第1款规定解除劳动合同的。（用人单位破产重整、经济性裁员）

（5）除用人单位维持或者提高劳动合同约定条件续订劳动合同，劳动者不同意续订的情形外，依照本法第44条第1项规定终止固定期限劳动合同的。（用人单位降低约定条件）

（6）依照本法第44条第4项、第5项规定终止劳动合同的。（用人单位破产倒闭，劳动合同终止）

（7）法律、行政法规规定的其他情形。

经济补偿按劳动者在本单位工作的年限，每满1年支付1个月工资的标准向劳动者支付。6个月以上不满1年的，按1年计算；不满6个月的，向劳动者支付半个月工资的经济补偿。

劳动者月工资高于用人单位所在直辖市、设区的市级人民政府公布的本地区上年度职工月平均工资3倍的，向其支付经济补偿的标准按职工月平均工资3倍的数额支付，向其支付经济补偿的年限最高不超过12年。

月工资是指劳动者在劳动合同解除或者终止前12个月的平均工资。

➢ **名师点拨**：经济补偿标准的计算。

用职工月工资与当地上年度职工月平均工资3倍相比：

（1）低于3倍的，经济补偿金=工作年限×月工资。

（2）高于3倍的，经济补偿金=工作年限（≤12年）×当地上年度职工月平均工资3倍。

工作满1年，补偿1个月；工作6个月至1年，补偿1个月；工作不满6个月，补偿0.5个月。

第四章

实战演练

[2019 真题·单选] 甲与某施工企业于2018年6月1日签订了3年的劳动合同，其中约定试用期3个月，次日合同开始履行，2018年10月12日，甲拟解除劳动合同，则（　　）。

A. 必须取得用人单位同意

B. 口头通知用人单位即可

C. 应当提前30日以书面形式通知用人单位

D. 应当报请劳动行政主管部门同意后以书面形式通知用人单位

[解析] 劳动者提前30日以书面形式通知用人单位，可以解除劳动合同。劳动者在试用期内提前3日通知用人单位，可以解除劳动合同。

[答案] C

[2018 真题·单选] 某施工企业与李某协商解除劳动合同，李某在该企业工作了2年3个月，在解除合同前12个月李某月平均工资为6 000元。根据《劳动合同法》，该企业应当给予李某经济补偿（　　）元。

A. 6 000　　B. 12 000

C. 15 000　　D. 18 000

[解析] 经济补偿的标准：按劳动者在本单位工作的年限，每满1年支付1个月工资的标准向劳动者支付。6个月以上不满1年的，按1年计算；不满6个月的，向劳动者支付半个月工资的经济补偿。劳动者月工资高于用人单位所在直辖市、设区的市级人民政府公布的本地区上年度职工月平均工资3倍的，向其支付经济补偿的标准按职工月平均工资3倍的数额支付，向其支付经济补偿的年限最高不超过12年。月工资是指劳动者在劳动合同解除或者终止前12个月的平均工资。

[答案] C

[2021 真题·多选] 某施工企业生产经营发生严重困难，拟裁员20人以上，当该企业裁员时，应当优先留用的人员有（　　）。

A. 家庭无其他就业人员，有需要扶养的老人或者未成年人的

B. 与本企业订立无固定期限劳动合同的

C. 在本企业连续工作满15年的

D. 在本企业因工负伤并被确认部分丧失劳动能力的

E. 与本企业订立较长期限的固定期限劳动合同的

[解析] 裁减人员时，应当优先留用下列三种人员：①与本单位订立较长期限的固定期限劳动合同的；②与本单位订立无固定期限劳动合同的；③家庭无其他就业人员，有需要扶养的老人或者未成年人的。

[答案] ABE

[2021 真题·多选] 根据《劳动合同法》，劳动合同终止的情形有（　　）。

A. 劳动者开始依法享受基本养老保险待遇的

B. 用人单位营业执照到期的

C. 用人单位进入破产重整程序的

D. 劳动者死亡，或者被人民法院宣告死亡或者宣告失踪的

E. 用人单位决定提前解散的

[解析] 有下列情形之一的，劳动合同终止：①劳动合同期满的；②劳动者开始依法享受基本养老保险待遇的；③劳动者死亡，或者被人民法院宣告死亡或者宣告失踪的；④用人单位被依法宣告破产的；⑤用人单位被吊销营业执照、责令关闭、撤销或者用人单位决定提前解散的；⑥法律、行政法规规定的其他情形。

[答案] ADE

[2020 真题·多选] 用人单位可以不提前通知，直接解除劳动合同的情形有（　　）。

A. 劳动者在试用期间被证明不符合录用条件的

B. 劳动者被依法追究刑事责任的

C. 劳动者同时与其他用人单位建立劳动关系的

D. 劳动者不能胜任工作，经过培训仍不能胜任工作的

E. 劳动者非因工负伤，在规定的医疗期满后不能从事原工作的

[解析]《劳动合同法》规定，劳动者有下列情形之一的，用人单位无须提前通知即可解除劳动合同：①在试用期间被证明不符合录用条件的；②严重违反用人单位的规章制度的；③严重失职，营私舞弊，给用人单位造成重大损害的；④劳动者同时与其他用人单位建立劳动关系，对完成本单位的工作任务造成严重影响，或者经用人单位提出，拒不改正的；⑤因《劳动合同法》第 26 条第 1 款第 1 项规定的情形致使劳动合同无效的；⑥被依法追究刑事责任的。

[答案] AB

[2019 真题·多选] 下列情形中，用人单位不得解除劳动合同的有（　　）。

A. 在本单位患职业病或者因工负伤并被确认丧失或者部分丧失劳动能力的

B. 劳动者被依法追究刑事责任的

C. 劳动者不能胜任工作，经过培训，仍不能胜任工作的

D. 患病或者非因工负伤，在规定的医疗期内的

E. 女职工在孕期、产期、哺乳期的

[解析] 用人单位不得解除劳动合同的情形：①从事接触职业病危害作业的劳动者未进行离岗前职业健康检查，或疑似职业病病人在诊断或医学观察期间的；（病）②在本单位患职业病或者因工负伤并被确认丧失或者部分丧失劳动能力的；（残）③患病或者非因工负伤，在规定的医疗期内的；（病）④女职工在孕期、产期、哺乳期的；（孕）⑤在本单位连续工作满 15 年，且距法定退休年龄不足 5 年的；（老）⑥法律、行政法规规定的其他情形。

[答案] ADE

［2018 真题 · 多选］根据《劳动合同法》，劳动者有下列情形之一，用人单位可以解除劳动合同的有（　　）。

A. 劳动者不能胜任工作　　B. 劳动者在试用期内不符合录用条件

C. 劳动者严重违反用人单位的规章制度　　D. 劳动者被依法追究刑事责任

E. 劳动者患病

［解析］《劳动合同法》规定，劳动者有下列情形之一的，用人单位可以解除劳动合同：①在试用期间被证明不符合录用条件的；②严重违反用人单位的规章制度的；③严重失职，营私舞弊，给用人单位造成重大损害的；④劳动者同时与其他用人单位建立劳动关系，对完成本单位的工作任务造成严重影响，或者经用人单位提出，拒不改正的；⑤因《劳动合同法》第 26 条第 1 款第 1 项规定的情形致使劳动合同无效的；⑥被依法追究刑事责任的。《劳动合同法》规定，有下列情形之一的，用人单位提前 30 日以书面形式通知劳动者本人或者额外支付劳动者 1 个月工资后，可以解除劳动合同：①劳动者患病或者非因工负伤，在规定的医疗期满后不能从事原工作，也不能从事由用人单位另行安排的工作的；②劳动者不能胜任工作，经过培训或者调整工作岗位，仍不能胜任工作的；③劳动合同订立时所依据的客观情况发生重大变化，致使劳动合同无法履行，经用人单位与劳动者协商，未能就变更劳动合同内容达成协议的。

［答案］BCD

［2017 真题 · 多选］下列终止劳动合同的情形中，用人单位应向劳动者支付经济补偿的有（　　）。

A. 用人单位未及时足额支付劳动报酬，解除劳动合同的

B. 用人单位与劳动者协商一致，解除劳动合同的

C. 劳动合同期满但劳动者不同意按原劳动合同条件续订劳动合同，终止固定期限劳动合同的

D. 劳动者不能胜任工作，经培训或者调整工作岗位后仍不能胜任工作，解除劳动合同的

E. 因劳动者同时与他人建立劳动关系，对完成本单位的工作任务造成严重影响，解除劳动合同的

［解析］用人单位应当向劳动者支付经济补偿的情形：①劳动者依照《劳动合同法》第 38 条规定解除劳动合同的；（用人单位违法，劳动者随时解除合同的情形）②用人单位依照《劳动合同法》第 36 条规定向劳动者提出解除劳动合同并与劳动者协商一致解除劳动合同的；③用人单位依照《劳动合同法》第 40 条规定解除劳动合同的；（用人单位预告解除的情形）④用人单位依照《劳动合同法》第 41 条第 1 款规定解除劳动合同的；（经济性裁员）⑤除用人单位维持或者提高劳动合同约定条件续订劳动合同，劳动者不同意续订的情形外，依照《劳动合同法》第 44 条第 1 项规定终止固定期限劳动合同的；（劳动合同期满）⑥依照《劳动合同法》第 44 条第 4 项、第 5 项规定终止劳动合同；（用人单位破产、关闭等情形）⑦法律、行政法规规定的其他情形。

［答案］AD

［2017真题·多选］劳动合同履行过程中，劳动者不需事先告知用人单位，可以立即与用人单位解除劳动合同的情形有（　　）。

A. 用人单位违章指挥、强令冒险作业危及劳动者人身安全

B. 在试用期内

C. 用人单位濒临破产

D. 用人单位未依法缴纳社会保险费

E. 用人单位以暴力、威胁手段强迫劳动者

［解析］用人单位以暴力、威胁或者非法限制人身自由的手段强迫劳动者劳动的，或者用人单位违章指挥、强令冒险作业危及劳动者人身安全的，劳动者可以立即解除劳动合同，不需事先告知用人单位。

［答案］AE

［2016真题·多选］根据《劳动合同法》，劳动者可以与用人单位解除劳动合同的有（　　）。

A. 用人单位排除劳动者权利

B. 用人单位未及时足额支付劳动报酬

C. 用人单位未依法为劳动者缴纳社会保险费

D. 用人单位未按照劳动合同约定提供劳动保护或者劳动条件

E. 用人单位的规章制度违反法律、法规的规定，损害劳动者权益

［解析］用人单位有下列情形之一的，劳动者可以解除劳动合同：①未按照劳动合同约定提供劳动保护或者劳动条件的；②未及时足额支付劳动报酬的；③未依法为劳动者缴纳社会保险费的；④用人单位的规章制度违反法律、法规的规定，损害劳动者权益的；⑤因《劳动合同法》规定的情形致使劳动合同无效的；⑥法律、行政法规规定劳动者可以解除劳动合同的其他情形。

［答案］BCDE

［2014真题·多选］用人单位可以解除劳动合同，但是应当提前30日以书面形式通知劳动者本人或者额外支付劳动者1个月工资的情形有（　　）。

A. 严重违反用人单位规章制度的

B. 劳动者患病或者非因工负伤，在规定的医疗期满后不能从事原工作，也不能从事由用人单位另行安排的工作的

C. 严重失职，营私舞弊，对用人单位造成重大损害的

D. 劳动者不能胜任工作，经过培训或者调整工作岗位，仍不能胜任工作的

E. 劳动合同订立时所依据的客观情况发生重大变化，致使劳动合同无法履行，经当事人协商，不能就变更劳动合同内容达成协议的

［解析］有下列情形之一的，用人单位提前30日以书面形式通知劳动者本人或者额外支付劳动者1个月工资后，可以解除劳动合同：①劳动者患病或者非因工负伤，在规定的医疗期满后不能从事原工作，也不能从事由用人单位另行安排的工作的；②劳动者不能胜

任工作，经过培训或者调整工作岗位，仍不能胜任工作的；③劳动合同订立时所依据的客观情况发生重大变化，致使劳动合同无法履行，经用人单位与劳动者协商，未能就变更劳动合同内容达成协议的。

［答案］BDE

［经典例题·多选］根据《劳动合同法》，用人单位有权实施经济性裁员的情形有（　　）。

A. 依照《企业破产法》规定进行重整的

B. 生产经营发生严重困难的

C. 股东大会意见严重分歧导致董事会主要成员更换的

D. 企业转产、重大技术革新或者经营方式调整，经变更劳动合同后，仍需裁减人员的

E. 因劳动合同订立时所依据的客观经济情况发生重大变化，致使劳动合同无法履行的

［解析］用人单位有权实施经济性裁员的情形：①依照《企业破产法》规定进行重整的；②生产经营发生严重困难的；③企业转产、重大技术革新或者经营方式调整，经变更劳动合同后，仍需裁减人员的；④其他因劳动合同订立时所依据的客观经济情况发生重大变化，致使劳动合同无法履行的。

［答案］ABDE

考点 5　集体合同★

根据《劳动合同法》，企业职工一方与用人单位通过平等协商，可以就劳动报酬、工作时间、休息休假、劳动安全卫生、保险福利等事项订立集体合同。集体合同草案应当提交职工代表大会或者全体职工讨论通过。

集体合同由工会代表企业职工一方与用人单位订立；尚未建立工会的用人单位，由上级工会指导劳动者推举的代表与用人单位订立。

企业职工一方与用人单位可以订立劳动安全卫生、女职工权益保护、工资调整机制等专项集体合同。

集体合同订立后，应当报送劳动行政部门；劳动行政部门自收到集体合同文本之日起15日内未提出异议的，集体合同即行生效。

考点 6　劳务派遣★★

劳务派遣是指由劳务单位与派遣劳动者订立劳动合同，把劳动者派向其他用工单位，再由其用工单位向派遣机构支付一笔服务费用的一种用工形式，典型特点是招聘和用工分离。劳务派遣关系如图 4-2-2 所示。

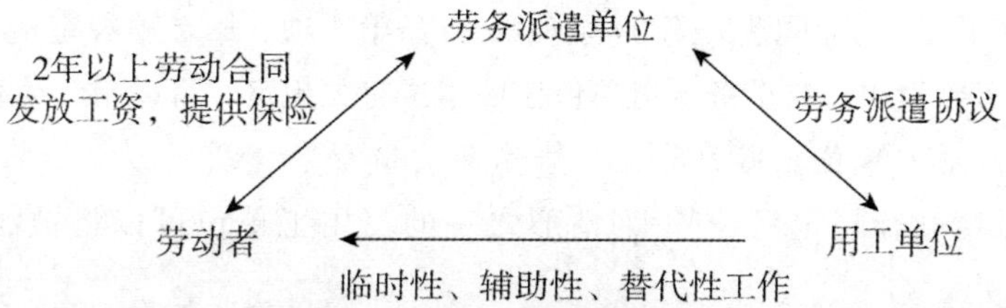

图 4-2-2　劳务派遣关系图

一、劳务派遣单位

根据《劳动合同法》，经营劳务派遣业务应当具备下列条件：①注册资本不得少于人民币200万元；②有与开展业务相适应的固定的经营场所和设施；③有符合法律、行政法规规定的劳务派遣管理制度；④法律、行政法规规定的其他条件。

经营劳务派遣业务，应当向劳动行政部门依法申请行政许可；经许可的，依法办理相应的公司登记。未经许可，任何单位和个人不得经营劳务派遣业务。

劳务派遣单位应当履行用人单位对劳动者的义务。劳务派遣单位与被派遣劳动者订立的劳动合同，除应当载明《劳动合同法》规定的事项外，还应当载明被派遣劳动者的用工单位以及派遣期限、工作岗位等情况。

➢ **名师点拨：** 必备条款、选择条款。

劳务派遣单位应当与被派遣劳动者订立2年以上的固定期限劳动合同，按月支付劳动报酬；被派遣劳动者在无工作期间，劳务派遣单位应当按照所在地人民政府规定的最低工资标准，向其按月支付报酬。

根据《劳务派遣暂行规定》，被派遣劳动者在用工单位因工作遭受事故伤害的，劳务派遣单位应当依法申请工伤认定，用工单位应当协助工伤认定的调查核实工作。

二、用工单位

根据《劳动合同法》，劳务派遣单位派遣劳动者应当与接受以劳务派遣形式用工的单位（以下简称用工单位）订立劳务派遣协议。劳务派遣协议应当约定派遣岗位和人员数量、派遣期限、劳动报酬和社会保险费的数额与支付方式以及违反协议的责任。

用工单位应当根据工作岗位的实际需要与劳务派遣单位确定派遣期限，不得将连续用工期限分割订立数个短期劳务派遣协议。

劳务派遣单位应当将劳务派遣协议的内容告知被派遣劳动者。劳务派遣单位不得克扣用工单位按照劳务派遣协议支付给被派遣劳动者的劳动报酬。劳务派遣单位和用工单位不得向被派遣劳动者收取费用。

用工单位不得将被派遣劳动者再派遣到其他用人单位。

三、被派遣劳动者

根据《劳动合同法》，被派遣劳动者享有与用工单位的劳动者同工同酬的权利。用工单位应当按照同工同酬原则，对被派遣劳动者与本单位同类岗位的劳动者实行相同的劳动报酬分配办法。用工单位无同类岗位劳动者的，参照用工单位所在地相同或者相近岗位劳动者的劳动报酬确定。

被派遣劳动者有《劳动合同法》第39条和第40条第1项、第2项规定情形的，用工单位可以将劳动者退回劳务派遣单位，劳务派遣单位依照本法有关规定，可以与劳动者解除劳动合同。

➢ **名师点拨：** 用人单位立即解除、预告解除的情形。

根据《劳务派遣暂行规定》，有下列情形之一的，用工单位可以将被派遣劳动者退回劳务派遣单位：

（1）用工单位有《劳动合同法》第40条第3项、第41条规定情形的。

（2）用工单位被依法宣告破产、吊销营业执照、责令关闭、撤销、决定提前解散或者经营期限届满不再继续经营的。

（3）劳务派遣协议期满终止的。

被派遣劳动者退回后在无工作期间，劳务派遣单位应当按照不低于所在地人民政府规定的最低工资标准，向其按月支付报酬。

四、劳务派遣用工范围

根据《劳动合同法》，劳动合同用工是我国的企业基本用工形式。劳务派遣用工是补充形式，只能在临时性、辅助性或者替代性的工作岗位上实施。

临时性工作岗位是指存续时间不超过 6 个月的岗位；辅助性工作岗位是指为主营业务岗位提供服务的非主营业务岗位；替代性工作岗位是指用工单位的劳动者因脱产学习、休假等原因无法工作的一定期间内，可以由其他劳动者替代工作的岗位。

用人单位不得设立劳务派遣单位向本单位或者所属单位派遣劳动者。

实战演练

[经典例题·单选] 关于劳务派遣的说法，正确的是（　　）。

A. 甲可以被劳务派遣公司派到某施工企业担任安全员

B. 乙可以被劳务派遣公司派到某公司做临时性工作 1 年以上

C. 丙在无工作期间，其所属劳务派遣公司不再向其支付工资

D. 劳务派遣协议中应当载明社会保险费的数额

[解析] 劳务派遣用工是补充形式，只能在临时性、辅助性或者替代性的工作岗位上实施，选项 A 错误。临时性工作岗位是指存续时间不超过 6 个月的岗位，选项 B 错误。被派遣劳动者在无工作期间，劳务派遣单位应当按照所在地人民政府规定的最低工资标准，向其按月支付报酬，选项 C 错误。

[答案] D

[2020 真题·多选] 关于劳务派遣协议的说法，正确的有（　　）。

A. 劳务派遣协议不得约定用工单位可以将被派遣劳动者再派遣到其他用人单位

B. 劳务派遣单位应当将劳务派遣协议的内容告知被派遣劳动者

C. 实施劳务派遣的，由用工单位与劳动者订立劳务派遣协议

D. 被派遣劳动者享有与用工单位的劳动者同工同酬的权利，劳务派遣协议另有约定的除外

E. 劳务派遣协议的法律性质是劳动合同

[解析] 选项 C 错误，劳务派遣单位派遣劳动者应当与接受以劳务派遣形式用工的单位订立劳务派遣协议。选项 D 错误，《劳动合同法》规定，被派遣劳动者享有与用工单位的劳动者同工同酬的权利。选项 E 错误，劳务派遣协议的法律性质是劳动派遣合同。

[答案] AB

[**2017 真题·多选**] 关于劳务派遣的说法，正确的有（　　）。

A. 用工单位可以将被派遣劳动者再派遣到与其签订合同的其他用人单位

B. 经营劳务派遣业务应当申请行政许可，办理公司登记

C. 除岗前培训费以外，劳务派遣单位不得再向被派遣劳动者收取费用

D. 劳务派遣用工只能在临时性、辅助性或替代性的工作岗位上实施

E. 劳务派遣的用工方式使劳动者的聘用与使用分离

[**解析**] 选项A错误，用工单位不得将被派遣劳动者再派遣到其他用人单位。选项C错误，劳务派遣单位应当将劳务派遣协议的内容告知被派遣劳动者。劳务派遣单位不得克扣用工单位按照劳务派遣协议支付给被派遣劳动者的劳动报酬。劳务派遣单位和用工单位不得向被派遣劳动者收取费用。

[**答案**] BDE

考点 7 保障农民工工资支付★★

《保障农民工工资支付条例》（国令第 724 号）关于保障农民工工资的重要条款如下：

一、总则

第 2 条（节选）　本条例所称农民工，是指为用人单位提供劳动的农村居民。本条例所称工资，是指农民工为用人单位提供劳动后应当获得的劳动报酬。

第 3 条　农民工有按时足额获得工资的权利。任何单位和个人不得拖欠农民工工资。农民工应当遵守劳动纪律和职业道德，执行劳动安全卫生规程，完成劳动任务。

第 4 条　县级以上地方人民政府对本行政区域内保障农民工工资支付工作负责，建立保障农民工工资支付工作协调机制，加强监管能力建设，健全保障农民工工资支付工作目标责任制，并纳入对本级人民政府有关部门和下级人民政府进行考核和监督的内容。

乡镇人民政府、街道办事处应当加强对拖欠农民工工资矛盾的排查和调处工作，防范和化解矛盾，及时调解纠纷。

第 5 条　保障农民工工资支付，应当坚持市场主体负责、政府依法监管、社会协同监督，按照源头治理、预防为主、防治结合、标本兼治的要求，依法根治拖欠农民工工资问题。

第 6 条　用人单位实行农民工劳动用工实名制管理，与招用的农民工书面约定或者通过依法制定的规章制度规定工资支付标准、支付时间、支付方式等内容。

第 10 条（节选）　被拖欠工资的农民工有权依法投诉，或者申请劳动争议调解仲裁和提起诉讼。任何单位和个人对拖欠农民工工资的行为，有权向人力资源社会保障行政部门或者其他有关部门举报。

二、工资支付形式与周期

第 11 条　农民工工资应当以货币形式，通过银行转账或者现金支付给农民工本人，不得以实物或者有价证券等其他形式替代。

第 15 条（节选）　用人单位应当按照工资支付周期编制书面工资支付台账，并至少保

存3年。用人单位向农民工支付工资时，应当提供农民工本人的工资清单。

三、工资清偿

第16条　用人单位拖欠农民工工资的，应当依法予以清偿。

第18条　用工单位使用个人、不具备合法经营资格的单位或者未依法取得劳务派遣许可证的单位派遣的农民工，拖欠农民工工资的，由用工单位清偿，并可以依法进行追偿。

第19条（节选）　用人单位允许个人、不具备合法经营资格或者未取得相应资质的单位以用人单位的名义对外经营，导致拖欠所招用农民工工资的，由用人单位清偿，并可以依法进行追偿。

第20条　合伙企业、个人独资企业、个体经济组织等用人单位拖欠农民工工资的，应当依法予以清偿；不清偿的，由出资人依法清偿。

第21条　用人单位合并或者分立时，应当在实施合并或者分立前依法清偿拖欠的农民工工资；经与农民工书面协商一致的，可以由合并或者分立后承继其权利和义务的用人单位清偿。

第22条　用人单位被依法吊销营业执照或者登记证书、被责令关闭、被撤销或者依法解散的，应当在申请注销登记前依法清偿拖欠的农民工工资。

未依据前款规定清偿农民工工资的用人单位主要出资人，应当在注册新用人单位前清偿拖欠的农民工工资。

四、工程建设领域特别规定

第23条　建设单位应当有满足施工所需要的资金安排。没有满足施工所需要的资金安排的，工程建设项目不得开工建设；依法需要办理施工许可证的，相关行业工程建设主管部门不予颁发施工许可证。

政府投资项目所需资金，应当按照国家有关规定落实到位，不得由施工单位垫资建设。

第24条　建设单位应当向施工单位提供工程款支付担保。

建设单位与施工总承包单位依法订立书面工程施工合同，应当约定工程款计量周期、工程款进度结算办法以及人工费用拨付周期，并按照保障农民工工资按时足额支付的要求约定人工费用。人工费用拨付周期不得超过1个月。

建设单位与施工总承包单位应当将工程施工合同保存备查。

第25条　施工总承包单位与分包单位依法订立书面分包合同，应当约定工程款计量周期、工程款进度结算办法。

第26条　施工总承包单位应当按照有关规定开设农民工工资专用账户，专项用于支付该工程建设项目农民工工资。

开设、使用农民工工资专用账户有关资料应当由施工总承包单位妥善保存备查。

第27条（节选）　工程完工且未拖欠农民工工资的，施工总承包单位公示30日后，可以申请注销农民工工资专用账户，账户内余额归施工总承包单位所有。

第28条　施工总承包单位或者分包单位应当依法与所招用的农民工订立劳动合同并进行用工实名登记，具备条件的行业应当通过相应的管理服务信息平台进行用工实名登记、管理。未与施工总承包单位或者分包单位订立劳动合同并进行用工实名登记的人员，不得进入项目现场施工。

施工总承包单位应当在工程项目部配备劳资专管员，对分包单位劳动用工实施监督管理，掌握施工现场用工、考勤、工资支付等情况，审核分包单位编制的农民工工资支付表，分包单位应当予以配合。

施工总承包单位、分包单位应当建立用工管理台账，并保存至工程完工且工资全部结清后至少 3 年。

第 29 条（节选）　建设单位应当按照合同约定及时拨付工程款，并将人工费用及时足额拨付至农民工工资专用账户，加强对施工总承包单位按时足额支付农民工工资的监督。

因建设单位未按照合同约定及时拨付工程款导致农民工工资拖欠的，建设单位应当以未结清的工程款为限先行垫付被拖欠的农民工工资。

第 30 条　分包单位对所招用农民工的实名制管理和工资支付负直接责任。

施工总承包单位对分包单位劳动用工和工资发放等情况进行监督。

分包单位拖欠农民工工资的，由施工总承包单位先行清偿，再依法进行追偿。

工程建设项目转包，拖欠农民工工资的，由施工总承包单位先行清偿，再依法进行追偿。

第 31 条　工程建设领域推行分包单位农民工工资委托施工总承包单位代发制度。

分包单位应当按月考核农民工工作量并编制工资支付表，经农民工本人签字确认后，与当月工程进度等情况一并交施工总承包单位。

施工总承包单位根据分包单位编制的工资支付表，通过农民工工资专用账户直接将工资支付到农民工本人的银行账户，并向分包单位提供代发工资凭证。

用于支付农民工工资的银行账户所绑定的农民工本人社会保障卡或者银行卡，用人单位或者其他人员不得以任何理由扣押或者变相扣押。

第 32 条（节选）　施工总承包单位应当按照有关规定存储工资保证金，专项用于支付为所承包工程提供劳动的农民工被拖欠的工资。

工资保证金实行差异化存储办法，对一定时期内未发生工资拖欠的单位实行减免措施，对发生工资拖欠的单位适当提高存储比例。工资保证金可以用金融机构保函替代。

第 33 条　除法律另有规定外，农民工工资专用账户资金和工资保证金不得因支付为本项目提供劳动的农民工工资之外的原因被查封、冻结或者划拨。

第 36 条　建设单位或者施工总承包单位将建设工程发包或者分包给个人或者不具备合法经营资格的单位，导致拖欠农民工工资的，由建设单位或者施工总承包单位清偿。

施工单位允许其他单位和个人以施工单位的名义对外承揽建设工程，导致拖欠农民工工资的，由施工单位清偿。

第 37 条　工程建设项目违反国土空间规划、工程建设等法律法规，导致拖欠农民工工资的，由建设单位清偿。

实战演练

［2021 真题 · 单选］根据《保障农民工工资支付条例》，施工总承包单位应当建立用工管理台账，并保存至工程完工且工资全部结清后至少（　　）。

A. 3 年　　B. 1 年

C. 2 年　　D. 5 年

［解析］施工总承包单位、分包单位应当建立用工管理台账，并保存至工程完工且工资全部结清后至少 3 年。

［答案］A

［2022 真题 · 多选］根据《保障农民工工资支付条例》，关于农民工工资保障的说法，正确的有（　　）。

A. 施工总承包单位应当按照有关规定开设农民工工资专用账户，专项用于支付该工程建设项目农民工工资

B. 施工总承包单位对分包单位所招用农民工的实名制管理和工资支付负直接责任

C. 建设单位应当按照合同约定及时拨付工程款，并将人工费用及时足额拨付至农民工工资专用账户

D. 因建设单位未按照合同约定及时拨付工程款导致农民工工资拖欠的，建设单位应当以未结清的工程款为限先行垫付被拖欠的农民工工资

E. 分包单位拖欠农民工工资的，由施工总承包单位先行清偿，再进行追偿

［解析］《保障农民工工资支付条例》规定，施工总承包单位应当按照有关规定开设农民工工资专用账户，专项用于支付该工程建设项目农民工工资，选项 A 正确。分包单位对所招用农民工的实名制管理和工资支付负直接责任；施工总承包单位对分包单位劳动用工和工资发放等情况进行监督，选项 B 错误。建设单位应当按照合同约定及时拨付工程款，并将人工费用及时足额拨付至农民工工资专用账户，加强对施工总承包单位按时足额支付农民工工资的监督，选项 C 正确。因建设单位未按照合同约定及时拨付工程款导致农民工工资拖欠的，建设单位应当以未结清的工程款为限先行垫付被拖欠的农民工工资，选项 D 正确。分包单位拖欠农民工工资的，由施工总承包单位先行清偿，再依法进行追偿，选项 E 正确。

［答案］ACDE

考点 8　工作时间和休息休假★

一、工作时间

（一）标准工作时间

根据《劳动法》，国家实行劳动者每日工作时间不超过 8 小时、平均每周工作时间不超过 44 小时的工时制度。

用人单位应当保证劳动者每周至少休息一日。

（二）特殊工作时间

根据《劳动法》，企业因生产特点不能实行《劳动法》第 36 条、第 38 条规定的，经劳动行政部门批准，可以实行其他工作和休息办法。目前我国特殊工作时间主要有缩短工作日、计件工资时间、综合计算工作日、不定时工作日等。

二、延长工作时间

根据《劳动法》，用人单位由于生产经营需要，经与工会和劳动者协商后可以延长工作时间，一般每日不得超过 1 小时；因特殊原因需要延长工作时间的，在保障劳动者身体健康的条件下延长工作时间每日不得超过 3 小时，但是每月不得超过 36 小时。

有下列情形之一的，延长工作时间不受《劳动法》第 41 条规定的限制：①发生自然灾害、事故或者因其他原因，威胁劳动者生命健康和财产安全，需要紧急处理的；②生产设备、交通运输线路、公共设施发生故障，影响生产和公众利益，必须及时抢修的；③法律、行政法规规定的其他情形。

三、休息休假

根据《劳动法》，用人单位在下列节日期间应当依法安排劳动者休假：元旦、春节、国际劳动节、国庆节及法律、法规规定的其他休假节日。

四、加班工资

根据《劳动法》，有下列情形之一的，用人单位应当按照下列标准支付高于劳动者正常工作时间工资的工资报酬：

（1）安排劳动者延长工作时间的，支付不低于工资的 150%的工资报酬。

（2）休息日安排劳动者工作又不能安排补休的，支付不低于工资的 200%的工资报酬。

（3）法定休假日安排劳动者工作的，支付不低于工资的 300%的工资报酬。

考点 9 工资★★

一、工资的基本规定

工资是指基于劳动关系，用人单位根据劳动者提供的劳动数量和质量，按照法律规定或劳动合同约定，以货币形式直接支付给劳动者的劳动报酬。《劳动法》规定，工资分配应当遵循按劳分配原则，实行同工同酬。

在企业薪酬管理实践中，根据薪酬支付依据的不同，有岗位工资、职务工资、技能工资、绩效工资、工龄工资以及薪级工资等薪酬构成元素。

二、最低工资保障制度

根据《劳动法》，国家实行最低工资保障制度。用人单位支付劳动者的工资不得低于当地最低工资标准。

➤ **名师点拨：** 根据《最低工资规定》，最低工资标准是指劳动者在法定工作时间或依法签订的劳动合同约定的工作时间内提供了正常劳动的前提下，用人单位依法应支付的最低劳动报酬。

确定和调整最低工资标准应当综合参考下列因素：①劳动者本人及平均赡养人口的最低生活费用；②社会平均工资水平；③劳动生产率；④就业状况；⑤地区之间经济发展水平的差异。

三、拖欠农民工工资“黑名单”

《拖欠农民工工资“黑名单”管理暂行办法》规定，用人单位存在下列情形之一的，人力资源社会保障行政部门应当自查处违法行为并作出行政处理或处罚决定之日起 20 个工作日内，按照管辖权限将其列入拖欠工资“黑名单”：

（1）克扣、无故拖欠农民工工资报酬，数额达到认定拒不支付劳动报酬罪数额标准的。

（2）因拖欠农民工工资违法行为引发群体性事件、极端事件造成严重不良社会影响的。

将劳务违法分包、转包给不具备用工主体资格的组织和个人造成拖欠农民工工资且符合上述规定情形的，应将违法分包、转包单位及不具备用工主体资格的组织和个人一并列入拖欠工资“黑名单”。

考点 10 劳动安全卫生★

根据《劳动法》，用人单位必须建立、健全劳动安全卫生制度，严格执行国家劳动安全卫生规程和标准，对劳动者进行劳动安全卫生教育，防止劳动过程中的事故，减少职业危害。

劳动安全卫生设施必须符合国家规定的标准。新建、改建、扩建工程的劳动安全卫生设施必须与主体工程同时设计、同时施工、同时投入生产和使用。

用人单位必须为劳动者提供符合国家规定的劳动安全卫生条件和必要的劳动防护用品，对从事有职业危害作业的劳动者应当定期进行健康检查。

从事特种作业的劳动者必须经过专门培训并取得特种作业资格。

劳动者对用人单位管理人员违章指挥、强令冒险作业，有权拒绝执行；对危害生命安全和身体健康的行为，有权提出批评、检举和控告。

考点 11 女职工和未成年工特殊保护★★★

一、女职工的特殊保护

根据《劳动法》，对女职工的特殊保护如下：

（1）禁止安排女职工从事矿山井下、国家规定的第四级体力劳动强度的劳动和其他禁忌从事的劳动。

（2）不得安排女职工在经期从事高处、低温、冷水作业和国家规定的第三级体力劳动强度的劳动。

（3）不得安排女职工在怀孕期间从事国家规定的第三级体力劳动强度的劳动和孕期禁忌从事的劳动。对怀孕七个月以上的女职工，不得安排其延长工作时间和夜班劳动。

（4）女职工生育享受不少于 90 天的产假。

➤ **名师点拨：**根据《女职工劳动保护特别规定》，女职工生育享受 98 天产假，其中产前可以休假 15 天；难产的，应增加产假 15 天；生育多胞胎的，每多生育 1 个婴儿，增加产假 15 天。女职工怀孕未满 4 个月流产的，享受 15 天产假；怀孕满 4 个月流产的，享受 42 天产假。

（5）不得安排女职工在哺乳未满 1 周岁的婴儿期间从事国家规定的第三级体力劳动强度的劳动和哺乳期禁忌从事的其他劳动，不得安排其延长工作时间和夜班劳动。

二、未成年工的特殊保护

根据《劳动法》，未成年工是指年满 16 周岁未满 18 周岁的劳动者。《中华人民共和国未成年人保护法》进一步规定，任何组织或者个人不得招用未满 16 周岁未成年人。

不得安排未成年工从事矿山井下、有毒有害、国家规定的第四级体力劳动强度的劳动和其他禁忌从事的劳动。

用人单位应当对未成年工定期进行健康检查。

考点 12 社会保险和福利★

根据《劳动法》，国家发展社会保险事业，建立社会保险制度，设立社会保险基金，使劳动者在年老、患病、工伤、失业、生育等情况下获得帮助和补偿。

社会保险基金按照保险类型确定资金来源，逐步实行社会统筹。用人单位和劳动者必须依法参加社会保险，缴纳社会保险费。

根据《中华人民共和国社会保险法》（以下简称《社会保险法》），国家建立基本养老保险、基本医疗保险、工伤保险、失业保险、生育保险等社会保险制度，保障公民在年老、疾病、工伤、失业、生育等情况下依法从国家和社会获得物质帮助的权利。

一、基本养老保险

根据《社会保险法》，职工应当参加基本养老保险，由用人单位和职工共同缴纳基本养老保险费。

基本养老保险实行社会统筹与个人账户相结合。基本养老保险基金由用人单位和个人缴费以及政府补贴等组成。

参加基本养老保险的个人，达到法定退休年龄时累计缴费满 15 年的，按月领取基本养老金。

二、基本医疗保险

根据《社会保险法》，职工应当参加职工基本医疗保险，由用人单位和职工按照国家规定共同缴纳基本医疗保险费。

参加职工基本医疗保险的个人，达到法定退休年龄时累计缴费达到国家规定年限的，退休后不再缴纳基本医疗保险费，按照国家规定享受基本医疗保险待遇；未达到国家规定年限的，可以缴费至国家规定年限。

下列医疗费用不纳入基本医疗保险基金支付范围：①应当从工伤保险基金中支付的；②应当由第三人负担的；③应当由公共卫生负担的；④在境外就医的。

三、工伤保险

根据《社会保险法》，职工应当参加工伤保险，由用人单位缴纳工伤保险费，职工不缴纳工伤保险费。

四、失业保险

根据《社会保险法》，职工应当参加失业保险，由用人单位和职工按照国家规定共同缴纳失业保险费。

失业人员符合下列条件的，可从失业保险基金中领取失业保险金：

（1）失业前用人单位和本人已经缴纳失业保险费满 1 年的。

（2）非因本人意愿中断就业的。

（3）已经进行失业登记，并有求职要求的。

失业人员失业前用人单位和本人累计缴费满 1 年不足 5 年的，领取失业保险金的期限最长为 12 个月；累计缴费满 5 年不足 10 年的，领取失业保险金的期限最长为 18 个月；累计缴费 10 年以上的，领取失业保险金的期限最长为 24 个月。重新就业后，再次失业的，缴费时间重新计算，领取失业保险金的期限与前次失业应当领取而尚未领取的失业保险金的期限合并计算，最长不超过 24 个月。

失业人员在领取失业保险金期间，参加职工基本医疗保险，享受基本医疗保险待遇。失业人员应当缴纳的基本医疗保险费从失业保险基金中支付，个人不缴纳基本医疗保险费。

失业人员在领取失业保险金期间有下列情形之一的，停止领取失业保险金，并同时停止享受其他失业保险待遇：①重新就业的；②应征服兵役的；③移居境外的；④享受基本养老保险待遇的；⑤无正当理由，拒不接受当地人民政府指定部门或者机构介绍的适当工作或者提供的培训的。

五、生育保险

根据《社会保险法》，职工应当参加生育保险，由用人单位按照国家规定缴纳生育保险费，职工不缴纳生育保险费。

实战演练

［2021 真题 · 单选］某女职工与用人单位订立劳动合同从事后勤工作，约定劳动合同期限为 2 年。关于该女职工权益保护的说法，正确的是（　　）。

A. 公司应当定期安排该女职工进行健康检查

B. 公司可以安排该女职工在经期从事国家规定的第三级体力劳动强度的劳动

C. 若该女职工哺乳的孩子已满 18 个月，公司可以安排夜班劳动

D. 若该女职工已怀孕 5 个月，公司不得安排夜班劳动

［解析］选项 A 错误，用人单位应当对未成年工定期进行健康检查。选项 B 错误，不得安排女职工在经期从事高处、低温、冷水作业和国家规定的第三级体力劳动强度的劳动。选项 C 正确，不得安排女职工在哺乳未满 1 周岁的婴儿期间从事国家规定的第三级体力劳动强度的劳动和哺乳期禁忌从事的其他劳动，不得安排其延长工作时间和夜班劳动。选项 D 错误，对怀孕 7 个月以上的女职工，不得安排其延长工作时间和夜班劳动。

［答案］C

[**2015 真题 · 单选**] 某施工企业的下列工作安排，违反《劳动法》中关于女职工特殊保护规定的是（　　）。

A. 安排正在哺乳未满 1 周岁婴儿的女工李某从事资料整理工作

B. 安排怀孕 6 个月的女工钱某从事夜班工作

C. 安排怀孕期间女工赵某从事第三级体力劳动强度的劳动

D. 批准女工王某只能休产假 120 天

[**解析**] 选项 A 未违反规定，不得安排女职工在哺乳未满 1 周岁的婴儿期间从事国家规定的第三级体力劳动强度的劳动和哺乳期禁忌从事的其他劳动，不得安排其延长工作时间和夜班劳动。选项 B 未违反规定，对怀孕 7 个月以上的女职工，不得安排其延长工作时间和夜班劳动。法律对怀孕未满 7 个月的，无此禁忌规定。选项 C 违反规定，不得安排女职工在怀孕期间从事国家规定的第三级体力劳动强度的劳动和孕期禁忌从事的活动。选项 D 未违反规定，根据《劳动法》，女职工生育享受不少于 90 天的产假；根据《女职工劳动保护特别规定》，女职工生育享受 98 天产假。

[**答案**] C

[**经典例题 · 单选**] 王某的日工资为 80 元。政府规定 2010 年 10 月 1 日至 7 日放假 7 天，其中 3 天属于法定休假日，4 天属于前后两周的周末休息日。公司安排王某在这 7 天加班，不能安排补休。公司应当向王某支付的加班费合计为（　　）元。

A. 560　　　　B. 1 360

C. 800　　　　D. 1 120

[**解析**] 加班工资：平日，日工资的 150%；休息日，日工资的 200%；法定假日，日工资的 300%。公司应当向王某支付的加班费为 80×3×3+80×2×4=1 360（元）。

[**答案**] B

[**2021 真题 · 多选**] 关于未成年工劳动保护的说法，正确的有（　　）。

A. 用人单位在未成年工上岗前应当对其进行有关的职业安全卫生教育和培训

B. 用人单位不得安排未成年工从事矿山井下的劳动

C. 用人单位应当对未成年工定期进行健康检查

D. 用人单位不得安排未成年工从事国家规定的第四级体力劳动强度的劳动

E. 用人单位不得安排未成年工从事建设工程施工的劳动

[**解析**] 不得安排未成年工从事矿山井下、有毒有害、国家规定的第四级体力劳动强度的劳动和其他禁忌从事的劳动。用人单位应当对未成年工定期进行健康检查。未成年工上岗前，用人单位应对其进行有关的职业安全卫生教育和培训。

[**答案**] ABCD

[**2020 真题 · 多选**] 根据《拖欠农民工工资“黑名单”管理暂行办法》，人力资源社会保障行政部门应当自查处违法行为并作出行政处理或者处罚决定后将其列入拖欠工资“黑名单”的情形有（　　）。

A. 克扣、无故拖欠农民工工资报酬，数额达到认定拒不支付劳动报酬罪数额标准的

B. 因拖欠农民工工资违法行为引发极端事件造成严重不良社会影响的

C. 将劳务违法分包给不具备用工主体资格的组织和个人造成拖欠农民工工资报酬的

D. 将劳动转包给不具备用工主体资格组织和个人造成拖欠农民工工资报酬的

E. 因拖欠农民工工资违法行为引发群体性事件造成严重不良社会影响的

［解析］2017年9月人力资源和社会保障部发布的《拖欠农民工工资“黑名单”管理暂行办法》规定，用人单位存在下列情形之一的，人力资源社会保障行政部门应当自查处违法行为并作出行政处理或处罚决定之日起20个工作日内，按照管辖权限将其列入拖欠工资“黑名单”：①克扣、无故拖欠农民工工资报酬，数额达到认定拒不支付劳动报酬罪数额标准的；②因拖欠农民工工资违法行为引发群体性事件、极端事件造成严重不良社会影响的。

［答案］ABE

［2016真题·多选］根据《社会保险法》，失业人员从失业保险基金中领取失业保险金应符合的条件有（　　）。

A. 本人应征服兵役的

B. 非因本人意愿中断就业的

C. 本人已经失业，有身份证明的

D. 本人已经进行失业登记，并有求职要求的

E. 失业前用人单位和本人已经缴纳失业保险费满1年的

［解析］失业人员符合下列条件的，可从失业保险基金中领取失业保险金：①失业前用人单位和本人已经缴纳失业保险费满1年的；②非因本人意愿中断就业的；③已经进行失业登记，并有求职要求的。

［答案］BDE

［经典例题·多选］关于社会保障费缴纳主体的说法，正确的有（　　）。

A. 失业保险费由用人单位缴纳，职工不缴纳

B. 基本养老保险费由用人单位和职工共同缴纳

C. 生育保险费由职工自行缴纳

D. 基本医疗保险费，由用人单位和职工共同缴纳

E. 工伤保险费由用人单位缴纳，职工不缴纳

［解析］职工应当参加失业保险，由用人单位和职工按照国家规定共同缴纳失业保险费，选项A错误。职工应当参加生育保险，由用人单位按照国家规定缴纳生育保险费，职工不缴纳生育保险费，选项C错误。

［答案］BDE

考点13　劳动争议★★

劳动者与用人单位之间发生的纠纷，属于劳动争议。

一、劳动争议的范围

劳动争议范围的法律规定见表4-2-6。

表 4-2-6 劳动争议范围的法律规定

《中华人民共和国劳动争议调解仲裁法》（以下简称《劳动争议调解仲裁法》）	《最高人民法院关于审理劳动争议案件适用法律问题的解释（一）》（法释〔2020〕26 号）
中华人民共和国境内的用人单位与劳动者发生的下列劳动争议，适用本法： (1) 因确认劳动关系发生的争议； (2) 因订立、履行、变更、解除和终止劳动合同发生的争议； (3) 因除名、辞退和辞职、离职发生的争议； (4) 因工作时间、休息休假、社会保险、福利、培训以及劳动保护发生的争议； (5) 因劳动报酬、工伤医疗费、经济补偿或者赔偿金等发生的争议； (6) 法律、法规规定的其他劳动争议	劳动者与用人单位之间发生的下列纠纷，属于劳动争议，当事人不服劳动争议仲裁机构作出的裁决，依法提起诉讼的，人民法院应予受理： (1) 劳动者与用人单位在履行劳动合同过程中发生的纠纷； (2) 劳动者与用人单位之间没有订立书面劳动合同，但已形成劳动关系后发生的纠纷； (3) 劳动者与用人单位因劳动关系是否已经解除或者终止，以及应否支付解除或者终止劳动关系经济补偿金发生的纠纷； (4) 劳动者与用人单位解除或者终止劳动关系后，请求用人单位返还其收取的劳动合同定金、保证金、抵押金、抵押物发生的纠纷，或者办理劳动者的人事档案、社会保险关系等移转手续发生的纠纷； (5) 劳动者以用人单位未为其办理社会保险手续，且社会保险经办机构不能补办导致其无法享受社会保险待遇为由，要求用人单位赔偿损失发生的纠纷； (6) 劳动者退休后，与尚未参加社会保险统筹的原用人单位因追索养老金、医疗费、工伤保险待遇和其他社会保险待遇而发生的纠纷； (7) 劳动者因为工伤、职业病，请求用人单位依法给予工伤保险待遇发生的纠纷； (8) 劳动者依据《劳动合同法》第 85 条规定，要求用人单位支付加付赔偿金发生的纠纷； (9) 因企业自主进行改制发生的纠纷

二、劳动争议的除外范围

《最高人民法院关于审理劳动争议案件适用法律问题的解释（一）》（法释〔2020〕26 号）规定，下列纠纷不属于劳动争议：①劳动者请求社会保险经办机构发放社会保险金的纠纷；②劳动者与用人单位因住房制度改革产生的公有住房转让纠纷；③劳动者对劳动能力鉴定委员会的伤残等级鉴定结论或者对职业病诊断鉴定委员会的职业病诊断鉴定结论的异议纠纷；④家庭或者个人与家政服务人员之间的纠纷；⑤个体工匠与帮工、学徒之间的纠纷；⑥农村承包经营户与受雇人之间的纠纷。

三、劳动争议解决途径

根据《劳动法》，用人单位与劳动者发生劳动争议，当事人可以依法申请调解、仲裁、提起诉讼，也可以协商解决。调解原则适用于仲裁和诉讼程序。

劳动争议发生后，当事人可以向本单位劳动争议调解委员会申请调解；调解不成，当事人一方要求仲裁的，可以向劳动争议仲裁委员会申请仲裁。当事人一方也可以直接向劳动争议仲裁委员会申请仲裁。对仲裁裁决不服的，可以向人民法院提起诉讼。

（一）调解

根据《劳动法》，在用人单位内，可以设立劳动争议调解委员会。劳动争议调解委员会由职工代表、用人单位代表和工会代表组成。劳动争议调解委员会主任由工会代表担任。

劳动争议经调解达成协议的，当事人应当履行。

（二）劳动仲裁

《劳动法》规定，劳动争议仲裁委员会由劳动行政部门代表、同级工会代表、用人单位方面的代表组成。劳动争议仲裁委员会主任由劳动行政部门代表担任。

提出仲裁要求的一方应当自劳动争议发生之日起60日内向劳动争议仲裁委员会提出书面申请。仲裁裁决一般应在收到仲裁申请的60日内作出。对仲裁裁决无异议的，当事人必须履行。

《劳动争议调解仲裁法》进一步规定，劳动争议申请仲裁的时效期间为1年。仲裁时效期间从当事人知道或者应当知道其权利被侵害之日起计算。劳动关系存续期间因拖欠劳动报酬发生争议的，劳动者申请仲裁不受本仲裁时效期间的限制；但是，劳动关系终止的，应当自劳动关系终止之日起1年内提出。

（三）诉讼

《劳动法》规定，劳动争议当事人对仲裁裁决不服的，可以自收到仲裁裁决书之日起15日内向人民法院提起诉讼。一方当事人在法定期限内不起诉又不履行仲裁裁决的，另一方当事人可以申请人民法院强制执行。

《最高人民法院关于审理劳动争议案件适用法律问题的解释（一）》（法释〔2020〕26号）规定：

劳动争议案件由用人单位所在地或者劳动合同履行地的基层人民法院管辖。劳动合同履行地不明确的，由用人单位所在地的基层人民法院管辖。

当事人不服劳动争议仲裁机构作出的预先支付劳动者劳动报酬、工伤医疗费、经济补偿或者赔偿金的裁决，依法提起诉讼的，人民法院不予受理。

用人单位不履行上述裁决中的给付义务，劳动者依法申请强制执行的，人民法院应予受理。

劳动者以用人单位的工资欠条为证据直接提起诉讼，诉讼请求不涉及劳动关系其他争议的，视为拖欠劳动报酬争议，人民法院按照普通民事纠纷受理。

劳动争议仲裁机构作出仲裁裁决后，当事人对裁决中的部分事项不服，依法提起诉讼的，劳动争议仲裁裁决不发生法律效力。

实战演练

[2018真题·单选] 关于劳动争议解决方式的说法，正确的是（ ）。

A. 用人单位与劳动者发生劳动争议，劳动者可以依法申请调解、仲裁、提起诉讼，也可以自行和解

B. 用人单位与劳动者发生劳动争议的，劳动者应当先申请本单位劳动争议调解委员会调解

C. 企业劳动争议调解委员会由职工代表、用人单位代表、工会代表、劳动行政部门代表组成

D. 用人单位与劳动者发生劳动争议的，可以向劳动者住所地的仲裁委员会申请仲裁

[解析]《劳动法》规定，用人单位与劳动者发生劳动争议，当事人可以依法申请调解、仲裁、提起诉讼，也可以协商解决。调解原则适用于仲裁和诉讼程序。①调解：劳动争议发生后，当事人可以向本单位劳动争议调解委员会申请调解。在用人单位内，可以设立劳动争议调解委员会。劳动争议调解委员会由职工代表、用人单位代表和工会代表组成。劳动争议调解委员会主任由工会代表担任。劳动争议经调解达成协议的，当事人应当履行。②仲裁：对于调解不成，当事人一方要求仲裁的，可以向劳动争议仲裁委员会申请仲裁。当事人一方也可以直接向劳动争议仲裁委员会申请仲裁。劳动争议仲裁委员会由劳动行政部门代表、同级工会代表、用人单位方面的代表组成。劳动争议仲裁委员会主任由劳动行政部门代表担任。

[答案] A

[经典例题·单选] 关于用人单位与劳动者发生争议申请劳动仲裁的说法，正确的是（　　）。

A. 劳动关系存续期间因拖欠劳动报酬发生争议的，不受仲裁时效期间的限制

B. 双方必须先经本单位劳动争议调解委员会调解，调解不成的，才可以向劳动仲裁委员会申请仲裁

C. 劳动争议申请仲裁的时效期间为 2 年

D. 仲裁时效期间从权利被侵害之日起计算

[解析]《劳动法》规定，用人单位与劳动者发生劳动争议，当事人可以依法申请调解、仲裁、提起诉讼，也可以协商解决，选项 B 错误。《劳动争议调解仲裁法》规定，劳动争议申请仲裁的时效期间为 1 年，选项 C 错误。仲裁时效期间从当事人知道或者应当知道其权利被侵害之日起计算，选项 D 错误。

[答案] A

[2021 真题·多选] 下列纠纷中，属于劳动争议范围的有（　　）。

A. 劳动者请求社会保险经办机构发放社会保险金的纠纷

B. 劳动者与用人单位在履行劳动合同过程中发生的纠纷

C. 劳动者与用人单位因住房制度改革产生的公有住房转让纠纷

D. 因除名、辞退和辞职、离职发生的纠纷

E. 劳动者退休后，与尚未参加社会保险统筹的原用人单位因追索养老金、医疗费，工伤保险待遇和其他社会保险待遇而发生的纠纷

[解析]《劳动争议调解仲裁法》规定，中华人民共和国境内的用人单位与劳动者发生的下列劳动争议，适用本法：①因确认劳动关系发生的争议；②因订立、履行、变更、解除和终止劳动合同发生的争议；③因除名、辞退和辞职、离职发生的争议；④因工作时间、休息休假、社会保险、福利、培训以及劳动保护发生的争议；⑤因劳动报酬、工伤医疗费、经济补偿或者赔偿金等发生的争议；⑥法律、法规规定的其他劳动争议。《最高人民法院关于审理劳动争议案件适用法律问题的解释（一）》（法释〔2020〕26 号）规定，下列纠纷不属于劳动争议：①劳动者请求社会保险经办机构发放社会保险金的纠纷；②劳动者与用人单位因住房

第四章

制度改革产生的公有住房转让纠纷；③劳动者对劳动能力鉴定委员会的伤残等级鉴定结论或者对职业病诊断鉴定委员会的职业病诊断鉴定结论的异议纠纷；④家庭或者个人与家政服务人员之间的纠纷；⑤个体工匠与帮工、学徒之间的纠纷；⑥农村承包经营户与受雇人之间的纠纷。

［答案］BDE

［2020 真题·多选］下列纠纷中，属于劳动争议范围的有（　　）。

A. 家庭与家政服务人员之间的纠纷

B. 个体工匠与学徒之间的纠纷

C. 因劳动保护发生的纠纷

D. 劳动者请求社会保险经办机构发放社会保险金的纠纷

E. 劳动者与用人单位未订立书面劳动合同，但已经形成劳动关系后发生的纠纷

［解析］《劳动争议调解仲裁法》规定，中华人民共和国境内的用人单位与劳动者发生的下列劳动争议，适用本法：①因确认劳动关系发生的争议；②因订立、履行、变更、解除和终止劳动合同发生的争议；③因除名、辞退和辞职、离职发生的争议；④因工作时间、休息休假、社会保险、福利、培训以及劳动保护发生的争议；⑤因劳动报酬、工伤医疗费、经济补偿或者赔偿金等发生的争议；⑥法律、法规规定的其他劳动争议。《最高人民法院关于审理劳动争议案件适用法律问题的解释（一）》（法释〔2020〕26 号）规定，下列纠纷不属于劳动争议：①劳动者请求社会保险经办机构发放社会保险金的纠纷；②劳动者与用人单位因住房制度改革产生的公有住房转让纠纷；③劳动者对劳动能力鉴定委员会的伤残等级鉴定结论或者对职业病诊断鉴定委员会的职业病诊断鉴定结论的异议纠纷；④家庭或者个人与家政服务人员之间的纠纷；⑤个体工匠与帮工、学徒之间的纠纷；⑥农村承包经营户与受雇人之间的纠纷。

［答案］CE

［2020 真题·多选］关于劳动争议解决方式的说法，正确的有（　　）。

A. 劳动争议发生后，当事人可以向本单位劳动争议调解委员会申请调解

B. 经劳动争议调解委员会调解不成，当事人一方要求仲裁的，可以向劳动争议仲裁委员会申请劳动仲裁

C. 当事人一方可不经调解而直接向劳动争议仲裁委员会申请劳动仲裁

D. 当事人对劳动仲裁裁决不服的，可以向人民法院提起诉讼

E. 经劳动争议调解委员会调解达成协议，当事人一方不履行的，对方当事人可以向人民法院申请强制执行

［解析］劳动争议发生后，当事人可以向本单位劳动争议调解委员会申请调解。对于调解不成，当事人一方要求仲裁的，可以向劳动争议仲裁委员会申请仲裁。当事人一方也可以直接向劳动争议仲裁委员会申请仲裁。选项 E 错误，《劳动法》规定，劳动争议当事人对仲裁裁决不服的，可以自收到仲裁裁决书之日起 15 日内向人民法院提起诉讼。

［答案］ABCD

［经典例题·多选］企业拖欠劳动报酬，劳动者解决该争议的途径有（　　）。

A. 向企业调解委员会申请调解

B. 向用人单位所在地的劳动仲裁委员会申请仲裁

C. 向约定的仲裁委员会申请仲裁

D. 直接向人民法院起诉

E. 直接向人民法院申请支付令

［解析］用人单位与劳动者发生劳动争议，当事人可以依法申请调解、仲裁、提起诉讼，也可以协商解决。劳动争议发生后，当事人可以向本单位劳动争议调解委员会申请调解。对于调解不成，当事人一方要求仲裁的，可以向劳动争议仲裁委员会申请仲裁。当事人一方也可以直接向劳动争议仲裁委员会申请仲裁。劳动争议当事人对仲裁裁决不服的，可以自收到仲裁裁决书之日起15日内向人民法院提起诉讼。用人单位拖欠或者未足额支付劳动报酬的，劳动者可以依法向当地人民法院申请支付令，人民法院应当依法发出支付令。

［答案］ABE

第三节　相关合同制度

考点 1 买卖合同★★★

《民法典》对买卖合同作了如下规定：

买卖合同是出卖人转移标的物的所有权于买受人，买受人支付价款的合同。

买卖合同的内容一般包括标的物的名称、数量、质量、价款、履行期限、履行地点和方式、包装方式、检验标准和方法、结算方式、合同使用的文字及其效力等条款。

一、买卖合同双方当事人的义务

（一）出卖人的义务

1. 交付标的物或者交付提取标的物的单证，并转移标的物所有权

因出卖人未取得处分权致使标的物所有权不能转移的，买受人可以解除合同并请求出卖人承担违约责任。

出卖人应当履行向买受人交付标的物或者交付提取标的物的单证，并转移标的物所有权的义务。

交付标的物方式主要有以下几种：

（1）现实交付，即出卖人将标的物置于买受人的实际控制之下，是标的物直接占有的移转，此为交付的常态。

（2）简易交付，即买卖合同订立前，买受人已经通过租赁、借用、保管等合同关系实际占有标的物，合同生效即视为完成交付。

（3）占有改定，即动产物权的出让人与受让人之间特别约定，标的物仍由出让人继续占

有，但在物权让与合同成立时，视为交付，受让人取得间接占有。

（4）指示交付，又称返还请求权让与，动产由第三人占有时，出让人将其对第三人的返还请求权让与受让人以代替支付。

（5）拟制交付，即出让人将标的物的权利凭证（仓单、提单）交与受让人以代替物的现实交付。

出卖人应当按照约定或者交易习惯向买受人交付提取标的物单证以外的有关单证和资料。

出卖具有知识产权的标的物的，除法律另有规定或者当事人另有约定外，该标的物的知识产权不属于买受人。

2. 出卖人应当按照约定方式或交易习惯交付标的物

（1）交付标的物的期限。

出卖人应当按照约定的时间交付标的物。约定交付期限的，出卖人可以在该交付期限内的任何时间交付。

当事人没有约定标的物的交付期限或者约定不明确的，可以协议补充；不能达成补充协议的，按照合同相关条款或者交易习惯确定。仍不能确定的，债务人可以随时履行，债权人也可以随时请求履行，但是应当给对方必要的准备时间。

（2）交付标的物的地点。

出卖人应当按照约定的地点交付标的物。当事人没有约定交付地点或者约定不明确，可以协议补充；不能达成补充协议的，按照合同相关条款或者交易习惯确定。仍不能确定的，适用下列规定：

①标的物需要运输的，出卖人应当将标的物交付给第一承运人以运交给买受人。

②标的物不需要运输，出卖人和买受人订立合同时知道标的物在某一地点的，出卖人应当在该地点交付标的物；不知道标的物在某一地点的，应当在出卖人订立合同时的营业地交付标的物。

（3）交付标的物的质量。

出卖人应当按照约定的质量要求交付标的物。出卖人提供有关标的物质量说明的，交付的标的物应当符合该说明的质量要求。

当事人对标的物的质量要求没有约定或者约定不明确，可以协议补充；不能达成补充协议的，按照合同相关条款或者交易习惯确定。仍不能确定的，质量要求不明确的，按照强制性国家标准履行；没有强制性国家标准的，按照推荐性国家标准履行；没有推荐性国家标准的，按照行业标准履行；没有国家标准、行业标准的，按照通常标准或者符合合同目的的特定标准履行。

出卖人交付的标的物不符合质量要求的，买受人可以依据《民法典》的规定请求承担违约责任。

➤ **名师点拨：** 受损害方根据标的物的性质以及损失的大小，可以合理选择请求对方承担修理、重作、更换、退货、减少价款或者报酬等违约责任。

（4）交付标的物的包装。

出卖人应当按照约定的包装方式交付标的物。对包装方式没有约定或者约定不明确的，可以协议补充；不能达成补充协议的，按照合同相关条款或者交易习惯确定。仍不能确定的，应当按照通用的方式包装；没有通用方式的，应当采取足以保护标的物且有利于节约资源、保护生态环境的包装方式。

3. 瑕疵担保义务

（1）权利瑕疵担保义务。

权利瑕疵的情形如下：

①标的物的所有权全部或一部分属于第三人。

②买受人取得的所有权负担有第三人的合法权利，使其行使受到限制。第三人在出卖物所有权上享有地上权、抵押权、留置权或租赁权等。

③标的物所有权的其他瑕疵。主要指标的物本身侵犯他人的专利权、商标权、版权等工业产权，经受侵犯人的申请，法院命令销毁、没收或扣留侵权人所制造的货物，使买受人丧失其受领之物。

出卖人就交付的标的物负有保证第三人对该标的物不享有任何权利的义务，但是法律另有规定的除外。

买受人订立合同时知道或者应当知道第三人对买卖的标的物享有权利的，出卖人不承担相应的义务。

买受人有确切证据证明第三人对标的物享有权利的，可以中止支付相应的价款，但是出卖人提供适当担保的除外。

（2）物的瑕疵担保义务。

物的瑕疵担保义务，也称为质量瑕疵担保义务，是指出卖人就其所交付的标的物具备约定品质或者法定品质，不存在物的表面瑕疵或者隐蔽瑕疵所负的义务。

当事人约定减轻或者免除出卖人对标的物瑕疵承担的责任，因出卖人故意或者重大过失不告知买受人标的物瑕疵的，出卖人无权主张减轻或者免除责任。

（二）买受人的义务

1. 在约定的检验期限内检验收到的标的物

买受人收到标的物时应当在约定的检验期限内检验。没有约定检验期限的，应当及时检验。

当事人约定检验期限的，买受人应当在检验期限内将标的物的数量或者质量不符合约定的情形通知出卖人。买受人怠于通知的，视为标的物的数量或者质量符合约定。

当事人没有约定检验期限的，买受人应当在发现或者应当发现标的物的数量或者质量不符合约定的合理期限内通知出卖人。买受人在合理期限内未通知或者自收到标的物之日起 2 年内未通知出卖人的，视为标的物的数量或者质量符合约定；但是，对标的物有质量保证期的，适用质量保证期，不适用该 2 年的规定。

出卖人知道或者应当知道提供的标的物不符合约定的，买受人不受相关规定的通知时间的限制。

当事人约定的检验期限过短，根据标的物的性质和交易习惯，买受人在检验期限内难以完成全面检验的，该期限仅视为买受人对标的物的外观瑕疵提出异议的期限。

约定的检验期限或者质量保证期短于法律、行政法规规定期限的，应当以法律、行政法规规定的期限为准。

当事人对检验期限未作约定，买受人签收的送货单、确认单等载明标的物数量、型号、规格的，推定买受人已经对数量和外观瑕疵进行检验，但是有相关证据足以推翻的除外。

出卖人依照买受人的指示向第三人交付标的物，出卖人和买受人约定的检验标准与买受人和第三人约定的检验标准不一致的，以出卖人和买受人约定的检验标准为准。

2. 按照约定的数额和支付方式支付价款

买受人应当按照约定的数额和支付方式支付价款。对价款的数额和支付方式没有约定或者约定不明确的，可以协议补充；不能达成补充协议的，按照合同相关条款或者交易习惯确定。仍不能确定的，按照订立合同时履行地的市场价格履行；依法应当执行政府定价或者政府指导价的，依照规定履行。

➢ **名师点拨：**递进关系。有约定，从约定→无约定，协议补充→协议不成，按照合同有关条款或者交易习惯确定→仍不能确定，按照订立合同时履行地的市场价格履行。

执行政府定价或者政府指导价的，在合同约定的交付期限内政府价格调整时，按照交付时的价格计价。逾期交付标的物的，遇价格上涨时，按照原价格执行；价格下降时，按照新价格执行。逾期提取标的物或者逾期付款的，遇价格上涨时，按照新价格执行；价格下降时，按照原价格执行。

➢ **名师点拨：**执行政府定价或者政府指导价的，谁逾期对谁不利，“卖方从低，买方从高”。

买受人应当按照约定的地点支付价款。对支付地点没有约定或者约定不明确，可以协议补充；不能达成补充协议的，按照合同相关条款或者交易习惯确定。仍不能确定的，买受人应当在出卖人的营业地支付；但是，约定支付价款以交付标的物或者交付提取标的物单证为条件的，在交付标的物或者交付提取标的物单证的所在地支付。

买受人应当按照约定的时间支付价款。对支付时间没有约定或者约定不明确，可以协议补充；不能达成补充协议的，按照合同相关条款或者交易习惯确定。仍不能确定的，买受人应当在收到标的物或者提取标的物单证的同时支付。

3. 领取标的物

出卖人多交标的物的，买受人可以接收或者拒绝接收多交的部分。买受人接收多交部分的，按照约定的价格支付价款；买受人拒绝接收多交部分的，应当及时通知出卖人。

二、标的物毁损、灭失的风险

标的物毁损、灭失的风险，在标的物交付之前由出卖人承担，交付之后由买受人承担，但是法律另有规定或者当事人另有约定的除外。

因买受人的原因致使标的物未按照约定的期限交付的，买受人应当自违反约定时起承担标的物毁损、灭失的风险。

出卖人出卖交由承运人运输的在途标的物，除当事人另有约定外，毁损、灭失的风险自合同成立时起由买受人承担。

出卖人按照约定将标的物运送至买受人指定地点并交付给承运人后，标的物毁损、灭失的风险由买受人承担。当事人没有约定交付地点或者约定不明确，标的物需要运输的，出卖人将标的物交付给第一承运人后，标的物毁损、灭失的风险由买受人承担。

出卖人按照约定或者依据相关规定将标的物置于交付地点，买受人违反约定没有收取的，标的物毁损、灭失的风险自违反约定时起由买受人承担。

出卖人按照约定未交付有关标的物的单证和资料的，不影响标的物毁损、灭失风险的转移。

因标的物不符合质量要求，致使不能实现合同目的的，买受人可以拒绝接受标的物或者解除合同。买受人拒绝接受标的物或者解除合同的，标的物毁损、灭失的风险由出卖人承担。

标的物毁损、灭失的风险由买受人承担的，不影响因出卖人履行义务不符合约定，买受人请求其承担违约责任的权利。

三、孳息

标的物在交付之前产生的孳息，归出卖人所有；交付之后产生的孳息，归买受人所有。但是，当事人另有约定的除外。

四、买卖合同的解除

因标的物的主物不符合约定而解除合同的，解除合同的效力及于从物。因标的物的从物不符合约定被解除的，解除的效力不及于主物。

标的物为数物，其中一物不符合约定的，买受人可以就该物解除。但是，该物与他物分离使标的物的价值显受损害的，买受人可以就数物解除合同。

出卖人分批交付标的物的，出卖人对其中一批标的物不交付或者交付不符合约定，致使该批标的物不能实现合同目的的，买受人可以就该批标的物解除。

出卖人不交付其中一批标的物或者交付不符合约定，致使之后其他各批标的物的交付不能实现合同目的的，买受人可以就该批以及之后其他各批标的物解除。

买受人如果就其中一批标的物解除，该批标的物与其他各批标的物相互依存的，可以就已经交付和未交付的各批标的物解除。

分期付款的买受人未支付到期价款的数额达到全部价款的1/5，经催告后在合理期限内仍未支付到期价款的，出卖人可以请求买受人支付全部价款或者解除合同。

出卖人解除合同的，可以向买受人请求支付该标的物的使用费。

五、凭样品买卖

凭样品买卖的当事人应当封存样品，并可以对样品质量予以说明。出卖人交付的标的物应当与样品及其说明的质量相同。

凭样品买卖的买受人不知道样品有隐蔽瑕疵的，即使交付的标的物与样品相同，出卖人交付的标的物的质量仍然应当符合同种物的通常标准。

六、试用买卖

试用买卖的当事人可以约定标的物的试用期限。对试用期限没有约定或者约定不明确的，可以协议补充；不能达成补充协议的，按照合同相关条款或者交易习惯确定。仍不能确定的，由出卖人确定。

试用买卖的买受人在试用期内可以购买标的物，也可以拒绝购买。试用期限届满，买受人对是否购买标的物未作表示的，视为购买。

试用买卖的买受人在试用期内已经支付部分价款或者对标的物实施出卖、出租、设立担保物权等行为的，视为同意购买。

试用买卖的当事人对标的物使用费没有约定或者约定不明确的，出卖人无权请求买受人支付。

标的物在试用期内毁损、灭失的风险由出卖人承担。

当事人可以在买卖合同中约定买受人未履行支付价款或者其他义务的，标的物的所有权属于出卖人。出卖人对标的物保留的所有权，未经登记，不得对抗善意第三人。

实战演练

[2021 真题·单选] 除当事人另有约定外，出卖人出卖交由承运人运输的在途标的物毁损、灭失的风险自（　　）起由买受人承担。

A. 合同生效时　　B. 合同成立时

C. 标的物交付时　　D. 运输行为完成时

[解析] 出卖人出卖交由承运人运输的在途标的物，除当事人另有约定外，毁损、灭失的风险自合同成立时起由买受人承担。

[答案] B

[2018 真题·单选] 关于出卖人交付标的物的说法，正确的是（　　）。

A. 买受人代为保管其拒绝接收的多交部分标的物，出卖人可拒绝负担保管费用

B. 出卖人应当按照通常的包装方式交付标的物

C. 合同未约定检验期间的，买受人可以在任何时间检验标的物

D. 约定交付期间的，出卖人可以在该期间内的任何时间内交付标的物

[解析] 选项 A 错误，买受人拒绝接收多交部分标的物的，可以代为保管多交部分标的物。出卖人应当负担代为保管期间的合理费用以及买受人代为保管期间非因买受人故意或者重大过失造成的损失。选项 B 错误，出卖人应当按照约定的包装方式交付标的物。对包装方式没有约定或者约定不明确的，可以协议补充；不能达成补充协议的，按照合同有关条款或者交易习惯确定。对于不能达成补充协议，也不能按照合同有关条款或者交易习惯确定的，应当按照通用的方式包装，没有通用方式的，应当采取足以保护标的物的包装方式。选项 C 错误，买受人收到标的物时应当在约定的检验期间内检验。没有约定检验期间的，应当及时检验。当事人没有约定检验期间的，买受人应当在发现或者应当发现标的物的数量或者质量不符合约定的合理期间内通知出卖人。

[答案] D

［**2016 真题·单选**］关于买卖合同中标的物毁损、灭失的风险承担。如果当事人没有约定交付地点或者约定不明确，下列说法中正确的是（　　）。

A. 标的物毁损、灭失的风险，在标的物交付之后由出卖人承担

B. 出卖人出卖交由承运人运输的在途标的物，毁损、灭失的风险自承运人将货物交付给买受人时由买受人承担

C. 对于需要运输的标的物，出卖人将标的物交给第一承运人后，毁损、灭失的风险由买受人承担

D. 出卖人依约将标的物置于交付地点，买受人违反约定没有收取的，标的物毁损、灭失的风险自出卖人将标的物置于交付地点时由买受人承担

［**解析**］标的物毁损、灭失的风险，在标的物交付之前由出卖人承担，交付之后由买受人承担，选项 A 错误。出卖人出卖交由承运人运输的在途标的物，除当事人另有约定的以外，毁损、灭失的风险自合同成立时起由买受人承担，选项 B 错误。对于需要运输的标的物，当事人没有约定交付地点或者约定不明确，出卖人将标的物交付给第一承运人后，标的物毁损、灭失的风险由买受人承担，选项 C 正确。出卖人依约将标的物置于交付地点，买受人违反约定没有收取的，标的物毁损、灭失的风险自违反约定之日起由买受人承担，选项 D 错误。

第四章

［**答案**］C

［**2015 真题·单选**］某买卖合同约定甲向乙供货，并约定甲向承运人丙交付货物即视为甲完成交付。在货物交付运输期间，乙将该批货物转卖给丁并通知丙向丁交货，但乙和丁对于货物毁损、灭失的风险没有约定。关于本案例中货物毁损、灭失风险承担的说法，正确的是（　　）。

A. 甲向丙交付货物后，货物毁损、灭失的风险由丙承担

B. 甲与乙买卖合同成立，货物毁损、灭失的风险即由乙承担

C. 丙向丁交付货物前，货物毁损、灭失的风险由乙承担

D. 乙与丁的买卖合同成立时，货物毁损、灭失的风险由丁承担

［**解析**］选项 A 错误，对于需要运输的标的物，当事人没有约定交付地点或者约定不明确，出卖人将标的物交付给第一承运人后，标的物毁损、灭失的风险由买受人承担。因此，甲将货交给第一承运人丙时，风险由买受人乙承担。选项 B 错误，标的物自交付时转移风险，而非合同订立时转移风险。选项 C 错误，应该是乙与丁的合同成立前，货物毁损、灭失的风险由乙承担。选项 D 正确，出卖人出卖交由承运人运输的在途标的物，除当事人另有约定的以外，毁损、灭失的风险自合同成立时起由买受人承担。

［**答案**］D

［**经典例题·单选**］某设备租赁公司将一台已经出租给某劳务公司的钢筋切割机转让给某施工企业，该切割机租赁还有 3 个月到期。转让合同约定当切割机租赁期限结束时劳务公司将其交付给该施工企业。该买卖合同中，切割机的交付方式为（　　）。

A. 简易交付　　B. 拟制交付

C. 指示交付　　D. 占有改定

［解析］指示交付：合同成立时，标的物为第三人合法占有，买受人取得了返还标的物请求权。

［答案］C

［2022 真题・多选］某施工企业向某设备公司出卖起重设备 1 台，同时又与该设备公司订立租赁合同继续占有使用该设备。关于该起重设备所有权转移的说法，正确的有（　　）。

A. 施工企业是该设备的所有权人

B. 设备公司是该设备的所有权人

C. 该交付方式为简易交付

D. 该施工企业交付设备增值税专用发票后，设备所有权转移

E. 该交付方式为占有改定

［解析］占有改定是指买卖双方特别约定，合同生效后标的物仍然由出卖人继续占有，但其所有权已完成法律上的转移。因此，题目中双方约定的交付方式为占有改定，某设备公司是该设备的所有权人，选项 A、C 错误。占有改定的条件是双方的“约定”，而非交付相应票据，所以“交付设备增值税专用发票”只能证明合同双方存在标的物价款的给付，而非占有改定的物权“交付”行为，选项 D 错误。

［答案］BE

［2021 真题・多选］关于买卖合同中出卖人多交标的物时买受人处理方式的说法，正确的有（　　）。

A. 买受人无权接收多交的部分

B. 买受人接收多交部分的，按照合同订立时的市场价支付价款

C. 买受人可以拒绝接收多交的部分

D. 买受人拒绝接收多交部分的，应当及时通知出卖人

E. 买受人接收多交部分的，按照约定的价格支付价款

［解析］出卖人多交标的物的，买受人可以接收或者拒绝接收多交的部分。买受人接收多交部分的，按照约定的价格支付价款；买受人拒绝接收多交部分的，应当及时通知出卖人。

［答案］CDE

［2020 真题・多选］出卖人就其出卖的标的物承担权利瑕疵担保义务。下列标的物的瑕疵，属于权利瑕疵的有（　　）。

A. 出卖人对出卖的标的物没有所有权

B. 出卖人对出卖的标的物没有处分权

C. 第三人对标的物享有抵押权

D. 标的物质量不符合合同约定

E. 标的物包装不符合合同约定

［解析］如果出卖人对于出卖的标的物没有所有权或处分权，或者没有完全的所有权或处分权，或者其处分涉及第三人的物权、知识产权等权益，则称其标的物存在权利瑕疵，出卖人因此应当承担权利瑕疵担保责任。

［答案］ABC

考点 2 借款合同★★

《民法典》对借款合同作了如下规定：

借款合同是借款人向贷款人借款，到期返还借款并支付利息的合同。

➤ **名师点拨：** 借款合同标的物是货币。

借款合同应当采用书面形式，但是自然人之间借款另有约定的除外。借款合同的内容一般包括借款种类、币种、用途、数额、利率、期限和还款方式等条款。

一、借款合同双方当事人的义务

（一）借款人的义务

1. 提供真实情况

订立借款合同，借款人应当按照贷款人的要求提供与借款有关的业务活动和财务状况的真实情况。

2. 按照约定收取借款

借款人未按照约定的日期、数额收取借款的，应当按照约定的日期、数额支付利息。

3. 按照约定的借款用途使用借款

借款人未按照约定的借款用途使用借款的，贷款人可以停止发放借款、提前收回借款或者解除合同。

4. 按照约定的期限支付利息

对支付利息的期限没有约定或者约定不明确，可以协议补充；不能达成补充协议的，按照合同相关条款或者交易习惯确定。仍不能确定，借款期间不满一年的，应当在返还借款时一并支付；借款期间一年以上的，应当在每届满一年时支付，剩余期间不满一年的，应当在返还借款时一并支付。

5. 按照约定的期限返还借款

对借款期限没有约定或者约定不明确的，可以协议补充；不能达成补充协议的，按照合同相关条款或者交易习惯确定。仍不能确定的，借款人可以随时返还；贷款人可以催告借款人在合理期限内返还。

借款人未按照约定的期限返还借款的，应当按照约定或者国家有关规定支付逾期利息。

借款人提前返还借款的，除当事人另有约定外，应当按照实际借款的期间计算利息。

借款人可以在还款期限届满前向贷款人申请展期；贷款人同意的，可以展期。

（二）贷款人的义务

1. 借款的利息不得预先在本金中扣除

借款的利息不得预先在本金中扣除。利息预先在本金中扣除的，应当按照实际借款数额返还借款并计算利息。

2. 按照约定的时间、数额提供借款

贷款人未按照约定的日期、数额提供借款，造成借款人损失的，应当赔偿损失。

3. 按照约定可以检查、监督借款的使用情况

贷款人按照约定可以检查、监督借款的使用情况。借款人应当按照约定向贷款人定期提

供有关财务会计报表或者其他资料。

二、借款合同的其他规定

自然人之间的借款合同，自贷款人提供借款时成立。

禁止高利放贷，借款的利率不得违反国家有关规定。根据《最高人民法院关于审理民间借贷案件适用法律若干问题的规定》（法释〔2020〕17号），出借人请求借款人按照合同约定利率支付利息的，人民法院应予支持，但是双方约定的利率超过合同成立时一年期贷款市场报价利率4倍的除外。

借款合同对支付利息没有约定的，视为没有利息。

借款合同对支付利息约定不明确，当事人不能达成补充协议的，按照当地或者当事人的交易方式、交易习惯、市场利率等因素确定利息；自然人之间借款的，视为没有利息。

➢ **名师点拨：**没有利息视为无偿合同，也可约定利息，即有偿合同。

实战演练

[2021真题·单选] 关于借款合同的说法，正确的是（　　）。

A. 自然人之间的借款合同应当采用书面形式

B. 借款的利息可以预先在本金中扣除

C. 自然人之间的借款合同，自贷款人提供借款时成立

D. 借款人未按照约定的借款用途使用借款的，贷款人可以停止发放借款，但不得解除合同

[解析] 借款合同应当采用书面形式，但是自然人之间借款另有约定的除外，选项A错误。借款的利息不得预先在本金中扣除。利息预先在本金中扣除的，应当按照实际借款数额返还借款并计算利息，选项B错误。自然人之间的借款合同，自贷款人提供借款时成立，选项C正确。借款人未按照约定的借款用途使用借款的，贷款人可以停止发放借款、提前收回借款或者解除合同，选项D错误。

[答案] C

[2016真题·单选] 关于借款合同的说法，正确的是（　　）。

A. 自然人之间的借款合同，自贷款人提供借款时生效

B. 借款合同为有偿合同

C. 借款合同必须采用书面形式

D. 借款合同自双方当事人签字盖章之日起生效

[解析] 选项A正确，选项D错误，自然人之间的借款合同，自贷款人提供借款时生效。选项B错误，借款合同原则上为有偿合同（有息借款），也可以是无偿合同（无息借款）。自然人之间的借款合同对支付利息没有约定或者约定不明确的，视为不支付利息。自然人之间的借款合同如果没有约定利息，贷款人主张利息的，人民法院不予支持。选项C错误，借款合同应当采用书面形式，但自然人之间借款另有约定的除外。

[答案] A

［2020 真题·多选］关于借款合同的说法，正确的有（　　）。

A. 借款合同的标的物是作为一般等价交换物的货币

B. 借款合同不得采用口头形式

C. 自然人之间的借款合同对支付利息没有约定的，应当按照全国银行间同业拆借中心发布的贷款市场报价利率执行

D. 借款的利息不得预先在本金中扣除

E. 借款合同自贷款人提供借款时生效

［解析］借款合同的主要法律特征：①借款合同的标的物是货币。借款合同的标的物是作为一般等价交换物的货币，属于特殊种类物，原则上仅可能发生履行迟延，不会发生履行不能，选项 A 正确。②借款合同一般为要式合同。借款合同应当采用书面形式，但自然人之间借款另有约定的除外。借款合同的内容包括借款种类、币种、用途、数额、利率、期限和还款方式等条款，选项 B 错误。③借款合同一般为有偿合同（有息借款）。借款合同原则上为有偿合同（有息借款），也可以是无偿合同（无息借款）。自然人之间的借款合同如果没有约定利息，贷款人主张利息的，人民法院不予支持，选项 C 错误。借款的利息不得预先在本金中扣除。利息预先在本金中扣除的，应当按照实际借款数额返还借款并计算利息，选项 D 正确。自然人之间的借款合同，自贷款人提供借款时生效，选项 E 错误。

［答案］AD

第四章

考点 3 租赁合同★★★

根据《民法典》，租赁合同是出租人将租赁物交付承租人使用、收益（非转让房屋所有权），承租人支付租金的合同。

租赁合同的内容一般包括租赁物的名称、数量、用途、租赁期限、租金及其支付期限和方式、租赁物维修等条款。

《民法典》对租赁合同的规定如下：

一、租赁期限

租赁期限不得超过 20 年。超过 20 年的，超过部分无效。租赁期限届满，当事人可以续订租赁合同；但是，约定的租赁期限自续订之日起不得超过 20 年。

当事人未依照法律、行政法规规定办理租赁合同登记备案手续的，不影响合同的效力。

租赁期限 6 个月以上的，应当采用书面形式，当事人未采用书面形式，无法确定租赁期限的，视为不定期租赁。

➢ **名师点拨：**租赁期限 6 个月以下的，可以采用口头或者书面形式。

当事人对租赁期限没有约定或者约定不明确，可以协议补充；不能达成补充协议的，按照合同有关条款或者交易习惯确定。仍不能确定的，视为不定期租赁；当事人可以随时解除合同，但是应当在合理期限之前通知对方。

租赁期限届满，承租人继续使用租赁物，出租人没有提出异议的，原租赁合同继续有效，但是租赁期限为不定期。租赁期限届满，房屋承租人享有以同等条件优先承租的权利。

二、租赁合同双方当事人的义务

(一) 出租人的义务

1. 按照约定将租赁物交付承租人

出租人应当按照约定将租赁物交付承租人，并在租赁期限内保持租赁物符合约定的用途。

2. 履行租赁物的维修义务

出租人应当履行租赁物的维修义务，但是当事人另有约定的除外。

承租人在租赁物需要维修时可以请求出租人在合理期限内维修。出租人未履行维修义务的，承租人可以自行维修，维修费用由出租人负担。因维修租赁物影响承租人使用的，应当相应减少租金或者延长租期。因承租人的过错致使租赁物需要维修的，出租人不承担维修义务。

3. 权利瑕疵担保

因第三人主张权利，致使承租人不能对租赁物使用、收益的，承租人可以请求减少租金或者不支付租金。

4. 物的瑕疵担保

租赁物危及承租人的安全或者健康的，即使承租人订立合同时明知该租赁物质量不合格，承租人仍然可以随时解除合同。

5. 保证承租人优先购买权

租赁物在承租人按照租赁合同占有期限内发生所有权变动的，不影响租赁合同的效力。

出租人出卖租赁房屋的，应当在出卖之前的合理期限内通知承租人，承租人享有以同等条件优先购买的权利；但是，房屋按份共有人行使优先购买权或者出租人将房屋出卖给近亲属的除外。

出租人履行通知义务后，承租人在15日内未明确表示购买的，视为承租人放弃优先购买权。

出租人委托拍卖人拍卖租赁房屋的，应当在拍卖5日前通知承租人。承租人未参加拍卖的，视为放弃优先购买权。

出租人未通知承租人或者有其他妨害承租人行使优先购买权情形的，承租人可以请求出租人承担赔偿责任。但是，出租人与第三人订立的房屋买卖合同的效力不受影响。

6. 保证共同居住人继续承租

承租人在房屋租赁期限内死亡的，与其生前共同居住的人或者共同经营人可以按照原租赁合同租赁该房屋。

(二) 承租人的义务

1. 按照约定的方法使用租赁物。

对租赁物的使用方法没有约定或者约定不明确的，可以协议补充；不能达成补充协议的，按照合同有关条款或者交易习惯确定。仍不能确定的，应当根据租赁物的性质使用。

承租人按照约定的方法或者根据租赁物的性质使用租赁物，致使租赁物受到损耗的，不承担赔偿责任。

承租人未按照约定的方法或者未根据租赁物的性质使用租赁物，致使租赁物受到损失的，出租人可以解除合同并请求赔偿损失。

2. 妥善保管租赁物

承租人应当妥善保管租赁物，因保管不善造成租赁物毁损、灭失的，应当承担赔偿责任。

承租人经出租人同意，可以对租赁物进行改善或者增设他物。承租人未经出租人同意，对租赁物进行改善或者增设他物的，出租人可以请求承租人恢复原状或者赔偿损失。

承租人经出租人同意，可以将租赁物转租给第三人。承租人转租的，承租人与出租人之间的租赁合同继续有效；第三人造成租赁物损失的，承租人应当赔偿损失。

承租人未经出租人同意转租的，出租人可以解除合同。

承租人经出租人同意将租赁物转租给第三人，转租期限超过承租人剩余租赁期限的，超过部分的约定对出租人不具有法律约束力，但是出租人与承租人另有约定的除外。

出租人知道或者应当知道承租人转租，但是在6个月内未提出异议的，视为出租人同意转租。

3. 按照约定的期限支付租金

对支付租金的期限没有约定或者约定不明确的，可以协议补充；不能达成补充协议的，按照合同有关条款或者交易习惯确定。仍不能确定，租赁期限不满一年的，应当在租赁期限届满时支付；租赁期限一年以上的，应当在每届满一年时支付，剩余期限不满一年的，应当在租赁期限届满时支付。

承租人无正当理由未支付或者迟延支付租金的，出租人可以请求承租人在合理期限内支付；承租人逾期不支付的，出租人可以解除合同。

4. 返还租赁物

租赁期限届满，承租人应当返还租赁物。返还的租赁物应当符合按照约定或者根据租赁物的性质使用后的状态。

5. 及时通知义务

第三人主张权利的，承租人应当及时通知出租人。

三、租赁合同的其他规定

在租赁期限内因占有、使用租赁物获得的收益，归承租人所有，但是当事人另有约定的除外。

因不可归责于承租人的事由，致使租赁物部分或者全部毁损、灭失的，承租人可以请求减少租金或者不支付租金；因租赁物部分或者全部毁损、灭失，致使不能实现合同目的的，承租人可以解除合同。

有下列情形之一，非因承租人原因致使租赁物无法使用的，承租人可以解除合同：

（1）租赁物被司法机关或者行政机关依法查封、扣押。

（2）租赁物权属有争议。

(3) 租赁物具有违反法律、行政法规关于使用条件的强制性规定的情形。

➢ **名师点拨：** 租赁合同为诺成合同，当事人只要依法达成协议，合同即告成立，不需要交付租赁物。

实战演练

[2021 真题·单选] 当事人未依照法律、行政法规规定办理租赁合同登记备案手续的，租赁合同（　　）。

A. 有效　　B. 效力不受影响

C. 无效　　D. 效力待定

[解析]《民法典》规定，当事人未依照法律、行政法规规定办理租赁合同登记备案手续的，不影响合同的效力。

[答案] B

[2018 真题·单选] 某施工企业与租赁公司签订了塔吊租赁合同，施工企业在租赁期间损坏了塔吊的两个部件，并有意转租该塔吊。关于施工企业义务的说法，正确的是（　　）。

A. 施工企业应当对塔吊部件进行维修

B. 施工企业应当对塔吊做相应改造

C. 施工企业转租塔吊后应当将相关情况通知给租赁公司

D. 施工企业应当承担塔吊部件的损害赔偿责任

[解析]《民法典》规定，承租人应当妥善保管租赁物，因保管不善造成租赁物毁损、灭失的，应当承担损害赔偿责任。

[答案] D

[2015 真题·单选] 租赁合同的出租人出卖租赁房屋前通知承租人，此时承租人享有的权利是（　　）。

A. 优先购买权　　B. 留置权

C. 抗辩权　　D. 优先受偿权

[解析]《民法典》规定，出租人出卖租赁房屋的，应当在出卖之前的合理期限内通知承租人，承租人享有以同等条件优先购买的权利。

[答案] A

[2014 真题·单选] 关于租赁合同特征的说法，正确的是（　　）。

A. 租赁合同是单务合同

B. 租赁合同成立以租赁物的交付为要件

C. 出租方转移租赁物的所有权

D. 承租人获得租赁物的使用收益权

[解析] 租赁合同是转移租赁物使用收益权的合同，也是诺成合同和双务、有偿合同。租赁合同的成立不以租赁物的交付为要件，当事人只要依法达成协议，合同即告成立。

[答案] D

［2021 真题·多选］根据《民法典》，租赁合同的承租人可以随时解除合同的情形有（　　）。

A. 租赁物在承租人按照租赁合同占用期限内发生所有权变动的

B. 出租人不同意承租人对租赁物进行改善或者增设他物的

C. 当事人对租赁期限没有约定或者约定不明确，依法仍不能确定的

D. 租赁物被司法机关依法查封扣押的

E. 租赁物危及承租人安全或者健康的，承租人订立合同时明知该租赁物质量不合格的

［解析］租赁物在承租人按照租赁合同占有期限内发生所有权变动的，不影响租赁合同的效力，选项 A 不符合题意。承租人经出租人同意，可以对租赁物进行改善或者增设他物。承租人未经出租人同意，对租赁物进行改善或者增设他物的，出租人可以请求承租人恢复原状或者赔偿损失，选项 B 不符合题意。当事人对租赁期限没有约定或者约定不明确的，可以协议补充；不能达成补充协议的，按照合同有关条款或者交易习惯确定。对于不能达成补充协议，也不能按照合同有关条款或者交易习惯确定的，视为不定期租赁；当事人可以随时解除合同，但应当在合理期限之前通知对方，选项 C 符合题意。租赁物被司法机关或行政机关依法查封、扣押，承租人可以解除合同，但前提条件是非因承租人原因，选项 D 缺少前提条件，故不选。租赁物危及承租人的安全或者健康的，即使承租人订立合同时明知该租赁物质量不合格，承租人仍然可以随时解除合同，选项 E 符合题意。

［答案］CE

［经典例题·多选］关于租赁合同的说法，正确的有（　　）。

A. 租赁必须转让所有权

B. 租赁期限超过 20 年的部分无效

C. 租赁期限 6 个月以上的，应当采用书面形式

D. 交付租赁物是租赁合同的成立要件

E. 当事人未采用书面形式的，视为不定期租赁

［解析］租赁合同转移的是租赁物的使用、收益权，选项 A 错误。租赁合同是诺成合同，而不是实践合同，选项 D 错误。关于租赁合同的形式，视租赁期限而定：租赁期限在 6 个月以下的，为不要式合同；租赁期限 6 个月以上的，为要式合同，否则视为不定期租赁。选项 E 未明确租赁期限，说法错误。

［答案］BC

考点 4 融资租赁合同★★

根据《民法典》，融资租赁合同是出租人根据承租人对出卖人、租赁物的选择，向出卖人购买租赁物，提供给承租人使用，承租人支付租金的合同。

融资租赁合同的内容一般包括租赁物的名称、数量、规格、技术性能、检验方法，租赁期限，租金构成及其支付期限和方式、币种，租赁期限届满租赁物的归属等条款。

融资租赁合同应当采用书面形式。

当事人以虚构租赁物方式订立的融资租赁合同无效。

依照法律、行政法规的规定，对于租赁物的经营使用应当取得行政许可的，出租人未取得行政许可不影响融资租赁合同的效力。

出租人根据承租人对出卖人、租赁物的选择订立的买卖合同，出卖人应当按照约定向承租人交付标的物，承租人享有与受领标的物有关的买受人的权利。

融资租赁合同关系如图 4-3-1 所示。

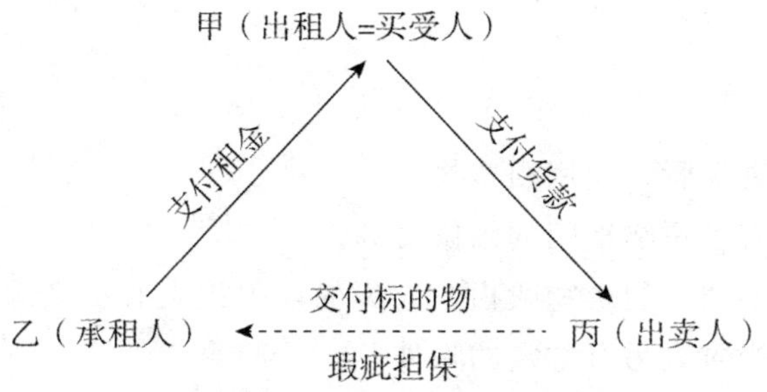

图 4-3-1　融资租赁合同关系图

《民法典》对融资租赁合同的规定如下：

一、出卖人的义务

（1）向承租人交付标的物。

（2）物的瑕疵担保。

租赁物不符合约定或者不符合使用目的的，出租人不承担责任。但是，承租人依赖出租人的技能确定租赁物或者出租人干预选择租赁物的除外。

出卖人违反向承租人交付标的物的义务，有下列情形之一的，承租人可以拒绝受领出卖人向其交付的标的物：

（1）标的物严重不符合约定。

（2）未按照约定交付标的物，经承租人或者出租人催告后在合理期限内仍未交付。

承租人拒绝受领标的物的，应当及时通知出租人。

二、出租人（即买受人）的义务

（1）向出卖人支付价款。

（2）尊重承租人的选择权。

出租人根据承租人对出卖人、租赁物的选择订立的买卖合同，未经承租人同意，出租人不得变更与承租人有关的合同内容。

（3）保证承租人对租赁物的占有及使用。

出租人有下列情形之一的，承租人有权请求其赔偿损失：①无正当理由收回租赁物；②无正当理由妨碍、干扰承租人对租赁物的占有和使用；③因出租人的原因致使第三人对租赁物主张权利；④不当影响承租人对租赁物占有和使用的其他情形。

（4）协助承租人行使索赔的权利。

出租人、出卖人、承租人可以约定，出卖人不履行买卖合同义务的，由承租人行使索赔的权利。承租人行使索赔权利的，出租人应当协助。

承租人对出卖人行使索赔权利，不影响其履行支付租金的义务。但是，承租人依赖出租人的技能确定租赁物或者出租人干预选择租赁物的，承租人可以请求减免相应租金。

出租人有下列情形之一，致使承租人对出卖人行使索赔权利失败的，承租人有权请求出租人承担相应的责任：①明知租赁物有质量瑕疵而不告知承租人；②承租人行使索赔权利时，未及时提供必要协助。

出租人怠于行使只能由其对出卖人行使的索赔权利，造成承租人损失的，承租人有权请求出租人承担赔偿责任。

三、承租人的义务

（1）承租人应当妥善保管、使用租赁物。

承租人应当履行占有租赁物期间的维修义务。

承租人占有租赁物期间，租赁物毁损、灭失的，出租人有权请求承租人继续支付租金，但是法律另有规定或者当事人另有约定的除外。

承租人占有租赁物期间，租赁物造成第三人人身损害或者财产损失的，出租人不承担责任。

（2）按照约定支付租金。

承租人经催告后在合理期限内仍不支付租金的，出租人可以请求支付全部租金；也可以解除合同，收回租赁物。

（3）租赁期限届满租赁物的归属。

出租人对租赁物享有的所有权，未经登记，不得对抗善意第三人。

出租人和承租人可以约定租赁期限届满租赁物的归属；对租赁物的归属没有约定或者约定不明确的，可以协议补充；不能达成补充协议的，按照合同有关条款或者交易习惯确定。仍不能确定的，租赁物的所有权归出租人。

当事人约定租赁期限届满租赁物归承租人所有，承租人已经支付大部分租金，但是无力支付剩余租金，出租人因此解除合同收回租赁物，收回的租赁物的价值超过承租人欠付的租金以及其他费用的，承租人可以请求相应返还。

当事人约定租赁期限届满租赁物归出租人所有，因租赁物毁损、灭失或者附合、混合于他物致使承租人不能返还的，出租人有权请求承租人给予合理补偿。

四、融资租赁合同的解除

承租人未经出租人同意，将租赁物转让、抵押、质押、投资入股或者以其他方式处分的，出租人可以解除融资租赁合同。

有下列情形之一的，出租人或者承租人可以解除融资租赁合同：

（1）出租人与出卖人订立的买卖合同解除、被确认无效或者被撤销，且未能重新订立买卖合同。

（2）租赁物因不可归责于当事人的原因毁损、灭失，且不能修复或者确定替代物。

（3）因出卖人的原因致使融资租赁合同的目的不能实现。

融资租赁合同因买卖合同解除、被确认无效或者被撤销而解除，出卖人、租赁物系由承租人选择的，出租人有权请求承租人赔偿相应损失；但是，因出租人原因致使买卖合同解除、被确认无效或者被撤销的除外。

出租人的损失已经在买卖合同解除、被确认无效或者被撤销时获得赔偿的，承租人不再承担相应的赔偿责任。

融资租赁合同因租赁物交付承租人后意外毁损、灭失等不可归责于当事人的原因解除的，出租人可以请求承租人按照租赁物折旧情况给予补偿。

实战演练

[2021 真题·单选] 关于融资租赁合同的说法，正确的是（　　）。

A. 出租人应当履行占有租赁物期间的维修义务

B. 承租人占有租赁物期间，租赁物毁损、灭失的，出租人有权请求承租人继续支付租金

C. 融资租赁合同可以采用口头形式

D. 当事人以虚构租赁物方式订立的融资租赁合同效力待定

[解析] 承租人应当履行占有租赁物期间的维修义务，选项 A 错误。承租人占有租赁物期间，租赁物毁损、灭失的，出租人有权请求承租人继续支付租金，但是法律另有规定或者当事人另有约定的除外，选项 B 正确。为明确各自的权利和义务，《民法典》规定，融资租赁合同应当采用书面形式，选项 C 错误。当事人以虚构租赁物方式订立的融资租赁合同无效，选项 D 错误。

[答案] B

[2020 真题·单选] 关于融资租赁合同当事人义务的说法，正确的是（　　）。

A. 出租人向承租人履行交付标的物的义务

B. 出卖人向承租人履行标的物的瑕疵担保义务

C. 出租人向承租人履行租赁物维修的义务

D. 承租人向出卖人履行交付租金的义务

[解析] 出租人的主要义务是向出卖人支付价款、保证承租人对租赁物占有和使用、协助承租人索赔和尊重承租人选择权。出卖人的主要义务是向承租人交付标的物和标的物的瑕疵担保。承租人的主要义务是支付租金、妥善保管和使用租赁物、租赁期限届满返还租赁物。

[答案] B

[2017 真题·单选] 甲公司根据乙公司的选择，向丙公司购买了 1 台大型设备出租给乙使用。乙在该设备安装完毕后，发现不能正常运行。关于该合同的说法，正确的是（　　）。

A. 乙可以基于设备质量瑕疵而直接向丙索赔

B. 甲应当对乙承担违约责任

C. 若乙破产，该大型设备属于乙的破产财产

D. 租赁期满，乙取得该设备的所有权

[解析] 选项A正确，选项B错误，出卖人的主要义务是向承租人交付标的物和标的物的瑕疵担保。根据融资租赁合同，虽然出卖人是向出租人主张价款，但却需按照约定向承租人交付标的物。承租人享有与受领标的物有关的买受人的权利。由于出卖人是向承租人交付标的物，则承租人便享有与受领标的物有关的买受人的权利，包括出卖人应向承租人履行标的物的瑕疵担保义务。选项C错误，出租人享有租赁物的所有权。承租人破产的，租赁物不属于破产财产。选项D错误，在融资租赁合同中，无论是租赁期间还是租赁期满，出租物所有权都归出租人（买受人）。

[答案] A

考点 5 承揽合同★★★

《民法典》规定，承揽合同是承揽人按照定作人的要求完成工作，交付工作成果，定作人支付报酬的合同。

承揽包括加工、定作、修理、复制、测试、检验等工作。

承揽合同的内容一般包括承揽的标的、数量、质量、报酬，承揽方式，材料的提供，履行期限，验收标准和方法等条款。

一、承揽人的义务

（1）按照合同约定完成承揽工作。

承揽人应当以自己的设备、技术和劳力，完成主要工作，但是当事人另有约定的除外。

承揽人将其承揽的主要工作交由第三人完成的，应当就该第三人完成的工作成果向定作人负责；未经定作人同意的，定作人也可以解除合同。

承揽人可以将其承揽的辅助工作交由第三人完成。承揽人将其承揽的辅助工作交由第三人完成的，应当就该第三人完成的工作成果向定作人负责。

（2）检验材料。

承揽人提供材料的，应当按照约定选用材料，并接受定作人检验。

定作人提供材料的，应当按照约定提供材料。承揽人对定作人提供的材料应当及时检验，发现不符合约定时，应当及时通知定作人更换、补齐或者采取其他补救措施。

承揽人不得擅自更换定作人提供的材料，不得更换不需要修理的零部件。

（3）通知。

承揽人发现定作人提供的图纸或者技术要求不合理的，应当及时通知定作人。

（4）保密。

承揽人应当按照定作人的要求保守秘密，未经定作人许可，不得留存复制品或者技术资料。

（5）接受监督检验。

承揽人在工作期间，应当接受定作人必要的监督检验。

➤ **名师点拨**：必要的监督检验非指挥管理。

定作人不得因监督检验妨碍承揽人的正常工作。

（6）妥善保管定作人提供的材料以及完成的工作成果。

承揽人应当妥善保管定作人提供的材料以及完成的工作成果，因保管不善造成毁损、灭失的，应当承担赔偿责任。

(7) 交付的工作成果要符合质量要求。

承揽人完成工作的，应当向定作人交付工作成果，并提交必要的技术资料和有关质量证明。

承揽人交付的工作成果不符合质量要求的，定作人可以合理选择请求承揽人承担修理、重作、减少报酬、赔偿损失等违约责任。

二、定作人的义务

(1) 定作人提供材料的，按照约定提供材料。

(2) 按照约定的期限支付报酬。

对支付报酬的期限没有约定或者约定不明确的，可以协议补充；不能达成补充协议的，按照合同有关条款或者交易习惯确定。仍不能确定的，定作人应当在承揽人交付工作成果时支付；工作成果部分交付的，定作人应当相应支付。

定作人未向承揽人支付报酬或者材料费等价款的，承揽人对完成的工作成果享有留置权或者有权拒绝交付，但是当事人另有约定的除外。

(3) 赔偿损失。

承揽人发现定作人提供的图纸或者技术要求不合理的，应当及时通知定作人。因定作人怠于答复等原因造成承揽人损失的，应当赔偿损失。

定作人中途变更承揽工作的要求，造成承揽人损失的，应当赔偿损失。

(4) 验收工作成果。

承揽人完成工作的，应当向定作人交付工作成果，并提交必要的技术资料和有关质量证明。定作人应当验收该工作成果。

三、承揽合同的解除

(一) 承揽人解除承揽合同

承揽工作需要定作人协助的，定作人有协助的义务。定作人不履行协助义务致使承揽工作不能完成的，承揽人可以催告定作人在合理期限内履行义务，并可以顺延履行期限；定作人逾期不履行的，承揽人可以解除合同。

(二) 定作人解除承揽合同

承揽人将其承揽的主要工作交由第三人完成的，应当就该第三人完成的工作成果向定作人负责；未经定作人同意的，定作人也可以解除合同。

定作人在承揽人完成工作前可以随时解除合同，造成承揽人损失的，应当赔偿损失。

实战演练

[**2021真题·单选**] 关于承揽合同，说法正确的是（　　）。

A. 承揽合同应当采用书面形式

B. 承揽人发现定作人提供的图纸不合理的，可以直接修改

C. 承揽人在工作期间，应当接受定作人必要的监督检验

D. 承揽人可以根据工作需要自行决定是否留存复制品或者技术资料

[解析] 承揽合同可以采用书面形式，也可以采用口头形式，选项A错误。承揽人发现定作人提供的图纸或者技术要求不合理的，应当及时通知定作人，选项B错误。承揽人应当按照定作人的要求保守秘密，未经定作人许可，不得留存复制品或者技术资料，选项D错误。承揽人在工作期间，应当接受定作人必要的监督检验，但定作人不得因监督检验妨碍承揽人的正常工作。

[答案] C

[**2020真题·单选**] 根据《民法典》，关于承揽合同的说法，正确的是（　　）。

A. 承揽人可以将承揽的主要工作交由第三人完成，承揽人无须就第三人完成的工作成果向定作人负责

B. 承揽人在完成工作过程中，要接受定作人的指挥管理

C. 承揽人工作期间，定作人不得对其进行监督检验

D. 承揽人可以与定作人约定，承揽人使用定作人的设备完成主要工作

[解析] 未经定作人的同意，承揽人将承揽的主要工作交由第三人完成的，定作人可以解除合同；经定作人同意的，承揽人也应就第三人完成的工作成果向定作人负责，选项A错误。承揽人在完成工作过程中，不受定作人的指挥管理，独立承担完成合同约定的质量、数量、期限等责任，选项B错误。承揽人在工作期间，应当接受定作人必要的监督检验，但定作人不得因监督检验妨碍承揽人的正常工作，选项C错误。

[答案] D

[**2018真题·单选**] 关于承揽合同当事人权利义务的说法，正确的是（　　）。

A. 定作人不得中途变更承揽工作的要求

B. 定作人提供的材料不符合约定的，承揽人可以自行更换材料

C. 承揽人向定作人交付工作成果的，定作人应当验收该工作成果

D. 定作人可以随时解除承揽合同，造成承揽人损失的，应当赔偿损失

[解析] 选项A错误，定作人可以中途变更承揽工作的要求，但因此造成承揽人损失的，应当赔偿损失。选项B错误，承揽人提供材料的，承揽人应当按照约定选用材料，并接受定作人检验。如果定作人提供材料的，承揽人应当对定作人提供的材料及时检验，发现不符合约定时，应当及时通知定作人更换、补齐或者采取其他补救措施。承揽人不得擅自更换定作人提供的材料，不得更换不需要修理的零部件。选项C错误，承揽人完成工作向定作人交付工作成果，并提交了必要的技术资料和有关质量证明的，定作人应当验收该工作成果。

[答案] D

[**2016真题·单选**] 关于承揽合同中解除权的说法，正确的是（　　）。

A. 定作人不履行协助义务的，承揽人可以解除合同

B. 承揽人将承揽的工作交由第三人完成的，定作人有权解除合同

C. 承揽人可以随时解除合同，造成定作人损失的，应当赔偿损失

D. 定作人可以随时解除合同，造成承揽人损失的，应该赔偿损失

第四章

[解析] 定作人不履行协助义务致使承揽工作不能完成的，承揽人可以催告定作人在合理期限内履行义务，并可以顺延履行期限；定作人逾期不履行的，承揽人可以依法解除合同。选项A错误。承揽人将其承揽的主要工作交由第三人完成的，应当就第三人完成的工作成果向定作人负责；未经定作人同意的，定作人可以解除合同。选项B错误。定作人可以随时解除承揽合同，但造成承揽人损失的，应当赔偿损失。选项C错误，选项D正确。

[答案] D

[2015真题·单选] 关于承揽合同解除的说法，正确的是（　　）。

A. 承揽人未经定作人同意将其承揽的主要工作交由第三人完成的，定作人可以解除合同

B. 除非合同当事人双方书面约定，定作人和承揽人均不得随时解除承揽合同

C. 承揽人发现定作人提供的材料不符合约定的，有权以书面通知的方式，单方解除承揽合同

D. 承揽人可以随时解除承揽合同，造成定作人损失的，应当赔偿损失

[解析] 选项B错误，《民法典》规定了承揽人和定作人均享有法定解除权且定作人可以随时解除合同。选项C错误，定作人不履行协助义务致使承揽工作不能完成的，承揽人可以催告定作人在合理期限内履行义务，并可以顺延履行期限；定作人逾期不履行的，承揽人可以依法解除合同。定作人提供的材料不符合约定，不是承揽人解除合同的法定事由。选项D错误，定作人可以随时解除合同，但造成承揽人损失的，应当赔偿损失。

[答案] A

第四章

考点6　运输合同★★

《民法典》规定，运输合同是承运人将旅客或者货物从起运地点运输到约定地点，旅客、托运人或者收货人支付票款或者运输费用的合同。运输合同包括客运合同和货运合同。

➢ **名师点拨：** 合同标的是运输行为。

一、托运人的权利和义务

（一）托运人的义务

1. 如实告知、申报

托运人办理货物运输，应当向承运人准确表明收货人的姓名、名称或者凭指示的收货人，货物的名称、性质、重量、数量，收货地点等有关货物运输的必要情况。

因托运人申报不实或者遗漏重要情况，造成承运人损失的，托运人应当承担赔偿责任。

货物运输需要办理审批、检验等手续的，托运人应当将办理完有关手续的文件提交承运人。

2. 按照约定的方式包装货物

对包装方式没有约定或者约定不明确的，可以协议补充；不能达成补充协议的，按照合同有关条款或者交易习惯确定。仍不能确定的，应当按照通用的方式包装；没有通用方式的，应当采取足以保护标的物且有利于节约资源、保护生态环境的包装方式。托运人违反规

定的，承运人可以拒绝运输。

托运人托运易燃、易爆、有毒、有腐蚀性、有放射性等危险物品的，应当按照国家有关危险物品运输的规定对危险物品妥善包装，做出危险物品标志和标签，并将有关危险物品的名称、性质和防范措施的书面材料提交承运人。托运人违反规定的，承运人可以拒绝运输，也可以采取相应措施以避免损失的发生，因此产生的费用由托运人负担。

3. 支付运费、保管费等

托运人或者收货人不支付运费、保管费或者其他费用的，承运人对相应的运输货物享有留置权，但是当事人另有约定的除外。

（二）托运人的权利

在承运人将货物交付收货人之前，托运人可以要求承运人中止运输、返还货物、变更到达地或者将货物交给其他收货人，但是应当赔偿承运人因此受到的损失。

承运人未按照约定路线或者通常路线运输增加票款或者运输费用的，托运人或者收货人可以拒绝支付增加部分的票款或者运输费用。

二、收货人的义务

1. 及时提货

货物运输到达后，承运人知道收货人的，应当及时通知收货人，收货人应当及时提货。收货人逾期提货的，应当向承运人支付保管费等费用。

2. 检验货物

收货人提货时应当按照约定的期限检验货物。对检验货物的期限没有约定或者约定不明确的，可以协议补充；不能达成补充协议的，按照合同有关条款或者交易习惯确定。仍不能确定的，应当在合理期限内检验货物。收货人在约定的期限或者合理期限内对货物的数量、毁损等未提出异议的，视为承运人已经按照运输单证的记载交付的初步证据。

3. 支付运费、保管费等

➢ **名师点拨：**货运合同的收货人和托运人可以是同一人也可以不是同一人。

三、承运人的权利和义务

（一）承运人的义务

1. 运输旅客、货物

承运人应当在约定期限或者合理期限内将旅客、货物安全运输到约定地点。

承运人应当按照约定的或者通常的运输路线将旅客、货物运输到约定地点。

2. 及时通知收货人提货

货物运输到达后，承运人知道收货人的，应当及时通知收货人，收货人应当及时提货。收货人逾期提货的，应当向承运人支付保管费等费用。

3. 按照指示运输货物

在承运人将货物交付收货人之前，托运人可以要求承运人中止运输、返还货物、变更到达地或者将货物交给其他收货人，但是应当赔偿承运人因此受到的损失。

4. 对运输过程中货物的毁损、灭失承担赔偿责任

承运人对运输过程中货物的毁损、灭失承担赔偿责任。但是，承运人证明货物的毁损、灭失是因不可抗力、货物本身的自然性质或者合理损耗以及托运人、收货人的过错造成的，不承担赔偿责任。

两个以上承运人以同一运输方式联运的，与托运人订立合同的承运人应当对全程运输承担责任；损失发生在某一运输区段的，与托运人订立合同的承运人和该区段的承运人承担连带责任。

货物在运输过程中因不可抗力灭失，未收取运费的，承运人不得请求支付运费；已经收取运费的，托运人可以请求返还。法律另有规定的，依照其规定。

（二）承运人的权利

1. 留置权

托运人或者收货人不支付运费、保管费或者其他费用的，承运人对相应的运输货物享有留置权，但是当事人另有约定的除外。

收货人不明或者收货人无正当理由拒绝受领货物的，承运人依法可以提存货物。

2. 求偿权

因托运人申报不实或者遗漏重要情况，造成承运人损失的，托运人应当承担赔偿责任。

3. 拒绝运输

托运人违反包装规定的，承运人可以拒绝运输。

四、多式联运合同

《中华人民共和国海商法》规定，多式联运合同是指多式联运经营人以两种以上的不同运输方式，其中一种是海上运输方式，负责将货物从接收地运至目的地交付收货人，并收取全程运费的合同。

《民法典》规定，多式联运经营人负责履行或者组织履行多式联运合同，对全程运输享有承运人的权利，承担承运人的义务。

多式联运经营人可以与参加多式联运的各区段承运人就多式联运合同的各区段运输约定相互之间的责任；但是，该约定不影响多式联运经营人对全程运输承担的义务。

多式联运经营人收到托运人交付的货物时，应当签发多式联运单据。按照托运人的要求，多式联运单据可以是可转让单据，也可以是不可转让单据。

因托运人托运货物时的过错造成多式联运经营人损失的，即使托运人已经转让多式联运单据，托运人仍然应当承担赔偿责任。

实战演练

[2020真题·单选] 关于货运合同法律特征的说法，正确的是（　　）。

A. 货运合同是单务、有偿合同

B. 货运合同是实践合同

C. 货运合同的收货人和托运人可以是同一人，也可以不是同一人

D. 货运合同的标的是货物

［解析］选项A错误，货运合同是双务、有偿合同。选项B错误，货运合同是诺成合同。选项C正确，货运合同的收货人和托运人可以是同一人，但在大多数情况下不是同一人。选项D错误，货运合同的标的是运输行为。

［答案］C

［2019真题·单选］关于货运中的多式联运的说法，正确的是（　　）。

A. 多式联运经营人对全程运输承担义务

B. 是指两个以上承运人以同一运输方式联运

C. 多式联运单据不可以转让

D. 区段承运人与订立合同的承运人对区段运输负连带责任

［解析］选项A正确，多式联运经营人负责履行或者组织履行多式联运合同，对全程运输享有承运人的权利，承担承运人的义务。选项B错误，所谓多式联运，是指由两种及其以上的交通工具相互衔接、转运而共同完成的运输过程。选项C错误，多式联运经营人收到托运人交付的货物时，应当签发多式联运单据。按照托运人的要求，多式联运单据可以是可转让单据，也可以是不可转让单据。选项D错误，多式联运经营人负责履行或者组织履行多式联运合同，对全程运输享有承运人的权利，承担承运人的义务，不是连带责任。

［答案］A

［2017真题·单选］关于运输合同的说法，正确的是（　　）。

A. 托运人违反包装规定的，承运人不得拒绝运输

B. 货物在运输过程中因不可抗力灭失，已收取运费的，托运人不得要求返还

C. 货物运输到达后，承运人知道收货人的，应当及时通知收货人

D. 联运合同中，损失发生在同一区段的，仅由该区段的承运人向托运人承担责任

［解析］选项A错误，托运人应当按照约定的方式包装货物。对包装方式没有约定或者约定不明确的，可以协议补充；不能达成补充协议的，按照合同有关条款或者交易习惯确定。对于不能达成补充协议，也不能按照合同有关条款或者交易习惯确定的，应当按照通用的方式包装，没有通用方式的，应当采取足以保护标的物的包装方式。托运人违反以上规定的，承运人可以拒绝运输。选项B错误，货物在运输过程中因不可抗力灭失，未收取运费的，承运人不得要求支付运费；已收取运费的，托运人可以要求返还。选项D错误，两个以上承运人以同一运输方式联运的，与托运人订立合同的承运人应当对全程运输承担责任。损失发生在某一运输区段的，与托运人订立合同的承运人和该区段的承运人承担连带责任。

［答案］C

［2014真题·单选］甲代理乙与丙铁路运输公司签订了多式联运合同，由丙和丁汽车运输公司通过铁路公路联运方式将货物送至乙的工地，因在公路运输途中发生重大交通事故，致使货物受损，无法按时交货。关于责任承担的说法，正确的是（　　）。

A. 丙应向甲承担违约责任

B. 甲只能向丁主张损害赔偿

C. 丙应向乙承担违约责任

D. 乙应自行承担货物损失

[解析] 多式联运经营人可以与参加多式联运的各区段承运人就多式联运合同的各区段运输约定相互之间的责任，但该约定不影响多式联运经营人对全程运输承担的义务。因托运人托运货物时的过错造成多式联运经营人损失的，即使托运人已经转让多式联运单据，托运人仍然应当承担损害赔偿责任。

[答案] C

考点 7 委托合同★

《民法典》规定，委托合同是委托人和受托人约定，由受托人处理委托人事务的合同。

➤ **名师点拨：** 委托的事务可以是法律行为，也可以是事实行为。

委托人可以特别委托受托人处理一项或者数项事务，也可以概括委托受托人处理一切事务。

一、委托合同双方当事人的义务

（一）委托人的义务

1. 预付处理委托事务的费用

委托人应当预付处理委托事务的费用。受托人为处理委托事务垫付的必要费用，委托人应当偿还该费用并支付利息。

2. 支付报酬

受托人完成委托事务的，委托人应当按照约定向其支付报酬。

因不可归责于受托人的事由，委托合同解除或者委托事务不能完成的，委托人应当向受托人支付相应的报酬。当事人另有约定的，按照其约定。

3. 赔偿损失

受托人处理委托事务时，因不可归责于自己的事由受到损失的，可以向委托人请求赔偿损失。

委托人经受托人同意，可以在受托人之外委托第三人处理委托事务。因此造成受托人损失的，受托人可以向委托人请求赔偿损失。

（二）受托人的义务

1. 按照委托人的指示处理委托事务

受托人应当按照委托人的指示处理委托事务。需要变更委托人指示的，应当经委托人同意；因情况紧急，难以和委托人取得联系的，受托人应当妥善处理委托事务，但是事后应当将该情况及时报告给委托人。

受托人处理委托事务取得的财产，应当转交给委托人。

2. 亲自处理委托事务

受托人应当亲自处理委托事务。经委托人同意，受托人可以转委托。转委托经同意或者追认的，委托人可以就委托事务直接指示转委托的第三人，受托人仅就第三人的选任及其对第三人的指示承担责任。转委托未经同意或者追认的，受托人应当对转委托的第三人的行为承担责任；但是，在紧急情况下受托人为了维护委托人的利益需要转委托第三人的除外。

3. 按照委托人的要求，报告委托事务的处理情况

受托人应当按照委托人的要求，报告委托事务的处理情况。委托合同终止时，受托人应当报告委托事务的结果。

4. 披露第三人或委托人

受托人以自己的名义与第三人订立合同时，第三人不知道受托人与委托人之间的代理关系的，受托人因第三人的原因对委托人不履行义务，受托人应当向委托人披露第三人，委托人因此可以行使受托人对第三人的权利。但是，第三人与受托人订立合同时如果知道该委托人就不会订立合同的情形除外。

受托人因委托人的原因对第三人不履行义务，受托人应当向第三人披露委托人，第三人因此可以选择受托人或者委托人作为相对人主张其权利，但是第三人不得变更选定的相对人。

委托人行使受托人对第三人的权利的，第三人可以向委托人主张其对受托人的抗辩。第三人选定委托人作为其相对人的，委托人可以向第三人主张其对受托人的抗辩以及受托人对第三人的抗辩。

5. 赔偿损失

有偿的委托合同，因受托人的过错造成委托人损失的，委托人可以请求赔偿损失。无偿的委托合同，因受托人的故意或者重大过失造成委托人损失的，委托人可以请求赔偿损失。

受托人超越权限造成委托人损失的，应当赔偿损失。

两个以上的受托人共同处理委托事务的，对委托人承担连带责任。

二、委托合同的终止

委托人或者受托人可以随时解除委托合同。因解除合同造成对方损失的，除不可归责于该当事人的事由外，无偿委托合同的解除方应当赔偿因解除时间不当造成的直接损失，有偿委托合同的解除方应当赔偿对方的直接损失和合同履行后可以获得的利益。

委托人死亡、终止或者受托人死亡、丧失民事行为能力、终止的，委托合同终止；但是，当事人另有约定或者根据委托事务的性质不宜终止的除外。

因委托人死亡或者被宣告破产、解散，致使委托合同终止将损害委托人利益的，在委托人的继承人、遗产管理人或者清算人承受委托事务之前，受托人应当继续处理委托事务。

因受托人死亡、丧失民事行为能力或者被宣告破产、解散，致使委托合同终止的，受托人的继承人、遗产管理人、法定代理人或者清算人应当及时通知委托人。因委托合同终止将损害委托人利益的，在委托人作出善后处理之前，受托人的继承人、遗产管理人、法定代理人或者清算人应当采取必要措施。

实战演练

[2020 真题·单选] 关于委托合同的说法，正确的是（　　）。

A. 经受托人同意，委托人在受托人之外委托第三人处理委托事务，给受托人造成损失的，委托人不再承担责任

B. 委托人丧失民事行为能力的，受托人不得继续处理委托事务

C. 无偿的委托合同，因受托人的过失给委托人造成损失的，受托人应当赔偿损失

D. 经委托人同意，受托人转委托的，委托人可以就委托事务直接指示转委托的第三人，受托人仅就第三人的选任及其对第三人的指示承担责任

[解析] 选项A错误，委托人经受托人同意，可以在受托人之外委托第三人处理委托事务，但因此给受托人造成损失的，受托人可以向委托人要求赔偿损失。选项B错误，因委托人死亡、丧失民事行为能力或者破产，致使委托合同终止将损害委托人利益的，在委托人的继承人、法定代理人或者清算人承受委托事务之前，受托人应当继续处理委托事务。选项C错误，无偿的委托合同，因受托人的故意或者重大过失给委托人造成损失的，委托人可以要求赔偿损失。

[答案] D

[2019真题·单选] 关于委托合同法律特征的说法，正确的是（　　）。

A. 是一种典型的提供劳务的合同　　B. 应当是有偿合同

C. 委托事务只能是法律行为　　D. 受托人不得转委托

[解析] 选项A正确，委托合同的目的是为他人处理或管理事务。选项B错误，委托合同的订立以双方相互信任为前提，但委托合同未必是有偿合同。选项C错误，委托的事务可以是法律行为，也可以是事实行为；它不同于民事代理，民事代理委托的只能是法律行为。选项D错误，委托人经受托人同意，可以在受托人之外委托第三人处理委托事务，但因此给受托人造成损失的，受托人可以向委托人要求赔偿损失。

[答案] A

第五章

建设工程施工环境保护、节约能源和文物保护法律制度

名师导学

施工环境保护、节约能源和文物保护都是在施工履行过程中应尽的责任和义务。其中施工环境保护、节约能源考查较多，且较易得分。文物保护内容较难记忆，不易得分。

本章以考试大纲为依据编写，结合具体内容做了局部调整。

施工现场环境保护制度，以《中华人民共和国环境保护法》（以下简称《环境保护法》）为基础，结合《中华人民共和国噪声污染防治法》（以下简称《噪声污染防治法》）、《中华人民共和国大气污染防治法》、《绿色施工导则》、《中华人民共和国水污染防治法》、《中华人民共和国固体废物污染环境防治法》（以下简称《固体废物污染环境防治法》）等相关法律法规，参照法条的顺序进行编写。

施工节约能源制度，主要参照《中华人民共和国节约能源法》（以下简称《节约能源法》）、《民用建筑节能条例》、《中华人民共和国循环经济促进法》（以下简称《循环经济促进法》）、《绿色施工导则》等相关法律法规，以法条的顺序进行编写。

施工文物保护制度，以《中华人民共和国文物保护法》（以下简称《文物保护法》）为主线，结合《中华人民共和国文物保护法实施条例》（以下简称《文物保护法实施条例》）、《历史文化名城名镇名村保护条例》等相关法律法规，参照法条的顺序进行编写。

考情分析

近四年考试真题分值统计表（单位：分）

节序	节名	2022 年		2021 年Ⅰ批		2021 年Ⅱ批		2020 年		2019 年	
		单选	多选	单选	多选	单选	多选	单选	多选	单选	多选
第一节	施工现场环境保护制度	1	2	1	2	1	2	1	2	1	2
第二节	施工节约能源制度	2	0	2	0	2	0	2	0	2	0
第三节	施工文物保护制度	1	0	1	0	1	0	1	0	1	0
合计		4	2	4	2	4	2	4	2	4	2

第一节　施工现场环境保护制度

噪声污染，是指超过噪声排放标准或者未依法采取防控措施产生噪声，并干扰他人正常生活、工作和学习的现象。

考点 1 施工现场环境噪声污染的防治★★

一、环境噪声污染防治的监督管理

根据《噪声污染防治法》，新建、改建、扩建可能产生噪声污染的建设项目，应当依法进行环境影响评价。

建设项目的噪声污染防治设施应当与主体工程同时设计、同时施工、同时投产使用。

建设项目在投入生产或者使用之前，建设单位应当依照有关法律法规的规定，对配套建设的噪声污染防治设施进行验收，编制验收报告，并向社会公开。未经验收或者验收不合格的，该建设项目不得投入生产或者使用。

建设单位应当按照规定将噪声污染防治费用列入工程造价，在施工合同中明确施工单位的噪声污染防治责任。

二、建筑施工噪声污染防治

（一）建筑施工场界环境噪声排放标准

《建筑施工场界环境噪声排放标准》（GB 12523—2011）规定，建筑施工场界环境噪声排放限值为昼间 70 dB（A），夜间 55 dB（A）。

夜间噪声最大声级超过限值的幅度不得高于 15 dB（A）。

"昼间"是指 6：00 至 22：00 之间的时段；"夜间"是指 22：00 至次日 6：00 之间的时段。

（二）使用机械设备可能产生环境噪声污染须申报

申报范围：在城市市区范围内，建筑施工过程中使用机械设备，可能产生环境噪声污染的。

申报主体：施工单位。

申报时间：工程开工 15 日内。

申报对象：向工程所在地县级以上地方人民政府生态环境主管部门申报。

申报内容：工程的项目名称、施工场所和期限、可能产生的环境噪声值以及所采取的环境噪声污染防治措施的情况。

（三）禁止夜间进行产生环境噪声污染的施工作业

《噪声污染防治法》规定，在噪声敏感建筑物集中区域，禁止夜间进行产生噪声的建筑施工作业，但抢修、抢险施工作业，因生产工艺要求或者其他特殊需要必须连续施工作业的除外。

因特殊需要必须连续施工作业的，应当取得地方人民政府住房和城乡建设、生态环境主管部门或者地方人民政府指定的部门的证明，并在施工现场显著位置公示或者以其他方式公告附近居民。

所谓噪声敏感建筑物集中区域，是指以用于居住、科学研究、医疗卫生、文化教育、机关团体办公、社会福利等的建筑物为主的区域。

所谓噪声敏感建筑物，是指用于居住、科学研究、医疗卫生、文化教育、机关团体办公、社会福利等需要保持安静的建筑物。

实战演练

[2014 真题·单选] 按照《建筑施工场界环境噪声排放标准》，建筑施工场界环境噪声排放限值为（　　）。

A. 昼间 60 dB（A），夜间 50 dB（A）　　B. 昼间 65 dB（A），夜间 50 dB（A）

C. 昼间 70 dB（A），夜间 55 dB（A）　　D. 昼间 75 dB（A），夜间 60 dB（A）

[解析] 建筑施工过程中场界环境噪声不得超过规定的排放限值。建筑施工场界环境噪声排放限值为昼间 70 dB（A），夜间 55 dB（A）。夜间噪声最大声级超过限值的幅度不得高于 15 dB（A）。

[答案] C

[2020 真题·多选] 在城市市区噪声敏感建筑物集中区域内，禁止夜间进行产生环境噪声污染的建筑施工作业，但（　　）除外。

A. 经监理单位同意的

B. 抢修作业

C. 抢险作业

D. 因生产工艺上的要求必须连续作业的

E. 因特殊需要必须连续作业的

[解析] 在噪声敏感建筑物集中区域，禁止夜间进行产生噪声的建筑施工作业，但抢修、抢险施工作业，因生产工艺要求或者其他特殊需要必须连续施工作业的除外。

[答案] BCDE

[2018 真题·多选] 在城市市区范围内，建筑施工过程中使用机械设备，可能产生环境噪声污染的，施工企业必须在工程开工 15 日内，向工程所在地县级以上地方人民政府环境保护行政主管部门申报该工程的（　　）。

A. 项目名称　　B. 施工场所和期限

C. 产生噪声的原因　　D. 可能产生的环境噪声值

E. 所采取的环境噪声污染防治措施

[解析] 在城市市区范围内，建筑施工过程中使用机械设备，可能产生环境噪声污染的，施工单位必须在工程开工 15 日内，向工程所在地县级以上地方人民政府环境保护行政主管部门申报该工程的项目名称、施工场所和期限、可能产生的环境噪声值以及所采取的环境噪声污染防治措施的情况。

［答案］ABDE

［2017 真题·多选］在城市市区噪声敏感建筑物集中区域内，未取得县级以上人民政府或有关部门证明即可在夜间进行产生环境噪声污染的建筑施工作业有（　　）。

A. 抢修作业

B. 抢险作业

C. 生产工艺上要求必须连续进行的作业

D. 保密工程作业

E. 产生环境噪声污染较轻的作业

［解析］在噪声敏感建筑物集中区域，禁止夜间进行产生噪声的建筑施工作业，但抢修、抢险施工作业，因生产工艺要求或者其他特殊需要必须连续施工作业的除外。因特殊需要必须连续施工作业的，应当取得地方人民政府住房和城乡建设、生态环境主管部门或者地方人民政府指定的部门的证明，并在施工现场显著位置公示或者以其他方式公告附近居民。

［答案］ABC

考点 2　施工现场大气污染的防治★

一、一般规定

根据《大气污染防治法》，县级以上人民政府生态环境主管部门对大气污染防治实施统一监督管理。

县级以上人民政府其他有关部门在各自职责范围内对大气污染防治实施监督管理。

二、大气污染防治标准和限期达标规划

《大气污染防治法》规定，省级以上人民政府生态环境主管部门应当在其网站上公布大气环境质量标准、大气污染物排放标准，供公众免费查阅、下载。

城市大气环境质量限期达标规划应当向社会公开。直辖市和设区的市的大气环境质量限期达标规划应当报国务院生态环境主管部门备案。

三、大气污染防治的监督管理

根据《大气污染防治法》，国家对重点大气污染物排放实行总量控制。

禁止侵占、损毁或者擅自移动、改变大气环境质量监测设施和大气污染物排放自动监测设备。

国家对严重污染大气环境的工艺、设备和产品实行淘汰制度。

四、大气污染防治措施

根据《大气污染防治法》，建设单位应当将防治扬尘污染的费用列入工程造价，并在施工承包合同中明确施工单位扬尘污染防治责任。施工单位应当制定具体的施工扬尘污染防治实施方案。

从事房屋建筑、市政基础设施建设、河道整治以及建筑物拆除等的施工单位，应当向负

责监督管理扬尘污染防治的主管部门备案。

施工单位应当在施工工地设置硬质围挡，并采取覆盖、分段作业、择时施工、洒水抑尘、冲洗地面和车辆等有效防尘降尘措施。建筑土方、工程渣土、建筑垃圾应当及时清运；在场地内堆存的，应当采用密闭式防尘网遮盖。工程渣土、建筑垃圾应当进行资源化处理。

施工单位应当在施工工地公示扬尘污染防治措施、负责人、扬尘监督管理主管部门等信息。

暂时不能开工的建设用地，建设单位应当对裸露地面进行覆盖；超过3个月的，应当进行绿化、铺装或者遮盖。

运输煤炭、垃圾、渣土、砂石、土方、灰浆等散装、流体物料的车辆应当采取密闭或者其他措施防止物料遗撒造成扬尘污染，并按照规定路线行驶。装卸物料应当采取密闭或者喷淋等方式防治扬尘污染。城市人民政府应当加强道路、广场、停车场和其他公共场所的清扫保洁管理，推行清洁动力机械化清扫等低尘作业方式，防治扬尘污染。

市政河道以及河道沿线、公共用地的裸露地面以及其他城镇裸露地面，有关部门应当按照规划组织实施绿化或者透水铺装。

《绿色施工导则》进一步作出以下规定：

（1）运送土方、垃圾、设备及建筑材料等，不污损场外道路。运输容易散落、飞扬、流漏的物料的车辆，必须采取措施封闭严密，保证车辆清洁。施工现场出口应设置洗车槽。

（2）土方作业阶段，采取洒水、覆盖等措施，达到作业区目测扬尘高度小于1.5 m，不扩散到场区外。

（3）结构施工、安装装饰装修阶段，作业区目测扬尘高度小于0.5 m。对易产生扬尘的堆放材料应采取覆盖措施；对粉末状材料应封闭存放；场区内可能引起扬尘的材料及建筑垃圾搬运应有降尘措施，如覆盖、洒水等；浇筑混凝土前清理灰尘和垃圾时尽量使用吸尘器，避免使用吹风器等易产生扬尘的设备；机械剔凿作业时可用局部遮挡、掩盖、水淋等防护措施；高层或多层建筑清理垃圾应搭设封闭性临时专用道或采用容器吊运。

（4）施工现场非作业区达到目测无扬尘的要求。对现场易飞扬物质采取有效措施，如洒水、地面硬化、围挡、密网覆盖、封闭等，防止扬尘产生。

五、积极采取施工工地防尘降尘措施

住房和城乡建设部办公厅《关于进一步加强施工工地和道路扬尘管控工作的通知》（建办质〔2019〕23号）规定，地方各级住房和城乡建设主管部门及有关部门要严格按照《建筑施工安全检查标准》《建设工程施工现场环境与卫生标准》的规定，加强对施工工地的巡查抽查，督促建设单位和施工单位积极采取有效防尘降尘措施，提高文明施工和绿色施工水平。

（1）对施工现场实行封闭管理。城市范围内主要路段的施工工地应设置高度不小于2.5 m的封闭围挡，一般路段的施工工地应设置高度不小于1.8 m的封闭围挡。施工工地的封闭围挡应坚固、稳定、整洁、美观。

（2）加强物料管理。施工现场的建筑材料、构件、料具应按总平面布局进行码放。在规定区域内的施工现场应使用预拌混凝土及预拌砂浆；采用现场搅拌混凝土或砂浆的场所应采取封闭、降尘、降噪措施；水泥和其他易飞扬的细颗粒建筑材料应密闭存放或采取覆盖等措施。

（3）注重降尘作业。施工现场土方作业应采取防止扬尘措施，主要道路应定期清扫、洒水。拆除建筑物或构筑物时，应采用隔离、洒水等降噪、降尘措施，并应及时清理废弃物。施工进行铣刨、切割等作业时，应采取有效防扬尘措施；灰土和无机料应采用预拌进场，碾压过程中应洒水降尘。

（4）硬化路面和清洗车辆。施工现场的主要道路及材料加工区地面应进行硬化处理，道路应畅通，路面应平整坚实。裸露的场地和堆放的土方应采取覆盖、固化或绿化等措施。施工现场出入口应设置车辆冲洗设施，并对驶出车辆进行清洗。

（5）清运建筑垃圾。土方和建筑垃圾的运输应采用封闭式运输车辆或采取覆盖措施。建筑物内施工垃圾的清运，应采用器具或管道运输，严禁随意抛掷。施工现场严禁焚烧各类废弃物。

（6）加强监测监控。鼓励施工工地安装在线监测和视频监控设备，并与当地有关主管部门联网。当环境空气质量指数达到中度及以上污染时，施工现场应增加洒水频次，加强覆盖措施，减少易造成大气污染的施工作业。

实战演练

［2019 真题 · 单选］ 暂时不能开工的建设用地，超过（　　）的，应当进行绿化、铺装或者遮盖。

A. 1 个月　　B. 3 个月

C. 2 个月　　D. 6 个月

［解析］ 暂时不能开工的建设用地，建设单位应当对裸露地面进行覆盖；超过 3 个月的，应当进行绿化、铺装或者遮盖。

［答案］ B

［2021 真题 · 多选］ 关于施工现场大气污染防治的说法，正确的有（　　）。

A. 施工合同应当明确施工企业扬尘污染防治责任

B. 工程渣土、建筑垃圾应当进行资源化处理

C. 小型工程的工程造价可以不列支防治扬尘污染的费用

D. 施工工地应当公示扬尘污染的相关信息

E. 暂时不能开工的施工工地，施工企业应当对裸露地面进行覆盖

［解析］ 选项 A 正确，选项 C 错误，建设单位应当将防治扬尘污染的费用列入工程造价，并在施工承包合同中明确施工单位扬尘污染防治责任。选项 B 正确，工程渣土、建筑垃圾应当进行资源化处理。选项 D 正确，施工单位应制定具体的施工扬尘污染防治实施方案，在施工工地公示扬尘污染防治措施、负责人、扬尘监督管理主管部门等信息。选项 E 错误，暂时不能开工的建设用地，建设单位应当对裸露地面进行覆盖；超过 3 个月的，应当进行绿化、铺装或者遮盖。

［答案］ ABD

考点 3 施工现场水污染的防治★

水污染是指水体因某种物质的介入，而导致其化学、物理、生物或者放射性等方面特性的改变，从而影响水的有效利用，危害人体健康或者破坏生态环境，造成水质恶化的现象。

一、《水污染防治法》

（一）水污染防治监督管理

新建、改建、扩建直接或者间接向水体排放污染物的建设项目和其他水上设施，应当依法进行环境影响评价。

建设单位在江河、湖泊新建、改建、扩建排污口的，应当取得水行政主管部门或者流域管理机构同意；涉及通航、渔业水域的，环境保护主管部门在审批环境影响评价文件时，应当征求交通、渔业主管部门的意见。

建设项目的水污染防治设施，应当与主体工程同时设计、同时施工、同时投入使用。水污染防治设施应当符合经批准或者备案的环境影响评价文件的要求。

国家对重点水污染物排放实施总量控制制度。

直接或者间接向水体排放工业废水和医疗污水，以及其他按照规定应当取得排污许可证方可排放的废水、污水的企业事业单位和其他生产经营者，应当取得排污许可证；城镇污水集中处理设施的运营单位，也应当取得排污许可证。排污许可证应当明确排放水污染物的种类、浓度、总量和排放去向等要求。

禁止企业事业单位和其他生产经营者无排污许可证，或者违反排污许可证的规定向水体排放上述规定的废水、污水。

向水体排放污染物的企业事业单位和其他生产经营者，应当按照法律、行政法规和国务院环境保护主管部门的规定设置排污口；在江河、湖泊设置排污口的，还应当遵守国务院水行政主管部门的规定。

实行排污许可管理的企业事业单位和其他生产经营者应当按照国家有关规定和监测规范，对所排放的水污染物自行监测，并保存原始监测记录。重点排污单位还应当安装水污染物排放自动监测设备，与环境保护主管部门的监控设备联网，并保证监测设备正常运行。具体办法由国务院环境保护主管部门规定。

（二）水污染防治措施

1. 一般规定

禁止向水体排放油类、酸液、碱液或者剧毒废液。禁止在水体清洗装贮过油类或者有毒污染物的车辆和容器。

禁止向水体排放、倾倒放射性固体废物或者含有高放射性和中放射性物质的废水。向水体排放含低放射性物质的废水，应当符合国家有关放射性污染防治的规定和标准。

禁止向水体排放、倾倒工业废渣、城镇垃圾和其他废弃物。禁止将含有汞、镉、砷、铬、铅、氰化物、黄磷等的可溶性剧毒废渣向水体排放、倾倒或者直接埋入地下。存放可溶性剧毒废渣的场所，应当采取防水、防渗漏、防流失的措施。

禁止在江河、湖泊、运河、渠道、水库最高水位线以下的滩地和岸坡堆放、存贮固体废弃物和其他污染物。

禁止利用渗井、渗坑、裂隙、溶洞，私设暗管，篡改、伪造监测数据，或者不正常运行水污染防治设施等逃避监管的方式排放水污染物。

2. 城镇水污染防治

城镇污水应当集中处理。

城镇污水集中处理设施的运营单位按照国家规定向排污者提供污水处理的有偿服务，收取污水处理费用，保证污水集中处理设施的正常运行。收取的污水处理费用应当用于城镇污水集中处理设施的建设运行和污泥处理处置，不得挪作他用。

（三）饮用水水源和其他特殊水体保护

国家建立饮用水水源保护区制度。饮用水水源保护区分为一级保护区和二级保护区；必要时，可以在饮用水水源保护区外围划定一定的区域作为准保护区。

在饮用水水源保护区内，禁止设置排污口。

禁止在饮用水水源一级保护区内新建、改建、扩建与供水设施和保护水源无关的建设项目；已建成的与供水设施和保护水源无关的建设项目，由县级以上人民政府责令拆除或者关闭。禁止在饮用水水源一级保护区内从事网箱养殖、旅游、游泳、垂钓或者其他可能污染饮用水水体的活动。

禁止在饮用水水源二级保护区内新建、改建、扩建排放污染物的建设项目；已建成的排放污染物的建设项目，由县级以上人民政府责令拆除或者关闭。在饮用水水源二级保护区内从事网箱养殖、旅游等活动的，应当按照规定采取措施，防止污染饮用水水体。

禁止在饮用水水源准保护区内新建、扩建对水体污染严重的建设项目；改建建设项目，不得增加排污量。

二、《城镇排水与污水处理条例》

（一）规划与建设

城镇排水与污水处理规划范围内的城镇排水与污水处理设施建设项目以及需要与城镇排水与污水处理设施相连接的新建、改建、扩建建设工程，城乡规划主管部门在依法核发建设用地规划许可证时，应当征求城镇排水主管部门的意见。城镇排水主管部门应当就排水设计方案是否符合城镇排水与污水处理规划和相关标准提出意见。

建设单位应当按照排水设计方案建设连接管网等设施；未建设连接管网等设施的，不得投入使用。城镇排水主管部门或者其委托的专门机构应当加强指导和监督。

城镇排水与污水处理设施建设工程竣工后，建设单位应当依法组织竣工验收。竣工验收合格的，方可交付使用，并自竣工验收合格之日起15日内，将竣工验收报告及相关资料报城镇排水主管部门备案。

（二）排水

从事工业、建筑、餐饮、医疗等活动的企业事业单位、个体工商户（以下称排水户）向城镇排水设施排放污水的，应当向城镇排水主管部门申请领取污水排入排水管网许可证。城镇排水主管部门应当按照国家有关标准，重点对影响城镇排水与污水处理设施安全运行的事项进行审查。

排水户应当按照污水排入排水管网许可证的要求排放污水。

（三）污水处理

排水单位和个人应当按照国家有关规定缴纳污水处理费。

向城镇污水处理设施排放污水、缴纳污水处理费的，不再缴纳排污费。

排水监测机构接受城镇排水主管部门委托从事有关监测活动，不得向城镇污水处理设施维护运营单位和排水户收取任何费用。

（四）设施维护与保护

新建、改建、扩建建设工程，不得影响城镇排水与污水处理设施安全。

建设工程开工前，建设单位应当查明工程建设范围内地下城镇排水与污水处理设施的相关情况。城镇排水主管部门及其他相关部门和单位应当及时提供相关资料。

建设工程施工范围内有排水管网等城镇排水与污水处理设施的，建设单位应当与施工单位、设施维护运营单位共同制定设施保护方案，并采取相应的安全保护措施。

因工程建设需要拆除、改动城镇排水与污水处理设施的，建设单位应当制定拆除、改动方案，报城镇排水主管部门审核，并承担重建、改建和采取临时措施的费用。

三、**《城镇污水排入排水管网许可管理办法》**

（一）一般规定

排水户向城镇排水设施排放污水，应当按照规定，申请领取排水许可证。未取得排水许可证，排水户不得向城镇排水设施排放污水。城镇居民排放生活污水不需要申请领取排水许可证。

（二）许可申请与审查

排水户向所在地城镇排水主管部门申请领取排水许可证。城镇排水主管部门应当自受理申请之日起 20 日内作出决定。

各类施工作业需要排水的，由建设单位申请领取排水许可证。

排水许可证的有效期为 5 年。

因施工作业需要向城镇排水设施排水的，排水许可证的有效期，由城镇排水主管部门根据排水状况确定，但不得超过施工期限。

在排水许可证的有效期内，排水口数量和位置、排水量、污染物项目或者浓度等排水许可内容变更的，排水户应当按照规定，重新申请领取排水许可证。

（三）管理和监督

排水户应当按照排水许可证确定的排水类别、总量、时限、排放口位置和数量、排放的污染物项目和浓度等要求排放污水。

城镇排水主管部门实施排水许可不得收费。

排水户不得有下列危及城镇排水设施安全的行为：

（1）向城镇排水设施排放、倾倒剧毒、易燃易爆物质、腐蚀性废液和废渣、有害气体和烹饪油烟等。

（2）堵塞城镇排水设施或者向城镇排水设施内排放、倾倒垃圾、渣土、施工泥浆、油脂、污泥等易堵塞物。

（3）擅自拆卸、移动和穿凿城镇排水设施。

（4）擅自向城镇排水设施加压排放污水。

四、《绿色施工导则》

在施工现场应针对不同的污水，设置相应的处理设施，如沉淀池、隔油池、化粪池等。

污水排放应委托有资质的单位进行废水水质检测，提供相应的污水检测报告。

保护地下水环境。采用隔水性能好的边坡支护技术。在缺水地区或地下水位持续下降的地区，基坑降水尽可能少地抽取地下水；当基坑开挖抽水量大于 50 万 m^3 时，应进行地下水回灌，并避免地下水被污染。

对于化学品等有毒材料、油料的储存地，应有严格的隔水层设计，做好渗漏液收集和处理。

实战演练

［**2020 真题·单选**］关于向城镇排水设施排放污水的说法，正确的是（　　）。

A. 各类施工作业需要排水的，由施工企业申请领取排水许可证

B. 施工作业排水许可证的有效期，由建设行政主管部门根据工期确定

C. 城镇排水主管部门实施排水许可不得收费

D. 排水户应当按照实际需要的排水类别、总量排放污水

［**解析**］各类施工作业需要排水的，由建设单位申请领取排水许可证，选项 A 错误。因施工作业需要向城镇排水设施排水的，排水许可证的有效期，由城镇排水主管部门根据排水状况确定，但不得超过施工期限，选项 B 错误。城镇排水主管部门实施排水许可不得收费，选项 C 正确。排水户应当按照排水许可证确定的排水类别、总量、时限、排放口位置和数量、排放的污染物项目和浓度等要求排放污水，选项 D 错误。

［**答案**］C

考点 4　施工现场固体废物污染环境的防治★

一、《固体废物污染环境防治法》

固体废物，是指在生产、生活和其他活动中产生的丧失原有利用价值或者虽未丧失利用价值但被抛弃或者放弃的固态、半固态和置于容器中的气态的物品、物质以及法律、行政法规规定纳入固体废物管理的物品、物质。经无害化加工处理，并且符合强制性国家产品质量标准，不会危害公众健康和生态安全，或者根据固体废物鉴别标准和鉴别程序认定为不属于固体废物的除外。

建筑垃圾，是指建设单位、施工单位新建、改建、扩建和拆除各类建筑物、构筑物、管网等，以及居民装饰装修房屋过程中产生的弃土、弃料和其他固体废物。

危险废物，是指列入国家危险废物名录或者根据国家规定的危险废物鉴别标准和鉴别方法认定的具有危险特性的固体废物。

(一) 监督管理

建设项目的环境影响评价文件确定需要配套建设的固体废物污染环境防治设施，应当与主体工程同时设计、同时施工、同时投入使用。建设项目的初步设计，应当按照环境保护设计规范的要求，将固体废物污染环境防治内容纳入环境影响评价文件，落实防治固体废物污染环境和破坏生态的措施以及固体废物污染环境防治设施投资概算。

建设单位应当依照有关法律法规的规定，对配套建设的固体废物污染环境防治设施进行验收，编制验收报告，并向社会公开。

转移固体废物出省、自治区、直辖市行政区域贮存、处置的，应当向固体废物移出地的省、自治区、直辖市人民政府生态环境主管部门提出申请。移出地的省、自治区、直辖市人民政府生态环境主管部门应当及时商经接受地的省、自治区、直辖市人民政府生态环境主管部门同意后，在规定期限内批准转移该固体废物出省、自治区、直辖市行政区域。未经批准的，不得转移。

转移固体废物出省、自治区、直辖市行政区域利用的，应当报固体废物移出地的省、自治区、直辖市人民政府生态环境主管部门备案。移出地的省、自治区、直辖市人民政府生态环境主管部门应当将备案信息通报接受地的省、自治区、直辖市人民政府生态环境主管部门。

(二) 建筑垃圾

国家鼓励采用先进技术、工艺、设备和管理措施，推进建筑垃圾源头减量，建立建筑垃圾回收利用体系。县级以上地方人民政府应当推动建筑垃圾综合利用产品应用。

县级以上地方人民政府环境卫生主管部门负责建筑垃圾污染环境防治工作，建立建筑垃圾全过程管理制度，规范建筑垃圾产生、收集、贮存、运输、利用、处置行为，推进综合利用，加强建筑垃圾处置设施、场所建设，保障处置安全，防止污染环境。

工程施工单位应当编制建筑垃圾处理方案，采取污染防治措施，并报县级以上地方人民政府环境卫生主管部门备案。

工程施工单位应当及时清运工程施工过程中产生的建筑垃圾等固体废物，并按照环境卫生主管部门的规定进行利用或者处置。

工程施工单位不得擅自倾倒、抛撒或者堆放工程施工过程中产生的建筑垃圾。

(三) 危险废物

对危险废物的容器和包装物以及收集、贮存、运输、利用、处置危险废物的设施、场所，应当按照规定设置危险废物识别标志。

从事收集、贮存、利用、处置危险废物经营活动的单位，应当按照国家有关规定申请取得许可证。

禁止无许可证或者未按照许可证规定从事危险废物收集、贮存、利用、处置的经营活动。

禁止将危险废物提供或者委托给无许可证的单位或者其他生产经营者从事收集、贮存、利用、处置活动。

收集、贮存危险废物，应当按照危险废物特性分类进行。禁止混合收集、贮存、运输、处置性质不相容而未经安全性处置的危险废物。

贮存危险废物应当采取符合国家环境保护标准的防护措施。禁止将危险废物混入非危险废物中贮存。

从事收集、贮存、利用、处置危险废物经营活动的单位，贮存危险废物不得超过1年；确需延长期限的，应当报经颁发许可证的生态环境主管部门批准；法律、行政法规另有规定的除外。

转移危险废物的，应当按照国家有关规定填写、运行危险废物电子或者纸质转移联单。

跨省、自治区、直辖市转移危险废物的，应当向危险废物移出地省、自治区、直辖市人民政府生态环境主管部门申请。移出地省、自治区、直辖市人民政府生态环境主管部门应当及时商经接受地省、自治区、直辖市人民政府生态环境主管部门同意后，在规定期限内批准转移该危险废物，并将批准信息通报相关省、自治区、直辖市人民政府生态环境主管部门和交通运输主管部门。未经批准的，不得转移。

运输危险废物，应当采取防止污染环境的措施，并遵守国家有关危险货物运输管理的规定。禁止将危险废物与旅客在同一运输工具上载运。

因发生事故或者其他突发性事件，造成危险废物严重污染环境的单位，应当立即采取有效措施消除或者减轻对环境的污染危害，及时通报可能受到污染危害的单位和居民，并向所在地生态环境主管部门和有关部门报告，接受调查处理。

二、《住房和城乡建设部关于推进建筑垃圾减量化的指导意见》(建质〔2020〕46号)

推进建筑垃圾减量化是建筑垃圾治理体系的重要内容，是节约资源、保护环境的重要举措。

(一) 工作目标

2020年底，各地区建筑垃圾减量化工作机制初步建立。2025年底，各地区建筑垃圾减量化工作机制进一步完善，实现新建建筑施工现场建筑垃圾（不包括工程渣土、工程泥浆）排放量每万平方米不高于300吨，装配式建筑施工现场建筑垃圾（不包括工程渣土、工程泥浆）排放量每万平方米不高于200吨。

(二) 主要措施

1. 开展绿色策划

（1）落实企业主体责任。按照“谁产生、谁负责”的原则，落实建设单位建筑垃圾减量化的首要责任。建设单位应将建筑垃圾减量化目标和措施纳入招标文件和合同文本，将建筑垃圾减量化措施费纳入工程概算，并监督设计、施工、监理单位具体落实。

（2）实施新型建造方式。大力发展装配式建筑，积极推广钢结构装配式住宅，推行工厂化预制、装配化施工、信息化管理的建造模式。鼓励创新设计、施工技术与装备，优先选用绿色建材，实行全装修交付，减少施工现场建筑垃圾的产生。在建设单位主导下，推进建筑信息模型（BIM）等技术在工程设计和施工中的应用，减少设计中的“错漏碰缺”，辅助施工现场管理，提高资源利用率。

（3）采用新型组织模式。推动工程建设组织方式改革，指导建设单位在工程项目中推行工程总承包和全过程工程咨询，推进建筑师负责制，加强设计与施工的深度协同，构建有利于推进建筑垃圾减量化的组织模式。

2. 实施绿色设计

（1）树立全寿命期理念。

（2）提高设计质量。

3. 推广绿色施工

（1）编制专项方案。施工单位应组织编制施工现场建筑垃圾减量化专项方案，明确建筑垃圾减量化目标和职责分工，提出源头减量、分类管理、就地处置、排放控制的具体措施。

（2）做好设计深化和施工组织优化。

（3）强化施工质量管控。

（4）提高临时设施和周转材料的重复利用率。

（5）推行临时设施和永久性设施的结合利用。

（6）实行建筑垃圾分类管理。施工单位应建立建筑垃圾分类收集与存放管理制度，实行分类收集、分类存放、分类处置。鼓励以末端处置为导向对建筑垃圾进行细化分类。严禁将危险废物和生活垃圾混入建筑垃圾。

（7）引导施工现场建筑垃圾再利用。

（8）减少施工现场建筑垃圾排放。

三、《绿色施工导则》

建筑垃圾控制：

（1）制定建筑垃圾减量化计划，如住宅建筑，每万平方米的建筑垃圾不宜超过400吨。

（2）加强建筑垃圾的回收再利用，力争建筑垃圾的再利用和回收率达到30%，建筑物拆除产生的废弃物的再利用和回收率大于40%。对于碎石类、土石方类建筑垃圾，可采用地基填埋、铺路等方式提高再利用率，力争再利用率大于50%。

（3）施工现场生活区设置封闭式垃圾容器，施工场地生活垃圾实行袋装化，及时清运。对建筑垃圾进行分类，并收集到现场封闭式垃圾站，集中运出。

实战演练

[2022真题·单选] 根据《住房和城乡建设部关于推进建筑垃圾减量化的指导意见》，关于建筑垃圾处理的说法，正确的是（　　）。

A. 建设单位应当建立建筑垃圾分类收集与存放管理制度

B. 建筑垃圾实行分类收集、分类存放、统一处置制度

C. 鼓励以前端收集为导向对建筑垃圾进行细化分类

D. 落实建设单位建筑垃圾减量化的首要责任

[解析]《住房和城乡建设部关于推进建筑垃圾减量化的指导意见》规定，施工单位应建立建筑垃圾分类收集与存放管理制度，实行分类收集、分类存放、分类处置，选项A、B错误。鼓励以末端处置为导向对建筑垃圾进行细化分类，严禁将危险废物和生活垃圾混入建筑垃圾，选项C错误。

[答案] D

[2021真题·单选] 关于危险废物污染环境防治的说法，正确的是（　　）。

A. 危险废物的容器和包装物应当根据实际需要设置危险废物识别标志

B. 从事危险废物经营活动的单位，应当按照国家有关规定申请取得许可证

C. 将危险废物与旅客在同一运输工具上运载的，应当按照国家有关规定申请取得许可证

D. 危险废物的容器和包装物转作他用时，应当经行政主管部门批准

[解析] 选项 A 错误，对危险废物的容器和包装物以及收集、贮存、运输、利用、处置危险废物的设施、场所，应当按照规定设置危险废物识别标志。选项 B 正确，从事收集、贮存、利用、处置危险废物经营活动的单位，应当按照国家有关规定申请取得许可证。选项 C 错误，禁止将危险废物与旅客在同一运输工具上载运。选项 D 错误，收集、贮存、运输、利用、处置危险废物的场所、设施、设备和容器、包装物及其他物品转作他用时，应当按照国家有关规定经过消除污染处理，方可使用。

[答案] B

[2021 真题·单选] 力争再利用和回收率达到 30%的是（　　）。

A. 碎石类建筑垃圾

B. 建筑物拆除产生的废弃物

C. 土石方类建筑垃圾

D. 建筑垃圾

[解析] 加强建筑垃圾的回收再利用，力争建筑垃圾的再利用和回收率达到 30%，建筑物拆除产生的废弃物的再利用和回收率大于 40%。对于碎石类、土石方类建筑垃圾，可采用地基填埋、铺路等方式提高再利用率，力争再利用率大于 50%。

[答案] D

第二节　施工节约能源制度

考点 1 《节约能源法》★★

能源，是指煤炭、石油、天然气、生物质能和电力、热力以及其他直接或者通过加工、转换而取得有用能的各种资源。

节约能源（以下简称节能），是指加强用能管理，采取技术上可行、经济上合理以及环境和社会可以承受的措施，从能源生产到消费的各个环节，降低消耗、减少损失和污染物排放、制止浪费，有效、合理地利用能源。

节约资源是我国的基本国策。国家实施节约与开发并举、把节约放在首位的能源发展战略。

国家鼓励、支持开发和利用新能源、可再生能源。

国家鼓励、支持节能科学技术的研究、开发、示范和推广，促进节能技术创新与进步。

一、节能管理

国务院和县级以上地方各级人民政府应当加强对节能工作的领导，部署、协调、监督、检查、推动节能工作。

县级以上人民政府管理节能工作的部门和有关部门应当在各自的职责范围内，加强对节

能法律、法规和节能标准执行情况的监督检查，依法查处违法用能行为。履行节能监督管理职责不得向监督管理对象收取费用。

国家鼓励企业制定严于国家标准、行业标准的企业节能标准。

国家实行固定资产投资项目节能评估和审查制度。不符合强制性节能标准的项目，建设单位不得开工建设；已经建成的，不得投入生产、使用。政府投资项目不符合强制性节能标准的，依法负责项目审批的机关不得批准建设。具体办法由国务院管理节能工作的部门会同国务院有关部门制定。

国家对落后的耗能过高的用能产品、设备和生产工艺实行淘汰制度。

禁止生产、进口、销售国家明令淘汰或者不符合强制性能源效率标准的用能产品、设备；禁止使用国家明令淘汰的用能设备、生产工艺。

禁止使用伪造的节能产品认证标志或者冒用节能产品认证标志。

二、合理使用与节约能源

（一）一般规定

用能单位应当按照合理用能的原则，加强节能管理，制定并实施节能计划和节能技术措施，降低能源消耗。

用能单位应当建立节能目标责任制，对节能工作取得成绩的集体、个人给予奖励。

用能单位应当定期开展节能教育和岗位节能培训。

用能单位应当加强能源计量管理，按照规定配备和使用经依法检定合格的能源计量器具。用能单位应当建立能源消费统计和能源利用状况分析制度，对各类能源的消费实行分类计量和统计，并确保能源消费统计数据真实、完整。

能源生产经营单位不得向本单位职工无偿提供能源。任何单位不得对能源消费实行包费制。

（二）建筑节能

建筑工程的建设、设计、施工和监理单位应当遵守建筑节能标准。不符合建筑节能标准的建筑工程，建设主管部门不得批准开工建设；已经开工建设的，应当责令停止施工、限期改正；已经建成的，不得销售或者使用。建设主管部门应当加强对在建建筑工程执行建筑节能标准情况的监督检查。

国家鼓励在新建建筑和既有建筑节能改造中使用新型墙体材料等节能建筑材料和节能设备，安装和使用太阳能等可再生能源利用系统。

三、节能技术进步

国务院管理节能工作的部门会同国务院科技主管部门发布节能技术政策大纲，指导节能技术研究、开发和推广应用。

县级以上各级人民政府应当把节能技术研究开发作为政府科技投入的重点领域，支持科研单位和企业开展节能技术应用研究，制定节能标准，开发节能共性和关键技术，促进节能技术创新与成果转化。

四、激励措施

中央财政和省级地方财政安排节能专项资金，支持节能技术研究开发、节能技术和产品的示范与推广、重点节能工程的实施、节能宣传培训、信息服务和表彰奖励等。

国家对生产、使用列入《节约能源法》第 58 条规定的推广目录的需要支持的节能技术、节能产品，实行税收优惠等扶持政策。国家通过财政补贴支持节能照明器具等节能产品的推广和使用。

国家实行有利于节约能源资源的税收政策，健全能源矿产资源有偿使用制度，促进能源资源的节约及其开采利用水平的提高。

国家引导金融机构增加对节能项目的信贷支持，为符合条件的节能技术研究开发、节能产品生产以及节能技术改造等项目提供优惠贷款。国家推动和引导社会有关方面加大对节能的资金投入，加快节能技术改造。

各级人民政府对在节能管理、节能科学技术研究和推广应用中有显著成绩以及检举严重浪费能源行为的单位和个人，给予表彰和奖励。

五、法律责任

使用国家明令淘汰的用能设备或者生产工艺的，由管理节能工作的部门责令停止使用，没收国家明令淘汰的用能设备；情节严重的，可以由管理节能工作的部门提出意见，报请本级人民政府按照国务院规定的权限责令停业整顿或者关闭。

考点 2 《民用建筑节能条例》★★

民用建筑节能，是指在保证民用建筑使用功能和室内热环境质量的前提下，降低其使用过程中能源消耗的活动。民用建筑，是指居住建筑、国家机关办公建筑和商业、服务业、教育、卫生等其他公共建筑。

一、总则

国家鼓励和扶持在新建建筑和既有建筑节能改造中采用太阳能、地热能等可再生能源。

在具备太阳能利用条件的地区，有关地方人民政府及其部门应当采取有效措施，鼓励和扶持单位、个人安装使用太阳能热水系统、照明系统、供热系统、采暖制冷系统等太阳能利用系统。

县级以上人民政府应当安排民用建筑节能资金，用于支持民用建筑节能的科学技术研究和标准制定、既有建筑围护结构和供热系统的节能改造、可再生能源的应用，以及民用建筑节能示范工程、节能项目的推广。

政府引导金融机构对既有建筑节能改造、可再生能源的应用，以及民用建筑节能示范工程等项目提供支持。民用建筑节能项目依法享受税收优惠。

二、新建建筑节能

国家推广使用民用建筑节能的新技术、新工艺、新材料和新设备，限制使用或者禁止使用能源消耗高的技术、工艺、材料和设备。国务院节能工作主管部门、建设主管部门应当制定、公布并及时更新推广使用、限制使用、禁止使用目录。

国家限制进口或者禁止进口能源消耗高的技术、材料和设备。建设单位、设计单位、施工单位不得在建筑活动中使用列入禁止使用目录的技术、工艺、材料和设备。

城乡规划主管部门依法对民用建筑进行规划审查，应当就设计方案是否符合民用建筑节能强制性标准征求同级建设主管部门的意见；建设主管部门应当自收到征求意见材料之日起10日内提出意见。征求意见时间不计算在规划许可的期限内。对不符合民用建筑节能强制性标准的，不得颁发建设工程规划许可证。

施工图设计文件审查机构应当按照民用建筑节能强制性标准对施工图设计文件进行审查；经审查不符合民用建筑节能强制性标准的，县级以上地方人民政府建设主管部门不得颁发施工许可证。

建设单位不得明示或者暗示设计单位、施工单位违反民用建筑节能强制性标准进行设计、施工，不得明示或者暗示施工单位使用不符合施工图设计文件要求的墙体材料、保温材料、门窗、采暖制冷系统和照明设备。

按照合同约定由建设单位采购墙体材料、保温材料、门窗、采暖制冷系统和照明设备的，建设单位应当保证其符合施工图设计文件要求。

施工单位应当对进入施工现场的墙体材料、保温材料、门窗、采暖制冷系统和照明设备进行查验；不符合施工图设计文件要求的，不得使用。

工程监理单位发现施工单位不按照民用建筑节能强制性标准施工的，应当要求施工单位改正；施工单位拒不改正的，工程监理单位应当及时报告建设单位，并向有关主管部门报告。

墙体、屋面的保温工程施工时，监理工程师应当按照工程监理规范的要求，采取旁站、巡视和平行检验等形式实施监理。

未经监理工程师签字，墙体材料、保温材料、门窗、采暖制冷系统和照明设备不得在建筑上使用或者安装，施工单位不得进行下一道工序的施工。

建设单位组织竣工验收，应当对民用建筑是否符合民用建筑节能强制性标准进行查验；对不符合民用建筑节能强制性标准的，不得出具竣工验收合格报告。

三、既有建筑节能

既有建筑节能改造，是指对不符合民用建筑节能强制性标准的既有建筑的围护结构、供热系统、采暖制冷系统、照明设备和热水供应设施等实施节能改造的活动。

实施既有建筑节能改造，应当符合民用建筑节能强制性标准，优先采用遮阳、改善通风等低成本改造措施。既有建筑围护结构的改造和供热系统的改造，应当同步进行。

四、法律责任

违反本条例规定，注册执业人员未执行民用建筑节能强制性标准的，由县级以上人民政府建设主管部门责令停止执业3个月以上1年以下；情节严重的，由颁发资格证书的部门吊销执业资格证书，5年内不予注册。

考点 3 《循环经济促进法》★

循环经济，是指在生产、流通和消费等过程中进行的减量化、再利用、资源化活动的总称。减量化，是指在生产、流通和消费等过程中减少资源消耗和废物产生。再利用，是指将废物直接作为产品或者经修复、翻新、再制造后继续作为产品使用，或者将废物的全部或者部分作为其他产品的部件予以使用。资源化，是指将废物直接作为原料进行利用或者对废物进行再生利用。

建筑设计、建设、施工等单位应当按照国家有关规定和标准，对其设计、建设、施工的建筑物及构筑物采用节能、节水、节地、节材的技术工艺和小型、轻型、再生产品。有条件的地区，应当充分利用太阳能、地热能、风能等可再生能源。

国家鼓励利用无毒无害的固体废物生产建筑材料，鼓励使用散装水泥，推广使用预拌混凝土和预拌砂浆。禁止损毁耕地烧砖。在国务院或者省、自治区、直辖市人民政府规定的期限和区域内，禁止生产、销售和使用黏土砖。

考点 4 《绿色施工导则》★★

绿色施工是指工程建设中，在保证质量、安全等基本要求的前提下，通过科学管理和技术进步，最大限度地节约资源与减少对环境负面影响的施工活动，实现四节一环保（节能、节地、节水、节材和环境保护）。

一、节材与材料资源利用的技术要点

（一）节材措施

（1）图纸会审时，应审核节材与材料资源利用的相关内容，达到材料损耗率比定额损耗率降低 30%。

（2）根据施工进度、库存情况等合理安排材料的采购、进场时间和批次，减少库存。

（3）现场材料堆放有序。储存环境适宜，措施得当。保管制度健全，责任落实。

（4）材料运输工具适宜，装卸方法得当，防止损坏和遗洒。根据现场平面布置情况就近卸载，避免和减少二次搬运。

（5）采取技术和管理措施提高模板、脚手架等的周转次数。

（6）优化安装工程的预留、预埋、管线路径等方案。

（7）应就地取材，施工现场 500 千米以内生产的建筑材料用量占建筑材料总重量的 70%以上。

（二）结构材料

（1）推广使用预拌混凝土和商品砂浆。准确计算采购数量、供应频率、施工速度等，在施工过程中动态控制。结构工程使用散装水泥。

（2）推广使用高强钢筋和高性能混凝土，减少资源消耗。

（3）推广钢筋专业化加工和配送。

（4）优化钢筋配料和钢构件下料方案。钢筋及钢结构制作前应对下料单及样品进行复核，无误后方可批量下料。

第五章

(5) 优化钢结构制作和安装方法。大型钢结构宜采用工厂制作，现场拼装；宜采用分段吊装、整体提升、滑移、顶升等安装方法，减少方案的措施用材量。

(6) 采取数字化技术，对大体积混凝土、大跨度结构等专项施工方案进行优化。

(三) 周转材料

现场办公和生活用房采用周转式活动房。现场围挡应最大限度地利用已有围墙，或采用装配式可重复使用围挡封闭。力争工地临房、临时围挡材料的可重复使用率达到70%。

二、节水与水资源利用的技术要点

(一) 提高用水效率

(1) 施工中采用先进的节水施工工艺。

(2) 施工现场喷洒路面、绿化浇灌不宜使用市政自来水。现场搅拌用水、养护用水应采取有效的节水措施，严禁无措施浇水养护混凝土。

(3) 施工现场供水管网应根据用水量设计布置，管径合理、管路简捷，采取有效措施减少管网和用水器具的漏损。

(4) 现场机具、设备、车辆冲洗用水必须设立循环用水装置。施工现场办公区、生活区的生活用水采用节水系统和节水器具，提高节水器具配置比率。项目临时用水应使用节水型产品，安装计量装置，采取针对性的节水措施。

(5) 施工现场建立可再利用水的收集处理系统，使水资源得到梯级循环利用。

(6) 施工现场分别对生活用水与工程用水确定用水定额指标，并分别计量管理。

(7) 大型工程的不同单项工程、不同标段、不同分包生活区，凡具备条件的应分别计量用水量。在签订不同标段分包或劳务合同时，将节水定额指标纳入合同条款，进行计量考核。

(8) 对混凝土搅拌站点等用水集中的区域和工艺点进行专项计量考核。施工现场建立雨水、中水或可再利用水的搜集利用系统。

(二) 非传统水源利用

(1) 优先采用中水搅拌、中水养护，有条件的地区和工程应收集雨水养护。

(2) 处于基坑降水阶段的工地，宜优先采用地下水作为混凝土搅拌用水、养护用水、冲洗用水和部分生活用水。

(3) 现场机具、设备、车辆冲洗、喷洒路面、绿化浇灌等用水，优先采用非传统水源，尽量不使用市政自来水。

(4) 大型施工现场，尤其是雨量充沛地区的大型施工现场建立雨水收集利用系统，充分收集自然降水用于施工和生活中适宜的部位。

(5) 力争施工中非传统水源和循环水的再利用量大于30%。

(三) 用水安全

在非传统水源和现场循环再利用水的使用过程中，应制定有效的水质检测与卫生保障措施，确保避免对人体健康、工程质量以及周围环境产生不良影响。

三、节能与能源利用的技术要点

（一）节能措施

（1）制订合理施工能耗指标，提高施工能源利用率。

（2）优先使用国家、行业推荐的节能、高效、环保的施工设备和机具，如选用变频技术的节能施工设备等。

（3）施工现场分别设定生产、生活、办公和施工设备的用电控制指标，定期进行计量、核算、对比分析，并有预防与纠正措施。

（4）在施工组织设计中，合理安排施工顺序、工作面，以减少作业区域的机具数量，相邻作业区充分利用共有的机具资源。安排施工工艺时，应优先考虑耗用电能的或其他能耗较少的施工工艺。避免设备额定功率远大于使用功率或超负荷使用设备的现象。

（5）根据当地气候和自然资源条件，充分利用太阳能、地热等可再生能源。

（二）机械设备与机具

（1）建立施工机械设备管理制度，开展用电、用油计量，完善设备档案，及时做好维修保养工作，使机械设备保持低耗、高效的状态。

（2）选择功率与负载相匹配的施工机械设备，避免大功率施工机械设备低负载长时间运行。机电安装可采用节电型机械设备，如逆变式电焊机和能耗低、效率高的手持电动工具等，以利节电。机械设备宜使用节能型油料添加剂，在可能的情况下，考虑回收利用，节约油量。

（3）合理安排工序，提高各种机械的使用率和满载率，降低各种设备的单位耗能。

（三）生产、生活及办公临时设施

（1）利用场地自然条件，合理设计生产、生活及办公临时设施的体形、朝向、间距和窗墙面积比，使其获得良好的日照、通风和采光。南方地区可根据需要在其外墙窗设遮阳设施。

（2）临时设施宜采用节能材料，墙体、屋面使用隔热性能好的材料，减少夏天空调、冬天取暖设备的使用时间及耗能量。

（3）合理配置采暖、空调、风扇数量，规定使用时间，实行分段分时使用，节约用电。

（四）施工用电及照明

（1）临时用电优先选用节能电线和节能灯具，临电线路合理设计、布置，临电设备宜采用自动控制装置。采用声控、光控等节能照明灯具。

（2）照明设计以满足最低照度为原则，照度不应超过最低照度的20%。

四、节地与施工用地保护的技术要点

（一）临时用地指标

（1）根据施工规模及现场条件等因素合理确定临时设施，如临时加工厂、现场作业棚及材料堆场、办公生活设施等的占地指标。临时设施的占地面积应按用地指标所需的最低面积设计。

（2）要求平面布置合理、紧凑，在满足环境、职业健康与安全及文明施工要求的前提下尽可能减少废弃地和死角，临时设施占地面积有效利用率大于90%。

（二）临时用地保护

（1）应对深基坑施工方案进行优化，减少土方开挖和回填量，最大限度地减少对土地的扰动，保护周边自然生态环境。

（2）红线外临时占地应尽量使用荒地、废地，少占用农田和耕地。工程完工后，及时对红线外占地恢复原地形、地貌，使施工活动对周边环境的影响降至最低。

（3）利用和保护施工用地范围内原有绿色植被。对于施工周期较长的现场，可按建筑永久绿化的要求，安排场地新建绿化。

（三）施工总平面布置

（1）施工总平面布置应做到科学、合理，充分利用原有建筑物、构筑物、道路、管线为施工服务。

（2）施工现场搅拌站、仓库、加工厂、作业棚、材料堆场等布置应尽量靠近已有交通线路或即将修建的正式或临时交通线路，缩短运输距离。

（3）临时办公和生活用房应采用经济、美观、占地面积小、对周边地貌环境影响较小，且适合于施工平面布置动态调整的多层轻钢活动板房、钢骨架水泥活动板房等标准化装配式结构。生活区与生产区应分开布置，并设置标准的分隔设施。

（4）施工现场围墙可采用连续封闭的轻钢结构预制装配式活动围挡，减少建筑垃圾，保护土地。

（5）施工现场道路按照永久道路和临时道路相结合的原则布置。施工现场内形成环形通路，减少道路占用土地。

（6）临时设施布置应注意远近结合（本期工程与下期工程），努力减少和避免大量临时建筑拆迁和场地搬迁。

实战演练

[2022 真题·单选] 根据《节约能源法》，关于建筑节能的说法，正确的是（　　）。

A. 不符合强制性节能标准的项目，如确有必要，建设单位可以开工建设

B. 国家实行固定资产投资项目节能评估和审查制度

C. 不符合强制性节能标准的项目，已经建成的，可以投入使用

D. 国家在新建建筑中强制使用节能建筑材料

[解析]《节约能源法》规定，不符合强制性节能标准的项目，建设单位不得开工建设；已经建成的，不得投入生产、使用，选项 A、C 错误。国家鼓励在新建建筑和既有建筑节能改造中使用新型墙体材料等节能建筑材料和节能设备，安装和使用太阳能等可再生能源利用系统，选项 D 错误。

[答案] B

[2021 真题·单选] 根据《绿色施工导则》，关于施工总平面布置的说法，正确的是（　　）。

A. 施工现场围墙可以采用连续封闭的轻钢结构预制装配式活动围挡

B. 生活区与生产区尽量分开布置

C. 施工现场搅拌站应当尽量靠近在建工程建筑物

D. 施工现场内的永久性道路应当形成环形通路

［解析］施工现场围墙可采用连续封闭的轻钢结构预制装配式活动围挡，减少建筑垃圾，保护土地，选项 A 正确。生活区与生产区应分开布置，并设置标准的分隔设施，选项 B 错误。施工现场搅拌站、仓库、加工厂、作业棚、材料堆场等布置应尽量靠近已有交通线路或即将修建的正式或临时交通线路，缩短运输距离，选项 C 错误。施工现场道路按照永久道路和临时道路相结合的原则布置。施工现场内形成环形通路，减少道路占用土地，选项 D 错误。

［答案］A

［2021 真题·单选］关于用能单位法定义务的说法，正确的是（　　）。

A. 用能单位应当按照一切从简的原则，加强节能管理

B. 用能单位不得对能源消费实行包费制

C. 用能单位应当对各类能源的消费实行统一计量和统计

D. 用能单位应当建立循环经济制度

［解析］用能单位应当按照合理用能的原则，加强节能管理，制定并实施节能计划和节能技术措施，降低能源消耗，选项 A 错误。任何单位不得对能源消费实行包费制，选项 B 正确。用能单位应当建立能源消费统计和能源利用状况分析制度，对各类能源的消费实行分类计量和统计，并确保能源消费统计数据真实、完整，选项 C 错误。发展循环经济应当在技术可行、经济合理和有利于节约资源、保护环境的前提下，按照减量化优先的原则实施，选项 D 错误。

［答案］B

［2021 真题·单选］根据《绿色施工导则》，关于临时用地保护的说法，正确的是（　　）。

A. 优化基坑施工方案，保持对土地的扰动

B. 红线外临时占地不得占用农田和耕地

C. 施工周期无论长短，均按临时绿化处理

D. 工程完工后，及时对红线外占地恢复原地形、地貌

［解析］选项 A 错误，应对深基坑施工方案进行优化，减少土方开挖和回填量，最大限度地减少对土地的扰动，保护周边自然生态环境。选项 B 错误，选项 D 正确，红线外临时占地应尽量使用荒地、废地，少占用农田和耕地。工程完工后，及时对红线外占地恢复原地形、地貌，使施工活动对周边环境的影响降至最低。选项 C 错误，利用和保护施工用地范围内原有绿色植被。对于施工周期较长的现场，可按建筑永久绿化的要求，安排场地新建绿化。

［答案］D

［2020 真题·单选］根据《绿色施工导则》，关于非传统水源利用的说法，正确的是（　　）。

A. 现场机具、设备、车辆冲洗、喷洒路面、绿化浇灌等用水，优先采用非传统水源，尽量不使用市政自来水

B. 可以采用地下水搅拌、地下水养护，有条件的地区和工程应当收集雨水养护

第五章

C. 处于基坑降水阶段的工地，地下水不得作为生活用水

D. 施工中非传统水源和循环水的再利用量力争大于20%

[解析] 非传统水源利用：①优先采用中水搅拌、中水养护，有条件的地区和工程应收集雨水养护；②处于基坑降水阶段的工地，宜优先采用地下水作为混凝土搅拌用水、养护用水、冲洗用水和部分生活用水；③现场机具、设备、车辆冲洗、喷洒路面、绿化浇灌等用水，优先采用非传统水源，尽量不使用市政自来水；④大型施工现场，尤其是雨量充沛地区的大型施工现场建立雨水收集利用系统，充分收集自然降水用于施工和生活中适宜的部位；⑤力争施工中非传统水源和循环水的再利用量大于30%。

[答案] A

[2019 真题·单选] 建设工程施工过程中，关于施工节材的说法，正确的是（　　）。

A. 应当使用散装水泥　　B. 禁止损毁耕地烧砖

C. 应当使用预拌混凝土　　D. 禁止远距离采购建筑材料

[解析]《循环经济促进法》规定，国家鼓励利用无毒无害的固体废物生产建筑材料，鼓励使用散装水泥，推广使用预拌混凝土和预拌砂浆。禁止损毁耕地烧砖。在国务院或者省、自治区、直辖市人民政府规定的期限和区域内，禁止生产、销售和使用黏土砖。

[答案] B

[2019/2015 真题·单选] 根据《绿色施工导则》，四节一环保中的“四节”是指（　　）。

A. 节工、节材、节机、节能　　B. 节水、节电、节气、节时

C. 节电、节材、节工、节水　　D. 节能、节地、节水、节材

[解析] 绿色施工是指工程建设中，在保证质量、安全等基本要求的前提下，通过科学管理和技术进步，最大限度地节约资源与减少对环境负面影响的施工活动，实现四节一环保（节能、节地、节水、节材和环境保护）。

[答案] D

[2020 真题·多选] 关于施工中节材与材料资源利用的说法，正确的有（　　）。

A. 根据施工进度、库存情况等合理安排材料的采购、进场时间和批次，减少库存

B. 根据现场平面布置情况就近卸载，避免和减少二次搬运

C. 优化安装工程的预留、预埋、管线路径等方案

D. 应当就地取材，施工现场500 km以内生产的建筑材料用量占建筑材料总重量的70%以上

E. 图纸会审时，应当审核节材与材料资源利用的相关内容，达到材料损耗率比定额损耗率降低20%

[解析]《绿色施工导则》规定，图纸会审时，应审核节材与材料资源利用的相关内容，达到材料损耗率比定额损耗率降低30%，选项E错误。

[答案] ABCD

第三节　施工文物保护制度

考点 1　受法律保护的文物范围★

一、文物及文物保护单位的分级

根据《文物保护法》，古文化遗址、古墓葬、古建筑、石窟寺、石刻、壁画、近代现代重要史迹和代表性建筑等不可移动文物，根据它们的历史、艺术、科学价值，可以分别确定为全国重点文物保护单位，省级文物保护单位，市、县级文物保护单位。

历史上各时代重要实物、艺术品、文献、手稿、图书资料、代表性实物等可移动文物，分为珍贵文物和一般文物；珍贵文物分为一级文物、二级文物、三级文物。

二、受国家保护的文物

根据《文物保护法》，在中华人民共和国境内，下列文物受国家保护：①具有历史、艺术、科学价值的古文化遗址、古墓葬、古建筑、石窟寺和石刻、壁画；②与重大历史事件、革命运动或者著名人物有关的以及具有重要纪念意义、教育意义或者史料价值的近代现代重要史迹、实物、代表性建筑；③历史上各时代珍贵的艺术品、工艺美术品；④历史上各时代重要的文献资料以及具有历史、艺术、科学价值的手稿和图书资料等；⑤反映历史上各时代、各民族社会制度、社会生产、社会生活的代表性实物。

具有科学价值的古脊椎动物化石和古人类化石同文物一样受国家保护。

三、国家所有的文物

根据《文物保护法》，中华人民共和国境内地下、内水和领海中遗存的一切文物，属于国家所有。

古文化遗址、古墓葬、石窟寺属于国家所有。国家指定保护的纪念建筑物、古建筑、石刻、壁画、近代现代代表性建筑等不可移动文物，除国家另有规定的以外，属于国家所有。

国有不可移动文物的所有权不因其所依附的土地所有权或者使用权的改变而改变。

下列可移动文物，属于国家所有：①中国境内出土的文物，国家另有规定的除外；②国有文物收藏单位以及其他国家机关、部队和国有企业、事业组织等收藏、保管的文物；③国家征集、购买的文物；④公民、法人和其他组织捐赠给国家的文物；⑤法律规定属于国家所有的其他文物。

属于国家所有的可移动文物的所有权不因其保管、收藏单位的终止或者变更而改变。

四、水下文物

根据《中华人民共和国水下文物保护管理条例》（以下简称《水下文物保护管理条例》），水下文物是指遗存于下列水域的具有历史、艺术和科学价值的人类文化遗产：

（1）遗存于中国内水、领海内的一切起源于中国的、起源国不明的和起源于外国的文物。（属于国家所有）

（2）遗存于中国领海以外，依照中国法律由中国管辖的其他海域内的起源于中国的和起

源国不明的文物。(属于国家所有)

(3)遗存于外国领海以外的其他管辖海域以及公海区域内的起源于中国的文物。(国家享有辨认器物物主的权利)

以上规定内容不包括1911年以后的与重大历史事件、革命运动以及著名人物无关的水下遗存。

考点2 在文物保护单位保护范围和建设控制地带施工的规定★★

一、历史文化名城

(一)历史文化名城申报

根据《文物保护法实施条例》,历史文化名城,由国务院建设行政主管部门会同国务院文物行政主管部门报国务院核定公布。

历史文化街区、村镇,由省、自治区、直辖市人民政府城乡规划行政主管部门会同文物行政主管部门报本级人民政府核定公布。

根据《历史文化名城名镇名村保护条例》,具备下列条件的城市、镇、村庄,可以申报历史文化名城、名镇、名村:①保存文物特别丰富;②历史建筑集中成片;③保留着传统格局和历史风貌;④历史上曾经作为政治、经济、文化、交通中心或者军事要地,或者发生过重要历史事件,或者其传统产业、历史上建设的重大工程对本地区的发展产生过重要影响,或者能够集中反映本地区建筑的文化特色、民族特色。

申报历史文化名城的,在所申报的历史文化名城保护范围内还应当有2个以上的历史文化街区。

(二)历史文化名城保护

根据《历史文化名城名镇名村保护条例》,历史文化名城、名镇、名村应当整体保护,保持传统格局、历史风貌和空间尺度,不得改变与其相互依存的自然景观和环境。

在历史文化名城、名镇、名村保护范围内从事建设活动,应当符合保护规划的要求,不得损害历史文化遗产的真实性和完整性,不得对其传统格局和历史风貌构成破坏性影响。

在历史文化名城、名镇、名村保护范围内禁止进行下列活动:①开山、采石、开矿等破坏传统格局和历史风貌的活动;②占用保护规划确定保留的园林绿地、河湖水系、道路等;③修建生产、储存爆炸性、易燃性、放射性、毒害性、腐蚀性物品的工厂、仓库等;④在历史建筑上刻划、涂污。

在历史文化名城、名镇、名村保护范围内进行下列活动,应当保护其传统格局、历史风貌和历史建筑;制订保护方案,经城市、县人民政府城乡规划主管部门会同同级文物主管部门批准,并依照有关法律、法规的规定办理相关手续:①改变园林绿地、河湖水系等自然状态的活动;②在核心保护范围内进行影视摄制、举办大型群众性活动;③其他影响传统格局、历史风貌或者历史建筑的活动。

对历史文化街区、名镇、名村核心保护范围内的建筑物、构筑物,应当区分不同情况,采取相应措施,实行分类保护。历史文化街区、名镇、名村核心保护范围内的历史建筑,应当保持原有的高度、体量、外观形象及色彩等。

在历史文化街区、名镇、名村核心保护范围内，不得进行新建、扩建活动。但是，新建、扩建必要的基础设施和公共服务设施除外。

在历史文化街区、名镇、名村核心保护范围内，新建、扩建必要的基础设施和公共服务设施的，城市、县人民政府城乡规划主管部门核发建设工程规划许可证、乡村建设规划许可证前，应当征求同级文物主管部门的意见。

在历史文化街区、名镇、名村核心保护范围内，拆除历史建筑以外的建筑物、构筑物或者其他设施的，应当经城市、县人民政府城乡规划主管部门会同同级文物主管部门批准。

城市、县人民政府应当在历史文化街区、名镇、名村核心保护范围的主要出入口设置标志牌。

任何单位或者个人不得损坏或者擅自迁移、拆除历史建筑。

二、文物保护单位的保护范围和建设控制地带

（一）文物保护单位的保护范围

根据《文物保护法实施条例》，文物保护单位的保护范围，是指对文物保护单位本体及周围一定范围实施重点保护的区域。

全国重点文物保护单位和省级文物保护单位自核定公布之日起1年内，由省、自治区、直辖市人民政府划定必要的保护范围，作出标志说明，建立记录档案，设置专门机构或者指定专人负责管理。

设区的市、自治州级和县级文物保护单位自核定公布之日起1年内，由核定公布该文物保护单位的人民政府划定保护范围，作出标志说明，建立记录档案，设置专门机构或者指定专人负责管理。

（二）文物保护单位的建设控制地带

根据《文物保护法实施条例》，文物保护单位的建设控制地带，是指在文物保护单位的保护范围外，为保护文物保护单位的安全、环境、历史风貌对建设项目加以限制的区域。

全国重点文物保护单位的建设控制地带，经省、自治区、直辖市人民政府批准，由省、自治区、直辖市人民政府的文物行政主管部门会同城乡规划行政主管部门划定并公布。

省级、设区的市、自治州级和县级文物保护单位的建设控制地带，经省、自治区、直辖市人民政府批准，由核定公布该文物保护单位的人民政府的文物行政主管部门会同城乡规划行政主管部门划定并公布。

（三）文物保护单位的保护范围和建设控制地带的施工规定

根据《文物保护法实施条例》，承担文物保护单位的修缮、迁移、重建工程的单位，应当同时取得文物行政主管部门发给的相应等级的文物保护工程资质证书和建设行政主管部门发给的相应等级的资质证书。其中，不涉及建筑活动的文物保护单位的修缮、迁移、重建，应当由取得文物行政主管部门发给的相应等级的文物保护工程资质证书的单位承担。

文物行政主管部门在审批文物保护单位的修缮计划和工程设计方案前，应当征求上一级人民政府文物行政主管部门的意见。

根据《文物保护法》，文物保护单位的保护范围内不得进行其他建设工程或者爆破、钻探、挖掘等作业。但是，因特殊情况需要在文物保护单位的保护范围内进行其他建设工程或

者爆破、钻探、挖掘等作业的，必须保证文物保护单位的安全，并经核定公布该文物保护单位的人民政府批准，在批准前应当征得上一级人民政府文物行政部门同意；在全国重点文物保护单位的保护范围内进行其他建设工程或者爆破、钻探、挖掘等作业的，必须经省、自治区、直辖市人民政府批准，在批准前应当征得国务院文物行政部门同意。

在文物保护单位的建设控制地带内进行建设工程，不得破坏文物保护单位的历史风貌；工程设计方案应当根据文物保护单位的级别，经相应的文物行政部门同意后，报城乡建设规划部门批准。

在文物保护单位的保护范围和建设控制地带内，不得建设污染文物保护单位及其环境的设施，不得进行可能影响文物保护单位安全及其环境的活动。对已有的污染文物保护单位及其环境的设施，应当限期治理。

建设工程选址，应当尽可能避开不可移动文物；因特殊情况不能避开的，对文物保护单位应当尽可能实施原址保护。实施原址保护的，建设单位应当事先确定保护措施，根据文物保护单位的级别报相应的文物行政部门批准；未经批准的，不得开工建设。

考点 3 考古发掘★

根据《文物保护法》，一切考古发掘工作，必须履行报批手续；从事考古发掘的单位，应当经国务院文物行政部门批准。地下埋藏的文物，任何单位或者个人都不得私自发掘。

进行大型基本建设工程，建设单位应当事先报请省、自治区、直辖市人民政府文物行政部门组织从事考古发掘的单位在工程范围内有可能埋藏文物的地方进行考古调查、勘探。

考古调查、勘探中发现文物的，由省、自治区、直辖市人民政府文物行政部门根据文物保护的要求会同建设单位共同商定保护措施；遇有重要发现的，由省、自治区、直辖市人民政府文物行政部门及时报国务院文物行政部门处理。

确因建设工期紧迫或者有自然破坏危险，对古文化遗址、古墓葬急需进行抢救发掘的，由省、自治区、直辖市人民政府文物行政部门组织发掘，并同时补办审批手续。

凡因进行基本建设和生产建设需要的考古调查、勘探、发掘，所需费用由建设单位列入建设工程预算。

在进行建设工程或者在农业生产中，任何单位或者个人发现文物，应当保护现场，立即报告当地文物行政部门，文物行政部门接到报告后，如无特殊情况，应当在 24 小时内赶赴现场，并在 7 日内提出处理意见。文物行政部门可以报请当地人民政府通知公安机关协助保护现场；发现重要文物的，应当立即上报国务院文物行政部门，国务院文物行政部门应当在接到报告后 15 日内提出处理意见。

依照上述规定发现的文物属于国家所有，任何单位或者个人不得哄抢、私分、藏匿。

实战演练

[**2021 真题 · 单选**] 根据《历史文化名城名镇名村保护条例》，可以申报历史文化名城、名镇、名村的是（　　）。

A. 保存文物比较丰富的城市

B. 能够反映本地区建筑的文化特色的镇

C. 保留着传统格局和历史风貌的村庄

D. 历史上建设的工程对本地区发展产生较大影响的城市

[解析] 具备下列条件的城市、镇、村庄，可以申报历史文化名城、名镇、名村：①保存文物特别丰富；②历史建筑集中成片；③保留着传统格局和历史风貌；④历史上曾经作为政治、经济、文化、交通中心或者军事要地，或者发生过重要历史事件，或者其传统产业、历史上建设的重大工程对本地区的发展产生过重要影响，或者能够集中反映本地区建筑的文化特色、民族特色。

[答案] C

[2020 真题·单选] 根据《历史文化名城名镇名村保护条例》，在历史文化名城、名镇、名村保护范围内可以进行的活动是（　　）。

A. 开山、采石、开矿等破坏传统格局和历史风貌的活动

B. 占用保护规划确定保留的道路

C. 在核心保护范围内举办大型群众性活动

D. 为响应国家扶贫政策修建生产爆炸性物品的工厂

[解析] 在历史文化名城、名镇、名村保护范围内进行下列活动，应当保护其传统格局、历史风貌和历史建筑；制订保护方案，经城市、县人民政府城乡规划主管部门会同同级文物主管部门批准，并依照有关法律、法规的规定办理相关手续：①改变园林绿地、河湖水系等自然状态的活动；②在核心保护范围内进行影视摄制、举办大型群众性活动；③其他影响传统格局、历史风貌或者历史建筑的活动。

[答案] C

[2020 真题·单选] 关于施工中发现文物的说法，正确的是（　　）。

A. 在工程建设中发现文物，文物行政主管部门接到报告后，如无特殊情况，应当在24 小时内赶赴现场，并在 7 日内提出处理意见

B. 在工程建设中发现的文物属于国家所有，在农业生产中发现的文物属于集体所有

C. 确因建设工期紧迫，对古文化遗址、古墓葬急需进行抢救发掘的，由县级人民政府文物行政主管部门组织发掘，并同时补办审批手续

D. 进行大型基本建设工程前，建设单位应当组织从事考古发掘的单位在工程范围内有可能埋藏文物的地方进行考古调查、勘探

[解析] 选项 A 正确，《文物保护法》规定，在进行建设工程或者在农业生产中，任何单位或者个人发现文物，应当保护现场，立即报告当地文物行政部门，文物行政部门接到报告后，如无特殊情况，应当在 24 小时内赶赴现场，并在 7 日内提出处理意见。选项 B 错误，在中国境内出土的文物属于国家所有。选项 C 错误，确因建设工期紧迫或者有自然破坏危险，对古文化遗址、古墓葬急需进行抢救发掘的，由省、自治区、直辖市人民政府文物行政部门组织发掘，并同时补办审批手续。选项 D 错误，进行大型基本建设工程，建设单位应当事先报请省、自治区、直辖市人民政府文物行政部门组织从事考古发掘的单位在工程范围内有可能埋藏文物的地方进行考古调查、勘探。

第五章

[答案] A

[2019 真题 · 单选] 根据《文物保护法》，属于受国家保护的文物的是（　　）。

A. 具有历史价值的壁画

B. 与历史事件有关的史迹

C. 古脊椎动物化石

D. 古人类化石

[解析] 在中华人民共和国境内，下列文物受国家保护：①具有历史、艺术、科学价值的古文化遗址、古墓葬、古建筑、石窟寺和石刻、壁画；②与重大历史事件、革命运动或者著名人物有关的以及具有重要纪念意义、教育意义或者史料价值的近代现代重要史迹、实物、代表性建筑；③历史上各时代珍贵的艺术品、工艺美术品；④历史上各时代重要的文献资料以及具有历史、艺术、科学价值的手稿和图书资料等；⑤反映历史上各时代、各民族社会制度、社会生产、社会生活的代表性实物。文物认定的标准和办法由国务院文物行政部门制定，并报国务院批准。具有科学价值的古脊椎动物化石和古人类化石同文物一样受国家保护。

[答案] A

[2016 真题 · 单选] 下列文物中，属于国家所有的是（　　）。

A. 祖传文物

B. 我国邻海毗邻海域中遗存的文物

C. 民营企业家捐赠给国家的文物

D. 遗存于公海的起源于中国的文物

[解析] 下列可移动文物，属于国家所有：①中国境内出土的文物，国家另有规定的除外；②国有文物收藏单位以及其他国家机关、部队和国有企业、事业组织等收藏、保管的文物；③国家征集、购买的文物；④公民、法人和其他组织捐赠给国家的文物；⑤法律规定属于国家所有的其他文物。

[答案] C

[经典例题 · 单选] 根据《水下文物保护管理条例》，下列文物中，属于国家所有的水下文物的是（　　）。

A. 遗存于中国内水的起源国不明的文物

B. 遗存于中国领海以外，依照中国法律由中国管辖的其他海域内的起源于外国的文物

C. 遗存于外国领海以外的其他管辖海域内的起源国不明的文物

D. 遗存于外国领域内的起源于中国的文物

[解析] 遗存于中国内水、领海内的一切起源于中国的、起源国不明的和起源于外国的文物，以及遗存于中国领海以外的，依照中国法律由中国管辖的其他海域内的起源于中国的和起源国不明的文物，属于国家所有，国家对其行使管辖权。遗存于外国领海以外的其他管辖海域以及公海区域内的起源于中国的文物，国家享有辨认器物物主的权利。

[答案] A

［经典例题·单选］根据《文物保护实施条例》，关于文物保护单位保护范围的说法，正确的是（　　）。

A. 设区的市文物保护单位由设区的市文物行政部门划定保护范围

B. 自治州及文物保护单位由自治州城乡规划行政部门划定保护范围

C. 全国重点文物保护单位由国务院文物行政部门划定必要的保护范围

D. 县级文物保护单位由核定公布该文物保护单位的人民政府划定保护范围

［解析］全国重点文物保护单位和省级文物保护单位自核定公布之日起1年内，由省、自治区、直辖市人民政府划定必要的保护范围。设区的市、自治州级和县级文物保护单位自核定公布之日起1年内，由核定公布该文物保护单位的人民政府划定保护范围。

［答案］D

［经典例题·单选］关于文物保护单位建设控制地带的说法，正确的是（　　）。

A. 文物保护单位建设控制地带是指文物保护单位本体

B. 文物保护单位建设控制地带是指文物保护单位周围一定范围禁止建设项目的区域

C. 全国重点文物保护单位的建设控制地带由省级人民政府城乡规划行政主管部门划定

D. 全国重点文物保护单位的建设控制地带，应经省级人民政府批准

［解析］文物保护单位的建设控制地带，是指在文物保护单位的保护范围外，为保护文物保护单位的安全、环境、历史风貌对建设项目加以限制的区域，选项A、B错误。全国重点文物保护单位的建设控制地带，经省、自治区、直辖市人民政府批准，由省、自治区、直辖市人民政府的文物行政主管部门会同城乡规划行政主管部门划定并公布，选项C错误。

［答案］D

［经典例题·单选］关于在文物保护单位保护范围和建设控制地带内从事建设活动的说法，正确的是（　　）。

A. 文物保护单位的保护范围内及其周边的一定区域内不得进行爆破作业

B. 在全国重点文物保护单位的保护范围内进行爆破作业，必须经国务院批准

C. 因特殊情况需要在文物保护单位的保护范围内进行爆破作业的，应经核定公布该文物保护单位的人民政府批准

D. 在省、自治区、直辖市重点文物保护单位的保护范围内进行爆破作业的，必须经国务院文物行政部门批准

［解析］选项A错误，文物保护单位的保护范围内及其周边的一定区域内因特殊情况需要的可以进行爆破作业。选项B、D错误，在全国重点文物保护单位的保护范围内进行其他建设工程或者爆破、钻探、挖掘等作业的，必须经省、自治区、直辖市人民政府批准，在批准前应征得国务院文物行政部门同意。

［答案］C

第六章

建设工程安全生产法律制度

名师导学

从考试角度来看，本章记忆性内容较多，但是考查难度不大，考点恒定且相对比较集中。从实践角度来看，本章内容与现场人员工作紧密结合，学习起来较易掌握，做题时注意细节把控，重点注意关键词的考查。

本章内容在考试大纲的基础上，按照《中华人民共和国安全生产法》（以下简称《安全生产法》）、《建筑法》、《建设工程安全生产管理条例》的法条顺序进行编写，细节上补充《建筑施工企业负责人及项目负责人施工现场带班暂行办法》、《建筑施工企业安全生产管理机构设置及专职安全生产管理人员配备办法》、《危险性较大的分部分项工程安全管理规定》、《工伤保险条例》、《生产安全事故报告和调查处理条例》等相关内容。

考情分析

近四年考试真题分值统计表（单位：分）

节序	节名	2022 年		2021 年Ⅰ批		2021 年Ⅱ批		2020 年		2019 年	
		单选	多选	单选	多选	单选	多选	单选	多选	单选	多选
第一节	施工安全生产许可证制度	1	0	1	0	2	0	1	0	1	0
第二节	施工安全生产责任和安全生产教育培训制度	2	0	2	0	1	0	2	0	2	0
第三节	施工现场安全防护制度	2	0	3	0	2	0	2	0	2	0
第四节	施工安全事故的应急救援与调查处理	2	0	1	0	2	0	2	0	1	0
第五节	建设单位和相关单位的建设工程安全责任制度	1	2	1	2	1	2	0	2	1	2
合计		8	2	8	2	8	2	7	2	7	2

第一节　施工安全生产许可证制度

考点 1 安全生产许可证适用范围★★

根据《安全生产许可证条例》，国家对矿山企业、建筑施工企业和危险化学品、烟花爆竹、民用爆炸物品生产企业（以下统称企业）实行安全生产许可制度。企业未取得安全生产许可证的，不得从事生产活动。

根据《建筑施工企业安全生产许可证管理规定》，建筑施工企业未取得安全生产许可证的，不得从事建筑施工活动。建筑施工企业是指从事土木工程、建筑工程、线路管道和设备安装工程及装修工程的新建、扩建、改建和拆除等有关活动的企业。

根据《安全生产许可证条例》，省、自治区、直辖市人民政府建设主管部门负责建筑施工企业安全生产许可证的颁发和管理，并接受国务院建设主管部门的指导和监督。

根据《建筑施工企业安全生产许可证管理规定》，国务院建设主管部门负责中央管理的建筑施工企业安全生产许可证的颁发和管理。省、自治区、直辖市人民政府建设主管部门负责本行政区域内上述规定以外的建筑施工企业安全生产许可证的颁发和管理，并接受国务院建设主管部门的指导和监督。市、县人民政府建设主管部门负责本行政区域内建筑施工企业安全生产许可证的监督管理，并将监督检查中发现的企业违法行为及时报告安全生产许可证颁发管理机关。

考点 2 申请领取安全生产许可证的条件★★★

《安全生产许可证条例》规定，企业取得安全生产许可证，应当具备下列安全生产条件：①建立、健全安全生产责任制，制定完备的安全生产规章制度和操作规程；②安全投入符合安全生产要求；③设置安全生产管理机构，配备专职安全生产管理人员；④主要负责人和安全生产管理人员经考核合格；⑤特种作业人员经有关业务主管部门考核合格，取得特种作业操作资格证书；⑥从业人员经安全生产教育和培训合格；⑦依法参加工伤保险，为从业人员缴纳保险费；⑧厂房、作业场所和安全设施、设备、工艺符合有关安全生产法律、法规、标准和规程的要求；⑨有职业危害防治措施，并为从业人员配备符合国家标准或者行业标准的劳动防护用品；⑩依法进行安全评价；⑪有重大危险源检测、评估、监控措施和应急预案；⑫有生产安全事故应急救援预案、应急救援组织或者应急救援人员，配备必要的应急救援器材、设备；⑬法律、法规规定的其他条件。

《建筑施工企业安全生产许可证管理规定》进一步规定，建筑施工企业取得安全生产许可证，应当具备下列安全生产条件：①建立、健全安全生产责任制，制定完备的安全生产规章制度和操作规程；②保证本单位安全生产条件所需资金的投入；③设置安全生产管理机构，按照国家有关规定配备专职安全生产管理人员；④主要负责人、项目负责人、专职安全生产管理人员经建设主管部门或者其他有关部门考核合格；⑤特种作业人员经有关业务主管部门考核合格，取得特种作业操作资格证书；⑥管理人员和作业人员每年至少进行一次安全生产教育培训并考核合格；⑦依法参加工伤保险，依法为施工现场从事危险作业的人员办理意外伤害保险，为从业人员交纳保险费；⑧施工现场的办公、生活区及作业场所和安全防护用具、机械设备、施工机具及配件符合有关安全生产法律、法规、标准和规程的要求；⑨有职业危害防治措施，并为作业人员配备符合国家标准或者行业标准的安全防护用具和安全防护服装；⑩有对危险性较大的分部分项工程及施工现场易发生重大事故的部位、环节的预防、监控措施和应急预案；⑪有生产安全事故应急救援预案、应急救援组织或者应急救援人员，配备必要的应急救援器材、设备；⑫法律、法规规定的其他条件。

扫码听课

考点 3 安全生产许可证的实施要求★★★

根据《建筑施工企业安全生产许可证管理规定》，安全生产许可证的实施要求见表6-1-1。

表 6-1-1 安全生产许可证的实施要求

项目	具体要求
有效期	(1) 安全生产许可证的有效期为3年； (2) 安全生产许可证有效期满需要延期的，企业应当于期满前3个月向原安全生产许可证颁发管理机关申请办理延期手续； (3) 企业在安全生产许可证有效期内，严格遵守有关安全生产的法律法规，未发生死亡事故的，安全生产许可证有效期届满时，经原安全生产许可证颁发管理机关同意，不再审查，安全生产许可证有效期延期3年
变更	建筑施工企业变更名称、地址、法定代表人等，应当在变更后10日内，到原安全生产许可证颁发管理机关办理安全生产许可证变更手续
注销	建筑施工企业破产、倒闭、撤销的，应当将安全生产许可证交回原安全生产许可证颁发管理机关予以注销
遗失补办	(1) 建筑施工企业遗失安全生产许可证，应当立即向原安全生产许可证颁发管理机关报告，并在公众媒体上声明作废后，方可申请补办； (2)《住房和城乡建设部关于取消部分部门规章和规范性文件设定的证明事项的决定》(建法规〔2019〕6号) 进一步规定，申请人不再需要在公众媒体上声明作废，由申请人告知资质许可机关，由资质许可机关在官网发布信息
监督管理	(1) 建设主管部门在审核发放施工许可证时，应当对已经确定的建筑施工企业是否有安全生产许可证进行审查，对没有取得安全生产许可证的，不得颁发施工许可证； (2) 建筑施工企业取得安全生产许可证后，不得降低安全生产条件，并应当加强日常安全生产管理，接受建设主管部门的监督检查。安全生产许可证颁发管理机关发现企业不再具备安全生产条件的，应当暂扣或者吊销安全生产许可证； (3) 建筑施工企业不得转让、冒用安全生产许可证或者使用伪造的安全生产许可证

续表

项目	具体要求
撤销	安全生产许可证颁发管理机关或者其上级行政机关发现有下列情形之一的，可以撤销已经颁发的安全生产许可证： (1) 安全生产许可证颁发管理机关工作人员滥用职权、玩忽职守颁发安全生产许可证的； (2) 超越法定职权颁发安全生产许可证的； (3) 违反法定程序颁发安全生产许可证的； (4) 对不具备安全生产条件的建筑施工企业颁发安全生产许可证的； (5) 依法可以撤销已经颁发的安全生产许可证的其他情形
暂扣	(1) 取得安全生产许可证的建筑施工企业，发生重大安全事故的，暂扣安全生产许可证并限期整改； (2) 建筑施工企业不再具备安全生产条件的，暂扣安全生产许可证并限期整改；情节严重的，吊销安全生产许可证

考点 4 违法行为应承担的法律责任★

根据《建筑施工企业安全生产许可证管理规定》，建筑施工企业隐瞒有关情况或者提供虚假材料申请安全生产许可证的，不予受理或者不予颁发安全生产许可证，并给予警告，1年内不得申请安全生产许可证。

建筑施工企业以欺骗、贿赂等不正当手段取得安全生产许可证的，撤销安全生产许可证，3年内不得再次申请安全生产许可证；构成犯罪的，依法追究刑事责任。

实战演练

[2021 真题·单选] 根据《建筑施工企业安全生产许可证管理规定》，下列施工企业的违法行为中，属于应当撤销安全生产许可证的是（　　）。

A. 冒用安全生产许可证的

B. 安全生产许可证未办理延期手续继续从事施工活动的

C. 使用伪造的安全生产许可证的

D. 以贿赂手段取得安全生产许可证的

[解析] 建筑施工企业以欺骗、贿赂等不正当手段取得安全生产许可证的，撤销安全生产许可证，3年内不得再次申请安全生产许可证；构成犯罪的，依法追究刑事责任。

[答案] D

[2021 真题·单选] 下列建筑施工条件中，属于建筑施工企业取得安全生产许可证应当具备的条件是（　　）。

A. 为职工办理了意外伤害保险

B. 依法参加工伤保险，为从业人员缴纳保险费

C. 保证本单位生产经营条件所需资金的投入

D. 管理人员和作业人员每年至少进行2次安全生产教育培训并考核合格

[解析] 选项A错误，选项B正确，施工企业应依法参加工伤保险，依法为施工现场从事危险作业的人员办理意外伤害保险，为从业人员交纳保险费。选项C错误，施工企业应保证本单位安全生产条件所需资金的投入。选项D错误，管理人员和作业人员每年至少进行1次安全生产教育培训并考核合格。

[答案] B

[2021真题·单选] 关于建筑施工企业安全生产许可证的说法，正确的是（　　）。

A. 企业在安全生产许可证有效期内未发生死亡事故的，安全生产许可证自动续期

B. 安全生产许可证的有效期为5年

C. 安全生产许可证有效期满前30天可以向原颁发管理机关办理延期手续

D. 安全生产许可证遗失补办，由申请人告知资质许可机关，由资质许可机关在官网发布信息

[解析] 选项A错误，企业在安全生产许可证有效期内，严格遵守有关安全生产的法律法规，未发生死亡事故的，安全生产许可证有效期届满时，经原安全生产许可证颁发管理机关同意，不再审查，安全生产许可证有效期延期3年。选项B错误，安全生产许可证的有效期为3年。选项C错误，安全生产许可证有效期满需要延期的，企业应当于期满前3个月向原安全生产许可证颁发管理机关申请办理延期手续。

[答案] D

[2020真题·单选] 关于建筑施工企业安全生产许可证的说法，正确的是（　　）。

A. 建设单位应当在项目开工前申请领取安全生产许可证

B. 安全生产许可证有效期届满后应当向原安全生产许可证颁发管理机关申请延期

C. 建筑施工企业撤销的，其安全生产许可证应当注销

D. 安全生产许可证遗失，向原安全生产许可证颁发管理机关报告后即可申请补办

[解析] 选项A错误，建筑施工企业从事建筑施工活动前，应当依照《建筑施工企业安全生产许可证管理规定》向企业注册所在地省、自治区、直辖市人民政府住房城乡建设主管部门申请领取安全生产许可证。选项B错误，安全生产许可证有效期满需要延期的，企业应当于期满前3个月向原安全生产许可证颁发管理机关申请办理延期手续。选项C正确，建筑施工企业破产、倒闭、撤销的，应当将安全生产许可证交回原安全生产许可证颁发管理机关予以注销。选项D错误，建筑施工企业遗失安全生产许可证，应当立即向原安全生产许可证颁发管理机关报告，并在公众媒体上声明作废后，方可申请补办。

[答案] C

[2020真题·单选] 根据《建筑施工企业安全生产许可证管理规定》，建筑施工企业取得安全生产许可证应当具备的条件是（　　）。

A. 特种作业人员取得特种作业操作资格证书

B. 为职工办理意外伤害保险

C. 配备兼职安全生产管理人员

D. 有职业危害防治措施，并为安全生产管理人员配备合格的安全防护用具与防护服装

第六章

[**解析**] 选项B错误，施工企业应依法参加工伤保险，依法为施工现场从事危险作业的人员办理意外伤害保险，为从业人员交纳保险费。选项C错误，设置安全生产管理机构，按照国家有关规定配备专职安全生产管理人员。选项D错误，有职业危害防治措施，并为作业人员配备符合国家标准或者行业标准的劳动防护用品。

[**答案**] A

[**2019 真题·单选**] 关于建筑施工企业安全生产许可证的说法，正确的是（　　）。

A. 建筑施工企业变更法定代表人，应当办理安全生产许可证的变更手续

B. 安全生产许可证有效期可以自动延期

C. 安全生产许可证延期后的有效期短于原有效期

D. 建筑施工企业变更地址，安全生产许可证无须办理变更手续

[**解析**] 安全生产许可证的有效期为3年。安全生产许可证有效期满需要延期的，企业应当于期满前3个月向原安全生产许可证颁发管理机关申请办理延期手续，选项B错误。企业在安全生产许可证有效期内，严格遵守有关安全生产的法律法规，未发生死亡事故的，安全生产许可证有效期届满时，经原安全生产许可证颁发管理机关同意，不再审查，安全生产许可证有效期延期3年，选项C错误。建筑施工企业变更名称、地址、法定代表人等，应当在变更后10日内，到原安全生产许可证颁发管理机关办理安全生产许可证变更手续，选项D错误。

[**答案**] A

[**经典例题·多选**] 根据《安全生产许可证条例》，国家对（　　）实行安全生产许可制度。

A. 矿山企业

B. 建筑施工企业

C. 日用化学品生产、经营、储存单位

D. 危险化学品生产、经营、储存单位

E. 烟花爆竹、民用爆炸物品生产企业

[**解析**] 国家对矿山企业、建筑施工企业和危险化学品、烟花爆竹、民用爆炸物品生产企业实行安全生产许可制度。

[**答案**] ABE

第二节　施工安全生产责任和安全生产教育培训制度

根据《安全生产法》，安全生产工作应当以人为本，坚持人民至上、生命至上，把保护人民生命安全摆在首位，树牢安全发展理念，坚持安全第一、预防为主、综合治理的方针，从源头上防范化解重大安全风险。

安全生产工作实行管行业必须管安全、管业务必须管安全、管生产经营必须管安全，强化和落实生产经营单位主体责任与政府监管责任，建立生产经营单位负责、职工参与、政府监管、行业自律和社会监督的机制。

生产经营单位应当具备《安全生产法》及有关法律、行政法规和国家标准或者行业标准

规定的安全生产条件；不具备安全生产条件的，不得从事生产经营活动。

根据《建筑法》，建筑工程安全生产管理必须坚持安全第一、预防为主的方针，建立健全安全生产的责任制度和群防群治制度。

考点 1 生产经营单位的安全生产保障★★★

一、施工单位主要负责人的安全生产责任

（一）施工单位主要负责人的安全生产责任

《建筑法》规定，建筑施工企业必须依法加强对建筑安全生产的管理，执行安全生产责任制度，采取有效措施，防止伤亡和其他安全生产事故的发生。建筑施工企业的法定代表人对本企业的安全生产负责。

《安全生产法》规定，生产经营单位的主要负责人对本单位安全生产工作负有下列职责：①建立健全并落实本单位全员安全生产责任制，加强安全生产标准化建设；②组织制定并实施本单位安全生产规章制度和操作规程；③组织制定并实施本单位安全生产教育和培训计划；④保证本单位安全生产投入的有效实施；⑤组织建立并落实安全风险分级管控和隐患排查治理双重预防工作机制，督促、检查本单位的安全生产工作，及时消除生产安全事故隐患；⑥组织制定并实施本单位的生产安全事故应急救援预案；⑦及时、如实报告生产安全事故。

《建设工程安全生产管理条例》规定，施工单位主要负责人依法对本单位的安全生产工作全面负责。施工单位应当建立健全安全生产责任制度和安全生产教育培训制度，制定安全生产规章制度和操作规程，保证本单位安全生产条件所需资金的投入，对所承担的建设工程进行定期和专项安全检查，并做好安全检查记录。

（二）建筑施工企业负责人施工现场带班制度

《建筑施工企业负责人及项目负责人施工现场带班暂行办法》（建质〔2011〕111号）规定，建筑施工企业应当建立企业负责人及项目负责人施工现场带班制度，并严格考核。企业负责人带班检查是指由建筑施工企业负责人带队实施对工程项目质量安全生产状况及项目负责人带班生产情况的检查。

➢ **名师点拨：** 建筑施工企业负责人是指企业的法定代表人、总经理、主管质量安全和生产工作的副总经理、总工程师和副总工程师。

建筑施工企业法定代表人是落实企业负责人及项目负责人施工现场带班制度的第一责任人，对落实带班制度全面负责。建筑施工企业负责人要定期带班检查，每月检查时间不少于其工作日的25%。建筑施工企业负责人带班检查时，应认真做好检查记录，并分别在企业和工程项目存档备查。

工程项目进行超过一定规模的危险性较大的分部分项工程施工时，建筑施工企业负责人应到施工现场进行带班检查。对于有分公司（非独立法人）的企业集团，集团负责人因故不能到现场的，可书面委托工程所在地的分公司负责人对施工现场进行带班检查。

工程项目出现险情或发现重大隐患时，建筑施工企业负责人应到施工现场带班检查，督促工程项目进行整改，及时消除险情和隐患。

二、安全生产资金投入的规定

根据《安全生产法》，生产经营单位应当具备的安全生产条件所必需的资金投入，由生产经营单位的决策机构、主要负责人或者个人经营的投资人予以保证，并对由于安全生产所必需的资金投入不足导致的后果承担责任。有关生产经营单位应当按照规定提取和使用安全生产费用，专门用于改善安全生产条件。安全生产费用在成本中据实列支。安全生产费用提取、使用和监督管理的具体办法由国务院财政部门会同国务院应急管理部门征求国务院有关部门意见后制定。

三、安全生产管理机构以及安全生产管理人员的要求

（一）安全生产管理机构以及安全生产管理人员的配置

《安全生产法》规定，矿山、金属冶炼、建筑施工、运输单位和危险物品的生产、经营、储存、装卸单位，应当设置安全生产管理机构或者配备专职安全生产管理人员。

《建筑施工企业安全生产管理机构设置及专职安全生产管理人员配备办法》（建质〔2008〕91号）规定，建筑施工企业安全生产管理机构专职安全生产管理人员的配备应满足下列要求，并应根据企业经营规模、设备管理和生产需要予以增加：①建筑施工总承包资质序列企业：特级资质不少于6人；一级资质不少于4人；二级和二级以下资质企业不少于3人；②建筑施工专业承包资质序列企业：一级资质不少于3人；二级和二级以下资质企业不少于2人；③建筑施工劳务分包资质序列企业：不少于2人；④建筑施工企业的分公司、区域公司等较大的分支机构（以下简称分支机构）应依据实际生产情况配备不少于2人的专职安全生产管理人员。

建筑施工企业应当在建设工程项目组建安全生产领导小组。建设工程实行施工总承包的，安全生产领导小组由总承包企业、专业承包企业和劳务分包企业项目经理、技术负责人和专职安全生产管理人员组成。

总承包单位配备项目专职安全生产管理人员应当满足下列要求：

（1）建筑工程、装修工程按照建筑面积配备：①1万平方米以下的工程不少于1人；②1万～5万平方米的工程不少于2人；③5万平方米及以上的工程不少于3人，且按专业配备专职安全生产管理人员。

（2）土木工程、线路管道、设备安装工程按照工程合同价配备：①5 000万元以下的工程不少于1人；②5 000万～1亿元的工程不少于2人；③1亿元及以上的工程不少于3人，且按专业配备专职安全生产管理人员。

分包单位配备项目专职安全生产管理人员应当满足下列要求：

（1）专业承包单位应当配置至少1人，并根据所承担的分部分项工程的工程量和施工危险程度增加。

（2）劳务分包单位施工人员在50人以下的，应当配备1名专职安全生产管理人员；50～200人的，应当配备2名专职安全生产管理人员；200人及以上的，应当配备3名及以上专职安全生产管理人员，并根据所承担的分部分项工程施工危险实际情况增加，不得少于工程施工人员总人数的5‰。

采用新技术、新工艺、新材料或致害因素多、施工作业难度大的工程项目，项目专职安全生产管理人员的数量应当根据施工实际情况，在总承包单位和分包单位项目专职安全生产管理人员的配备标准上增加。

施工作业班组可以设置兼职安全巡查员，对本班组的作业场所进行安全监督检查。建筑施工企业应当定期对兼职安全巡查员进行安全教育培训。

安全生产许可证颁发管理机关颁发安全生产许可证时，应当审查建筑施工企业安全生产管理机构设置及其专职安全生产管理人员的配备情况。

建设主管部门核发施工许可证或者核准开工报告时，应当审查该工程项目专职安全生产管理人员的配备情况。

建设主管部门应当监督检查建筑施工企业安全生产管理机构及其专职安全生产管理人员履责情况。

（二）安全生产管理机构以及安全生产管理人员的职责

《安全生产法》规定，生产经营单位的安全生产管理机构以及安全生产管理人员应履行下列职责：①组织或者参与拟订本单位安全生产规章制度、操作规程和生产安全事故应急救援预案；②组织或者参与本单位安全生产教育和培训，如实记录安全生产教育和培训情况；③组织开展危险源辨识和评估，督促落实本单位重大危险源的安全管理措施；④组织或者参与本单位应急救援演练；⑤检查本单位的安全生产状况，及时排查生产安全事故隐患，提出改进安全生产管理的建议；⑥制止和纠正违章指挥、强令冒险作业、违反操作规程的行为；⑦督促落实本单位安全生产整改措施。

生产经营单位可以设置专职安全生产分管负责人，协助本单位主要负责人履行安全生产管理职责。生产经营单位的安全生产管理机构以及安全生产管理人员应当恪尽职守，依法履行职责。生产经营单位作出涉及安全生产的经营决策，应当听取安全生产管理机构以及安全生产管理人员的意见。

项目专职安全生产管理人员具有以下主要职责：①负责施工现场安全生产日常检查并做好检查记录；②现场监督危险性较大工程安全专项施工方案实施情况；③对作业人员违规违章行为有权予以纠正或查处；④对施工现场存在的安全隐患有权责令立即整改；⑤对于发现的重大安全隐患，有权向企业安全生产管理机构报告；⑥依法报告生产安全事故情况。

四、施工项目负责人的安全生产责任

（一）施工项目负责人的安全生产责任

根据《建设工程安全生产管理条例》，施工单位的项目负责人应当由取得相应执业资格的人员担任，对建设工程项目的安全施工负责，落实安全生产责任制度、安全生产规章制度和操作规程，确保安全生产费用的有效使用，并根据工程的特点组织制定安全施工措施，消除安全事故隐患，及时、如实报告生产安全事故。

根据《建筑施工企业主要负责人、项目负责人和专职安全生产管理人员安全生产管理规定》，项目负责人对本项目安全生产管理全面负责，应当建立项目安全生产管理体系，明确项目管理人员安全职责，落实安全生产管理制度，确保项目安全生产费用有效使用。

项目负责人应当按规定实施项目安全生产管理，监控危险性较大分部分项工程，及时排查处理施工现场安全事故隐患，隐患排查处理情况应当记入项目安全管理档案；发生事故时，应当按规定及时报告并开展现场救援。

工程项目实行总承包的，总承包企业项目负责人应当定期考核分包企业安全生产管理情况。

（二）建筑施工项目负责人施工现场带班制度

《建筑施工企业负责人及项目负责人施工现场带班暂行办法》（建质〔2011〕111号）规定，建筑施工企业应当建立企业负责人及项目负责人施工现场带班制度，并严格考核。

项目负责人带班生产是指项目负责人在施工现场组织协调工程项目的质量安全生产活动。

建筑施工企业法定代表人是落实企业负责人及项目负责人施工现场带班制度的第一责任人，对落实带班制度全面负责。建筑施工企业负责人要定期带班检查，每月检查时间不少于其工作日的25%。

项目负责人是工程项目质量安全管理的第一责任人，应对工程项目落实带班制度负责。项目负责人在同一时期只能承担一个工程项目的管理工作。项目负责人带班生产时，要全面掌握工程项目质量安全生产状况，加强对重点部位、关键环节的控制，及时消除隐患。要认真做好带班生产记录并签字存档备查。项目负责人每月带班生产时间不得少于本月施工时间的80%。因其他事务需离开施工现场时，应向工程项目的建设单位请假，经批准后方可离开。离开期间应委托项目相关负责人负责其外出时的日常工作。

考点 2　施工总承包和分包单位的安全生产责任★★

《建筑法》规定，施工现场安全由建筑施工企业负责。实行施工总承包的，由总承包单位负责。分包单位向总承包单位负责，服从总承包单位对施工现场的安全生产管理。

《建设工程安全生产管理条例》进一步规定，建设工程实行施工总承包的，由总承包单位对施工现场的安全生产负总责。总承包单位应当自行完成建设工程主体结构的施工。总承包单位依法将建设工程分包给其他单位的，分包合同中应当明确各自的安全生产方面的权利、义务。总承包单位和分包单位对分包工程的安全生产承担连带责任。分包单位应当服从总承包单位的安全生产管理，分包单位不服从管理导致生产安全事故的，由分包单位承担主要责任。

实行施工总承包的建设工程，由总承包单位负责上报事故。

考点 3　施工作业人员安全生产的权利和义务★★

一、施工作业人员安全生产的权利

（一）获得安全保障、工伤保险和民事赔偿的权利

根据《安全生产法》，生产经营单位与从业人员订立的劳动合同，应当载明有关保障从业人员劳动安全、防止职业危害的事项，以及依法为从业人员办理工伤保险的事项。生产经营单位不得以任何形式与从业人员订立协议，免除或者减轻其对从业人员因生产安全事故伤亡依法应承担的责任。

生产经营单位发生生产安全事故后，应当及时采取措施救治有关人员。因生产安全事故受到损害的从业人员，除依法享有工伤保险外，依照有关民事法律尚有获得赔偿的权利的，有权提出赔偿要求。

（二）得知危险因素、防范措施及事故应急措施的权利

根据《安全生产法》，生产经营单位的从业人员有权了解其作业场所和工作岗位存在的危险因素、防范措施及事故应急措施，即享有安全生产的知情权。

（三）对本单位安全生产工作的批评、检举、控告及拒绝违章指挥和强令冒险作业的权利

根据《安全生产法》，从业人员有权对本单位安全生产工作中存在的问题提出批评、检举、控告；有权拒绝违章指挥和强令冒险作业。

生产经营单位不得因从业人员对本单位安全生产工作提出批评、检举、控告或者拒绝违章指挥、强令冒险作业而降低其工资、福利等待遇或者解除与其订立的劳动合同。

（四）紧急情况下停止作业和紧急撤离的权利

根据《安全生产法》，从业人员发现直接危及人身安全的紧急情况时，有权停止作业或者在采取可能的应急措施后撤离作业场所。

生产经营单位不得因从业人员在上述紧急情况下停止作业或者采取紧急撤离措施而降低其工资、福利等待遇或者解除与其订立的劳动合同。

（五）获得安全防护用具和安全防护服装的权利

根据《建设工程安全生产管理条例》，施工单位应当向作业人员提供安全防护用具和安全防护服装，并书面告知危险岗位的操作规程和违章操作的危害。

二、施工作业人员安全生产的义务

（1）遵守安全生产规章制度和操作规程。

（2）正确佩戴和使用劳动防护用品。

根据《安全生产法》，从业人员在作业过程中，应当严格落实岗位安全责任，遵守本单位的安全生产规章制度和操作规程，服从管理，正确佩戴和使用劳动防护用品。

（3）接受安全生产教育和培训。

根据《安全生产法》，从业人员应当接受安全生产教育和培训，掌握本职工作所需的安全生产知识，提高安全生产技能，增强事故预防和应急处理能力。

（4）对事故隐患或者其他不安全因素进行报告。

根据《安全生产法》，从业人员发现事故隐患或者其他不安全因素，应当立即向现场安全生产管理人员或者本单位负责人报告；接到报告的人员应当及时予以处理。

三、被派遣劳动者的权利和义务

根据《安全生产法》，生产经营单位使用被派遣劳动者的，被派遣劳动者享有本法规定的从业人员的权利，并应当履行本法规定的从业人员的义务。

考点 4 施工单位安全生产教育培训的规定★★

一、生产经营单位主要负责人、安全生产管理人员考核的规定

《安全生产法》规定，生产经营单位的主要负责人和安全生产管理人员必须具备与本单

位所从事的生产经营活动相应的安全生产知识和管理能力。

《建设工程安全生产管理条例》进一步规定，施工单位的主要负责人、项目负责人、专职安全生产管理人员应当经建设行政主管部门或者其他有关部门考核合格后方可任职。

根据《建筑施工企业主要负责人、项目负责人和专职安全生产管理人员安全生产管理规定》，“安管人员”应当通过其受聘企业，向企业工商注册地的省、自治区、直辖市人民政府住房城乡建设主管部门申请安全生产考核，并取得安全生产考核合格证书。安全生产考核不得收费。

➢ **名师点拨：** 安管人员指建筑施工企业主要负责人、项目负责人和专职安全生产管理人员，专职安全生产管理人员分为机械、土建和综合三类。

二、从业人员安全生产教育和培训的规定

根据《建筑法》，建筑施工企业应当建立健全劳动安全生产教育培训制度，加强对职工安全生产的教育培训；未经安全生产教育培训的人员，不得上岗作业。

根据《安全生产法》，生产经营单位应当对从业人员进行安全生产教育和培训，保证从业人员具备必要的安全生产知识，熟悉有关的安全生产规章制度和安全操作规程，掌握本岗位的安全操作技能，了解事故应急处理措施，知悉自身在安全生产方面的权利和义务。未经安全生产教育和培训合格的从业人员，不得上岗作业。

根据《建设工程安全生产管理条例》，施工单位应当对管理人员和作业人员每年至少进行1次安全生产教育培训，其教育培训情况记入个人工作档案。安全生产教育培训考核不合格的人员，不得上岗。

作业人员进入新的岗位或者新的施工现场前，应当接受安全生产教育培训。未经教育培训或者教育培训考核不合格的人员，不得上岗作业。

三、特种作业人员的范围和资格

根据《安全生产法》，生产经营单位的特种作业人员必须按照国家有关规定经专门的安全作业培训，取得相应资格，方可上岗作业。

根据《建设工程安全生产管理条例》，垂直运输机械作业人员、安装拆卸工、爆破作业人员、起重信号工、登高架设作业人员等特种作业人员，必须按照国家有关规定经过专门的安全作业培训，并取得特种作业操作资格证书后，方可上岗作业。

根据《建筑施工特种作业人员管理规定》（建质〔2008〕75号），建筑施工特种作业包括：①建筑电工；②建筑架子工；③建筑起重信号司索工；④建筑起重机械司机；⑤建筑起重机械安装拆卸工；⑥高处作业吊篮安装拆卸工；⑦经省级以上人民政府建设主管部门认定的其他特种作业。

建筑施工特种作业人员必须经建设主管部门考核合格，取得建筑施工特种作业人员操作资格证书，方可上岗从事相应作业。

四、采用新技术、新工艺、新技术、新材料或者使用新设备的安全生产教育和培训规定

根据《安全生产法》，生产经营单位采用新工艺、新技术、新材料或者使用新设备，必须了解、掌握其安全技术特性，采取有效的安全防护措施，并对从业人员进行专门的安全生产教育和培训。

根据《建设工程安全生产管理条例》，施工单位在采用新技术、新工艺、新设备、新材料时，应当对作业人员进行相应的安全生产教育培训。

五、被派遣劳动者的安全生产教育和培训规定

根据《安全生产法》，生产经营单位使用被派遣劳动者的，应当将被派遣劳动者纳入本单位从业人员统一管理，对被派遣劳动者进行岗位安全操作规程和安全操作技能的教育和培训。劳务派遣单位应当对被派遣劳动者进行必要的安全生产教育和培训。

实战演练

[2022 真题 · 单选] 根据《安全生产法》，从业人员发现直接危及人身安全的紧急情况时，有权停止作业或者在采取可能的措施后撤离作业场所，这项权利是（　　）。

A. 紧急避险权　　B. 知情权

C. 拒绝违章指挥权　　D. 控告权

[解析] 紧急避险权是指从业人员发现直接危及人身安全的紧急情况时，有权停止作业或者在采取可能的应急措施后撤离作业场所。

[答案] A

[2021 真题 · 单选] 根据《安全生产法》，施工企业主要负责人对安全生产的责任是（　　）。

A. 工程项目实行总承包的，定期考核分包单位安全生产管理情况

B. 保证本企业安全生产投入的有效实施

C. 督促落实本企业重大危险源的安全管理措施

D. 在施工现场组织协调工程项目安全生产活动

[解析] 生产经营单位的主要负责人对本单位安全生产工作负有下列职责：①建立健全并落实本单位全员安全生产责任制，加强安全生产标准化建设；②组织制定并实施本单位安全生产规章制度和操作规程；③组织制定并实施本单位安全生产教育和培训计划；④保证本单位安全生产投入的有效实施；⑤组织建立并落实安全风险分级管控和隐患排查治理双重预防工作机制，督促、检查本单位的安全生产工作，及时消除生产安全事故隐患；⑥组织制定并实施本单位的生产安全事故应急救援预案；⑦及时、如实报告生产安全事故。

[答案] B

[2021 真题 · 单选] 总承包项目工地大型塔吊倾倒造成伤亡事故的，负责上报事故的单位是（　　）。

A. 施工总承包单位

B. 建设单位

C. 监理单位

D. 项目经理

[解析] 实行施工总承包的建设工程，由总承包单位负责上报事故。

[答案] A

［2021 真题·单选］下列安全生产责任中，属于建设工程项目专职安全生产管理人员职责的是（　　）。

A. 组织制定并实施生产安全事故应急救援预案

B. 保证本单位安全投入的有效实施

C. 督促检查危险性较大工程的安全生产工作，及时消除生产安全事故隐患

D. 现场监督危险性较大工程安全专项施工方案实施情况

［解析］项目专职安全生产管理人员具有以下主要职责：①负责施工现场安全生产日常检查并做好检查记录；②现场监督危险性较大工程安全专项施工方案实施情况；③对作业人员违规违章行为有权予以纠正或查处；④对施工现场存在的安全隐患有权责令立即整改；⑤对于发现的重大安全隐患，有权向企业安全生产管理机构报告；⑥依法报告生产安全事故情况。选项 A、B、C 属于企业负责人的安全生产责任。

［答案］D

［2020 真题·单选］关于施工企业项目负责人安全生产责任的说法，正确的是（　　）。

A. 应当监控分部分项工程的安全生产情况

B. 每月带班生产时间不得少于本月施工时间的 60％

C. 每月带班检查时间不得少于其工作日的 25％

D. 应当对工程项目落实带班制度负责

［解析］项目负责人应当按规定实施项目安全生产管理，监控危险性较大的分部分项工程，及时排查处理施工现场安全事故隐患，隐患排查处理情况应当记入项目安全管理档案；发生事故时，应当按规定及时报告并开展现场救援，选项 A 错误。项目负责人每月带班生产时间不得少于本月施工时间的 80％，建筑施工企业负责人要定期带班检查，每月检查时间不少于其工作日的 25％，选项 B、C 错误。项目负责人是工程项目质量安全管理的第一责任人，应对工程项目落实带班制度负责，选项 D 正确。

［答案］D

［2020 真题·单选］建设工程施工总承包单位依法将建设工程进行分包，关于安全生产责任的说法，正确的是（　　）。

A. 分包工程的安全生产由分包单位独立承担责任

B. 分包工程的安全生产由施工总承包单位承担全部责任

C. 分包合同应当明确总、分包单位各自的安全生产责任

D. 施工总承包单位和分包单位对施工现场安全生产承担同等责任

［解析］总承包单位和分包单位对分包工程的安全生产承担连带责任。总承包单位依法将建设工程分包给其他单位的，分包合同中应当明确各自的安全生产方面的权利、义务。分包单位应当服从总承包单位的安全生产管理，分包单位不服从管理导致生产安全事故的，由分包单位承担主要责任。

［答案］C

［2019 真题·单选］根据《建筑施工企业主要负责人、项目负责人和专职安全生产管理人员安全生产管理规定》，属于项目负责人安全生产职责的是（　　）。

A. 建立安全生产管理制度　　B. 建立项目安全生产管理体系

C. 监控分部分项工程　　D. 及时报告质量问题

［解析］项目负责人对本项目安全生产管理全面负责，应当建立项目安全生产管理体系，明确项目管理人员安全职责，落实安全生产管理制度，确保项目安全生产费用有效使用。项目负责人应当按规定实施项目安全生产管理，监控危险性较大分部分项工程，及时排查处理施工现场安全事故隐患，隐患排查处理情况应当记入项目安全管理档案；发生事故时，应当按规定及时报告并开展现场救援。工程项目实行总承包的，总承包企业项目负责人应当定期考核分包企业安全生产管理情况。

［答案］B

［2015 真题·多选］下列各项权利中，属于施工作业人员安全生产权利的有（　　）。

A. 检举权　　B. 接受安全教育培训的权利

C. 危险报告权　　D. 控告权

E. 批评权

［解析］施工作业人员应当享有的安全生产权利有：①施工安全生产的知情权和建议权；②施工安全防护用品的获得权；③批评、检举、控告权及拒绝违章指挥权；④紧急避险权；⑤获得工伤保险和意外伤害保险赔偿的权利；⑥请求民事赔偿权。

［答案］ADE

第三节　施工现场安全防护制度

考点 1　编制安全技术措施、专项施工方案和安全技术交底的规定★★★

一、《建筑法》

建筑施工企业在编制施工组织设计时，应当根据建筑工程的特点制定相应的安全技术措施；对专业性较强的工程项目，应当编制专项安全施工组织设计，并采取安全技术措施。

二、《建设工程安全生产管理条例》

施工单位应当在施工组织设计中编制安全技术措施和施工现场临时用电方案，对下列达到一定规模的危险性较大的分部分项工程编制专项施工方案，并附具安全验算结果，经施工单位技术负责人、总监理工程师签字后实施，由专职安全生产管理人员进行现场监督：①基坑支护与降水工程；②土方开挖工程；③模板工程；④起重吊装工程；⑤脚手架工程；⑥拆除、爆破工程；⑦国务院建设行政主管部门或者其他有关部门规定的其他危险性较大的工程。

对上述所列工程中涉及深基坑、地下暗挖工程、高大模板工程的专项施工方案，施工单位还应当组织专家进行论证、审查。

建设工程施工前，施工单位负责项目管理的技术人员应当对有关安全施工的技术要求向施工作业班组、作业人员作出详细说明，并由双方签字确认。

三、**《危险性较大的分部分项工程安全管理规定》**

危险性较大的分部分项工程是指房屋建筑和市政基础设施工程在施工过程中，容易导致人员群死群伤或者造成重大经济损失的分部分项工程。

（一）专项施工方案

施工单位应当在危大工程施工前组织工程技术人员编制专项施工方案。实行施工总承包的，专项施工方案应当由施工总承包单位组织编制。危大工程实行分包的，专项施工方案可以由相关专业分包单位组织编制。

专项施工方案应当由施工单位技术负责人审核签字、加盖单位公章，并由总监理工程师审查签字、加盖执业印章后方可实施。

危大工程实行分包并由分包单位编制专项施工方案的，专项施工方案应当由总承包单位技术负责人及分包单位技术负责人共同审核签字并加盖单位公章。

对于超过一定规模的危大工程，施工单位应当组织召开专家论证会对专项施工方案进行论证。实行施工总承包的，由施工总承包单位组织召开专家论证会。专家论证前专项施工方案应当通过施工单位审核和总监理工程师审查。

专家应当从地方人民政府住房城乡建设主管部门建立的专家库中选取，符合专业要求且人数不得少于 5 名。与本工程有利害关系的人员不得以专家身份参加专家论证会。

专家论证会后，应当形成论证报告，对专项施工方案提出通过、修改后通过或者不通过的一致意见。专家对论证报告负责并签字确认。

专项施工方案经论证需修改后通过的，施工单位应当根据论证报告修改完善后，重新履行"专项施工方案应当由施工单位技术负责人审核签字、加盖单位公章，并由总监理工程师审查签字、加盖执业印章后方可实施"的程序。专项施工方案经论证不通过的，施工单位修改后应当按照本规定的要求重新组织专家论证。

（二）现场安全管理

施工单位应当在施工现场显著位置公告危大工程名称、施工时间和具体责任人员，并在危险区域设置安全警示标志。

专项施工方案实施前，编制人员或者项目技术负责人应当向施工现场管理人员进行方案交底。施工现场管理人员应当向作业人员进行安全技术交底，并由双方和项目专职安全生产管理人员共同签字确认。

施工单位应当严格按照专项施工方案组织施工，不得擅自修改专项施工方案。因规划调整、设计变更等原因确需调整的，修改后的专项施工方案应当按照本规定重新审核和论证。涉及资金或者工期调整的，建设单位应当按照约定予以调整。

施工单位应当对危大工程施工作业人员进行登记，项目负责人应当在施工现场履职。项目专职安全生产管理人员应当对专项施工方案实施情况进行现场监督，对未按照专项施工方案施工的，应当要求立即整改，并及时报告项目负责人，项目负责人应当及时组织限期整改。施工单位应当按照规定对危大工程进行施工监测和安全巡视，发现危及人身安全的紧急情况，应当立即组织作业人员撤离危险区域。

监理单位应当结合危大工程专项施工方案编制监理实施细则，并对危大工程施工实施专项巡视检查。

监理单位发现施工单位未按照专项施工方案施工的，应当要求其进行整改；情节严重的，应当要求其暂停施工，并及时报告建设单位。施工单位拒不整改或者不停止施工的，监理单位应当及时报告建设单位和工程所在地住房城乡建设主管部门。

对于按照规定需要进行第三方监测的危大工程，建设单位应当委托具有相应勘察资质的单位进行监测。监测单位应当编制监测方案。监测方案由监测单位技术负责人审核签字并加盖单位公章，报送监理单位后方可实施。

监测单位应当按照监测方案开展监测，及时向建设单位报送监测成果，并对监测成果负责；发现异常时，及时向建设、设计、施工、监理单位报告，建设单位应当立即组织相关单位采取处置措施。

对于按照规定需要验收的危大工程，施工单位、监理单位应当组织相关人员进行验收。验收合格的，经施工单位项目技术负责人及总监理工程师签字确认后，方可进入下一道工序。危大工程验收合格后，施工单位应当在施工现场明显位置设置验收标识牌，公示验收时间及责任人员。

危大工程发生险情或者事故时，施工单位应当立即采取应急处置措施，并报告工程所在地住房城乡建设主管部门。建设、勘察、设计、监理等单位应当配合施工单位开展应急抢险工作。

危大工程应急抢险结束后，建设单位应当组织勘察、设计、施工、监理等单位制定工程恢复方案，并对应急抢险工作进行后评估。

施工、监理单位应当建立危大工程安全管理档案。施工单位应当将专项施工方案及审核、专家论证、交底、现场检查、验收及整改等相关资料纳入档案管理。监理单位应当将监理实施细则、专项施工方案审查、专项巡视检查、验收及整改等相关资料纳入档案管理。

考点 2 施工现场安全防范措施、安全费用和特种设备安全管理的规定★★

一、施工现场安全防范措施的规定

（一）施工现场实行封闭管理

《建筑法》规定，建筑施工企业应当在施工现场采取维护安全、防范危险、预防火灾等措施；有条件的，应当对施工现场实行封闭管理。

施工现场对毗邻的建筑物、构筑物和特殊作业环境可能造成损害的，建筑施工企业应当采取安全防护措施。

《建设工程安全生产管理条例》规定，施工单位对因建设工程施工可能造成损害的毗邻建筑物、构筑物和地下管线等，应当采取专项防护措施。施工单位应当遵守有关环境保护法律、法规的规定，在施工现场采取措施，防止或者减少粉尘、废气、废水、固体废物、噪声、振动和施工照明对人和环境的危害和污染。在城市市区内的建设工程，施工单位应当对施工现场实行封闭围挡。

（二）安全警示标志及危险部位的安全防护措施

《建设工程安全生产管理条例》规定，施工单位应当在施工现场入口处、施工起重机械、临时用电设施、脚手架、出入通道口、楼梯口、电梯井口、孔洞口、桥梁口、隧道口、基坑边沿、爆破物及有害危险气体和液体存放处等危险部位，设置明显的安全警示标志。安全警示标志必须符合国家标准。施工单位应当根据不同施工阶段和周围环境及季节、气候的变化，在施工现场采取相应的安全施工措施。施工现场暂时停止施工的，施工单位应当做好现场防护，所需费用由责任方承担，或者按照合同约定执行。

（三）施工现场临时工程管理

施工单位应当将施工现场的办公、生活区与作业区分开设置，并保持安全距离；办公、生活区的选址应当符合安全性要求。职工的膳食、饮水、休息场所等应当符合卫生标准。施工单位不得在尚未竣工的建筑物内设置员工集体宿舍。施工现场临时搭建的建筑物应当符合安全使用要求。施工现场使用的装配式活动房屋应当具有产品合格证。

（四）施工现场建立消防安全责任制度

根据《建设工程安全生产管理条例》，施工单位应当在施工现场建立消防安全责任制度，确定消防安全责任人，制定用火、用电、使用易燃易爆材料等各项消防安全管理制度和操作规程，设置消防通道、消防水源，配备消防设施和灭火器材，并在施工现场入口处设置明显标志。

（五）安全防护用具、机械设备、施工机具及配件的安全管理

根据《建设工程安全生产管理条例》，施工单位采购、租赁的安全防护用具、机械设备、施工机具及配件，应当具有生产（制造）许可证、产品合格证，并在进入施工现场前进行查验。施工现场的安全防护用具、机械设备、施工机具及配件必须由专人管理，定期进行检查、维修和保养，建立相应的资料档案，并按照国家有关规定及时报废。

施工单位在使用施工起重机械和整体提升脚手架、模板等自升式架设设施前，应当组织有关单位进行验收，也可以委托具有相应资质的检验检测机构进行验收；使用承租的机械设备和施工机具及配件的，由施工总承包单位、分包单位、出租单位和安装单位共同进行验收。验收合格的方可使用。《特种设备安全监察条例》规定的施工起重机械，在验收前应当经有相应资质的检验检测机构监督检验合格。

施工单位应当自施工起重机械和整体提升脚手架、模板等自升式架设设施验收合格之日起 30 日内，向建设行政主管部门或者其他有关部门登记。登记标志应当置于或者附着于该设备的显著位置。

（六）危险作业的安全管理规定

根据《危险化学品安全生产管理条例》，生产、储存危险化学品的单位，应当对其铺设的危险化学品管道设置明显标志，并对危险化学品管道定期检查、检测。

进行可能危及危险化学品管道安全的施工作业，施工单位应当在开工的 7 日前书面通知管道所属单位，并与管道所属单位共同制定应急预案，采取相应的安全防护措施。管道所属单位应当指派专门人员到现场进行管道安全保护指导。

二、施工现场安全费用的规定

根据《建设工程安全生产管理条例》，施工单位主要负责人应当保证本单位安全生产条件所需资金的投入。施工单位对列入建设工程概算的安全作业环境及安全施工措施所需费用，应当用于施工安全防护用具及设施的采购和更新、安全施工措施的落实、安全生产条件的改善，不得挪作他用。

（一）建设工程施工企业安全费用提取标准

《企业安全生产费用提取和使用管理办法（征求意见稿）》（应急厅函〔2019〕428号）规定，建设工程施工企业以建筑安装工程造价为计提依据。各建设工程类别安全费用提取标准如下：①矿山工程为3.5%；②铁路工程、城市轨道交通工程为3%；③房屋建筑工程、水利水电工程、电力工程为2.5%；④市政公用工程、冶炼工程、机电安装工程、化工石油工程、港口与航道工程、公路工程、通信工程为2%。

建设工程施工企业应当在编制工程造价时包含并单列安全费用，在竞标时不得删减，列入标外管理。在施工生产过程中，结合工程造价时计取的安全费用，根据实际工程建设前期所需、完工程度进行提取。国家对基本建设投资概算另有规定的，从其规定。

总包单位应当将安全费用按比例直接支付分包单位并监督使用，分包单位不再重复提取。

《建筑安装工程费用项目组成》（建标〔2013〕44号）规定，安全文明施工费包括：

（1）环境保护费：是指施工现场为达到环保部门要求所需要的各项费用。

（2）文明施工费：是指施工现场文明施工所需要的各项费用。

（3）安全施工费：是指施工现场安全施工所需要的各项费用。

（4）临时设施费：是指施工企业为进行建设工程施工所必须搭设的生活和生产用的临时建筑物、构筑物和其他临时设施费用。包括临时设施的搭设、维修、拆除、清理费或摊销费等。

（二）建设工程施工企业安全费用的报价与支付

根据《建筑工程安全防护、文明施工措施费用及使用管理规定》（建办〔2005〕89号），投标方应当根据现行标准规范，结合工程特点、工期进度和作业环境要求，在施工组织设计文件中制定相应的安全防护、文明施工措施，并按照招标文件要求结合自身的施工技术水平、管理水平对工程安全防护、文明施工措施项目单独报价。投标方安全防护、文明施工措施的报价，不得低于依据工程所在地工程造价管理机构测定费率计算所需费用总额的90%。

建设单位与施工单位在施工合同中对安全防护、文明施工措施费用预付、支付计划未作约定或约定不明的，合同工期在1年以内的，建设单位预付安全防护、文明施工措施项目费用不得低于该费用总额的50%；合同工期在1年以上的（含1年），预付安全防护、文明施工措施费用不得低于该费用总额的30%，其余费用应当按照施工进度支付。

实行工程总承包的，总承包单位依法将建筑工程分包给其他单位的，总承包单位与分包单位应当在分包合同中明确安全防护、文明施工措施费用由总承包单位统一管理。安全防护、文明施工措施由分包单位实施的，由分包单位提出专项安全防护措施及施工方案，经总承包单位批准后及时支付所需费用。

（三）建设工程施工企业安全费用使用范围

《企业安全生产费用提取和使用管理办法（征求意见稿）》（应急厅函〔2019〕428号）规定，建设工程施工企业安全费用应当按照以下范围使用：①完善、改造和维护安全防护设施设备支出（不含"三同时"要求初期投入的安全设施），包括施工现场临时用电系统、洞口、临边、机械设备、高处作业防护、交叉作业防护、防火、防爆、防尘、防毒、防雷、防台风、防地质灾害、地下工程有害气体监测、通风、临时安全防护等设施设备支出；②配备、维护、保养应急救援器材、设备支出和应急救援队伍建设与应急演练支出；③开展重大危险源和事故隐患评估、监测监控和整改支出；④安全生产检查、评价（不包括新建、改建、扩建项目安全评价）、咨询和标准化建设支出；⑤配备和更新现场作业人员安全防护用品支出；⑥安全生产宣传、教育、培训支出；⑦安全生产适用的新技术、新标准、新工艺、新装备的推广应用支出；⑧安全设施及特种设备检测检验支出；⑨安全生产责任保险支出；⑩其他与安全生产直接相关的支出。

（四）监督管理

《企业安全生产费用提取和使用管理办法（征求意见稿）》（应急厅函〔2019〕428号）规定，建设单位未按规定及时向施工单位支付安全费用、建设工程施工总承包单位未向分包单位支付必要的安全费用以及承包单位挪用安全费用的，由建设、交通运输、铁路、水利、应急管理、煤矿安全监察等部门依照相关法规、规章进行处理、处罚。

根据《建筑工程安全防护、文明施工措施费用及使用管理规定》（建办〔2005〕89号），施工单位应当确保安全防护、文明施工措施费专款专用，在财务管理中单独列出安全防护、文明施工措施项目费用清单备查。施工单位安全生产管理机构和专职安全生产管理人员负责对建筑工程安全防护、文明施工措施的组织实施进行现场监督检查，并有权向建设主管部门反映情况。工程总承包单位对建筑工程安全防护、文明施工措施费用的使用负总责。总承包单位应当按照本规定及合同约定及时向分包单位支付安全防护、文明施工措施费用。总承包单位不按本规定和合同约定支付费用，造成分包单位不能及时落实安全防护措施导致发生事故的，由总承包单位负主要责任。

三、特种设备安全管理的规定

根据《建设工程安全生产管理条例》，《特种设备安全监察条例》规定的施工起重机械，在验收前应当经有相应资质的检验检测机构监督检验合格。

施工单位应当自施工起重机械和整体提升脚手架、模板等自升式架设设施验收合格之日起30日内，向建设行政主管部门或者其他有关部门登记。登记标志应当置于或者附着于该设备的显著位置。

根据《特种设备安全监察条例》，特种设备使用单位应当对在用特种设备进行经常性日常维护保养，并定期自行检查。特种设备使用单位对在用特种设备应当至少每月进行1次自行检查，并作出记录。特种设备使用单位在对在用特种设备进行自行检查和日常维护保养时发现异常情况的，应当及时处理。

特种设备使用单位应当按照安全技术规范的定期检验要求，在安全检验合格有效期届满前1个月向特种设备检验检测机构提出定期检验要求。检验检测机构接到定期检验要求后，应当按照安全技术规范的要求及时进行安全性能检验和能效测试。未经定期检验或者检验不合格的特种设备，不得继续使用。

特种设备出现故障或者发生异常情况，使用单位应当对其进行全面检查，消除事故隐患后，方可重新投入使用。特种设备不符合能效指标的，特种设备使用单位应当采取相应措施进行整改。

考点 3 施工现场消防安全职责和应采取的消防安全措施★

一、《建设工程安全生产管理条例》

施工单位应当在施工现场建立消防安全责任制度，确定消防安全责任人，制定用火、用电、使用易燃易爆材料等各项消防安全管理制度和操作规程，设置消防通道、消防水源，配备消防设施和灭火器材，并在施工现场入口处设置明显标志。

➢ **名师点拨：**消防安全责任人一般为机关、团体、企业、事业等单位的法定代表人。

二、《中华人民共和国消防法》

建设工程的消防设计、施工必须符合国家工程建设消防技术标准。建设、设计、施工、工程监理等单位依法对建设工程的消防设计、施工质量负责。

对按照国家工程建设消防技术标准需要进行消防设计的建设工程，实行建设工程消防设计审查验收制度。

国务院住房和城乡建设主管部门规定的特殊建设工程，建设单位应当将消防设计文件报送住房和城乡建设主管部门审查，住房和城乡建设主管部门依法对审查的结果负责。上述规定以外的其他建设工程，建设单位申请领取施工许可证或者申请批准开工报告时应当提供满足施工需要的消防设计图纸及技术资料。

特殊建设工程未经消防设计审查或者审查不合格的，建设单位、施工单位不得施工；其他建设工程，建设单位未提供满足施工需要的消防设计图纸及技术资料的，有关部门不得发放施工许可证或者批准开工报告。

机关、团体、企业、事业等单位应当履行下列消防安全职责：①落实消防安全责任制，制定本单位的消防安全制度、消防安全操作规程，制定灭火和应急疏散预案；②按照国家标准、行业标准配置消防设施、器材，设置消防安全标志，并定期组织检验、维修，确保完好有效；③对建筑消防设施每年至少进行1次全面检测，确保完好有效，检测记录应当完整准确，存档备查；④保障疏散通道、安全出口、消防车通道畅通，保证防火防烟分区、防火间距符合消防技术标准；⑤组织防火检查，及时消除火灾隐患；⑥组织进行有针对性的消防演练；⑦法律、法规规定的其他消防安全职责。

单位的主要负责人是本单位的消防安全责任人。

县级以上地方人民政府消防救援机构应当将发生火灾可能性较大以及发生火灾可能造成重大的人身伤亡或者财产损失的单位，确定为本行政区域内的消防安全重点单位，并由应急管理部门报本级人民政府备案。

消防安全重点单位除应当履行上述规定的职责外，还应当履行下列消防安全职责：①确定消防安全管理人，组织实施本单位的消防安全管理工作；②建立消防档案，确定消防安全重点部位，设置防火标志，实行严格管理；③实行每日防火巡查，并建立巡查记录；④对职工进行岗前消防安全培训，定期组织消防安全培训和消防演练。

禁止在具有火灾、爆炸危险的场所吸烟、使用明火。因施工等特殊情况需要使用明火作业的，应当按照规定事先办理审批手续，采取相应的消防安全措施；作业人员应当遵守消防安全规定。

三、《消防安全责任制实施办法》(国办发〔2017〕87号)

坚持安全自查、隐患自除、责任自负。机关、团体、企业、事业等单位是消防安全的责任主体，法定代表人、主要负责人或实际控制人是本单位、本场所消防安全责任人，对本单位、本场所消防安全全面负责。消防安全重点单位应当确定消防安全管理人，组织实施本单位的消防安全管理工作。

机关、团体、企业、事业等单位应当落实消防安全主体责任，履行下列职责：

(1) 明确各级、各岗位消防安全责任人及其职责，制定本单位的消防安全制度、消防安全操作规程、灭火和应急疏散预案。定期组织开展灭火和应急疏散演练，进行消防工作检查考核，保证各项规章制度落实。

(2) 保证防火检查巡查、消防设施器材维护保养、建筑消防设施检测、火灾隐患整改、专职或志愿消防队和微型消防站建设等消防工作所需资金的投入。生产经营单位安全费用应当保证适当比例用于消防工作。

(3) 按照相关标准配备消防设施、器材，设置消防安全标志，定期检验维修，对建筑消防设施每年至少进行1次全面检测，确保完好有效。设有消防控制室的，实行24小时值班制度，每班不少于2人，并持证上岗。

(4) 保障疏散通道、安全出口、消防车通道畅通，保证防火防烟分区、防火间距符合消防技术标准。人员密集场所的门窗不得设置影响逃生和灭火救援的障碍物。保证建筑构件、建筑材料和室内装修装饰材料等符合消防技术标准。

(5) 定期开展防火检查、巡查，及时消除火灾隐患。

(6) 根据需要建立专职或志愿消防队、微型消防站，加强队伍建设，定期组织训练演练，加强消防装备配备和灭火药剂储备，建立与公安消防队联勤联动机制，提高扑救初起火灾能力。

(7) 消防法律、法规、规章以及政策文件规定的其他职责。

消防安全重点单位除履行上述规定的职责外，还应当履行下列职责：

(1) 明确承担消防安全管理工作的机构和消防安全管理人并报知当地公安消防部门，组织实施本单位消防安全管理。消防安全管理人应当经过消防培训。

(2) 建立消防档案，确定消防安全重点部位，设置防火标志，实行严格管理。

(3) 安装、使用电器产品、燃气用具和敷设电气线路、管线必须符合相关标准和用电、用气安全管理规定，并定期维护保养、检测。

（4）组织员工进行岗前消防安全培训，定期组织消防安全培训和疏散演练。

（5）根据需要建立微型消防站，积极参与消防安全区域联防联控，提高自防自救能力。

（6）积极应用消防远程监控、电气火灾监测、物联网技术等技防物防措施。

建设工程的建设、设计、施工和监理等单位应当遵守消防法律、法规、规章和工程建设消防技术标准，在工程设计使用年限内对工程的消防设计、施工质量承担终身责任。

四、《关于进一步加强建设工程施工现场消防安全工作的通知》（公消〔2009〕131号）

（一）保障施工现场具备消防安全条件

（1）施工现场要设置消防通道并确保畅通。

（2）施工现场要按有关规定设置消防水源。

（3）施工现场应当配备必要的消防设施和灭火器材。

（4）施工现场的办公、生活区与作业区应当分开设置，并保持安全距离；施工单位不得在尚未竣工的建筑物内设置员工集体宿舍。

（二）制定并落实各项消防安全管理制度和操作规程

施工单位应当在施工组织设计中编制消防安全技术措施和专项施工方案，并由专职安全管理人员进行现场监督。动用明火必须实行严格的消防安全管理，禁止在具有火灾、爆炸危险的场所使用明火；需要进行明火作业的，动火部门和人员应当按照用火管理制度办理审批手续，落实现场监护人，在确认无火灾、爆炸危险后方可动火施工；动火施工人员应当遵守消防安全规定，并落实相应的消防安全措施；易燃易爆危险物品和场所应有具体防火防爆措施；电焊、气焊、电工等特殊工种人员必须持证上岗；将容易发生火灾、一旦发生火灾后果严重的部位确定为重点防火部位，实行严格管理。

（三）加强施工现场人员消防安全教育培训

施工人员上岗前的安全培训应当包括以下消防内容：有关消防法规、消防安全制度和保障消防安全的操作规程，本岗位的火灾危险性和防火措施，有关消防设施的性能、灭火器材的使用方法，报火警、扑救初起火灾以及自救逃生的知识和技能等，保障施工现场人员具有相应的消防常识和逃生自救能力。

（四）落实防火检查，消除火灾隐患

施工单位应及时纠正违章操作行为，及时发现火灾隐患并采取防范、整改措施。国家、省级等重点工程的施工现场应当进行每日防火巡查，其他施工现场也应根据需要组织防火巡查。施工单位防火检查的内容应当包括：火灾隐患的整改情况以及防范措施的落实情况，疏散通道、消防车通道、消防水源情况，灭火器材配置及有效情况，用火、用电有无违章情况，重点工种人员及其他施工人员消防知识掌握情况，消防安全重点部位管理情况，易燃易爆危险物品和场所防火防爆措施落实情况，防火巡查落实情况等。

（五）加强初期火灾扑救和疏散演练

施工单位应当根据国家有关消防法规和建设工程安全生产法规的规定，建立施工现场消防组织，制定灭火和应急疏散预案，并至少每半年组织1次演练，提高施工人员及时报警、

扑灭初期火灾和自救逃生能力。

考点 4 工伤保险和意外伤害保险的规定★★★

一、工伤保险的规定

中华人民共和国境内的企业、事业单位、社会团体、民办非企业单位、基金会、律师事务所、会计师事务所等组织和有雇工的个体工商户（以下称用人单位）应当依照《工伤保险条例》规定参加工伤保险，为本单位全部职工或者雇工（以下称职工）缴纳工伤保险费。

中华人民共和国境内的企业、事业单位、社会团体、民办非企业单位、基金会、律师事务所、会计师事务所等组织的职工和个体工商户的雇工，均有依照《工伤保险条例》的规定享受工伤保险待遇的权利。

单位应当将参加工伤保险的有关情况在本单位内公示。职工发生工伤时，用人单位应当采取措施使工伤职工得到及时救治。

（一）工伤保险基金

工伤保险基金由用人单位缴纳的工伤保险费、工伤保险基金的利息和依法纳入工伤保险基金的其他资金构成。

工伤保险费根据以支定收、收支平衡的原则，确定费率。国家根据不同行业的工伤风险程度确定行业的差别费率，并根据工伤保险费使用、工伤发生率等情况在每个行业内确定若干费率档次。行业差别费率及行业内费率档次由国务院社会保险行政部门制定，报国务院批准后公布施行。

用人单位应当按时缴纳工伤保险费。职工个人不缴纳工伤保险费。用人单位缴纳工伤保险费的数额为本单位职工工资总额乘以单位缴费费率之积。

工伤保险基金存入社会保障基金财政专户，用于《工伤保险条例》规定的工伤保险待遇，劳动能力鉴定，工伤预防的宣传、培训等费用，以及法律、法规规定的用于工伤保险的其他费用的支付。任何单位或者个人不得将工伤保险基金用于投资运营、兴建或者改建办公场所、发放奖金，或者挪作其他用途。

（二）工伤认定

职工有下列情形之一的，应当认定为工伤：①在工作时间和工作场所内，因工作原因受到事故伤害的；②工作时间前后在工作场所内，从事与工作有关的预备性或者收尾性工作受到事故伤害的；③在工作时间和工作场所内，因履行工作职责受到暴力等意外伤害的；④患职业病的；⑤因工外出期间，由于工作原因受到伤害或者发生事故下落不明的；⑥在上下班途中，受到非本人主要责任的交通事故或者城市轨道交通、客运轮渡、火车事故伤害的；⑦法律、行政法规规定应当认定为工伤的其他情形。

职工有下列情形之一的，视同工伤：①在工作时间和工作岗位，突发疾病死亡或者在48小时之内经抢救无效死亡的；②在抢险救灾等维护国家利益、公共利益活动中受到伤害的；③职工原在军队服役，因战、因公负伤致残，已取得革命伤残军人证，到用人单位后旧伤复发的。

职工符合上述规定，但是有下列情形之一的，不得认定为工伤或者视同工伤：①故意犯罪的；②醉酒或者吸毒的；③自残或者自杀的。

职工发生事故伤害或者按照职业病防治法规定被诊断、鉴定为职业病的，所在单位应当自事故伤害发生之日或者被诊断、鉴定为职业病之日起 30 日内，向统筹地区社会保险行政部门提出工伤认定申请。遇有特殊情况，经报社会保险行政部门同意，申请时限可以适当延长。

用人单位未按上述规定提出工伤认定申请的，工伤职工或者其近亲属、工会组织在事故伤害发生之日或者被诊断、鉴定为职业病之日起 1 年内，可以直接向用人单位所在地统筹地区社会保险行政部门提出工伤认定申请。

职工或者其近亲属认为是工伤，用人单位不认为是工伤的，由用人单位承担举证责任。

社会保险行政部门应当自受理工伤认定申请之日起 60 日内作出工伤认定的决定，并书面通知申请工伤认定的职工或者其近亲属和该职工所在单位。社会保险行政部门对受理的事实清楚、权利义务明确的工伤认定申请，应当在 15 日内作出工伤认定的决定。作出工伤认定决定需要以司法机关或者有关行政主管部门的结论为依据的，在司法机关或者有关行政主管部门尚未作出结论期间，作出工伤认定决定的时限中止。社会保险行政部门工作人员与工伤认定申请人有利害关系的，应当回避。

（三）劳动能力鉴定

劳动能力鉴定是指劳动功能障碍程度和生活自理障碍程度的等级鉴定。劳动功能障碍分为十个伤残等级，最重的为一级，最轻的为十级。生活自理障碍分为三个等级：生活完全不能自理、生活大部分不能自理和生活部分不能自理。

劳动能力鉴定由用人单位、工伤职工或者其直系亲属向设区的市级劳动能力鉴定委员会提出申请，并提供工伤认定决定和职工工伤医疗的有关资料。

申请鉴定的单位或者个人对设区的市级劳动能力鉴定委员会作出的鉴定结论不服的，可以在收到该鉴定结论之日起 15 日内向省、自治区、直辖市劳动能力鉴定委员会提出再次鉴定申请。省、自治区、直辖市劳动能力鉴定委员会作出的劳动能力鉴定结论为最终结论。

（四）工伤保险待遇

社会保险行政部门作出认定为工伤的决定后发生行政复议、行政诉讼的，行政复议和行政诉讼期间不停止支付工伤职工治疗工伤的医疗费用。

职工因工作遭受事故伤害或者患职业病需要暂停工作接受工伤医疗的，在停工留薪期内，原工资福利待遇不变，由所在单位按月支付。停工留薪期一般不超过 12 个月。伤情严重或者情况特殊，经设区的市级劳动能力鉴定委员会确认，可以适当延长，但延长不得超过 12 个月。工伤职工评定伤残等级后，停发原待遇，按照工伤保险待遇的有关规定享受伤残待遇。工伤职工在停工留薪期满后仍需治疗的，继续享受工伤医疗待遇。生活不能自理的工伤职工在停工留薪期需要护理的，由所在单位负责。

工伤职工已经评定伤残等级并经劳动能力鉴定委员会确认需要生活护理的，从工伤保险基金按月支付生活护理费。

职工因工致残被鉴定为一级至四级伤残的，保留劳动关系，退出工作岗位。职工因工致残被鉴定为一级至四级伤残的，由用人单位和职工个人以伤残津贴为基数，缴纳基本医疗保险费。

职工因工致残被鉴定为五级、六级伤残的，保留与用人单位的劳动关系，由用人单位安排适当工作。难以安排工作的，由用人单位按月发给伤残津贴。伤残津贴实际金额低于当地最低工资标准的，由用人单位补足差额。

经工伤职工本人提出，该职工可以与用人单位解除或者终止劳动关系，由工伤保险基金支付一次性工伤医疗补助金，由用人单位支付一次性伤残就业补助金。

职工因工致残被鉴定为七级至十级伤残的，劳动、聘用合同期满终止，或者职工本人提出解除劳动、聘用合同的，由工伤保险基金支付一次性工伤医疗补助金，由用人单位支付一次性伤残就业补助金。

工伤职工有下列情形之一的，停止享受工伤保险待遇：①丧失享受待遇条件的；②拒不接受劳动能力鉴定的；③拒绝治疗的。

用人单位分立、合并、转让的，承继单位应当承担原用人单位的工伤保险责任；原用人单位已经参加工伤保险的，承继单位应当到当地经办机构办理工伤保险变更登记。用人单位实行承包经营的，工伤保险责任由职工劳动关系所在单位承担。职工被借调期间受到工伤事故伤害的，由原用人单位承担工伤保险责任，但原用人单位与借调单位可以约定补偿办法。企业破产的，在破产清算时依法拨付应当由单位支付的工伤保险待遇费用。

《最高人民法院关于审理工伤保险行政案件若干问题的规定》（法释〔2014〕9号）进一步规定，社会保险行政部门认定下列单位为承担工伤保险责任单位的，人民法院应予支持：①职工与2个或2个以上单位建立劳动关系，工伤事故发生时，职工为之工作的单位为承担工伤保险责任的单位；②劳务派遣单位派遣的职工在用工单位工作期间因工伤亡的，派遣单位为承担工伤保险责任的单位；③单位指派到其他单位工作的职工因工伤亡的，指派单位为承担工伤保险责任的单位；④用工单位违反法律、法规规定将承包业务转包给不具备用工主体资格的组织或者自然人，该组织或者自然人聘用的职工从事承包业务时因工伤亡的，用工单位为承担工伤保险责任的单位；⑤个人挂靠其他单位对外经营，其聘用的人员因工伤亡的，被挂靠单位为承担工伤保险责任的单位。

职工再次发生工伤，根据规定应当享受伤残津贴的，按照新认定的伤残等级享受伤残津贴待遇。

二、意外伤害保险的规定

《建筑法》规定，鼓励企业为从事危险作业的职工办理意外伤害保险，支付保险费。

《建设工程安全生产管理条例》规定，施工单位应当为施工现场从事危险作业的人员办理意外伤害保险。意外伤害保险费由施工单位支付。实行施工总承包的，由总承包单位支付意外伤害保险费。意外伤害保险期限自建设工程开工之日起至竣工验收合格止。

《建设部关于加强建筑意外伤害保险工作的指导意见》（建质〔2003〕107号）进一步规定，建筑施工企业应当为施工现场从事施工作业和管理的人员，在施工活动过程中发生的人身意外伤亡事故提供保障，办理建筑意外伤害保险、支付保险费。范围应当覆盖工程项目。已在企业所在地参加工伤保险的人员，从事现场施工时仍可参加建筑意外伤害保险。

（一）关于建筑意外伤害保险的保险期限

保险期限应涵盖工程项目开工之日到工程竣工验收合格日。提前竣工的，保险责任自行终止。因延长工期的，应当办理保险顺延手续。

（二）关于建筑意外伤害保险的保险金额

各地建设行政主管部门要结合本地区实际情况，确定合理的最低保险金额。最低保险金额要能够保障施工伤亡人员得到有效的经济补偿。施工企业办理建筑意外伤害保险时，投保的保险金额不得低于此标准。

（三）关于建筑意外伤害保险的保险费

保险费应当列入建筑安装工程费用。保险费由施工企业支付，施工企业不得向职工摊派。

（四）关于建筑意外伤害保险的投保

施工企业应在工程项目开工前办理完投保手续。鉴于工程建设项目施工工艺流程中各工种调动频繁、用工流动性大，投保应实行不记名和不计人数的方式。工程项目中有分包单位的，由总承包施工企业统一办理，分包单位合理承担投保费用。业主直接发包的工程项目由承包企业直接办理。

三、《关于进一步做好建筑业工伤保险工作的意见》（人社部发〔2014〕103号）

（1）完善符合建筑业特点的工伤保险参保政策，大力扩展建筑企业工伤保险参保覆盖面。

建筑施工企业应依法参加工伤保险。针对建筑行业的特点，建筑施工企业对相对固定的职工，应按用人单位参加工伤保险；对不能按用人单位参保、建筑项目使用的建筑业职工特别是农民工，按项目参加工伤保险。

（2）完善工伤保险费计缴方式。

按用人单位参保的建筑施工企业应以工资总额为基数依法缴纳工伤保险费。以建设项目为单位参保的，可以按照项目工程总造价的一定比例计算缴纳工伤保险费。

（3）科学确定工伤保险费率。

（4）确保工伤保险费用来源。

建设单位要在工程概算中将工伤保险费用单独列支，作为不可竞争费，不参与竞标，并在项目开工前由施工总承包单位一次性代缴本项目工伤保险费，覆盖项目使用的所有职工，包括专业承包单位、劳务分包单位使用的农民工。

（5）健全工伤认定所涉及劳动关系确认机制。

建筑施工企业应依法与其职工签订劳动合同，加强施工现场劳务用工管理。施工总承包单位应当在工程项目施工期内督促专业承包单位、劳务分包单位建立职工花名册、考勤记录、工资发放表等台账，对项目施工期内全部施工人员实行动态实名制管理。

（6）规范和简化工伤认定和劳动能力鉴定程序。

职工发生工伤事故，应当由其所在用人单位在30日内提出工伤认定申请，施工总承包单位应当密切配合并提供参保证明等相关材料。用人单位未在规定时限内提出工伤认定申请的，职工本人或其近亲属、工会组织可以在1年内提出工伤认定申请，经社会保险行政部门调查确认工伤的，在此期间发生的工伤待遇等有关费用由其所在用人单位负担。

（7）完善工伤保险待遇支付政策。

对认定为工伤的建筑业职工，各级社会保险经办机构和用人单位应依法按时足额支付各项工伤保险待遇。对在参保项目施工期间发生工伤、项目竣工时尚未完成工伤认定或劳动能力鉴定的建筑业职工，其所在用人单位要继续保证其医疗救治和停工期间的法定待遇，待完成工伤认定及劳动能力鉴定后，依法享受参保职工的各项工伤保险待遇；其中应由用人单位支付的待遇，工伤职工所在用人单位要按时足额支付，也可根据其意愿一次性支付。针对建筑业工资收入分配的特点，对相关工伤保险待遇中难以按本人工资作为计发基数的，可以参照统筹地区上年度职工平均工资作为计发基数。

（8）落实工伤保险先行支付政策。

未参加工伤保险的建设项目，职工发生工伤事故，依法由职工所在用人单位支付工伤保险待遇，施工总承包单位、建设单位承担连带责任；用人单位和承担连带责任的施工总承包单位、建设单位不支付的，由工伤保险基金先行支付，用人单位和承担连带责任的施工总承包单位、建设单位应当偿还；不偿还的，由社会保险经办机构依法追偿。

（9）建立健全工伤赔偿连带责任追究机制。

建设单位、施工总承包单位或具有用工主体资格的分包单位将工程（业务）发包给不具备用工主体资格的组织或个人，该组织或个人招用的劳动者发生工伤的，发包单位与不具备用工主体资格的组织或个人承担连带赔偿责任。

（10）加强工伤保险政策宣传和培训。

（11）严肃查处谎报瞒报事故的行为。

（12）积极发挥工会组织在职工工伤维权工作中的作用。

（13）齐抓共管合力维护建筑工人工伤权益。

实战演练

[2022真题·单选] 职工的下列情形中，不得认定为工伤的是（　　）。

A. 在工作时间和工作场所内，因工作原因受到事故伤害的

B. 工作时间之前在工作场所内，从事与工作有关的预备性工作受到事故伤害的

C. 在工作时间和工作场所内，自残的

D. 在工作时间和工作场所内，因履行工作职责受到暴力等意外伤害的

[解析] 职工有下列情形之一的，不得认定为工伤或者视同工伤：①故意犯罪的；②醉酒或者吸毒的；③自残或者自杀的。选项A、B、D均属于工伤，选项C不得认定为工伤。

[答案] C

[2021 真题·单选] 未参加工伤保险的施工总承包项目，分包单位职工发生工伤事故后，关于该职工工伤保险待遇支付的说法，正确的是（　　）。

A. 由建设单位先行支付

B. 由工伤保险基金先行支付

C. 由分包单位支付工伤保险待遇，施工总承包单位、建设单位承担连带责任

D. 由分包单位与建设单位共同承担

[解析] 未参加工伤保险的建设项目，职工发生工伤事故，依法由职工所在用人单位支付工伤保险待遇，施工总承包单位、建设单位承担连带责任；用人单位和承担连带责任的施工总承包单位、建设单位不支付的，由工伤保险基金先行支付，用人单位和承担连带责任的施工总承包单位、建设单位应当偿还；不偿还的，由社会保险经办机构依法追偿。

[答案] C

[2021 真题·单选] 根据《企业安全生产费用提取和使用管理办法》，关于建设工程施工企业安全生产费用计提的说法，正确的是（　　）。

A. 施工企业计提的安全费用不列入工程造价

B. 施工企业以建筑安装工程造价为计提依据

C. 施工企业不得提高安全费用提取标准

D. 总承包单位与分包单位按比例各自提取安全费用

[解析] 建设工程施工企业提取的安全费用列入工程造价，在竞标时，不得删减，列入标外管理，选项 A 错误。建设工程施工企业以建筑安装工程造价为计提依据，选项 B 正确。总包单位应当将安全费用按比例直接支付分包单位并监督使用，分包单位不再重复提取，选项 C 错误。企业在规定标准的基础上，根据安全生产实际需要，可适当提高安全费用提取标准，选项 D 错误。

[答案] B

[2021 真题·单选] 根据《危险性较大的分部分项工程安全管理规定》，关于危大工程专项施工方案的说法，正确的是（　　）。

A. 危大工程实行分包的，专项施工方案应当由相关专业分包单位组织编制

B. 分包单位组织编制的专项施工方案应当由分包单位负责人签字并加盖单位公章

C. 危大工程实行施工总承包的，专项施工方案应当由施工总承包单位编制

D. 超过一定规模的危大工程，建设单位应当组织专家会议论证专项施工方案

[解析] 选项 A 错误，危大工程实行分包的，专项施工方案可以由相关专业分包单位组织编制。选项 B 错误，专项施工方案应当由施工单位技术负责人审核签字、加盖单位公章，并由总监理工程师审查签字、加盖执业印章后方可实施。危大工程实行分包并由分包单位编制专项施工方案的，专项施工方案应当由总承包单位技术负责人及分包单位技术负责人共同审核签字并加盖单位公章。选项 C 正确，施工单位应当在危大工程施工前组织工程技术人员编制专项施工方案。实行施工总承包的，专项施工方案应当由施工总承包单位组织编制。选项 D 错误，对于超过一定规模的危大工程，施工单位应当组织召开专家论证会对专项施工方案进行论证。

[答案] C

［2021 真题·单选］根据《关于进一步加强建设工程施工现场消防安全工作的通知》，关于施工现场消防安全的说法，正确的是（　　）。

A. 禁止在施工现场动用明火

B. 施工现场的办公、生活区与作业区在满足防火要求的前提下可以混合设置

C. 施工企业应当在施工组织设计中编制消防安全技术措施和专项施工方案

D. 不得在尚未竣工的建筑物内设置作业区

［解析］选项 A 错误，动用明火必须实行严格的消防安全管理，禁止在具有火灾、爆炸危险的场所使用明火。选项 B 错误，施工现场的办公、生活区与作业区应当分开设置，并保持安全距离。选项 C 正确，施工单位应当在施工组织设计中编制消防安全技术措施和专项施工方案，并由专职安全管理人员进行现场监督。选项 D 错误，施工单位不得在尚未竣工的建筑物内设置员工集体宿舍。

［答案］C

［2020 真题·单选］根据《关于进一步做好建筑业工伤保险工作的意见》，关于建筑施工企业参加工伤保险的说法，正确的是（　　）。

A. 按用人单位参保的建筑施工企业应当以社会保险总额为基数缴纳工伤保险费用

B. 以建设项目为单位参保的，可以按照招标控制价的一定比例计算缴纳工伤保险费

C. 建设项目的工伤保险费用由施工总承包单位在项目开工前一次性代缴

D. 建筑施工企业应当在投标报价中将工伤保险费用单独列支，作为可竞争费

［解析］选项 A 错误，按用人单位参保的建筑施工企业应以工资总额为基数依法缴纳工伤保险费。选项 B 错误，以建设项目为单位参保的，可以按照项目工程总造价的一定比例计算缴纳工伤保险费。选项 C 正确，选项 D 错误，建设单位要在工程概算中将工伤保险费用单独列支，作为不可竞争费，不参与竞标，并在项目开工前由施工总承包单位一次性代缴本项目工伤保险费，覆盖项目使用的所有职工，包括专业承包单位、劳务分包单位使用的农民工。

［答案］C

［2019 真题·单选］因设计优化使得施工总承包项目现场暂时停止施工的，增加的现场防护费用由（　　）承担。

A. 设计单位

B. 总承包单位

C. 分包单位

D. 建设单位

［解析］施工现场暂时停止施工的，施工单位应当做好现场防护，所需费用由责任方承担，或者按照合同约定执行。本题关键在于法律责任主体的确定（谁是责任方），同时还要考虑债的相对性，施工单位只能向建设单位主张停工费用。

［答案］D

［2016 真题·单选］关于工伤保险，下列说法正确的是（　　）。

A. 事业单位、社会团体可以参加工伤保险

B. 工伤保险是面向用人单位全体员工的强制性保险

C. 工伤保险费用由用人单位和职工共同缴纳

D. 工伤保险基金由用人单位缴纳的工伤保险费及其利息构成

［解析］选项 A 错误，工伤保险是强制性保险，是“应当”参加，不是“可以”参加。选项 B 正确，工伤保险是面向施工企业全体员工的强制性保险。选项 C 错误，工伤保险费由用人单位缴纳。选项 D 错误，工伤保险基金由用人单位缴纳的工伤保险费、工伤保险基金的利息和依法纳入工伤保险基金的其他资金构成。

［答案］B

［2016 真题·单选］根据《工伤保险条例》，职工因工致残，应当保留劳动关系，退出工作岗位的伤残等级范围是（　　）伤残。

A. 九级至十级

B. 七级至八级

C. 五级至六级

D. 一级至四级

［解析］劳动者因工致残被鉴定为一级至四级伤残的，保留劳动关系，退出工作岗位，用人单位不得终止劳动合同。

［答案］D

［2014 真题·单选］职工认为是工伤，用人单位不认为是工伤的，由（　　）承担举证责任。

A. 职工　　B. 鉴定机构

C. 劳动部门　　D. 用人单位

［解析］职工或者其近亲属认为是工伤，用人单位不认为是工伤的，由用人单位承担举证责任。

［答案］D

［经典例题·单选］关于工伤医疗停工留薪期的说法，正确的是（　　）。

A. 在停工留薪期内，原工资福利待遇适当减少

B. 停工留薪期一般不超过 12 个月

C. 工资由所在单位在停工留薪期结束后一次性支付

D. 停工留薪期满后仍需治疗的，工伤职工不再享受工伤医疗待遇

［解析］职工因工作遭受事故伤害或者患职业病需要暂停工作接受工伤医疗的，在停工留薪期内，原工资福利待遇不变，由所在单位按月支付，选项 A、C 错误。工伤职工在停工留薪期满后仍需治疗的，继续享受工伤医疗待遇，选项 D 错误。

［答案］B

[经典例题 · 单选] 根据《最高人民法院关于审理工伤保险行政案件若干问题的规定》(法释〔2014〕9 号)，关于承担工伤保险责任单位的说法，正确的是（　　）。

A. 职工与两个单位建立劳动关系，工伤事故发生时，该两个单位共同为承担工伤保险责任的单位

B. 劳务派遣单位派遣的职工在用工单位工作期间因工伤亡的，用工单位为承担工伤保险责任的单位

C. 单位指派到其他单位工作的职工因工伤亡的，职工为之工作的单位为承担工伤保险责任的单位

D. 个人挂靠到其他单位对外经营，其聘用人员因工伤亡的，被挂靠单位为承担工伤保险责任的单位

[解析] 职工与 2 个或 2 个以上单位建立劳动关系，工伤事故发生时，职工为之工作的单位为承担工伤保险责任的单位，选项 A 错误。劳务派遣单位派遣的职工在用工单位工作期间因工伤亡的，派遣单位为承担工伤保险责任的单位，选项 B 错误。单位指派到其他单位工作的职工因工伤亡的，指派单位为承担工伤保险责任的单位，选项 C 错误。

[答案] D

[经典例题 · 多选] 关于建筑意外伤害保险的说法，正确的有（　　）。

A. 意外伤害保险费由施工企业支付

B. 施工企业办理建筑意外伤害保险时，投保的保险金额不得低于当地建设行政主管部门确定的最低保险金额

C. 保险期限应涵盖工程项目开工之日到工程竣工验收合格日，工程提前竣工的，保险责任自行终止

D. 已在企业所在地参加工伤保险的人员，从事现场施工时不得参加建筑意外伤害保险

E. 工程项目中有分包项目，由分包单位办理意外伤害保险并承担投保费用

[解析] 鼓励企业为从事危险作业的职工办理意外伤害保险，支付保险费，选项 D 错误。实行施工总承包的，由总承包单位支付意外伤害保险费，选项 E 错误。

[答案] ABC

第六章

第四节　施工安全事故的应急救援与调查处理

考点 1 生产安全事故的等级划分标准★★★

一、通用事故分级的规定

《生产安全事故报告和调查处理条例》（国务院令第 493 号）规定，根据生产安全事故（以下简称事故）造成的人员伤亡或者直接经济损失，事故一般分为以下等级：

（1）特别重大事故，是指造成 30 人以上死亡，或者 100 人以上重伤（包括急性工业中毒，下同），或者 1 亿元以上直接经济损失的事故。

（2）重大事故，是指造成 10 人以上 30 人以下死亡，或者 50 人以上 100 人以下重伤，或者 5 000 万元以上 1 亿元以下直接经济损失的事故。

（3）较大事故，是指造成 3 人以上 10 人以下死亡，或者 10 人以上 50 人以下重伤，或者 1 000 万元以上 5 000 万元以下直接经济损失的事故。

（4）一般事故，是指造成 3 人以下死亡，或者 10 人以下重伤，或者 1 000 万元以下直接经济损失的事故。

其中所称的“以上”包括本数，所称的“以下”不包括本数。

生产安全事故的等级划分标准如图 6-4-1 所示。

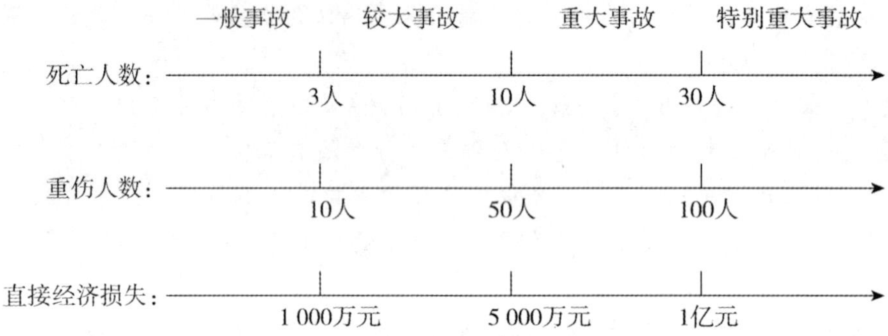

图 6-4-1　生产安全事故的等级划分标准

二、特殊事故分级的规定

（一）补充分级

国务院安全生产监督管理部门可以会同国务院有关部门，制定事故等级划分的补充性规定。

（二）社会影响恶劣事故

根据《生产安全事故报告和调查处理条例》（国务院令第 493 号），没有造成人员伤亡，但是社会影响恶劣的事故，国务院或者有关地方人民政府认为需要调查处理的，依照本条例的有关规定执行。

考点 2　施工生产安全事故应急救援预案的规定★★

一、《安全生产法》

生产经营单位应当制定本单位生产安全事故应急救援预案，与所在地县级以上地方人民政府组织制定的生产安全事故应急救援预案相衔接，并定期组织演练。

二、《建设工程安全生产管理条例》

施工单位应当根据建设工程施工的特点、范围，对施工现场易发生重大事故的部位、环节进行监控，制定施工现场生产安全事故应急救援预案。实行施工总承包的，由总承包单位统一组织编制建设工程生产安全事故应急救援预案，工程总承包单位和分包单位按照应急救援预案，各自建立应急救援组织或者配备应急救援人员，配备救援器材、设备，并定期组织演练。

三、《生产安全事故应急条例》

生产经营单位应当加强生产安全事故应急工作，建立、健全生产安全事故应急工作责任制，其主要负责人对本单位的生产安全事故应急工作全面负责。

生产经营单位应当针对本单位可能发生的生产安全事故的特点和危害，进行风险辨识和评估，制定相应的生产安全事故应急救援预案，并向本单位从业人员公布。

生产安全事故应急救援预案应当符合有关法律、法规、规章和标准的规定，具有科学性、针对性和可操作性，明确规定应急组织体系、职责分工以及应急救援程序和措施。

有下列情形之一的，生产安全事故应急救援预案制定单位应当及时修订相关预案：①制定预案所依据的法律、法规、规章、标准发生重大变化；②应急指挥机构及其职责发生调整；③安全生产面临的风险发生重大变化；④重要应急资源发生重大变化；⑤在预案演练或者应急救援中发现需要修订预案的重大问题；⑥其他应当修订的情形。

易燃易爆物品、危险化学品等危险物品的生产、经营、储存、运输单位，矿山、金属冶炼、城市轨道交通运营、建筑施工单位，以及宾馆、商场、娱乐场所、旅游景区等人员密集场所经营单位，应当至少每半年组织1次生产安全事故应急救援预案演练，并将演练情况报送所在地县级以上地方人民政府负有安全生产监督管理职责的部门。

四、《生产经营单位生产安全事故应急预案编制导则》(GB/T 29639—2020)

应急预案指的是针对可能发生的事故，为最大程度减少事故损害而预先制定的应急准备工作方案。生产经营单位应急预案分为综合应急预案、专项应急预案和现场处置方案。

(一) 综合应急预案

综合应急预案是指生产经营单位为应对各种生产安全事故而制定的综合性工作方案，是本单位应对生产安全事故的总体工作程序、措施和应急预案体系的总纲。

(二) 专项应急预案

专项应急预案是指生产经营单位为应对某一种或者多种类型的生产安全事故，或者针对重要生产设施、重大危险源、重大活动防止生产安全事故而制定的专项工作方案。

(三) 现场处置方案

现场处置方案是指生产经营单位根据不同生产安全事故类型，针对具体场所、装置或者设施所制定的应急处置措施。现场处置方案重点规范事故风险描述、应急工作职责、应急处置措施和注意事项，应体现自救互救、信息报告和先期处置的特点。事故风险单一、危险性小的生产经营单位，可只编制现场处置方案。

考点 3　施工生产安全事故报告及采取相应措施的规定★★★

一、事故报告

《生产安全事故报告和调查处理条例》规定，事故发生后，事故现场有关人员应当立即向本单位负责人报告；单位负责人接到报告后，应当于1小时内向事故发生地县级以上人民政府安全生产监督管理部门和负有安全生产监督管理职责的有关部门报告。

情况紧急时，事故现场有关人员可以直接向事故发生地县级以上人民政府安全生产监督管理部门和负有安全生产监督管理职责的有关部门报告。

安全生产监督管理部门和负有安全生产监督管理职责的有关部门接到事故报告后，应当依照下列规定上报事故情况，并通知公安机关、劳动保障行政部门、工会和人民检察院：

（1）特别重大事故、重大事故逐级上报至国务院安全生产监督管理部门和负有安全生产监督管理职责的有关部门。

（2）较大事故逐级上报至省、自治区、直辖市人民政府安全生产监督管理部门和负有安全生产监督管理职责的有关部门。

（3）一般事故上报至设区的市级人民政府安全生产监督管理部门和负有安全生产监督管理职责的有关部门。

安全生产监督管理部门和负有安全生产监督管理职责的有关部门依照上述规定上报事故情况，应当同时报告本级人民政府。国务院安全生产监督管理部门和负有安全生产监督管理职责的有关部门以及省级人民政府接到发生特别重大事故、重大事故的报告后，应当立即报告国务院。必要时，安全生产监督管理部门和负有安全生产监督管理职责的有关部门可以越级上报事故情况。

安全生产监督管理部门和负有安全生产监督管理职责的有关部门逐级上报事故情况，每级上报的时间不得超过 2 小时。

报告事故应当包括下列内容：①事故发生单位概况；②事故发生的时间、地点以及事故现场情况；③事故的简要经过；④事故已经造成或者可能造成的伤亡人数（包括下落不明的人数）和初步估计的直接经济损失；⑤已经采取的措施；⑥其他应当报告的情况。

事故报告后出现新情况的，应当及时补报。自事故发生之日起 30 日内，事故造成的伤亡人数发生变化的，应当及时补报。道路交通事故、火灾事故自发生之日起 7 日内，事故造成的伤亡人数发生变化的，应当及时补报。

事故发生后，有关单位和人员应当妥善保护事故现场以及相关证据，任何单位和个人不得破坏事故现场、毁灭相关证据。

因抢救人员、防止事故扩大以及疏通交通等原因，需要移动事故现场物件的，应当做出标志，绘制现场简图并做出书面记录，妥善保存现场重要痕迹、物证。

二、事故调查

根据《生产安全事故报告和调查处理条例》，特别重大事故由国务院或者国务院授权有关部门组织事故调查组进行调查。

重大事故、较大事故、一般事故分别由事故发生地省级人民政府、设区的市级人民政府、县级人民政府负责调查。省级人民政府、设区的市级人民政府、县级人民政府可以直接组织事故调查组进行调查，也可以授权或者委托有关部门组织事故调查组进行调查。

未造成人员伤亡的一般事故，县级人民政府也可以委托事故发生单位组织事故调查组进行调查。

上级人民政府认为必要时，可以调查由下级人民政府负责调查的事故。自事故发生之日起 30 日内（道路交通事故、火灾事故自发生之日起 7 日内），因事故伤亡人数变化导致事故等级发生变化，依照规定应当由上级人民政府负责调查的，上级人民政府可以另行组织事故调查组进行调查。

特别重大事故以下等级事故，事故发生地与事故发生单位不在同一个县级以上行政区域的，由事故发生地人民政府负责调查，事故发生单位所在地人民政府应当派人参加。

事故调查组的组成应当遵循精简、效能的原则。根据事故的具体情况，事故调查组由有关人民政府、安全生产监督管理部门、负有安全生产监督管理职责的有关部门、监察机关、公安机关以及工会派人组成，并应当邀请人民检察院派人参加。事故调查组可以聘请有关专家参与调查。

事故调查组成员应当具有事故调查所需要的知识和专长，并与所调查的事故没有直接利害关系。

事故调查组组长由负责事故调查的人民政府指定。事故调查组组长主持事故调查组的工作。

事故调查组履行下列职责：①查明事故发生的经过、原因、人员伤亡情况及直接经济损失；②认定事故的性质和事故责任；③提出对事故责任者的处理建议；④总结事故教训，提出防范和整改措施；⑤提交事故调查报告。

事故调查组有权向有关单位和个人了解与事故有关的情况，并要求其提供相关文件、资料，有关单位和个人不得拒绝。事故发生单位的负责人和有关人员在事故调查期间不得擅离职守，并应当随时接受事故调查组的询问，如实提供有关情况。事故调查中发现涉嫌犯罪的，事故调查组应当及时将有关材料或者其复印件移交司法机关处理。

事故调查中需要进行技术鉴定的，事故调查组应当委托具有国家规定资质的单位进行技术鉴定。必要时，事故调查组可以直接组织专家进行技术鉴定。技术鉴定所需时间不计入事故调查期限。

事故调查组成员在事故调查工作中应当诚信公正、恪尽职守，遵守事故调查组的纪律，保守事故调查的秘密。未经事故调查组组长允许，事故调查组成员不得擅自发布有关事故的信息。

事故调查组应当自事故发生之日起 60 日内提交事故调查报告；特殊情况下，经负责事故调查的人民政府批准，提交事故调查报告的期限可以适当延长，但延长的期限最长不超过 60 日。

事故调查报告应当包括下列内容：①事故发生单位概况；②事故发生经过和事故救援情况；③事故造成的人员伤亡和直接经济损失；④事故发生的原因和事故性质；⑤事故责任的认定以及对事故责任者的处理建议；⑥事故防范和整改措施。

事故调查报告应当附具有关证据材料。事故调查组成员应当在事故调查报告上签名。

➤ **名师点拨**：“报告事故内容”与“事故调查报告内容”的区别见表 6-4-1。

表 6-4-1 “报告事故内容”与“事故调查报告内容”的区别

报告事故内容	事故调查报告内容
(1) 事故发生单位概况； (2) 事故发生的时间、地点以及事故现场情况； (3) 事故的简要经过； (4) 事故已经造成或者可能造成的伤亡人数（包括下落不明的人数）和初步估计的直接经济损失； (5) 已经采取的措施； (6) 其他应当报告的情况	(1) 事故发生单位概况； (2) 事故发生经过和事故救援情况； (3) 事故造成的人员伤亡和直接经济损失； (4) 事故发生的原因和事故性质； (5) 事故责任的认定以及对事故责任者的处理建议； (6) 事故防范和整改措施

三、事故处理

根据《生产安全事故报告和调查处理条例》，重大事故、较大事故、一般事故，负责事故调查的人民政府应当自收到事故调查报告之日起 15 日内做出批复；特别重大事故，30 日内做出批复，特殊情况下，批复时间可以适当延长，但延长的时间最长不超过 30 日。

事故处理的情况由负责事故调查的人民政府或者其授权的有关部门、机构向社会公布，依法应当保密的除外。

实战演练

[2021 真题 · 单选] 关于施工生产安全事故调查的说法，正确的是（　　）。

A. 事故调查组组长由事故发生地的公安机关指定

B. 事故调查组不得直接组织专家进行技术鉴定

C. 事故调查组成员应当及时发布有关事故的信息

D. 技术鉴定所需时间不计入事故调查期限

[解析] 选项 A 错误，事故调查组组长由负责事故调查的人民政府指定。选项 B 错误，必要时，事故调查组可以直接组织专家进行技术鉴定。选项 C 错误，未经事故调查组组长允许，事故调查组成员不得擅自发布有关事故的信息。

[答案] D

[2021 真题 · 单选] 某施工现场发生了工程整体垮塌，造成 7 000 万元的直接经济损失，该生产安全事故属于（　　）。

A. 重大事故　　B. 一般事故

C. 较大事故　　D. 特别重大事故

[解析] 重大事故是指造成 10 人以上 30 人以下死亡，或者 50 人以上 100 人以下重伤，或者 5 000 万元以上 1 亿元以下直接经济损失的事故。

[答案] A

[2021 真题 · 单选] 下列职责中，属于施工生产安全事故调查组职责的是（　　）。

A. 查明事故发生的时间　　B. 追究责任人的法律责任

C. 提出对受伤人员的赔偿方案　　D. 提出对事故责任者的处理建议

第六章

［解析］ 事故调查组履行下列职责：①查明事故发生的经过、原因、人员伤亡情况及直接经济损失；②认定事故的性质和事故责任；③提出对事故责任者的处理建议；④总结事故教训，提出防范和整改措施；⑤提交事故调查报告。

［答案］ D

［2020 真题・单选］ 某工程施工现场发生了生产安全事故，造成 12 人死亡，直接经济损失 5 000 万元。根据《生产安全事故报告和调查处理条例》，该事故属于（　　）。

A. 一般事故　　B. 重大事故

C. 较大事故　　D. 特别重大事故

［解析］ 重大事故是指造成 10 人以上 30 人以下死亡，或者 50 人以上 100 人以下重伤，或者 5 000 万元以上 1 亿元以下直接经济损失的事故。

［答案］ B

［2020 真题・单选］ 根据《生产安全事故应急条例》，应急救援队伍根据救援命令参加生产安全事故应急救援所耗费用，由（　　）承担。

A. 事故责任单位　　B. 有关人民政府

C. 应急救援队伍　　D. 事故责任个人

［解析］ 应急救援队伍根据救援命令参加生产安全事故应急救援所耗费用，由事故责任单位承担；事故责任单位无力承担的，由有关人民政府协调解决。

［答案］ A

［2019 真题・单选］ 根据《生产安全事故报告和调查处理条例》，事故发生后，因特殊情况需要移动事故现场物件的，应当符合的条件是（　　）。

A. 防止事故扩大的需要　　B. 经现场物件所有权人同意

C. 记忆现场物件的位置信息　　D. 不造成任何其他损失

［解析］《生产安全事故报告和调查处理条例》规定，事故发生后，有关单位和人员应当妥善保护事故现场以及相关证据，任何单位和个人不得破坏事故现场、毁灭相关证据。因抢救人员、防止事故扩大以及疏通交通等原因，需要移动事故现场物件的，应当做出标志，绘制现场简图并做出书面记录，妥善保存现场重要痕迹、物证。

［答案］ A

［2017 真题・单选］ 关于施工生产安全事故报告的说法，正确的是（　　）。

A. 事故造成的伤亡人数发生变化的，应当及时补报

B. 报告事故发生地点不包括具体发生地点以外的波及区域

C. 单位负责人接到报告后，应立即向县级以上人民政府报告

D. 立即报告是指在事故发生 1 小时内报告

［解析］《生产安全事故报告和调查处理条例》规定，事故发生后，事故现场有关人员应当立即向本单位负责人报告；单位负责人接到报告后，应当于 1 小时内向事故发生地县级以上人民政府安全生产监督管理部门和负有安全生产监督管理职责的有关部门报告。情况紧急时，事故现场有关人员可以直接向事故发生地县级以上人民政府安全生产监督管理

部门和负有安全生产监督管理职责的有关部门报告。所谓事故现场，是指事故具体发生地点及事故能够影响和波及的区域，以及该区域内的物品、痕迹等所处的状态。

[答案] A

[2016 真题·单选] 根据《生产安全事故报告和调查处理条例》，关于事故发生后的说法，正确的是（　　）。

A. 单位负责人接到报告后，应当于 2 小时内向有关部门报告

B. 单位负责人应当向单位所在地的有关部门报告

C. 事故现场有关人员应当立即向本单位负责人报告

D. 情况紧急时，事故现场有关人员应当直接向事故发生地的有关部门报告

[解析] 事故发生后，事故现场有关人员应当立即向本单位负责人报告；单位负责人接到报告后，应当于 1 小时内向事故发生地县级以上人民政府安全生产监督管理部门和负有安全生产监督管理职责的有关部门报告。特种设备发生事故的，还应当同时向特种设备安全监督管理部门报告。情况紧急时，事故现场有关人员可以直接向事故发生地县级以上人民政府安全生产监督管理部门和负有安全生产监督管理职责的有关部门报告。

[答案] C

[2016 真题·单选] 根据《生产安全事故报告和调查处理条例》，关于生产安全事故等级的说法，正确的是（　　）。

A. 造成 5 人死亡的事故是一般事故

B. 造成 45 人重伤的事故是重大事故

C. 造成 15 人死亡的事故是特别重大事故

D. 造成 3 000 万元直接经济损失的事故是较大事故

[解析] 选项 A 错误，造成 5 人死亡的事故是较大事故。选项 B 错误，造成 45 人重伤的事故是较大事故。选项 C 错误，造成 15 人死亡的事故是重大事故。

[答案] D

[经典例题·单选] 2017 年 7 月 1 日，某工程施工过程中发生坍塌事故，造成人员伤亡，次日在救援中找到 2 具尸体，另有 10 人受伤。根据《生产安全事故报告和调查处理条例》，该事故造成的伤亡人数发生变化时，应当补报的最迟日期为（　　）。

A. 2017 年 7 月 6 日

B. 2017 年 7 月 8 日

C. 2017 年 7 月 15 日

D. 2017 年 7 月 31 日

[解析] 自事故发生之日起 30 日内，事故造成的伤亡人数发生变化的，应当及时补报。道路交通事故、火灾事故自发生之日起 7 日内，事故造成的伤亡人数发生变化的，应当及时补报。

[答案] D

[**经典例题·多选**] 根据事故具体情况，事故调查组成员由有关人民政府、安全生产监督管理部门和负有安全生产监督管理职责的有关部门以及（　　）派人组成。

A. 监察机关　　B. 人民法院

C. 公安机关　　D. 人民检察院

E. 工会

[**解析**] 根据事故的具体情况，事故调查组由有关人民政府、安全生产监督管理部门、负有安全生产监督管理职责的有关部门、监察机关、公安机关以及工会派人组成，并应当邀请人民检察院派人参加。

[**答案**] ACE

[**经典例题·多选**] 根据《生产安全事故应急预案管理办法》，生产经营单位应急预案应当及时修订并归档的情形有（　　）。

A. 应急指挥机构及其职责发生调整的

B. 面临的事故风险发生重大变化的

C. 重要应急资源发生重大变化的

D. 在应急演练和事故应急救援中发现问题需要修订的

E. 单位经营情况发生变化的

[**解析**] 有下列情形之一的，生产安全事故应急救援预案制定单位应当及时修订相关预案：①制定预案所依据的法律、法规、规章、标准发生重大变化；②应急指挥机构及其职责发生调整；③安全生产面临的风险发生重大变化；④重要应急资源发生重大变化；⑤在预案演练或者应急救援中发现需要修订预案的重大问题；⑥其他应当修订的情形。

[**答案**] ABC

第五节　建设单位和相关单位的建设工程安全责任制度

考点 1　建设单位相关的安全责任★★★

扫码听课

第六章

一、建设单位应当如实向施工单位提供有关施工资料

《建筑法》规定，建设单位应当向建筑施工企业提供与施工现场相关的地下管线资料，建筑施工企业应当采取措施加以保护。

《建设工程安全生产管理条例》规定，建设单位应当向施工单位提供施工现场及毗邻区域内供水、排水、供电、供气、供热、通信、广播电视等地下管线资料，气象和水文观测资料，相邻建筑物和构筑物、地下工程的有关资料，并保证资料的真实、准确、完整。建设单位因建设工程需要，向有关部门或者单位查询上述规定的资料时，有关部门或者单位应当及时提供。

二、建设单位不得提出非法要求，不得随意压缩合同工期

根据《建设工程安全生产管理条例》，建设单位不得对勘察、设计、施工、工程监理等

单位提出不符合建设工程安全生产法律、法规和强制性标准规定的要求，不得压缩合同约定的工期。

三、必须保证必要的安全投入

根据《建设工程安全生产管理条例》，建设单位在编制工程概算时，应当确定建设工程安全作业环境及安全施工措施所需费用。

四、不得明示或者暗示施工单位购买不符合安全要求的用具、设备、设施和器材等

根据《建设工程安全生产管理条例》，建设单位不得明示或者暗示施工单位购买、租赁、使用不符合安全施工要求的安全防护用具、机械设备、施工机具及配件、消防设施和器材。

五、申请领取施工许可证时，应当提供建设工程有关安全施工措施的资料

根据《建设工程安全生产管理条例》，建设单位在申请领取施工许可证时，应当提供建设工程有关安全施工措施的资料。依法批准开工报告的建设工程，建设单位应当自开工报告批准之日起 15 日内，将保证安全施工的措施报送建设工程所在地的县级以上地方人民政府建设行政主管部门或者其他有关部门备案。

六、依法办理申请批准手续

根据《建筑法》，有下列情形之一的，建设单位应当按照国家有关规定办理申请批准手续：①需要临时占用规划批准范围以外场地的；②可能损坏道路、管线、电力、邮电通讯等公共设施的；③需要临时停水、停电、中断道路交通的；④需要进行爆破作业的；⑤法律、法规规定需要办理报批手续的其他情形。

七、依法装修

根据《建筑法》，涉及建筑主体和承重结构变动的装修工程，建设单位应当在施工前委托原设计单位或者具有相应资质条件的设计单位提出设计方案；没有设计方案的，不得施工。

八、拆除工程依法备案

根据《建设工程安全生产管理条例》，建设单位应当将拆除工程发包给具有相应资质等级的施工单位。建设单位应当在拆除工程施工 15 日前，将下列资料报送建设工程所在地的县级以上地方人民政府建设行政主管部门或者其他有关部门备案：①施工单位资质等级证明；②拟拆除建筑物、构筑物及可能危及毗邻建筑的说明；③拆除施工组织方案；④堆放、清除废弃物的措施。

实施爆破作业的，应当遵守国家有关民用爆炸物品管理的规定。

考点 2 勘察、设计单位相关的安全责任★★

一、勘察单位相关的安全责任

根据《建设工程安全生产管理条例》，勘察单位应当按照法律、法规和工程建设强制性标准进行勘察，提供的勘察文件应当真实、准确，满足建设工程安全生产的需要。勘察单位在勘察作业时，应当严格执行操作规程，采取措施保证各类管线、设施和周边建筑物、构筑

物的安全。

二、设计单位相关的安全责任

根据《建设工程安全生产管理条例》，设计单位应当按照法律、法规和工程建设强制性标准进行设计，防止因设计不合理导致生产安全事故的发生。设计单位应当考虑施工安全操作和防护的需要，对涉及施工安全的重点部位和环节在设计文件中注明，并对防范生产安全事故提出指导意见。采用新结构、新材料、新工艺的建设工程和特殊结构的建设工程，设计单位应当在设计中提出保障施工作业人员安全和预防生产安全事故的措施建议。设计单位和注册建筑师等注册执业人员应当对其设计负责。

考点 3　工程监理、检验检测单位相关的安全责任★★

一、工程监理单位相关的安全责任

根据《建设工程安全生产管理条例》，工程监理单位相关的安全责任有：

（1）工程监理单位应当审查施工组织设计中的安全技术措施或者专项施工方案是否符合工程建设强制性标准。

（2）对在实施监理过程中发现存在安全事故隐患的情况进行处理，安全事故隐患处理程序如图 6-5-1 所示。

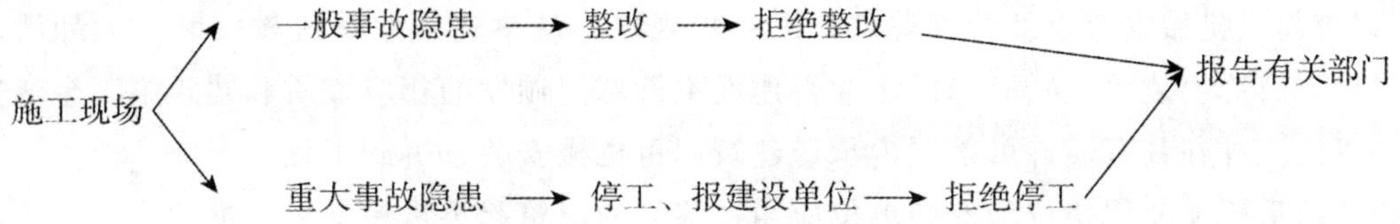

图 6-5-1　安全事故隐患处理程序

（3）工程监理单位和监理工程师应当按照法律、法规和工程建设强制性标准实施监理，并对建设工程安全生产承担监理责任。

二、检验检测单位相关的安全责任

根据《建设工程安全生产管理条例》，检验检测机构对检测合格的施工起重机械和整体提升脚手架、模板等自升式架设设施，应当出具安全合格证明文件，并对检测结果负责。

考点 4　机械设备等单位相关的安全责任★★★

一、提供（出租）机械设备和配件的单位相关的安全责任

《建设工程安全生产管理条例》规定，为建设工程提供机械设备和配件的单位，应当按照安全施工的要求配备齐全有效的保险、限位等安全设施和装置。

出租的机械设备和施工机具及配件，应当具有生产（制造）许可证、产品合格证。出租单位应当对出租的机械设备和施工机具及配件的安全性能进行检测，在签订租赁协议时，应当出具检测合格证明。禁止出租检测不合格的机械设备和施工机具及配件。

《建筑起重机械安全监督管理规定》进一步规定，出租单位出租的建筑起重机械和使用单位购置、租赁、使用的建筑起重机械应当具有特种设备制造许可证、产品合格证、制造监

督检验证明。

出租单位在建筑起重机械首次出租前，自购建筑起重机械的使用单位在建筑起重机械首次安装前，应当持建筑起重机械特种设备制造许可证、产品合格证和制造监督检验证明到本单位工商注册所在地县级以上地方人民政府建设主管部门办理备案。

出租单位应当在签订的建筑起重机械租赁合同中，明确租赁双方的安全责任，并出具建筑起重机械特种设备制造许可证、产品合格证、制造监督检验证明、备案证明和自检合格证明，提交安装使用说明书。

有下列情形之一的建筑起重机械，不得出租、使用：①属国家明令淘汰或者禁止使用的；②超过安全技术标准或者制造厂家规定的使用年限的；③经检验达不到安全技术标准规定的；④没有完整安全技术档案的；⑤没有齐全有效的安全保护装置的。

建筑起重机械有上述第①②③项情形之一的，出租单位或者自购建筑起重机械的使用单位应当予以报废，并向原备案机关办理注销手续。

出租单位、自购建筑起重机械的使用单位，应当建立建筑起重机械安全技术档案。

二、现场安装、拆卸施工起重机械单位相关的安全责任

（1）《建设工程安全生产管理条例》规定，在施工现场安装、拆卸施工起重机械和整体提升脚手架、模板等自升式架设设施，必须由具有相应资质的单位承担。

《建筑起重机械安全监督管理规定》进一步规定，从事建筑起重机械安装、拆卸活动的单位（以下简称安装单位）应当依法取得建设主管部门颁发的相应资质和建筑施工企业安全生产许可证，并在其资质许可范围内承揽建筑起重机械安装、拆卸工程。

建筑起重机械使用单位和安装单位应当在签订的建筑起重机械安装、拆卸合同中明确双方的安全生产责任。实行施工总承包的，施工总承包单位应当与安装单位签订建筑起重机械安装、拆卸工程安全协议书。

（2）《建设工程安全生产管理条例》规定，安装、拆卸施工起重机械和整体提升脚手架、模板等自升式架设设施，应当编制拆装方案、制定安全施工措施，并由专业技术人员现场监督。

《建筑起重机械安全监督管理规定》进一步规定，安装单位应当按照建筑起重机械安装、拆卸工程专项施工方案及安全操作规程组织安装、拆卸作业。安装单位的专业技术人员、专职安全生产管理人员应当进行现场监督，技术负责人应当定期巡查。

（3）《建设工程安全生产管理条例》规定，施工起重机械和整体提升脚手架、模板等自升式架设设施安装完毕后，安装单位应当自检，出具自检合格证明，并向施工单位进行安全使用说明，办理验收手续并签字。

《建筑起重机械安全监督管理规定》进一步规定，建筑起重机械安装完毕后，安装单位应当按照安全技术标准及安装使用说明书的有关要求对建筑起重机械进行自检、调试和试运转。自检合格的，应当出具自检合格证明，并向使用单位进行安全使用说明。

建筑起重机械安装完毕后，使用单位应当组织出租、安装、监理等有关单位进行验收，或者委托具有相应资质的检验检测机构进行验收。建筑起重机械经验收合格后方可投入使用，未经验收或者验收不合格的不得使用。实行施工总承包的，由施工总承包单位组织验收。

实战演练

［2021 真题·单选］关于建设单位安全责任的说法，正确的是（ ）。

A. 编制工程概算时，确定工程安全生产费用

B. 工程开工前，审查施工企业的安全技术措施

C. 工程开工前，负责项目的安全技术交底

D. 对特殊结构的建设工程，提出保障安全施工的措施建议

［解析］建设单位在编制工程概算时，应当确定建设工程安全作业环境及安全施工措施所需费用。选项 B 属于监理单位责任；选项 C 属于施工单位责任；选项 D 属于设计单位责任。

［答案］A

［2018 真题·单选］根据《建设工程安全生产管理条例》，工程监理单位对施工组织设计中的安全技术措施或者专项施工方案的审查重点是（ ）。

A. 是否达到工程使用功能要求　　B. 是否达到施工进度要求

C. 是否符合工程建设强制性标准　　D. 是否达到造价控制目标

［解析］《建设工程安全生产管理条例》规定，工程监理单位应当审查施工组织设计中的安全技术措施或者专项施工方案是否符合工程建设强制性标准。

［答案］C

［经典例题·单选］下列责任中，属于设计单位安全责任的是（ ）。

A. 确定安全施工措施所需费用

B. 对施工安全技术措施进行审查

C. 审查专项施工方案是否符合工程建设强制性标准

D. 对涉及施工安全的重点部位和环节在设计文件中注明，并对预防生产安全事故提出指导意见

［解析］设计单位的安全责任：①按照法律、法规和工程建设强制性标准进行设计；②提出防范生产安全事故的指导意见和措施建议；③对设计成果承担责任。选项 A 属于建设单位的安全责任；选项 B、C 属于监理单位的安全责任。

［答案］D

［经典例题·单选］根据《建筑起重机械安全监督管理规定》，关于建筑起重机械安装单位安全责任的说法，正确的是（ ）。

A. 安装单位应当与建设单位签订建筑起重机械安装工程安全协议书

B. 施工总承包企业不负责对建筑起重机械安装工程专项施工方案进行审查

C. 建筑起重机械安装完毕后，建设主管部门应当参加验收

D. 建筑起重机械安装完毕后，安装单位应当自检，出具自检合格证明

[**解析**] 选项A错误，实行施工总承包的，施工总承包单位应当与安装单位签订建筑起重机械安装、拆卸工程安全协议书。选项B错误，施工总承包企业负责对建筑起重机械安装工程专项施工方案进行审查。选项C错误，选项D正确，施工起重机械和整体提升脚手架、模板等自升式架设设施安装完毕后，安装单位应当自检，出具自检合格证明，并向施工单位进行安全使用说明，办理验收手续并签字。

[**答案**] D

[**经典例题·单选**] 根据《建筑起重机械安全监督管理规定》，关于建筑起重机械安装、拆卸单位的安全责任的说法，正确的是（　　）。

A. 使用单位和安装单位就安全生产承担连带责任

B. 安装完毕后，安装单位应当自检并出具自检合格证明

C. 建筑起重机械安装、拆卸工程专项施工方案应当由本单位安全负责人签字

D. 建筑起重机械安装、拆卸工程专项施工方案报审后，应当告知工程所在地安全监督管理部门

[**解析**] 选项A错误，建筑起重机械使用单位和安装单位应当在签订的建筑起重机械安装、拆卸合同中明确双方的安全生产责任。选项C错误，按照安全技术标准及建筑起重机械性能要求，编制建筑起重机械安装、拆卸工程专项施工方案，并由本单位技术负责人签字。选项D错误，将建筑起重机械安装、拆卸工程专项施工方案，安装、拆卸人员名单，安装、拆卸时间等材料报施工总承包单位和监理单位审核后，告知工程所在地县级以上地方人民政府建设主管部门。

[**答案**] B

[**2021真题·多选**] 根据《建筑起重机械安全监督管理规定》，下列属于出租单位或者自购建筑起重机械的使用单位应当予以报废，并向原备案机关办理注销手续的情形有（　　）。

A. 属国家明令淘汰或者禁止使用的

B. 没有完整安全技术档案的

C. 超过安全技术标准或者制造厂家规定的使用年限的

D. 没有齐全有效的安全保护装置的

E. 经检验达不到安全技术标准规定的

[**解析**] 有下列情形之一的建筑起重机械，不得出租、使用：①属国家明令淘汰或者禁止使用的；②超过安全技术标准或者制造厂家规定的使用年限的；③经检验达不到安全技术标准规定的；④没有完整安全技术档案的；⑤没有齐全有效的安全保护装置的。建筑起重机械有以上第①②③项情形之一的，出租单位或者自购建筑起重机械的使用单位应当予以报废，并向原备案机关办理注销手续。

[**答案**] ACE

［2021 真题·多选］下列责任中，属于建设单位的安全责任的有（　　）。

A. 编制安全技术措施和安全专项施工方案

B. 总体协调总分包单位的安全生产

C. 申请中断道路交通的批准手续

D. 向施工企业提供真实、准确和完整的有关资料

E. 确定建设工程安全作业环境及安全施工措施所需费用

［解析］有下列情形之一的，建设单位应当按照国家有关规定办理申请批准手续：①需要临时占用规划批准范围以外场地的；②可能损坏道路、管线、电力、邮电通讯等公共设施的；③需要临时停水、停电、中断道路交通的；④需要进行爆破作业的；⑤法律、法规规定需要办理报批手续的其他情形。选项 A、B 属于施工单位的安全责任。

［答案］CDE

［2020 真题·多选］根据《建筑起重机械安全监督管理规定》，不得出租、使用的建筑起重机械有（　　）。

A. 超过安全技术标准或者制造厂家规定的使用年限的

B. 经检验达不到安全技术标准规定的

C. 属于有可能淘汰或者限制使用的

D. 没有完整安全技术档案的

E. 没有齐全有效的安全保护装置的

［解析］有下列情形之一的建筑起重机械，不得出租、使用：①属国家明令淘汰或者禁止使用的；②超过安全技术标准或者制造厂家规定的使用年限的；③经检验达不到安全技术标准规定的；④没有完整安全技术档案的；⑤没有齐全有效的安全保护装置的。

［答案］ABDE

［2020 真题·多选］根据《建设工程安全生产管理条例》，建设单位的安全责任有（　　）。

A. 在拆除工程施工 15 日前，将拆除施工组织方案等资料报送有关部门备案

B. 确定建设工程安全作业环境及安全施工措施所需费用

C. 编制安全施工技术措施和施工现场临时用电方案

D. 不得压缩合同约定的工期

E. 统一协调总承包单位和分包单位的安全生产

［解析］选项 C 错误，《建设工程安全生产管理条例》规定，施工单位应当在施工组织设计中编制安全技术措施和施工现场临时用电方案。选项 D 错误，建设单位不得提出非法要求，不得随意压缩合同工期。选项 E 错误，施工总承包是由一个施工单位对建设工程施工全面负责。该总承包单位不仅要负责建设工程的施工质量、合同工期、成本控制，还要对施工现场组织和安全生产进行统一协调管理。

［答案］AB

［**2015 真题·多选**］下列建设工程安全生产责任中，属于工程监理单位安全职责的有（　　）。

A. 审查安全技术措施或专项施工方案

B. 编制安全技术措施或专项施工方案

C. 对施工现场的安全生产负总责

D. 对施工安全事故隐患提出整改要求

E. 出现安全事故，负责成立事故调查组

［**解析**］监理单位的安全生产职责包括：①对安全技术措施或专项施工方案进行审查；②依法对施工安全事故隐患进行处理；③承担建设工程安全生产的监理责任。

［**答案**］AD

第七章

建设工程质量法律制度

名师导学

从考试角度来看，本章记忆性内容较多，但是考查难度不大，考点恒定且相对比较集中。从实践角度来看，本章内容与现场人员工作紧密结合，学习起来较易掌握，做题时注意细节把控，重点注意关键词的考查。

本章内容在考试大纲的基础上，按照《建筑法》《建设工程质量管理条例》的法条顺序进行编写，细节上补充《城市建设档案管理规定》《城乡规划法》《中华人民共和国消防法》《民用建筑节能条例》《环境保护法》《建设工程价款结算暂行办法》《建设工程质量保证金管理办法》等相关内容。

考情分析

近四年考试真题分值统计表（单位：分）

节序	节名	2022 年		2021 年Ⅰ批		2021 年Ⅱ批		2020 年		2019 年	
		单选	多选	单选	多选	单选	多选	单选	多选	单选	多选
第一节	工程建设标准	1	0	1	0	1	0	2	0	1	0
第二节	施工单位的质量责任和义务	3	0	3	0	2	0	1	0	3	0
第三节	建设单位及相关单位的质量责任和义务	1	0	1	0	0	0	1	0	1	0
第四节	建设工程竣工验收制度	1	2	1	2	2	2	1	2	1	2
第五节	建设工程质量保修制度	0	2	0	2	0	2	1	2	0	2
合计		6	4	6	4	5	4	6	4	6	4

第七章

第一节 工程建设标准

根据《中华人民共和国标准化法》（以下简称《标准化法》），标准（含标准样品）是指农业、工业、服务业以及社会事业等领域需要统一的技术要求。

考点 1 工程建设标准的分类★★

根据《标准化法》，标准包括国家标准、行业标准、地方标准和团体标准、企业标准。国家标准分为强制性标准和推荐性标准，行业标准、地方标准是推荐性标准。

强制性标准必须执行。国家鼓励采用推荐性标准。

一、国家标准

（一）国家标准的范围

根据《工程建设国家标准管理办法》，对需要在全国范围内统一的下列技术要求，应当制定国家标准：①工程建设勘察、规划、设计、施工（包括安装）及验收等通用的质量要求；②工程建设通用的有关安全、卫生和环境保护的技术要求；③工程建设通用的术语、符号、代号、量与单位、建筑模数和制图方法；④工程建设通用的试验、检验和评定等方法；⑤工程建设通用的信息技术要求；⑥国家需要控制的其他工程建设通用的技术要求。

国家标准分为强制性标准和推荐性标准。

下列标准属于强制性标准：①工程建设勘察、规划、设计、施工（包括安装）及验收等通用的综合标准和重要的通用的质量标准；②工程建设通用的有关安全、卫生和环境保护的标准；③工程建设重要的通用的术语、符号、代号、量与单位、建筑模数和制图方法标准；④工程建设重要的通用的试验、检验和评定方法等标准；⑤工程建设重要的通用的信息技术标准；⑥国家需要控制的其他工程建设通用的标准。

强制性标准以外的标准是推荐性标准。

根据《标准化法》，对保障人身健康和生命财产安全、国家安全、生态环境安全以及满足经济社会管理基本需要的技术要求，应当制定强制性国家标准。

（二）国家标准的制定

1. 制定程序

根据《工程建设国家标准管理办法》，制订国家标准的工作程序按准备、征求意见、送审和报批四个阶段进行。

2. 国家标准的审批、发布

根据《标准化法》，国务院有关行政主管部门依据职责负责强制性国家标准的项目提出、组织起草、征求意见和技术审查。国务院标准化行政主管部门负责强制性国家标准的立项、编号和对外通报。国务院标准化行政主管部门，应当对拟制定的强制性国家标准是否符合应当制定强制性国家标准范围的规定进行立项审查，对符合规定的予以立项。

省、自治区、直辖市人民政府标准化行政主管部门可以向国务院标准化行政主管部门提出强制性国家标准的立项建议，由国务院标准化行政主管部门会同国务院有关行政主管部门决定。社会团体、企业事业组织以及公民可以向国务院标准化行政主管部门提出强制性国家标准的立项建议，国务院标准化行政主管部门认为需要立项的，会同国务院有关行政主管部门决定。

强制性国家标准由国务院批准发布或者授权批准发布。

推荐性国家标准由国务院标准化行政主管部门制定。

强制性标准文本应当免费向社会公开。国家推动免费向社会公开推荐性标准文本。

根据《工程建设国家标准管理办法》，国家标准由国务院工程建设行政主管部门审查批准，由国务院标准化行政主管部门统一编号，由国务院标准化行政主管部门和国务院工程建设行政主管部门联合发布。

《强制性国家标准管理办法》规定，强制性国家标准发布后实施前，企业可以选择执行原强制性国家标准或者新强制性国家标准。

新强制性国家标准实施后，原强制性国家标准同时废止。

3. 国家标准的编号

根据《工程建设国家标准管理办法》，国家标准的编号由国家标准代号、发布标准的顺序号和发布标准的年号组成，并应当符合统一格式。

强制性国家标准的编号格式如图 7-1-1 所示，推荐性国家标准的编号格式如图 7-1-2 所示。

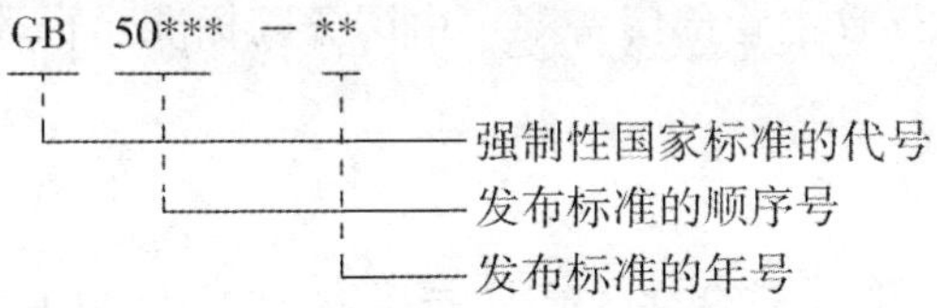

图 7-1-1　强制性国家标准的编号

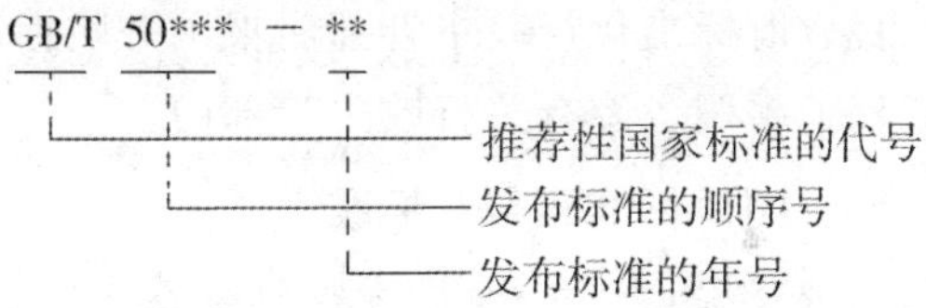

图 7-1-2　推荐性国家标准的编号

4. 国家标准的复审与修订

根据《工程建设国家标准管理办法》，国家标准实施后，应当根据科学技术的发展和工程建设的需要，由该国家标准的管理部门适时组织有关单位进行复审。复审一般在国家标准实施后 5 年进行一次。

根据《强制性国家标准管理办法》，组织起草部门应当根据反馈和评估情况，对强制性国家标准进行复审，提出继续有效、修订或者废止的结论，并送国务院标准化行政主管部门。复审周期一般不得超过 5 年。

二、行业标准

根据《标准化法》，对没有推荐性国家标准、需要在全国某个行业范围内统一的技术要求，可以制定行业标准。行业标准由国务院有关行政主管部门制定，报国务院标准化行政主管部门备案。

根据《中华人民共和国标准化法实施条例》，行业标准由国务院有关行政主管部门编制计划、组织草拟，统一审批、编号、发布，并报国务院标准化行政主管部门备案。行业标准在相应的国家标准实施后，自行废止。

根据《工程建设行业标准管理办法》，行业标准不得与国家标准相抵触。有关行业标准之间应当协调、统一、避免重复。

制订、修订行业标准的工作程序，可以按准备、征求意见、送审和报批四个阶段进行。

行业标准的编写应当符合工程建设标准编写的统一规定。

行业标准由国务院有关行政主管部门审批、编号和发布。其中，两个以上部门共同制订的行业标准，由有关的行政主管部门联合审批、发布，并由其主编部门负责编号。

行业标准的某些规定与国家标准不一致时，必须有充分的科学依据和理由，并经国家标准的审批部门批准。行业标准在相应的国家标准实施后，应当及时修订或废止。

行业标准实施后，该标准的批准部门应当根据科学技术的发展和工程建设的实际需要适时进行复审，确认其继续有效或予以修订、废止。一般 5 年复审一次，复审结果报国务院工程建设行政主管部门备案。

三、地方标准

根据《标准化法》，为满足地方自然条件、风俗习惯等特殊技术要求，可以制定地方标准。

地方标准由省、自治区、直辖市人民政府标准化行政主管部门制定；设区的市级人民政府标准化行政主管部门根据本行政区域的特殊需要，经所在地省、自治区、直辖市人民政府标准化行政主管部门批准，可以制定本行政区域的地方标准。地方标准由省、自治区、直辖市人民政府标准化行政主管部门报国务院标准化行政主管部门备案，由国务院标准化行政主管部门通报国务院有关行政主管部门。

四、团体标准和企业标准

根据《标准化法》，国家鼓励学会、协会、商会、联合会、产业技术联盟等社会团体协调相关市场主体共同制定满足市场和创新需要的团体标准，由本团体成员约定采用或者按照本团体的规定供社会自愿采用。

企业可以根据需要自行制定企业标准，或者与其他企业联合制定企业标准。

国家支持在重要行业、战略性新兴产业、关键共性技术等领域利用自主创新技术制定团体标准、企业标准。

推荐性国家标准、行业标准、地方标准、团体标准、企业标准的技术要求不得低于强制性国家标准的相关技术要求。

国家鼓励社会团体、企业制定高于推荐性标准相关技术要求的团体标准、企业标准。

国家实行团体标准、企业标准自我声明公开和监督制度。企业应当公开其执行的强制性标准、推荐性标准、团体标准或者企业标准的编号和名称；企业执行自行制定的企业标准的，还应当公开产品、服务的功能指标和产品的性能指标。国家鼓励团体标准、企业标准通过标准信息公共服务平台向社会公开。企业应当按照标准组织生产经营活动，其生产的产品、提供的服务应当符合企业公开标准的技术要求。

考点 2　工程建设强制性标准实施的规定★★

一、采用的新技术、新工艺、新材料等的具体规定

根据《实施工程建设强制性标准监督规定》，建设工程勘察、设计文件中规定采用的新技术、新材料，可能影响建设工程质量和安全，又没有国家技术标准的，应当由国家认可的检测机构进行试验、论证，出具检测报告，并经国务院有关主管部门或者省、自治区、直辖市人民政府有关主管部门组织的建设工程技术专家委员会审定后，方可使用。

工程建设中采用国际标准或者国外标准，现行强制性标准未作规定的，建设单位应当向国务院住房城乡建设主管部门或者国务院有关主管部门备案。

二、实施工程建设强制性标准的监督机构

根据《实施工程建设强制性标准监督规定》，监督机构见表 7-1-1。

表 7-1-1　监督机构

监督机构	监督阶段
建设项目规划审查机构	工程建设规划阶段
施工图设计文件审查单位	工程建设勘察、设计阶段
建筑安全监督管理机构	工程建设施工阶段
工程质量监督机构	工程建设施工、监理、验收等阶段

建设项目规划审查机关、施工设计图设计文件审查单位、建筑安全监督管理机构、工程质量监督机构的技术人员必须熟悉、掌握工程建设强制性标准。

工程建设标准批准部门应当定期对建设项目规划审查机关、施工图设计文件审查单位、建筑安全监督管理机构、工程质量监督机构实施强制性标准的监督进行检查，对监督不力的单位和个人，给予通报批评，建议有关部门处理。

三、强制性标准监督检查的方式和内容

根据《实施工程建设强制性标准监督规定》，工程建设标准批准部门应当对工程项目执行强制性标准情况进行监督检查。监督检查可以采取重点检查、抽查和专项检查的方式。

强制性标准监督检查的内容包括：①有关工程技术人员是否熟悉、掌握强制性标准；②工程项目的规划、勘察、设计、施工、验收等是否符合强制性标准的规定；③工程项目采用的材料、设备是否符合强制性标准的规定；④工程项目的安全、质量是否符合强制性标准的规定；⑤工程中采用的导则、指南、手册、计算机软件的内容是否符合强制性标准的规定。

实战演练

［**2022 真题·单选**］关于对工程建设各阶段执行强制性标准情况实施监督的机构，说法正确的是（　　）。

A. 工程建设全过程的执行情况由建设项目规划审查机构实施监督

B. 工程建设前期咨询阶段的执行情况由工程质量监督机构实施监督

C. 工程建设验收阶段的执行情况由建筑安全监督管理机构实施监督

D. 工程建设勘察阶段的执行情况由施工图设计文件审查机构实施监督

[解析] 建设项目规划审查机构应当对工程建设规划阶段执行强制性标准的情况实施监督，选项A错误。工程质量监督机构应当对工程建设施工、监理、验收等阶段执行强制性标准的情况实施监督，选项B错误。建筑安全监督管理机构应当对工程建设施工阶段执行施工安全强制性标准的情况实施监督，选项C错误。施工图设计文件审查单位应当对工程建设勘察、设计阶段执行强制性标准的情况实施监督，选项D正确。

[答案] D

[2021真题·单选] 关于工程建设强制性国家标准的说法，正确的是（　　）。

A. 标准可以由行业主管部门发布

B. 对标准解释的效力低于标准本身

C. 对标准进行复审的周期一般不得超过3年

D. 标准文本应当免费向社会公开

[解析] 选项A错误，国务院标准化行政主管部门负责强制性国家标准的立项、编号和对外通报。选项B错误，强制性国家标准的解释与标准具有同等效力。选项C错误，复审周期一般不得超过5年。选项D正确，强制性标准文本应当免费向社会公开。

[答案] D

[2021真题·单选] 关于工程建设强制性标准实施的说法，正确的是（　　）。

A. 工程建设标准批准部门应当将强制性标准监督检查结果在一定范围内公告

B. 强制性国家标准发布后实施前，企业应当继续执行原强制性国家标准

C. 建设工程设计文件中可能影响建设工程质量和安全且无国家技术标准的新材料，一律不得使用

D. 工程建设中采用国际标准，而现行强制标准未作规定的，建设单位应当向省级住房城乡建设主管部门备案

[解析] 选项B错误，《强制性国家标准管理办法》规定，强制性国家标准发布后实施前，企业可以选择执行原强制性国家标准或者新强制性国家标准。选项C错误，建设工程勘察、设计文件中规定采用的新技术、新材料，可能影响建设工程质量和安全，又没有国家技术标准的，应当由国家认可的检测机构进行试验、论证，出具检测报告，并经国务院有关主管部门或者省、自治区、直辖市人民政府有关主管部门组织的建设工程技术专家委员会审定后，方可使用。选项D错误，工程建设中采用国际标准或者国外标准，而现行强制性标准未作规定的，建设单位应当向国务院住房城乡建设主管部门或者国务院有关主管部门备案。

[答案] A

[2018真题·单选] 根据《实施工程建设强制性标准监督规定》，下列情形中，不属于强制性标准监督检查内容的是（　　）。

A. 工程项目规划、勘察、设计、施工阶段是否符合强制性标准

B. 工程项目使用的材料、设备是否符合强制性标准

C. 工程管理人员是否熟悉强制性标准

D. 工程项目的安全、质量是否符合强制性标准

［解析］强制性标准监督检查的内容包括：①工程技术人员是否熟悉、掌握强制性标准；②工程项目的规划、勘察、设计、施工、验收等是否符合强制性标准的规定；③工程项目采用的材料、设备是否符合强制性标准的规定；④工程项目的安全、质量是否符合强制性标准的规定；⑤工程项目采用的导则、指南、手册、计算机软件的内容是否符合强制性标准的规定。

［答案］C

［经典例题·单选］根据《标准化法》，关于团体标准的说法，正确的是（　　）。

A. 仅供本团体成员约定采用

B. 由社会团体协调相关市场主体共同制定

C. 技术要求不得高于强制性国家标准

D. 应当免费向社会公开标准文本

［解析］选项A错误，错在"仅供"，团体标准由本团体成员约定采用或者按照本团体的规定供社会自愿采用。选项C错误，国家鼓励社会团体制定严于国家标准和行业标准的团体标准。选项D错误，团体标准无应当免费向社会公开标准文本的规定。

［答案］B

［经典例题·单选］根据《标准化法》，关于企业标准的说法，正确的是（　　）。

A. 企业标准的制定应当经过行业主管部门批准

B. 企业标准可以高于国家标准

C. 企业标准应当高于行业标准

D. 企业标准应当与团体标准相符

［解析］企业根据需要自主制定、实施企业标准，选项A错误。鼓励企业制定高于国家标准、行业标准、地方标准，具有竞争力的企业标准，选项C错误。企业标准不要求与团体标准相符，选项D错误。

［答案］B

［经典例题·多选］下列工程建设国家标准中，属于强制性标准的有（　　）。

A. 工程建设规划、施工等通用的综合标准

B. 工程建设重要的通用的制图方法标准

C. 工程建设重要的通用的试验、检验和评定方法标准

D. 工程建设重要的通用的信息管理标准

E. 工程建设通用的有关安全和环境保护的标准

［解析］下列标准属于强制性标准：①工程建设勘察、规划、设计、施工（包括安装）及验收等通用的综合标准和重要的通用的质量标准；②工程建设通用的有关安全、卫生和环境保护的标准；③工程建设重要的通用的术语、符号、代号、量与单位、建筑模数和制图方法标准；④工程建设重要的通用的试验、检验和评定方法等标准；⑤工程建设重要的通用的信息技术标准（选项D错误）；⑥国家需要控制的其他工程建设通用的标准。

［答案］ABCE

第二节　施工单位的质量责任和义务

考点 1 对施工质量负责和总分包单位的质量责任★★

一、建筑施工企业对施工质量负责

《建筑法》规定，建筑施工企业对工程的施工质量负责。

《建设工程质量管理条例》规定，施工单位对建设工程的施工质量负责。施工单位应当建立质量责任制，确定工程项目的项目经理、技术负责人和施工管理负责人。

二、总分包单位的质量责任

根据《建筑法》，建筑工程实行总承包的，工程质量由工程总承包单位负责，总承包单位将建筑工程分包给其他单位的，应当对分包工程的质量与分包单位承担连带责任。分包单位应当接受总承包单位的质量管理。

根据《建设工程质量管理条例》，建设工程实行总承包的，总承包单位应当对全部建设工程质量负责；建设工程勘察、设计、施工、设备采购的一项或者多项实行总承包的，总承包单位应当对其承包的建设工程或者采购的设备的质量负责。

总承包单位依法将建设工程分包给其他单位的，分包单位应当按照分包合同的约定对其分包工程的质量向总承包单位负责，总承包单位与分包单位对分包工程的质量承担连带责任。

考点 2 按照工程设计图纸和施工技术标准施工的规定★★

根据《建筑法》，建筑施工企业必须按照工程设计图纸和施工技术标准施工，不得偷工减料。工程设计的修改由原设计单位负责，建筑施工企业不得擅自修改工程设计。

根据《建设工程质量管理条例》，施工单位必须按照工程设计图纸和施工技术标准施工，不得擅自修改工程设计，不得偷工减料。施工单位在施工过程中发现设计文件和图纸有差错的，应当及时提出意见和建议。

考点 3 对建筑材料、设备等进行检验检测的规定★★★

一、对建筑材料、建筑构配件和设备进行检验

根据《建筑法》，建筑施工企业必须按照工程设计要求、施工技术标准和合同的约定，对建筑材料、建筑构配件和设备进行检验，不合格的不得使用。

根据《建设工程质量管理条例》，施工单位必须按照工程设计要求、施工技术标准和合同约定，对建筑材料、建筑构配件、设备和商品混凝土进行检验，检验应当有书面记录和专人签字；未经检验或者检验不合格的，不得使用。

二、见证取样

《建设工程质量管理条例》规定，施工人员对涉及结构安全的试块、试件以及有关材料，

应当在建设单位或者工程监理单位监督下现场取样，并送具有相应资质等级的质量检测单位进行检测。

《房屋建筑工程和市政基础设施工程实行见证取样和送检的规定》（建建〔2000〕211号）进一步规定，涉及结构安全的试块、试件和材料见证取样和送检的比例不得低于有关技术标准中规定应取样数量的30％。

下列试块、试件和材料必须实施见证取样和送检：①用于承重结构的混凝土试块；②用于承重墙体的砌筑砂浆试块；③用于承重结构的钢筋及连接接头试件；④用于承重墙的砖和混凝土小型砌块；⑤用于拌制混凝土和砌筑砂浆的水泥；⑥用于承重结构的混凝土中使用的掺加剂；⑦地下、屋面、厕浴间使用的防水材料；⑧国家规定必须实行见证取样和送检的其他试块、试件和材料。

见证人员应由建设单位或该工程的监理单位具备建筑施工试验知识的专业技术人员担任，并应由建设单位或该工程的监理单位书面通知施工单位、检测单位和负责该项工程的质量监督机构。

在施工过程中，见证人员应按照见证取样和送检计划，对施工现场的取样和送检进行见证，取样人员应在试样或其包装上作出标识、封志。标识和封志应标明工程名称、取样部位、取样日期、样品名称和样品数量，并由见证人员和取样人员签字。见证人员应制作见证记录，并将见证记录归入施工技术档案。见证人员和取样人员应对试样的代表性和真实性负责。

见证取样的试块、试件和材料送检时，应由送检单位填写委托单，委托单应有见证人员和送检人员签字。检测单位应检查委托单及试样上的标识和封志，确认无误后方可进行检测。

三、建设工程质量检测

《建设工程质量检测管理办法》规定，检测机构是具有独立法人资格的中介机构。检测机构从事质量检测业务，应当依法取得相应的资质证书。检测机构资质按照其承担的检测业务内容分为专项检测机构资质和见证取样检测机构资质。

检测机构未取得相应的资质证书，不得承担规定的质量检测业务。

质量检测业务由工程项目建设单位委托具有相应资质的检测机构进行检测。委托方与被委托方应当签订书面合同。检测结果利害关系人对检测结果发生争议的，由双方共同认可的检测机构复检，复检结果由提出复检方报当地建设主管部门备案。

质量检测试样的取样应当严格执行有关工程建设标准和国家有关规定，在建设单位或者工程监理单位监督下现场取样。提供质量检测试样的单位和个人，应当对试样的真实性负责。

检测机构完成检测业务后，应当及时出具检测报告。检测报告经检测人员签字、检测机构法定代表人或者其授权的签字人签署，并加盖检测机构公章或者检测专用章后方可生效。检测报告经建设单位或者工程监理单位确认后，由施工单位归档。见证取样检测的检测报告中应当注明见证人单位及姓名。

➢ **名师点拨：** 检测报告签字盖章简称“两字一章”。

任何单位和个人不得明示或者暗示检测机构出具虚假检测报告，不得篡改或者伪造检测报告。

检测人员不得同时受聘于2个或者2个以上的检测机构。检测机构和检测人员不得推荐或者监制建筑材料、构配件和设备。检测机构不得与行政机关，法律、法规授权的具有管理公共事务职能的组织以及所检测工程项目相关的设计单位、施工单位、监理单位有隶属关系或者其他利害关系。

检测机构不得转包检测业务。检测机构跨省、自治区、直辖市承担检测业务的，应当向工程所在地的省、自治区、直辖市人民政府建设主管部门备案。

检测机构应当对其检测数据和检测报告的真实性和准确性负责。检测机构违反法律、法规和工程建设强制性标准，给他人造成损失的，应当依法承担相应的赔偿责任。

检测机构应当将检测过程中发现的建设单位、监理单位、施工单位违反有关法律、法规和工程建设强制性标准的情况，以及涉及结构安全检测结果的不合格情况，及时报告工程所在地建设主管部门。

检测机构应当建立档案管理制度。检测合同、委托单、原始记录、检测报告应当按年度统一编号，编号应当连续，不得随意抽撤、涂改。检测机构应当单独建立检测结果不合格项目台账。

考点 4 施工质量检验和返修的规定★★★

一、施工质量检验的规定

《建设工程质量管理条例》规定，施工单位必须建立、健全施工质量的检验制度，严格工序管理，作好隐蔽工程的质量检查和记录。隐蔽工程在隐蔽前，施工单位应当通知建设单位和建设工程质量监督机构。

《建设工程施工合同（示范文本）》（GF—2017—0201）进一步规定，隐蔽工程检查应符合下列要求：

（一）承包人自检

承包人应当对工程隐蔽部位进行自检，并经自检确认是否具备覆盖条件。

（二）检查程序

除专用合同条款另有约定外，工程隐蔽部位经承包人自检确认具备覆盖条件的，承包人应在共同检查前48小时书面通知监理人检查，通知中应载明隐蔽检查的内容、时间和地点，并应附有自检记录和必要的检查资料。

监理人应按时到场并对隐蔽工程及其施工工艺、材料和工程设备进行检查。经监理人检查确认质量符合隐蔽要求，并在验收记录上签字后，承包人才能进行覆盖。经监理人检查质量不合格的，承包人应在监理人指示的时间内完成修复，并由监理人重新检查，由此增加的费用和（或）延误的工期由承包人承担。

除专用合同条款另有约定外，监理人不能按时进行检查的，应在检查前24小时向承包人提交书面延期要求，但延期不能超过48小时，由此导致工期延误的，工期应予以顺延。

监理人未按时进行检查，也未提出延期要求的，视为隐蔽工程检查合格，承包人可自行完成覆盖工作，并作相应记录报送监理人，监理人应签字确认。监理人事后对检查记录有疑问的，可按约定重新检查。

（三）重新检查

承包人覆盖工程隐蔽部位后，发包人或监理人对质量有疑问的，可要求承包人对已覆盖的部位进行钻孔探测或揭开重新检查，承包人应遵照执行，并在检查后重新覆盖恢复原状。经检查证明工程质量符合合同要求的，由发包人承担由此增加的费用和（或）延误的工期，并支付承包人合理的利润；经检查证明工程质量不符合合同要求的，由此增加的费用和（或）延误的工期由承包人承担。

（四）承包人私自覆盖

承包人未通知监理人到场检查，私自将工程隐蔽部位覆盖的，监理人有权指示承包人钻孔探测或揭开检查，无论工程隐蔽部位质量是否合格，由此增加的费用和（或）延误的工期均由承包人承担。

二、施工返修的规定

根据《建设工程质量管理条例》，施工单位对施工中出现质量问题的建设工程或者竣工验收不合格的建设工程，应当负责返修。

根据《民法典》，因施工人的原因致使建设工程质量不符合约定的，发包人有权请求施工人在合理期限内无偿修理或者返工、改建。经过修理或者返工、改建后，造成逾期交付的，施工人应当承担违约责任。

根据《建筑法》，建筑工程竣工时，屋顶、墙面不得留有渗漏、开裂等质量缺陷；对已发现的质量缺陷，建筑施工企业应当修复。

《建设工程施工合同（示范文本）》（GF—2017—0201）进一步规定，因承包人原因造成工程不合格的，发包人有权随时要求承包人采取补救措施，直至达到合同要求的质量标准，由此增加的费用和（或）延误的工期由承包人承担。因发包人原因造成工程不合格的，由此增加的费用和（或）延误的工期由发包人承担，并支付承包人合理的利润。

➢ **名师点拨：**质量问题，无论谁的原因造成，都由施工单位负责返修，费用由相关责任方负责。

实战演练

［**2022真题·单选**］关于建设工程见证取样的说法，正确的是（　　）。

A. 试样由取样人员作出标识、封志，由见证人员签字并对其代表性和真实性负责

B. 涉及结构安全的试块、试件和材料见证取样和送检的比例不得低于有关技术标准中规定应取样数量的50％

C. 见证人员应当由施工企业中具备施工试验知识的专业技术人员担任

D. 见证人员的基本信息应当书面通知检测单位

［**解析**］标识和封志应标明工程名称、取样部位、取样日期、样品名称和样品数量，并由见证人员和取样人员签字，见证人员和取样人员应对试样的代表性和真实性负责，选项

A 错误。涉及结构安全的试块、试件和材料见证取样和送检的比例不得低于有关技术标准中规定应取样数量的 30%，选项 B 错误。见证人员应由建设单位或该工程的监理单位具备建筑施工试验知识的专业技术人员担任，选项 C 错误。

[答案] D

[2021 真题·单选] 关于建设工程总分包责任的说法，正确的是（　　）。

A. 总承包单位应当对分包工程的质量与分包单位向建设单位承担连带责任

B. 分包工程出现质量问题，建设单位仅能要求分包单位承担责任

C. 经建设单位同意分包的工程，总承包单位对分包工程的质量可以不承担责任

D. 总承包单位与分包单位对分包工程的质量各自向建设单位承担相应责任

[解析] 建筑工程实行总承包的，工程质量由工程总承包单位负责，总承包单位将建筑工程分包给其他单位的，应当对分包工程的质量与分包单位承担连带责任。分包单位应当接受总承包单位的质量管理。

[答案] A

[2021 真题·单选] 关于建设工程返修的说法，正确的是（　　）。

A. 施工企业仅对已完成的工程负责返修

B. 对施工中出现质量问题的建设工程，无论是否属于施工企业原因造成的，施工企业都应当负责返修

C. 对竣工验收不合格的建设工程，若是非施工企业原因造成的质量问题，施工企业不负责返修

D. 对竣工验收不合格的建设工程，若是施工企业原因造成的质量问题，由施工企业有偿返修

[解析] 选项 A 错误，不论是施工过程中出现质量问题的建设工程，还是竣工验收时发现质量问题的工程，施工单位都要负责返修。选项 C 错误，对于非施工单位原因造成的质量问题，施工单位也应当负责返修，但是因此造成的损失及返修费用由责任方负责。选项 D 错误，因施工人的原因致使建设工程质量不符合约定的，发包人有权请求施工人在合理期限内无偿修理或者返工、改建。返修作为施工单位的法定义务，其返修包括施工过程中出现质量问题的建设工程和竣工验收不合格的建设工程两种情形。

[答案] B

[2021 真题·单选] 关于工程质量检测的说法，正确的是（　　）。

A. 检测报告必须由检测机构法定代表人签署

B. 检测机构可以是不具有独立法人资格的非营利性中介机构

C. 检测人员不得同时受聘于两个或两个以上检测机构

D. 检测数据和检测报告仅供施工企业参考

[解析] 检测报告经检测人员签字、检测机构法定代表人或者其授权的签字人签署，并加盖检测机构公章或者检测专用章后方可生效。工程质量检测机构是具有独立法人资格的中介机构。检测报告经建设单位或者工程监理单位确认后，由施工单位归档。

［答案］C

［2021 真题·单选］施工人员对涉及结构安全的试块，应当现场采样并提交检测，负责见证监督的单位是（　　）。

A. 设计单位或者监理单位

B. 建设工程质量监督机构或者监理单位

C. 施工图审查机构或者建设单位

D. 监理单位或者建设单位

［解析］施工人员对涉及结构安全的试块、试件以及有关材料，应当在建设单位或者工程监理单位监督下现场取样，并送具有相应资质等级的质量检测单位进行检测。

［答案］D

［2021 真题·单选］关于工程质量检测的说法，正确的是（　　）。

A. 检测机构应当建立档案管理制度，并应当单独建立检测结果不合格项目台账

B. 应当由施工企业委托具有相应资质的检测机构进行检测

C. 检测机构可以监制建筑材料、构配件和设备

D. 检测报告经设计单位或者工程监理单位确认后，由建设单位归档

［解析］检测机构应当建立档案管理制度，并应当单独建立检测结果不合格项目台账，选项 A 正确。质量检测业务由工程项目建设单位委托具有相应资质的检测机构进行检测，选项 B 错误。检测机构和检测人员不得推荐或者监制建筑材料、构配件和设备，选项 C 错误。检测报告经建设单位或者工程监理单位确认后，由施工单位归档，选项 D 错误。

［答案］A

［2020 真题·单选］施工企业在施工过程中发现设计文件和图纸有差错的，应当（　　）。

A. 及时提出意见和建议

B. 继续按照设计文件和图纸进行施工

C. 由施工企业技术负责人按照技术标准修改设计文件和图纸

D. 按照通常做法施工

［解析］施工单位在施工过程中发现设计文件和图纸有差错的，应当及时提出意见和建议。

［答案］A

［2015 真题·单选］下列试块、试件和材料中，必须实施见证取样和送检的是（　　）。

A. 屋面、厕浴间使用的防水材料

B. 非承重结构的钢筋及连续接头试件

C. 用于防水层上保护层的商品混凝土

D. 抹灰砂浆中使用的掺加剂

［解析］下列试块、试件和材料必须实施见证取样和送检：①用于承重结构的混凝土试块；②用于承重墙体的砌筑砂浆试块；③用于承重结构的钢筋及连接接头试件；④用于

第七章

承重墙的砖和混凝土小型砌块；⑤用于拌制混凝土和砌筑砂浆的水泥；⑥用于承重结构的混凝土中使用的掺加剂；⑦地下、屋面、厕浴间使用的防水材料；⑧国家规定必须实行见证取样和送检的其他试块、试件和材料。

[答案] A

第三节　建设单位及相关单位的质量责任和义务

考点 1 建设单位相关的质量责任和义务★★

一、依法发包工程，不得肢解发包

根据《建设工程质量管理条例》，建设单位应当将工程发包给具有相应资质等级的单位。建设单位不得将建设工程肢解发包。

建设单位应当依法对工程建设项目的勘察、设计、施工、监理以及与工程建设有关的重要设备、材料等的采购进行招标。

二、提供与建设工程有关的原始资料

根据《建设工程质量管理条例》，建设单位必须向有关的勘察、设计、施工、工程监理等单位提供与建设工程有关的原始资料。原始资料必须真实、准确、齐全。

三、不得提出非法要求

《建设工程质量管理条例》规定，建设工程发包单位不得迫使承包方以低于成本的价格竞标，不得任意压缩合理工期。建设单位不得明示或者暗示设计单位或者施工单位违反工程建设强制性标准，降低建设工程质量。

《建筑法》规定，建设单位不得以任何理由，要求建筑设计单位或者建筑施工企业在工程设计或者施工作业中，违反法律、行政法规和建筑工程质量、安全标准，降低工程质量。建筑设计单位和建筑施工企业对建设单位违反上述规定提出的降低工程质量的要求，应当予以拒绝。

四、将施工图设计文件依法送审

根据《建设工程质量管理条例》，施工图设计文件审查的具体办法，由国务院建设行政主管部门会同国务院其他有关部门制定。施工图设计文件未经审查批准的，不得使用。

五、实行监理的建设工程依法委托监理

根据《建设工程质量管理条例》，实行监理的建设工程，建设单位应当委托具有相应资质等级的工程监理单位进行监理，也可以委托具有工程监理相应资质等级并与被监理工程的施工承包单位没有隶属关系或者其他利害关系的该工程的设计单位进行监理。

下列建设工程必须实行监理：①国家重点建设工程；②大中型公用事业工程；③成片开发建设的住宅小区工程；④利用外国政府或者国际组织贷款、援助资金的工程；⑤国家规定必须实行监理的其他工程。

➢ **名师点拨：** 成片开发建设的住宅小区工程是指建筑面积在5万平方米以上的住宅建设工程。

六、按照规定办理工程质量监督手续

根据《建设工程质量管理条例》，建设单位在领取施工许可证或者开工报告前，应当按照国家有关规定办理工程质量监督手续，工程质量监督手续可以与施工许可证或者开工报告合并办理。

七、保证建筑材料、建筑构配件和设备符合设计文件和合同要求

根据《建设工程质量管理条例》，按照合同约定，由建设单位采购建筑材料、建筑构配件和设备的，建设单位应当保证建筑材料、建筑构配件和设备符合设计文件和合同要求。建设单位不得明示或者暗示施工单位使用不合格的建筑材料、建筑构配件和设备。

八、依法进行装修工程

《建设工程质量管理条例》规定，涉及建筑主体和承重结构变动的装修工程，建设单位应当在施工前委托原设计单位或者具有相应资质等级的设计单位提出设计方案；没有设计方案的，不得施工。房屋建筑使用者在装修过程中，不得擅自变动房屋建筑主体和承重结构。

考点 2　勘察、设计单位相关的质量责任和义务★★★

《建筑法》规定，建筑工程的勘察、设计单位必须对其勘察、设计的质量负责。勘察、设计文件应当符合有关法律、行政法规的规定和建筑工程质量、安全标准、建筑工程勘察、设计技术规范以及合同的约定。

根据《建设工程质量管理条例》，勘察、设计单位相关的质量责任和义务有：

（1）依法承揽工程。

从事建设工程勘察、设计的单位应当依法取得相应等级的资质证书，并在其资质等级许可的范围内承揽工程。禁止勘察、设计单位超越其资质等级许可的范围或者以其他勘察、设计单位的名义承揽工程。禁止勘察、设计单位允许其他单位或者个人以本单位的名义承揽工程。

勘察、设计单位不得转包或者违法分包所承揽的工程。

（2）必须按照工程建设强制性标准进行勘察、设计。

勘察、设计单位必须按照工程建设强制性标准进行勘察、设计，并对其勘察、设计的质量负责。注册建筑师、注册结构工程师等注册执业人员应当在设计文件上签字，对设计文件负责。

（3）勘察单位提供的地质、测量、水文等勘察成果必须真实、准确。

（4）设计单位应当根据勘察成果文件进行建设工程设计。设计文件应当符合国家规定的设计深度要求，注明工程合理使用年限。

➢ **名师点拨：** 结合《建设工程质量管理条例》的相关规定可以得知，合理使用年限自竣工验收合格之日起计算。

（5）选用的建筑材料、建筑构配件和设备质量必须符合国家规定的标准。

设计单位在设计文件中选用的建筑材料、建筑构配件和设备，应当注明规格、型号、性能等技术指标，其质量要求必须符合国家规定的标准。除有特殊要求的建筑材料、专用设备、工艺生产线等外，设计单位不得指定生产厂、供应商。

根据《建筑法》，设计文件选用的建筑材料、建筑构配件和设备，应当注明其规格、型号、性能等技术指标，其质量要求必须符合国家规定的标准。

（6）设计单位应当就审查合格的施工图设计文件向施工单位作出详细说明。

（7）设计单位应当参与建设工程质量事故分析，并对因设计造成的质量事故，提出相应的技术处理方案。

考点 3 工程监理单位相关的质量责任和义务★★★

根据《建设工程质量管理条例》，工程监理单位的质量责任和义务有：

（1）依法承担工程监理业务。

工程监理单位应当依法取得相应等级的资质证书，并在其资质等级许可的范围内承担工程监理业务。禁止工程监理单位超越本单位资质等级许可的范围或者以其他工程监理单位的名义承担工程监理业务。禁止工程监理单位允许其他单位或者个人以本单位的名义承担工程监理业务。工程监理单位不得转让工程监理业务。

➢ **名师点拨：** 监理没有转包或分包的说法，只能自己承担监理业务。

（2）工程监理单位与被监理工程的施工承包单位以及建筑材料、建筑构配件和设备供应单位有隶属关系或者其他利害关系的，不得承担该项建设工程的监理业务。

（3）工程监理的依据。

工程监理单位应当依照法律、法规以及有关技术标准、设计文件和建设工程承包合同，代表建设单位对施工质量实施监理，并对施工质量承担监理责任。

（4）工程监理的权限。

工程监理单位应当选派具备相应资格的总监理工程师和监理工程师进驻施工现场。

未经监理工程师签字，建筑材料、建筑构配件和设备不得在工程上使用或者安装，施工单位不得进行下一道工序的施工。未经总监理工程师签字，建设单位不拨付工程款，不进行竣工验收。

（5）工程监理的形式。

监理工程师应当按照工程监理规范的要求，采取旁站、巡视和平行检验等形式，对建设工程实施监理。

实战演练

［2021 真题·单选］ 关于建设工程依法实行工程监理的说法，正确的是（　　）。

A. 建设单位应当委托该工程的设计单位进行工程监理

B. 建设单位应当委托具有相应资质等级的工程监理单位进行监理

C. 工程监理单位不得与建设单位有隶属关系

D. 工程监理单位不得与该工程的设计单位有隶属关系

［解析］实行监理的建设工程，建设单位应当委托具有相应资质等级的工程监理单位进行监理，也可以委托具有工程监理相应资质等级，并与被监理工程的施工承包单位没有隶属关系或者其他利害关系的该工程的设计单位进行监理。工程监理单位与被监理工程的施工承包单位以及建筑材料、建筑构配件和设备供应单位有隶属关系或者其他利害关系的，不得承担该项建设工程的监理业务。

［答案］B

［2020 真题·单选］关于工程建设中建筑材料的说法，正确的是（　　）。

A. 对于建设单位负责供应的建筑材料在工程上使用后被查实不合格的，由建设单位与施工企业承担连带责任

B. 对于有特殊要求的建筑材料，设计单位可以指定生产厂家

C. 建设单位负责供应的建筑材料经施工企业检验不合格的，由施工企业负责向材料供应商退换

D. 未经总监理工程师签字，建筑材料不得在工程上使用或者安装

［解析］选项 A、C 错误，对于建设单位负责供应的材料设备，在使用前施工单位应当按照规定对其进行检验和试验，如果不合格，不得在工程上使用，并应通知建设单位予以退换。选项 B 正确，除有特殊要求的建筑材料、专用设备、工艺生产线等外，设计单位不得指定生产厂、供应商。选项 D 错误，未经总监理工程师签字，建设单位不拨付工程款，不进行竣工验收。

［答案］B

［2018 真题·单选］根据《建设工程质量管理条例》，关于工程监理单位质量责任和义务的说法，正确的是（　　）。

A. 监理单位不得与被监理工程的设计单位有利害关系

B. 监理单位对施工质量实施监理，并对施工质量承担监理责任

C. 未经总监理工程师签字，建筑材料不得在工程上使用

D. 施工图深化文件是监理工作的主要依据

［解析］选项 A 错误，《建筑法》《建设工程质量管理条例》都规定，工程监理单位与被监理工程的施工承包单位以及建筑材料、建筑构配件和设备供应单位有隶属关系或者其他利害关系的，不得承担该项建设工程的监理业务。选项 C 错误，《建设工程质量管理条例》规定，工程监理单位应当选派具备相应资格的总监理工程师和监理工程师进驻施工现场。未经监理工程师签字，建筑材料、建筑构配件和设备不得在工程上使用或者安装，施工单位不得进行下一道工序的施工。未经总监理工程师签字，建设单位不拨付工程款，不进行竣工验收。选项 D 错误，监理工作的主要依据有：①法律、法规，如《建筑法》《民法典》《建设工程质量管理条例》等；②有关技术标准，如《工程建设标准强制性条文》以及建设工程承包合同中确认采用的推荐性标准等；③设计文件，施工图设计等设计文件既是施工的依据，也是监理单位对施工活动进行监督管理的依据；④建设工程承包合同，监理单位据此监督施工单位是否全面履行合同约定的义务。

[答案] B

[2017 真题 · 单选] 根据《建设工程质量管理条例》，设计文件应注明工程合理使用年限，该年限从（　　）之日起算。

A. 颁发施工许可证　　B. 工程竣工验收合格

C. 工程缺陷责任期届满　　D. 工程法定最低保修期届满

[解析] 设计文件应当符合国家规定的设计深度要求，注明工程合理使用年限。工程合理使用年限是指从工程竣工验收合格之日起，工程的地基基础、主体结构能保证在正常情况下安全使用的年限。

[答案] B

[经典例题 · 单选] 关于设计单位质量责任和义务的说法，正确的是（　　）。

A. 设计文件中选用的建筑材料、建筑构配件和设备，应当注明规格、型号、性能等技术指标

B. 设计单位不能任意压缩合理工期

C. 设计单位应当就审查合格的施工图设计文件向建设单位作出详细说明

D. 设计单位应当将施工图设计文件报有关部门审查

[解析] 设计单位在设计文件中选用的建筑材料、建筑构配件和设备，应当注明规格、型号、性能等技术指标，其质量要求必须符合国家规定的标准。除有特殊要求的建筑材料、专用设备、工艺生产线等外，设计单位不得指定生产厂、供应商。选项 B、D 错误，属于建设单位的质量责任和义务。选项 C 错误，设计单位应当就审查合格的施工图设计文件向施工单位作出详细说明。

[答案] A

[经典例题 · 单选] 根据《建设工程质量管理条例》，关于勘察、设计单位质量责任和义务的说法，错误的是（　　）。

A. 从事勘察、设计业务的单位应当依法取得相应等级的资质证书

B. 勘察单位提供的地质、测量、水文等勘察成果必须真实、准确

C. 设计单位应当根据勘察成果文件进行建设工程设计

D. 勘察、设计单位不得分包所承揽的工程

[解析] 勘察、设计单位不得转包或违法分包所承揽的工程。

[答案] D

[经典例题 · 多选] 根据《建设工程质量管理条例》，关于勘察、设计单位质量责任和义务的说法，正确的有（　　）。

A. 勘察、设计单位应当在其资质等级许可的范围内承揽工程

B. 勘察文件应注明工程使用年限

C. 勘察、设计单位必须按照工程建设强制性标准进行勘察、设计

D. 注册建筑师、注册结构工程师等注册执业人员应当在设计文件上签字并对设计文件负责

E. 有特殊要求的建筑材料、专用设备、工艺生产线等可由设计单位指定

[答案] ACDE

[解析] 设计文件应当符合国家规定的设计深度要求，注明工程合理使用年限，不是勘察文件，选项B错误。

[经典例题·多选] 根据《建设工程质量管理条例》，必须实行监理的建设工程有（　　）。

A. 国家重点建设工程

B. 大中型公用事业工程

C. 成片开发建设的住宅小区工程

D. 限额以下的小型住宅工程

E. 利用国际组织贷款的工程

[解析] 下列建设工程必须实行监理：①国家重点建设工程；②大中型公用事业工程；③成片开发建设的住宅小区工程；④利用外国政府或者国际组织贷款、援助资金的工程；⑤国家规定必须实行监理的其他工程。

[答案] ABCE

[经典例题·多选] 根据《建设工程质量管理条例》，工程监理单位不得与被监理工程的（　　）有隶属关系或者其他利害关系。

A. 建筑材料供应单位

B. 设计单位

C. 建设单位

D. 施工承包单位

E. 设备供应单位

[解析] 工程监理单位与被监理工程的施工承包单位以及建筑材料、建筑构配件和设备供应单位有隶属关系或者其他利害关系的，不得承担该建设工程的监理业务。

[答案] ADE

第四节　建设工程竣工验收制度

扫码听课

考点1　竣工验收的主体和法定条件★★★

根据《建设工程质量管理条例》的规定，竣工验收的时间、主体和法定条件见表7-4-1。

表7-4-1　竣工验收的时间、主体和法定条件

项目	内容
竣工验收时间	收到建设工程竣工报告后
竣工验收主体	建设单位组织
	设计、施工、工程监理等有关单位参加
竣工验收条件	(1) 完成建设工程设计和合同约定的各项内容； (2) 有完整的技术档案和施工管理资料； (3) 有工程使用的主要建筑材料、建筑构配件和设备的进场试验报告； (4) 有勘察、设计、施工、工程监理等单位分别签署的质量合格文件； (5) 有施工单位签署的工程保修书

建设工程经验收合格的，方可交付使用。

考点 2 建设工程档案资料管理的具体规定★

根据《建设工程质量管理条例》，建设单位应当严格按照国家有关档案管理的规定，及时收集、整理建设项目各环节的文件资料，建立、健全建设项目档案，并在建设工程竣工验收后，及时向建设行政主管部门或者其他有关部门移交建设项目档案。

根据《城市建设档案管理规定》，建设单位应当在工程竣工验收后3个月内，向城建档案馆报送一套符合规定的工程建设档案。凡工程建设档案不齐全的，应当限期补充。停建、缓建工程的档案，暂由建设单位保管。撤销单位的工程建设档案，应当向上级主管机关或者城建档案馆移交。

对改建、扩建和重要部位维修的工程，建设单位应当组织设计、施工单位据实修改、补充和完善原建设工程档案。凡结构和平面布置等改变的，应当重新编制建设工程档案，并在工程竣工后3个月内向城建档案馆报送。

《建设工程文件归档规范》进一步规定，工程文件应随工程建设进度同步形成，不得事后补编。每项建设工程应编制一套电子档案，随纸质档案一并移交城建档案管理机构。电子档案签署了具有法律效力的电子印章或电子签名的，可不移交相应纸质档案。

建设工程项目实行总承包管理的，总包单位应负责收集、汇总各分包单位形成的工程档案，并应及时向建设单位移交；各分包单位应将本单位形成的工程文件整理、立卷后及时移交总包单位。建设工程项目由几个单位承包的，各承包单位应负责收集、整理立卷其承包项目的工程文件，并应及时向建设单位移交。

考点 3 规划、消防、节能、环保等验收的规定★★

一、规划验收的规定

根据《城乡规划法》，县级以上地方人民政府城乡规划主管部门按照国务院规定对建设工程是否符合规划条件予以核实。未经核实或者经核实不符合规划条件的，建设单位不得组织竣工验收。建设单位应当在竣工验收后6个月内向城乡规划主管部门报送有关竣工验收资料。

二、消防验收的规定

根据《中华人民共和国消防法》，国务院住房和城乡建设主管部门规定应当申请消防验收的建设工程竣工，建设单位应当向住房和城乡建设主管部门申请消防验收。

上述规定以外的其他建设工程，建设单位在验收后应当报住房和城乡建设主管部门备案，住房和城乡建设主管部门应当进行抽查。

依法应当进行消防验收的建设工程，未经消防验收或者消防验收不合格的，禁止投入使用；其他建设工程经依法抽查不合格的，应当停止使用。

三、节能验收的规定

《民用建筑节能条例》规定，建设单位组织竣工验收，应当对民用建筑是否符合民用建筑节能强制性标准进行查验；对不符合民用建筑节能强制性标准的，不得出具竣工验收合格报告。

《建筑节能工程施工质量验收标准》进一步规定，建筑节能工程为单位工程的一个分部工程，可按照分项工程进行验收。当建筑节能分项工程的工程量较大时，可将分项工程分为若干个检验批进行验收。

建筑节能分部工程的质量验收，应在施工单位自检合格，且检验批、分项工程全部验收合格的基础上，进行外墙节能构造、外窗气密性能现场实体检验和设备系统节能性能检测，确认建筑节能工程质量达到验收条件后方可进行。

参加建筑节能工程验收的各方人员应具备相应的资格，其程序和组织应符合下列规定：

（1）节能工程检验批验收和隐蔽工程验收应由专业监理工程师组织并主持，施工单位相关专业的质量检查员与施工员参加验收。

（2）节能分项工程验收应由专业监理工程师组织并主持，施工单位项目技术负责人和相关专业的质量检查员、施工员参加验收；必要时可邀请主要设备、材料供应商及分包单位、设计单位相关专业的人员参加验收。

（3）节能分部工程验收应由总监理工程师组织并主持，施工单位项目负责人、项目技术负责人和相关专业的负责人、质量检查员、施工员参加验收；施工单位的质量、技术负责人应参加验收；设计单位项目负责人及相关专业负责人应参加验收；主要设备、材料供应商及分包单位负责人应参加验收。

四、环保验收的规定

根据《环境保护法》，建设项目中防治污染的设施，应当与主体工程同时设计、同时施工、同时投产使用。防治污染的设施应当符合经批准的环境影响评价文件的要求，不得擅自拆除或者闲置。

根据《建设项目环境保护管理条例》，编制环境影响报告书、环境影响报告表的建设项目竣工后，建设单位应当按照国务院环境保护行政主管部门规定的标准和程序，对配套建设的环境保护设施进行验收，编制验收报告。

建设单位在环境保护设施验收过程中，应当如实查验、监测、记载建设项目环境保护设施的建设和调试情况，不得弄虚作假。除按照国家规定需要保密的情形外，建设单位应当依法向社会公开验收报告。

分期建设、分期投入生产或者使用的建设项目，其相应的环境保护设施应当分期验收。

编制环境影响报告书、环境影响报告表的建设项目，其配套建设的环境保护设施经验收合格，方可投入生产或者使用；未经验收或者验收不合格的，不得投入生产或者使用。上述规定的建设项目投入生产或者使用后，应当按照国务院环境保护行政主管部门的规定开展环境影响后评价。

考点 4 竣工结算、质量争议的规定★★★

根据《建设工程价款结算暂行办法》，建设工程价款结算是指对建设工程的发承包合同价款进行约定和依据合同约定进行工程预付款、工程进度款、工程竣工价款结算的活动。

一、竣工结算

根据《建设工程价款结算暂行办法》，工程完工后，双方应按照约定的合同价款及合同价款调整内容以及索赔事项，进行工程竣工结算。

（一）工程竣工结算方式

工程竣工结算分为单位工程竣工结算、单项工程竣工结算和建设项目竣工总结算。

（二）工程竣工结算编审

（1）单位工程竣工结算由承包人编制，发包人审查；实行总承包的工程，由具体承包人编制，在总包人审查的基础上，发包人审查。

（2）单项工程竣工结算或建设项目竣工总结算由总（承）包人编制，发包人可直接进行审查，也可以委托具有相应资质的工程造价咨询机构进行审查。政府投资项目，由同级财政部门审查。单项工程竣工结算或建设项目竣工总结算经发、承包人签字盖章后有效。

承包人应在合同约定期限内完成项目竣工结算编制工作，未在规定期限内完成并且提不出正当理由延期的，责任自负。

（三）工程竣工结算审查期限

单项工程竣工后，承包人应在提交竣工验收报告的同时，向发包人递交竣工结算报告及完整的结算资料，发包人应按表7-4-2规定的时限进行核对（审查），并提出审查意见。

表7-4-2　工程竣工结算审查期限

工程竣工结算报告金额	审查时间
500万元以下	从接到竣工结算报告和完整的竣工结算资料之日起20天
500万～2 000万元	从接到竣工结算报告和完整的竣工结算资料之日起30天
2 000万～5 000万元	从接到竣工结算报告和完整的竣工结算资料之日起45天
5 000万元以上	从接到竣工结算报告和完整的竣工结算资料之日起60天

建设项目竣工总结算在最后一个单项工程竣工结算审查确认后15天内汇总，送发包人后30天内审查完成。

《建筑工程施工发包与承包计价管理办法》规定，承包方应当在完工后的约定期限内提交竣工结算文件。

发承包双方在合同中对上述内容的期限没有明确约定的，应当按照国家有关规定执行；国家没有规定的，可认为其约定期限均为28日。

第七章

（四）工程竣工价款结算

发包人收到承包人递交的竣工结算报告及完整的结算资料后，应按规定的期限（合同约定有期限的，从其约定）进行核实，给予确认或者提出修改意见。发包人根据确认的竣工结算报告向承包人支付工程竣工结算价款，保留5%左右的质量保证（保修）金，待工程交付使用一年质保期到期后清算（合同另有约定的，从其约定），质保期内如有返修，发生费用应在质量保证（保修）金内扣除。

➢ **名师点拨：**关于质量保证（保修）金，按照《建设工程质量保证金管理办法》进行记忆：发包人应按照合同约定方式预留保证金，保证金总预留比例不得高于工程价款结算总额的3%。

《建筑工程施工发包与承包计价管理办法》规定，工程竣工结算文件经发承包双方签字确认的，应当作为工程决算的依据，未经对方同意，另一方不得就已生效的竣工结算文件委托工程造价咨询企业重复审核。发包方应当按照竣工结算文件及时支付竣工结算款。

（五）索赔价款结算

发承包人未能按合同约定履行自己的各项义务或发生错误，给另一方造成经济损失的，由受损方按合同约定提出索赔，索赔金额按合同约定支付。

（六）合同以外零星项目工程价款结算

发包人要求承包人完成合同以外零星项目，承包人应在接受发包人要求的7天内就用工数量和单价、机械台班数量和单价、使用材料和金额等向发包人提出施工签证，发包人签证后施工，如发包人未签证，承包人施工后发生争议的，责任由承包人自负。

二、竣工结算争议处理

根据《建设工程价款结算暂行办法》，工程造价咨询机构接受发包人或承包人委托，编审工程竣工结算，应按合同约定和实际履约事项认真办理，出具的竣工结算报告经发、承包双方签字后生效。当事人一方对报告有异议的，可对工程结算中有异议部分，向有关部门申请咨询后协商处理，若不能达成一致的，双方可按合同约定的争议或纠纷解决程序办理。

发包人对工程质量有异议，已竣工验收或已竣工未验收但实际投入使用的工程，其质量争议按该工程保修合同执行；已竣工未验收且未实际投入使用的工程以及停工、停建工程的质量争议，应当就有争议部分的竣工结算暂缓办理，双方可就有争议的工程委托有资质的检测鉴定机构进行检测，根据检测结果确定解决方案，或按工程质量监督机构的处理决定执行，其余部分的竣工结算依照约定办理。

当事人对工程造价发生合同纠纷时，可通过下列办法解决：①双方协商确定；②按合同条款约定的办法提请调解；③向有关仲裁机构申请仲裁或向人民法院起诉。

三、竣工工程质量争议的规定

《最高人民法院关于审理建设工程施工合同纠纷案件适用法律问题的解释（一）》（法释〔2020〕25号）规定：

因承包人的原因造成建设工程质量不符合约定，承包人拒绝修理、返工或者改建，发包人请求减少支付工程价款的，人民法院应予支持。

发包人具有下列情形之一，造成建设工程质量缺陷，应当承担过错责任：

（1）提供的设计有缺陷。

（2）提供或者指定购买的建筑材料、建筑构配件、设备不符合强制性标准。

（3）直接指定分包人分包专业工程。

建设工程未经竣工验收，发包人擅自使用后，又以使用部分质量不符合约定为由主张权利的，人民法院不予支持；但是承包人应当在建设工程的合理使用寿命内对地基基础工程和主体结构质量承担民事责任。

因建设工程质量发生争议的，发包人可以以总承包人、分包人和实际施工人为共同被告提起诉讼。

考点 5 竣工验收报告备案的规定★

根据《建设工程质量管理条例》的规定，建设单位应当自建设工程竣工验收合格之日起15日内，将建设工程竣工验收报告和规划、公安消防、环保等部门出具的认可文件或者准许使用文件报建设行政主管部门或者其他有关部门备案。

《房屋建筑工程和市政基础设施工程竣工验收备案管理办法》进一步规定，建设单位应当自工程竣工验收合格之日起15日内，依照本办法规定，向工程所在地的县级以上地方人民政府建设主管部门（以下简称备案机关）备案。

建设单位办理工程竣工验收备案应当提交下列文件：

（1）工程竣工验收备案表。

（2）工程竣工验收报告。竣工验收报告应当包括工程报建日期，施工许可证号，施工图设计文件审查意见，勘察、设计、施工、工程监理等单位分别签署的质量合格文件及验收人员签署的竣工验收原始文件，市政基础设施的有关质量检测和功能性试验资料以及备案机关认为需要提供的有关资料。

（3）法律、行政法规规定应当由规划、环保等部门出具的认可文件或者准许使用文件。

（4）施工单位签署的工程质量保修书。

（5）法规、规章规定必须提供的其他文件。

商品住宅还应当提交《住宅质量保证书》和《住宅使用说明书》。

备案机关收到建设单位报送的竣工验收备案文件，验证文件齐全后，应当在工程竣工验收备案表上签署文件收讫。工程竣工验收备案表一式两份，一份由建设单位保存，一份留备案机关存档。

工程质量监督机构应当在工程竣工验收之日起5日内，向备案机关提交工程质量监督报告。

备案机关发现建设单位在竣工验收过程中有违反国家有关建设工程质量管理规定行为的，应当在收讫竣工验收备案文件15日内，责令停止使用，重新组织竣工验收。

实战演练

[2021真题·单选] 建筑节能分部工程验收的主持人应当是（　　）。

A. 施工企业项目经理

B. 设计单位节能设计负责人

C. 总监理工程师（建设单位项目负责人）

D. 施工企业技术负责人

[解析] 节能分部工程验收应由总监理工程师（建设单位项目负责人）主持，施工单位项目经理、项目技术负责人和相关专业的质量检查员、施工员参加，施工单位的质量或技术负责人应参加，设计单位节能设计人员应参加。

[答案] C

［2021真题·单选］施工合同履行中，关于设计缺陷造成的工程质量问题的说法，正确的是（　　）。

A. 设计单位应当负责返修，费用由设计单位承担

B. 施工企业应当负责返修，费用由施工企业支付

C. 施工企业应当负责返修，费用由建设单位先行承担

D. 建设单位应当负责返修，费用由设计单位承担

［解析］对已发现的质量缺陷，建筑施工企业应当修复。对于非施工单位原因造成的质量问题，施工单位也应当负责返修，但是因此而造成的损失及返修费用由责任方负责。

［答案］C

［2018真题·单选］关于工程质量争议处理的说法，正确的是（　　）。

A. 建设单位直接指定分包人分包专业工程的，应当承担无过错责任

B. 施工企业对施工中出现的施工质量问题应当负责返修

C. 建设工程未经竣工验收，建设单位擅自使用后，以部分质量不符合约定为由主张权利的，应予支持

D. 建设工程竣工时发现的质量缺陷是建设单位的责任，企业不承担返修义务

［解析］选项A错误，发包人具有下列情形之一，造成建设工程质量缺陷的，应当承担过错责任：①提供的设计有缺陷；②提供或者指定购买的建筑材料、建筑构配件、设备不符合强制性标准；③直接指定分包人分包专业工程。选项B正确，选项D错误，《建筑法》规定，对已发现的质量缺陷，建筑施工企业应当修复。《建设工程质量管理条例》进一步规定，施工单位对施工中出现质量问题的建设工程或者竣工验收不合格的建设工程，应当负责返修。选项C错误，建设工程未经竣工验收，发包人擅自使用后，又以使用部分质量不符合约定为由主张权利的，不予支持；但是承包人应当在建设工程的合理使用寿命内对地基基础工程和主体结构质量承担民事责任。

［答案］B

［2017真题·单选］关于建设工程竣工验收备案的说法，正确的是（　　）。

A. 施工企业自竣工验收合格之日起15日内办理备案

B. 竣工验收备案必须提交监理单位出具的工程正式验收合格证明文件

C. 工程竣工验收完成后，建设单位应向备案机关提交工程质量监督报告

D. 工程竣工验收备案表一式二份，一份由建设单位保存，一份留备案机关存档

［解析］选项A错误，建设单位应当自工程竣工验收合格之日起15日内，向工程所在地的县级以上地方人民政府建设主管部门备案，不是施工单位备案。选项B错误，如该建设工程委托了监理单位，建设单位办理工程竣工验收备案应当提交工程监理单位签署的质量合格文件及验收人员签署的竣工验收原始文件，不是证明文件。选项C错误，工程质量监督机构应当在工程竣工验收之日起5日内，向备案机关提交工程质量监督报告，不是建设单位提交。

［答案］D

[2016 真题 · 单选] 根据《建设工程价款结算暂行办法》，实行总承包的政府投资单项工程项目，其竣工总结算的审查人是（　　）。

A. 同级财政部门　　B. 发包人

C. 总承包人　　D. 同级审计部门

[解析] 单项工程竣工结算或建设项目竣工总结算由总（承）包人编制，发包人可直接进行审查，也可以委托具有相应资质的工程造价咨询机构进行审查。政府投资项目，由同级财政部门审查。

[答案] A

[经典例题 · 单选] 关于建设工程竣工规划验收的说法，正确的是（　　）。

A. 建设单位应当向住房城乡建设主管部门提出竣工规划验收申请

B. 建设工程未经核实或者核实不符合规划条件的，建设单位不得组织竣工验收

C. 对于验收合格的建设工程，城乡规划行政主管部门出具建设工程规划许可证

D. 建设单位应当在竣工验收后 3 个月内向城乡规划主管部门报送有关竣工验收材料

[解析] 县级以上地方人民政府城乡规划主管部门对建设工程是否符合规划条件予以核实；未经核实或者经核实不符合规划条件的，建设单位不得组织竣工验收；建设单位应当在竣工验收后 6 个月内向城乡规划主管部门报送有关竣工验收资料。建设工程竣工后，建设单位应当依法向城乡规划行政主管部门提出竣工规划验收申请。对于验收合格的，由城乡规划行政主管部门出具规划认可文件或核发建设工程竣工规划验收合格证。

[答案] B

[2021 真题 · 多选] 建设工程竣工验收应当具备的条件有（　　）。

A. 有完整的技术档案和施工管理资料

B. 有施工企业签署的工程保修书

C. 有工程使用的主要建筑材料、建筑构配件和设备的进场试验报告

D. 有勘察、设计、施工、监理等单位分别签署的质量合格文件

E. 已经办理工程竣工资料归档手续

[解析] 建设工程竣工验收应当具备下列条件：①完成建设工程设计和合同约定的各项内容；②有完整的技术档案和施工管理资料；③有工程使用的主要建筑材料、建筑构配件和设备的进场试验报告；④有勘察、设计、施工、工程监理等单位分别签署的质量合格文件；⑤有施工单位签署的工程保修书。

[答案] ABCD

[2020 真题 · 多选] 根据《房屋建筑工程和市政基础设施工程竣工验收备案管理办法》，建设单位办理工程竣工验收备案应当提交的文件包括（　　）。

A. 规划、环保等部门出具的许可文件或者准许使用文件

B. 建筑工程施工许可证

C. 工程竣工验收报告

D. 施工企业签署的工程质量保修书

E. 工程竣工验收备案表

[解析] 建设单位办理工程竣工验收备案应当提交下列文件：①工程竣工验收备案表。②工程竣工验收报告。竣工验收报告应当包括工程报建日期，施工许可证号，施工图设计文件审查意见，勘察、设计、施工、工程监理等单位分别签署的质量合格文件及验收人员签署的竣工验收原始文件，市政基础设施的有关质量检测和功能性试验资料以及备案机关认为需要提供的有关资料。③法律、行政法规规定应当由规划、环保等部门出具的认可文件或者准许使用文件。④施工单位签署的工程质量保修书。⑤法规、规章规定必须提供的其他文件。商品住宅还应当提交《住宅质量保证书》和《住宅使用说明书》。

[答案] CDE

[2017 真题·多选] 根据《建设工程质量管理条例》，属于建设工程竣工验收应当具备的条件有（　　）。

A. 完成建设工程设计和合同约定的主要内容

B. 有工程使用的全部建筑材料、建筑构配件和设备的进场试验报告

C. 有完整的技术档案和施工管理资料

D. 有勘察、设计、施工等单位分别签署的质量合格文件

E. 有施工企业签署的工程保修书

[解析] 建设工程竣工验收应当具备下列条件：①完成建设工程设计和合同约定的各项内容；②有完整的技术档案和施工管理资料；③有工程使用的主要建筑材料、建筑构配件和设备的进场试验报告；④有勘察、设计、施工、工程监理等单位分别签署的质量合格文件；⑤有施工单位签署的工程保修书。

[答案] CDE

[2016 真题·多选] 根据《最高人民法院关于审理建设工程施工合同纠纷案件适用法律问题的解释（一）》，发包人造成建设工程质量缺陷应承担过错责任的情形有（　　）。

A. 同意总承包人依法选择的分包人分包专业工程

B. 提供的设计有缺陷

C. 直接指定分包人分包专业工程

D. 指定购买的建筑构配件不符合强制性标准

E. 提供的建筑材料不符合强制性标准

[解析] 根据《最高人民法院关于审理建设工程施工合同纠纷案件适用法律问题的解释（一）》，发包人具有下列情形之一，造成建设工程质量缺陷，应当承担过错责任：①提供的设计有缺陷；②提供或者指定购买的建筑材料、建筑构配件、设备不符合强制性标准；③直接指定分包人分包专业工程。

[答案] BCDE

[2015 真题·多选] 某工程项目未经竣工验收，发包人擅自使用后楼板出现裂缝，经鉴定是由于承包人偷工减料造成的。关于此项目质量责任的说法，正确的有（　　）。

A. 未经竣工验收使用此工程，由发包人承担全部责任

B. 承包人在建设工程设计文件规定的合理使用年限内对主体结构承担民事责任

第七章

C. 承包人应当负责返修，费用由发包人承担

D. 造成发包人损失的，承包人不承担责任

E. 承包人应当负责返修，费用由承包人承担

［**解析**］选项A错误，建设工程未经竣工验收，发包人擅自使用后，承包人仍应当在建设工程的合理使用寿命内对地基基础工程和主体结构质量承担民事责任，所以，发包人不是承担全部责任。选项B、E正确，本题中，建设工程未经竣工验收，发包人擅自使用后楼板出现裂缝，承包人应负责返修，并承担质量责任。选项C、D错误，费用应由承包人承担，因为楼板出现裂缝是主体工程质量问题，所以承包人应承担质量责任，何况还是由于承包人偷工减料造成的。

［**答案**］BE

第五节　建设工程质量保修制度

考点 1 质量保修书和最低保修期限的规定★★★

扫码听课

一、质量保修书

根据《建设工程质量管理条例》，建设工程实行质量保修制度。建设工程承包单位在向建设单位提交工程竣工验收报告时，应当向建设单位出具质量保修书。质量保修书中应当明确建设工程的保修范围、保修期限和保修责任等。

根据《建筑法》，建筑工程的保修范围应当包括地基基础工程、主体结构工程、屋面防水工程和其他土建工程，以及电气管线、上下水管线的安装工程，供热、供冷系统工程等项目。

二、建设工程的最低保修期限

根据《建设工程质量管理条例》，在正常使用条件下，建设工程的最低保修期限为：

（1）基础设施工程、房屋建筑的地基基础工程和主体结构工程，为设计文件规定的该工程的合理使用年限。

（2）屋面防水工程、有防水要求的卫生间、房间和外墙面的防渗漏，为5年。

（3）供热与供冷系统，为2个采暖期、供冷期。

（4）电气管线、给排水管道、设备安装和装修工程，为2年。

其他项目的保修期限由发包方与承包方约定。

建设工程的保修期，自竣工验收合格之日起计算。

建设工程在保修范围和保修期限内发生质量问题的，施工单位应当履行保修义务，并对造成的损失承担赔偿责任。

建设工程在超过合理使用年限后需要继续使用的，产权所有人应当委托具有相应资质等级的勘察、设计单位鉴定，并根据鉴定结果采取加固、维修等措施，重新界定使用期。

考点 2 质量责任的损失赔偿★

《最高人民法院关于审理建设工程施工合同纠纷案件适用法律问题的解释（一）》（法释〔2020〕25号）规定，因保修人未及时履行保修义务，导致建筑物毁损或者造成人身损害、财产损失的，保修人应当承担赔偿责任。保修人与建筑物所有人或者发包人对建筑物毁损均有过错的，各自承担相应的责任。

《建设工程质量管理条例》释义规定：

(1) 施工单位未按国家有关规范、标准和设计要求施工，造成的质量缺陷，由施工单位负责返修并承担经济责任。

(2) 由于设计方面的原因造成的质量缺陷，先由施工单位负责维修，其经济责任按有关规定通过建设单位向设计单位索赔。

(3) 因建筑材料、构配件和设备质量不合格引起的质量缺陷，先由施工单位负责维修，其经济责任属于施工单位采购的或经其验收同意的，由施工单位承担经济责任；属于建设单位采购的，由建设单位承担经济责任。

(4) 因建设单位（含监理单位）错误管理造成的质量缺陷，先由施工单位负责维修，其经济责任由建设单位承担，如属监理单位责任，则由建设单位向监理单位索赔。

(5) 因使用单位使用不当造成的损坏问题，先由施工单位负责维修，其经济责任由使用单位自行负责。

(6) 因地震、洪水、台风等不可抗拒原因造成的损坏问题，先由施工单位负责维修，建设参与各方根据国家具体政策分担经济责任。

➤ **名师点拨：** 发生质量问题，无论谁的原因一律由施工单位负责维修，谁的责任谁承担经济责任。

考点 3 缺陷责任期的规定★★★

《建设工程质量保证金管理办法》（建质〔2017〕138号）规定，建设工程质量保证金（以下简称保证金）是指发包人与承包人在建设工程承包合同中约定，从应付的工程款中预留，用以保证承包人在缺陷责任期内对建设工程出现的缺陷进行维修的资金。

缺陷是指建设工程质量不符合工程建设强制性标准、设计文件，以及承包合同的约定。

缺陷责任期一般为1年，最长不超过2年，由发、承包双方在合同中约定。

发包人应当在招标文件中明确保证金预留、返还等内容，并与承包人在合同条款中对涉及保证金的下列事项进行约定：①保证金预留、返还方式；②保证金预留比例、期限；③保证金是否计付利息，如计付利息，利息的计算方式；④缺陷责任期的期限及计算方式；⑤保证金预留、返还及工程维修质量、费用等争议的处理程序；⑥缺陷责任期内出现缺陷的索赔方式；⑦逾期返还保证金的违约金支付办法及违约责任。

缺陷责任期内，实行国库集中支付的政府投资项目，保证金的管理应按国库集中支付的有关规定执行。其他政府投资项目，保证金可以预留在财政部门或发包方。缺陷责任期内，如发包方被撤销，保证金随交付使用资产一并移交使用单位管理，由使用单位代行发包人职责。

社会投资项目采用预留保证金方式的，发、承包双方可以约定将保证金交由第三方金融机构托管。

推行银行保函制度，承包人可以银行保函替代预留保证金。

在工程项目竣工前，已经缴纳履约保证金的，发包人不得同时预留工程质量保证金。采用工程质量保证担保、工程质量保险等其他保证方式的，发包人不得再预留保证金。

发包人应按照合同约定方式预留保证金，保证金总预留比例不得高于工程价款结算总额的3%。合同约定由承包人以银行保函替代预留保证金的，保函金额不得高于工程价款结算总额的3%。

缺陷责任期从工程通过竣工验收之日起计。由于承包人原因导致工程无法按规定期限进行竣工验收的，缺陷责任期从实际通过竣工验收之日起计。由于发包人原因导致工程无法按规定期限进行竣工验收的，在承包人提交竣工验收报告90天后，工程自动进入缺陷责任期。

缺陷责任期内，由承包人原因造成的缺陷，承包人应负责维修，并承担鉴定及维修费用。如承包人不维修也不承担费用，发包人可按合同约定从保证金或银行保函中扣除，费用超出保证金额的，发包人可按合同约定向承包人进行索赔。承包人维修并承担相应费用后，不免除对工程的损失赔偿责任。

由他人原因造成的缺陷，发包人负责组织维修，承包人不承担费用，且发包人不得从保证金中扣除费用。

缺陷责任期内，承包人认真履行合同约定的责任，到期后，承包人向发包人申请返还保证金。

发包人在接到承包人返还保证金申请后，应于14天内会同承包人按照合同约定的内容进行核实。如无异议，发包人应当按照约定将保证金返还给承包人。对返还期限没有约定或者约定不明确的，发包人应当在核实后14天内将保证金返还承包人，逾期未返还的，依法承担违约责任。发包人在接到承包人返还保证金申请后14天内不予答复，经催告后14天内仍不予答复，视同认可承包人的返还保证金申请。

实战演练

[2020真题·单选] 关于建设工程质量保修期限的说法，正确的是（　　）。

A. 地基基础工程的主体结构的保修期不低于50年

B. 建设单位与施工企业在保修合同中约定的保修期限应当高于法定的最低保修期限

C. 建设工程的法定保修期限为其最低保修期限

D. 建设工程超过主体结构保修期的，不得继续使用

[解析]《建设工程质量管理条例》规定，在正常使用条件下，基础设施工程、房屋建筑的地基基础工程和主体结构工程的最低保修期限为设计文件规定的该工程的合理使用年限，选项A错误。建设单位与施工单位经平等协商另行签订保修合同的，其保修期限可以高于法定的最低保修期限，但不能低于最低保修期限，否则视作无效，选项B错误。《建设工程质量管理条例》规定，建设工程在超过合理使用年限后需要继续使用的，产权所有人应当委托具有相应资质等级的勘察、设计单位鉴定，并根据鉴定结果采取加固、维修等措施，重新界定使用期，选项D错误。

[答案] C

[经典例题·单选] 关于建设工程质量保修的说法，正确的是（　　）。

A. 不同类型的建设工程，质量保修范围不同

B. 合同约定的保修期限不能高于法定保修期限

C. 工程的合理使用年限与施工企业的质量责任年限无关

D. 建设工程保修期的起始日是工程实际竣工之日

[解析] 选项B错误，合同约定的保修期限可以高于法定的最低保修期限。选项C错误，工程的合理使用年限与施工企业的质量责任年限有关。选项D错误，建设工程保修期的起始日是工程竣工验收合格之日。

[答案] A

[经典例题·单选] 关于建设工程超过合理使用年限后需要继续使用的说法，正确的是（　　）。

A. 经过勘察、设计单位鉴定后，必须在设计文件中重新界定使用期

B. 建设工程超过合理使用年限后需要继续使用的，产权所有人应当委托原勘察、设计单位鉴定

C. 根据鉴定结果采取加固、维修等措施的，需经原施工企业进行加固、维修和补强

D. 不经鉴定、加固等而违法继续使用造成损失的，由产权所有人和原施工企业承担连带责任

[解析] 建设工程在超过合理使用年限后需要继续使用的，产权所有人应当委托具有相应资质等级的勘察、设计单位鉴定，并根据鉴定结果采取加固、维修等措施，重新界定使用期，并经有相应资质等级的施工单位进行加固、维修和补强，该建设工程能达到继续使用条件的，可以继续使用，选项B、C错误。如果不经鉴定、加固等而违法继续使用的，所产生的后果由产权所有人自负，选项D错误。

[答案] A

[经典例题·单选] 关于缺陷责任期确定的说法，正确的是（　　）。

A. 施工合同可以约定缺陷责任期为26个月

B. 由于承包人的原因导致工程无法进行竣工验收，缺陷责任期从实际通过竣工验收之日开始计算

C. 某工程于2018年6月11日完成建设工程验收备案，该工程缺陷责任期起算时间为2018年6月11日

D. 由于发包人的原因导致工程无法按规定期限进行竣工验收，在承包人提交验收报告60天后，工程自动进入缺陷责任期

[解析] 缺陷责任期一般为1年，最长不超过2年，由发、承包双方在合同中约定，选项A错误。缺陷责任期从工程通过竣工验收之日起计，选项C错误。由于发包人原因导致工程无法按规定期限进行竣工验收的，在承包人提交竣工验收报告90天后，工程自动进入缺陷责任期，选项D错误。

[答案] B

[经典例题·单选] 关于建设工程质量保修的说法，正确的是（　　）。

A. 不同类型的建设工程，其保修范围相同

B. 建设工程保修期内由于使用不当造成的损坏，施工企业不负责维修

C. 建设工程保修期与缺陷责任期的起始日相同

D. 建设工程质量保证金应在保修期满后返还

[解析] 选项A错误，不同类型的建设工程，其保修范围不同。选项B错误，建设工程保修期内由于使用不当造成的损坏，施工企业应负责维修。选项D错误，发包人在接到承包人返还保证金申请后，应于14日内会同承包人按照合同约定的内容进行核实。如无异议，发包人应当在核实后14日内将保证金返还给承包人，逾期支付的，从逾期之日起，按照同期银行贷款利率计付利息，并承担违约责任。发包人在接到承包人返还保证金申请后14日内不予答复，经催告后14日内仍不予答复的，视同认可承包人的返还保证金申请。

[答案] C

[2022真题·多选] 根据《建设工程质量保证金管理办法》，关于缺陷责任期确定的说法，正确的有（　　）。

A. 由于承包人原因导致迟延进行竣工验收的，缺陷责任期从合同约定的竣工之日起计

B. 缺陷责任期一般为1年，最长不超过2年

C. 缺陷责任期从工程通过竣工验收之日起计

D. 由于承包人原因导致工程无法按规定期限进行竣工验收的，缺陷责任期从实际通过竣工验收之日起计

E. 由于发包人原因导致工程无法按规定期限进行竣工验收的，在承包人提交竣工验收报告90天后，工程自动进入缺陷责任期

[解析]《建设工程质量保证金管理办法》规定，缺陷责任期一般为1年，最长不超过2年，由发、承包双方在合同中约定，选项B正确。缺陷责任期从工程通过竣工验收之日起计，选项C正确。由于承包人原因导致工程无法按规定期限进行竣工验收的，缺陷责任期从实际通过竣工验收之日起计，选项A错误，选项D正确。由于发包人原因导致工程无法按规定期限进行竣工验收的，在承包人提交竣工验收报告90天后，工程自动进入缺陷责任期，选项E正确。

[答案] BCDE

[2021真题·多选] 根据《建设工程质量管理条例》，下列工程中，法定最低保修期限为2年的有（　　）。

A. 房屋建筑的主体结构工程

B. 装修工程

C. 给排水管道工程

D. 屋面防水工程

E. 设备安装工程

[解析] 电气管线、给排水管道、设备安装和装修工程，保修期为2年。

[答案] BCE

[2020真题·多选] 建设工程承包单位应当向建设单位出具质量保修书，其内容包括建设工程的（　　）。

A. 保修范围

B. 工程概况和施工管理要求

C. 保修期限

D. 保修责任

E. 超过合理使用年限继续使用的条件

[解析] 质量保修书中应当明确建设工程的保修范围、保修期限和保修责任等。

[答案] ACD

[2020真题·多选] 关于建设工程质量保修制度的说法，正确的有（　　）。

A. 施工企业不履行保修义务或者拖延履行保修义务的，责令改正，处5万元以上30万元以下的罚款

B. 由他人原因造成的缺陷，承包人负责组织维修并承担相应费用

C. 承包人维修并承担相应费用后，对工程的损失赔偿责任即可免除

D. 缺陷责任期内，由承包人原因造成的缺陷，承包人应当负责维修，并承担鉴定及维修费用

E. 质量保证金应当在缺陷责任期到期后，由承包人向发包人申请返还

[解析] 选项A错误，《建设工程质量管理条例》规定，施工单位不履行保修义务或者拖延履行保修义务的，责令改正，处10万元以上20万元以下的罚款，并对在保修期内因质量缺陷造成的损失承担赔偿责任。选项B错误，由他人原因造成的缺陷，发包人负责组织维修，承包人不承担费用，且发包人不得从保证金中扣除费用。选项C错误，承包人维修并承担相应费用后，不免除对工程的损失赔偿责任。选项D正确，缺陷责任期内，由承包人原因造成的缺陷，承包人应负责维修，并承担鉴定及维修费用。选项E正确，缺陷责任期内，承包人认真履行合同约定的责任，到期后，承包人向发包人申请返还保证金。

[答案] DE

[2016真题·多选] 在正常使用条件下，关于建设工程各保修项目法定最低保修期限的说法，正确的有（　　）。

A. 屋面防水工程为5年

B. 给排水管道为2年

C. 供热与供冷系统为2个采暖期、供冷期

D. 设备安装和装修工程为5年

E. 基础设施工程为设计文件规定的该工程的合理使用年限

［解析］在正常使用条件下，建设工程的最低保修期限为：①基础设施工程、房屋建筑的地基基础工程和主体结构工程，为设计文件规定的该工程的合理使用年限；②屋面防水工程、有防水要求的卫生间、房间和外墙面的防渗漏，为5年；③供热与供冷系统，为2个采暖期、供冷期；④电气管线、给排水管道、设备安装和装修工程，为2年。其他项目的保修期限由发包方与承包方约定。

［答案］ABCE

第八章

解决建设工程纠纷法律制度

名师导学

本章考查涉及的法律法规最多，与前七章不同的是，不仅明显地增强了对理论知识的考查，还增加了考查的深度，从而提升了考试的难度。这就需要考生在熟悉法律条文的基础上了解和掌握法条背后所蕴含的法理。备考时需要做到两个方面，一是扎实掌握相关法学的基础知识，二是多做习题，学会灵活运用。本章重难点集中在仲裁制度、民事诉讼制度。

本章内容在考试大纲的基础上进行适当调整，其中民事纠纷解决按照由浅入深的顺序，即“和解—调解—仲裁—诉讼”，同时参照《中华人民共和国民事诉讼法》（以下简称《民事诉讼法》）、《中华人民共和国仲裁法》（以下简称《仲裁法》）、《中华人民共和国行政复议法》（以下简称《行政复议法》）、《中华人民共和国行政诉讼法》（以下简称《行政诉讼法》）等法律法规进行编写。

考情分析

近四年考试真题分值统计表（单位：分）

节序	节名	2022 年		2021 年Ⅰ批		2021 年Ⅱ批		2020 年		2019 年	
		单选	多选	单选	多选	单选	多选	单选	多选	单选	多选
第一节	建设工程纠纷主要种类和法律解决途径	1	0	1	0	0	0	0	0	1	0
第二节	和解制度	0	0	0	0	0	0	0	0	1	0
第三节	调解制度	0	0	1	0	1	0	1	0	0	0
第四节	仲裁制度	2	0	2	0	2	0	2	0	2	0
第五节	民事诉讼制度	3	4	2	2	2	2	2	2	2	2
第六节	行政复议和行政诉讼制度	1	0	1	0	1	0	1	0	1	0
合计		7	4	7	2	6	2	6	2	7	2

第一节　建设工程纠纷主要种类和法律解决途径

建设工程纠纷的常见种类有民事纠纷、行政纠纷、刑事纠纷。

考点 1 民事纠纷及法律解决途径★

一、民事纠纷的概念

民事纠纷，又称民事冲突、民事争议，是指平等主体之间发生的，以民事权利义务为内容的社会纠纷（可处分性的），是处理平等主体间人身关系和财产关系的法律规范的总和。所以，所有违反这一概念的行为就会引起民事纠纷。民事纠纷分为两类内容：一类是财产关系方面的民事纠纷，另一类是人身关系方面的民事纠纷。其解决机制有自力救济、社会救济、公力救济。

二、民事纠纷的特点

（1）民事纠纷主体之间在民事法律关系上法律地位平等。

（2）民事纠纷的内容是对民事权利义务的争议。

（3）民事纠纷的主体对自己的民事权利享有处分权（即民事纠纷的可处分性）。

在社会生活中，难免会发生各种民事纠纷，如离婚纠纷、损害赔偿纠纷、房屋产权纠纷、合同纠纷、著作权纠纷等。建设活动中比较常见的民事纠纷为合同纠纷、侵权纠纷。

三、民事纠纷的法律解决途径

民事纠纷有四种解决途径：和解、调解（诉讼外调解）、仲裁、诉讼。需要明确的是，此处的调解是指诉讼外的调解，而不是法院调解，法院的调解属于诉讼途径。（具体内容详见本章第二至六节）

考点 2 行政纠纷及法律解决途径★

一、行政纠纷的概念

行政纠纷又称行政争议，是指国家行政机关之间，国家行政机关与自然人、法人或非法人组织之间因行政管理活动而产生的争议。

二、构成行政纠纷的条件

构成行政纠纷需要满足以下条件：①争议的双方中有一方是行政机关；②争议是由行政机关实施具体行政行为引起的；③行政争议是以行政机关依其职权，因其作为或不作为与公民法人或其他组织形成行政法律上权利义务的法律行为为前提的。没有行政机关行使职权的行为，行政争议便不存在。

➤ **名师点拨：**行政行为的特点。

（1）法律性。行政行为是执行法律的行为，任何行政行为均须有法律根据，具有从属法律性，没有法律的明确规定或授权，行政主体不得做出任何行政行为。

(2) 裁量性。行政行为具有一定的裁量性，这是由立法技术本身的局限性和行政管理的广泛性、复杂性所决定的。

(3) 单方性。行政主体在实施行政行为时具有单方意志性，不必与行政相对方协商或征得其同意，即可依法自主做出。即使是在行政合同行为中，在行政合同的缔结、变更、解除与履行等诸方面，行政主体均具有与民事合同不同的单方意志性。

(4) 强制性。行政行为是以国家强制力保障实施的，带有强制性，行政相对方必须服从并配合行政行为。否则，行政主体将予以制裁或强制执行。这种强制性与单方意志性是紧密联系在一起的，没有行政行为的强制性，就无法实现行政行为的单方意志性。

(5) 行政行为以无偿为原则，以有偿为例外。行政主体所追求的是国际和社会公共利益，其对公共利益的集合、维护和分配，应当是无偿的。当特定行政相对人承担了特别公共负担，或者分享了特殊公共利益时，则应该是有偿的，这就是公平负担和利益负担的问题。

三、行政纠纷的法律解决途径

行政纠纷的法律解决途径有行政复议和行政诉讼等。(具体内容详见本章第六节)

实战演练

[2021 真题 · 单选] 关于行政行为的特征的说法，正确的是（　　）。

A. 行政行为以有偿为原则，以无偿为例外

B. 行政行为不具有裁量性

C. 行政机关在实施行政行为时应当与行政相对人协商或者征得其同意

D. 行政行为是以国家强制力保障实施的，具有强制性

[解析] 行政行为以无偿为原则，以有偿为例外。只有当特定行政相对人承担了特别公共负担，或者分享了特殊公共利益时，方可为有偿，选项 A 错误。行政行为具有一定的裁量性，这是由立法技术本身的局限性和行政管理的广泛性、复杂性等所决定的，选项 B 错误。行政机关在实施行政行为时具有单方意志性，不必与行政相对人协商或征得其同意，便可依法自主做出，选项 C 错误。

[答案] D

[经典例题 · 多选] 除行政协议外，关于行政机关的行政行为特征的说法，正确的有（　　）。

A. 行政行为是执行法律的行为

B. 行政行为具有一定的裁量性

C. 行政行为不具有强制性

D. 行政机关在实施行政行为时具有单方意志性，不必与行政相对方协商或征得其同意

E. 特定行政相对人分享了特殊公共利益时，行政行为可以是有偿的

[解析] 选项 C 错误，行政行为是以国家强制力保障实施的，带有强制性，行政相对方必须服从并配合行政行为。否则，行政主体将予以制裁或强制执行。

[答案] ABDE

第二节　和解制度

考点 1　和解的概念★

民事诉讼中的和解，指的是双方当事人经过协商，在平等、自愿的基础上解决相互之间民事纠纷的一种常见方式。日常生活中最常见的，是没有第三方介入的和解，仅有两方当事人，并且无须按照实体法上的规范和诉讼法上的程序去解决问题，而是完全凭借双方的意志。

考点 2　民事诉讼和解制度的法律规定★

根据《民事诉讼法》，人民法院审理民事案件，应当根据自愿和合法的原则进行调解；调解不成的，应当及时判决。

当事人有权在法律规定的范围内处分自己的民事权利和诉讼权利。

双方当事人可以自行和解。

在执行中，双方当事人自行和解达成协议的，执行员应当将协议内容记入笔录，由双方当事人签名或者盖章。

根据《仲裁法》，当事人申请仲裁后，可以自行和解。达成和解协议的，可以请求仲裁庭根据和解协议作出裁决书，也可以撤回仲裁申请。

根据《人民检察院民事行政抗诉案件办案规则》，当事人自行和解的，人民检察院应当终止审查。

由《民事诉讼法》《仲裁法》以及其他相关规定得出，和解可以发生在民事纠纷的任何阶段，无论是否已经进入诉讼或仲裁程序。

考点 3　和解的法律后果★

双方经过和解以后，签订和解协议书，对于争议的问题达成一致。和解协议是双方当事人自行达成的真实意思表示，且不违反国家有关禁止性规定，是有效合同，在双方当事人之间具有法律效力。但不具有强制执行依据的效力。和解达成协议，既可以是口头形式，也可以是书面形式。

实战演练

[**2019 真题 · 单选**] 关于和解的说法，正确的是（　　）。

A. 和解达成的协议不具有法律效力

B. 和解达成的协议不具有强制执行力

C. 和解协议必须采用书面形式

D. 达成和解后当事人不得再行起诉

[解析] 选项 A 错误，选项 B 正确，和解达成的协议不具有强制执行力，但是和解达成的协议在双方当事人之间具有法律效力。选项 C 错误，和解达成协议，在形式上既可以是口头的，也可以是书面的。和解的应用也很灵活，可以在各个阶段达成和解协议。选项 D 错误，和解达成的协议不具有强制执行力，如果一方当事人不按照和解协议履行，另一方当事人不可以请求人民法院强制履行，但可以向法院提起诉讼，也可以根据约定申请仲裁。

[答案] B

[2018 真题 · 单选] 关于和解的说法，正确的是（　　）。

A. 和解只能发生在诉讼前

B. 当事人申请仲裁后，不可以自行和解

C. 和解达成协议，必须以书面形式作出

D. 和解达成的协议具有合同效力

[解析] 选项 A、B 错误，和解可以在民事纠纷的任何阶段进行，无论是否已经进入诉讼或仲裁程序，只要终审裁判未生效或者仲裁裁决未作出，当事人均可自行和解。选项 C 错误，和解达成协议，在形式上既可以是口头的，也可以是书面的。

[答案] D

第三节　调解制度

调解是指民事纠纷的当事人在纠纷发生时，通过第三人协调而解决纠纷的一种方式。调解大致分为人民调解、行政调解、仲裁调解、法院调解、专业机构调解（行业调解）等。

考点 1 人民调解★★

根据《中华人民共和国人民调解法》，人民调解是指人民调解委员会通过说服、疏导等方法，促使当事人在平等协商基础上自愿达成调解协议，解决民间纠纷的活动。

一、人民调解委员会

人民调解委员会是依法设立的调解民间纠纷的群众性组织。

村民委员会、居民委员会设立人民调解委员会。企业事业单位根据需要设立人民调解委员会。人民调解委员会由委员 3～9 人组成，设主任 1 人，必要时，可以设副主任若干人。人民调解委员会应当有妇女成员，多民族居住的地区应当有人数较少民族的成员。

人民调解委员会调解民间纠纷，不收取任何费用。

二、人民调解员

人民调解员由人民调解委员会委员和人民调解委员会聘任的人员担任。

人民调解员应当由公道正派、热心人民调解工作，并具有一定文化水平、政策水平和法律知识的成年公民担任。县级人民政府司法行政部门应当定期对人民调解员进行业务培训。

人民调解员在调解工作中有下列行为之一的，由其所在的人民调解委员会给予批评教育、责令改正，情节严重的，由推选或者聘任单位予以罢免或者解聘：①偏袒一方当事人的；②侮辱当事人的；③索取、收受财物或者牟取其他不正当利益的；④泄露当事人的个人隐私、商业秘密的。

三、调解程序

当事人可以向人民调解委员会申请调解；人民调解委员会也可以主动调解。当事人一方明确拒绝调解的，不得调解。

人民调解委员会根据调解纠纷的需要，可以指定一名或者数名人民调解员进行调解，也可以由当事人选择一名或者数名人民调解员进行调解。

人民调解员调解纠纷，调解不成的，应当终止调解，并依据有关法律、法规的规定，告知当事人可以依法通过仲裁、行政、司法等途径维护自己的权利。

人民调解员应当记录调解情况。人民调解委员会应当建立调解工作档案，将调解登记、调解工作记录、调解协议书等材料立卷归档。

四、调解协议

经人民调解委员会调解达成调解协议的，可以制作调解协议书。当事人认为无须制作调解协议书的，可以采取口头协议方式，人民调解员应当记录协议内容。

调解协议书可以载明下列事项：①当事人的基本情况；②纠纷的主要事实、争议事项以及各方当事人的责任；③当事人达成调解协议的内容，履行的方式、期限。

调解协议书自各方当事人签名、盖章或者按指印，人民调解员签名并加盖人民调解委员会印章之日起生效。调解协议书由当事人各执一份，人民调解委员会留存一份。

口头调解协议自各方当事人达成协议之日起生效。

经人民调解委员会调解达成的调解协议，具有法律约束力，当事人应当按照约定履行。人民调解委员会应当对调解协议的履行情况进行监督，督促当事人履行约定的义务。

经人民调解委员会调解达成调解协议后，当事人之间就调解协议的履行或者调解协议的内容发生争议的，一方当事人可以向人民法院提起诉讼。

经人民调解委员会调解达成调解协议后，双方当事人认为有必要的，可以自调解协议生效之日起30日内共同向人民法院申请司法确认，人民法院应当及时对调解协议进行审查，依法确认调解协议的效力。

➤ **名师点拨**：根据《最高人民法院关于人民调解协议司法确认程序的若干规定》，当事人申请确认调解协议的，由主持调解的人民调解委员会所在地基层人民法院或者其派出的法庭管辖。人民法院在立案前委派人民调解委员会调解并达成调解协议，当事人申请司法确认的，由委派的人民法院管辖。

人民法院依法确认调解协议有效，一方当事人拒绝履行或者未全部履行的，对方当事人可以向人民法院申请强制执行。人民法院依法确认调解协议无效的，当事人可以通过人民调解方式变更原调解协议或者达成新的调解协议，也可以向人民法院提起诉讼。

考点 2 行政调解★

行政调解，是国家行政机关依照法律规定，在其行使行政管理的职权范围内，对特定的民事纠纷及轻微刑事案件进行的调解。调解的范围包括民事纠纷、经济纠纷和轻微的刑事纠纷。

就目前而言，我国行政机关依法可以调解的种类很多。可以说，行政机关在行使行政管理职能过程中所遇到的纠纷，基本上都可以进行调解。但常指的行政调解有以下四类：

（1）基层人民政府的调解。基层人民政府的调解主要是由乡镇人民政府和街道办事处的司法助理员负责进行。司法助理员是基层人民政府的组成人员，也是司法行政工作人员。

（2）国家合同管理机关的调解。国家规定的合同管理机关，是国家工商行政管理局和地方各级工商行政管理局。

（3）公安机关的调解。对于因民间纠纷引起的打架斗殴或者损毁他人财物等违反治安管理的行为，情节轻微的，公安机关可以调解处理。

（4）婚姻登记机关的调解。婚姻登记机关可以对婚姻双方当事人进行调解。

行政调解与法院调解相比，同人民调解一样，属于诉讼外调解，所达成的协议均不具有法律上的强制执行的效力，但对当事人均应具有约束力。因为，行政调解和人民调解一样，均是在自愿的基础上进行的调解活动，按照现有法律规定，当事人对所达成的协议，都应当自觉履行。因此，可以说行政调解所达成的协议，仍应与人民调解所达成的协议一样，对当事人具有约束力。

考点 3 仲裁调解★★

详见本章第四节仲裁制度。

考点 4 法院调解★★

详见本章第五节民事诉讼制度。

考点 5 专业机构调解（行业调解）★

近年来，各地法院会同相关行业建立了商会、消费、劳动争议、保险等行业纠纷调解委员会，为促进诉调对接，让调解更专业、更高效，以推进诉源治理，健全多元化纠纷解决机制开辟了新路子。

➢ **名师点拨：**具有强制执行力的法律文书主要包括法院判决书、仲裁裁决书、司法确认的人民调解协议、双方签收的法院调解书/仲裁调解书。

实战演练

［2021 真题 · 单选］下列法律文书中，不具有强制执行效力的是（　　）。

A. 由行政主管部门主持达成的调解书

B. 仲裁委员会在仲裁程序中形成的调解书

C. 人民法院在民事案件审理中制作的调解书

D. 由人民调解委员会调解达成的并经人民法院司法确认的调解协议

[解析] 行政调解达成的协议不具有强制执行力。

[答案] A

[2021 真题·单选] 关于人民调解的说法，正确的是（　　）。

A. 经人民调解委员会调解达成调解协议后，双方当事人可以共同向调解组织所在地基层人民法院申请司法确认

B. 经人民调解委员会调解达成调解协议的，必须制作调解协议书

C. 经人民调解委员会调解达成的调解协议具有法律强制力

D. 调解协议的履行发生争议的，一方当事人可以向人民法院申请强制执行

[解析] 选项 A 正确，经人民调解委员会调解达成调解协议后，双方当事人认为有必要的，可以按照《民事诉讼法》的规定，自调解协议生效之日起 30 日内共同向调解组织所在地基层人民法院申请司法确认调解协议。选项 B 错误，经人民调解委员会调解达成调解协议的，可以制作调解协议书。当事人认为无须制作调解协议的，可以采取口头协议的方式，人民调解员应当记录协议内容。选项 C 错误，经人民调解委员会调解达成的调解协议对当事人双方具有法律约束力，当事人应当履行。选项 D 错误，当事人就调解协议的履行或者调解协议的内容发生争议的，一方当事人可以向人民法院提起诉讼。

[答案] A

第四节　仲裁制度

考点 1 仲裁的适用范围★★

根据《仲裁法》，平等主体的公民、法人和其他组织之间发生的合同纠纷和其他财产权益纠纷，可以仲裁。

（1）下列纠纷不能仲裁（不具有可仲裁性的事项）：

①婚姻、收养、监护、扶养、继承纠纷。

②依法应当由行政机关处理的行政争议。

（2）劳动争议和农业集体经济组织内部的农业承包合同纠纷，可以仲裁，但不受《仲裁法》约束。

➢ **名师点拨：** 劳动仲裁与民商事仲裁的区别见表 8-4-1。

表 8-4-1　劳动仲裁与民商事仲裁的区别

项目	劳动仲裁	民商事仲裁
依据	《劳动争议调解仲裁法》	《仲裁法》
对象	劳动者与用人单位	平等主体
协议	无协议，无须对方同意	书面协议
主管部门	劳动仲裁委员会	仲裁委员会
法律后果	必须先仲裁，再起诉	或裁或审

考点 2 仲裁的特点和基本制度★★★

一、仲裁的特点

（一）自愿性（最突出的特点）

（1）自愿签订仲裁协议，不得胁迫，否则无效。

（2）仲裁程序中体现：当事人合意选择仲裁机构、仲裁庭形式、仲裁庭组成人员、仲裁的审理方式、开庭形式等。

（二）专业性

（1）按法律、经济贸易、技术性问题等设仲裁员名册。

（2）仲裁员一般由专家组成。

（三）灵活性

高度意思自治，当事人可协商选择仲裁的具体程序，如公开还是不公开审理案件。

（四）保密性

（1）规定仲裁员的保密义务。

（2）仲裁不公开进行。

（3）尊重当事人，裁决书中当事人协议不愿写明争议事实和裁决理由的，可以不写。

（五）快捷性

（1）仲裁实行一裁终局制。裁决作出后，当事人就同一纠纷再申请仲裁或者向人民法院起诉的，仲裁委员会或者人民法院不予受理。

（2）仲裁当事人不服裁决的，只能自收到裁决书之日起 6 个月内申请撤销仲裁裁决。

（六）独立性

仲裁委员会独立于行政机关，无隶属关系。仲裁委员之间也无隶属关系。

（七）执行的强制性

当事人应当履行裁决。一方当事人不履行的，另一方当事人可以依照民事诉讼法的有关规定向人民法院申请执行。受申请的人民法院应当执行。

（八）域外执行力

仲裁裁决如果涉及域外执行，则应到执行当地法院申请启动执行程序，在《联合国承认及执行外国仲裁裁决公约》（《纽约公约》）成员国申请执行将不受实质审查，普遍会得到支持。

二、仲裁的基本制度

（一）协议制度

不同于劳动争议仲裁，民商事仲裁的启动前提是双方达成了有效的仲裁协议或仲裁条款。根据《仲裁法》，当事人采用仲裁方式解决纠纷，应当双方自愿，达成仲裁协议。没有仲裁协议，一方申请仲裁的，仲裁委员会不予受理。

（二）或裁或审

有效的仲裁协议可以排除法院对案件的司法管辖权。

（三）一裁终局

不同于诉讼中采用两审终审的制度，仲裁裁决作出后，当事人不得针对同一纠纷再次申请仲裁，也不得向法院起诉。

三、仲裁机构

仲裁委员会是从事仲裁工作的专门机构，属于民间机构。《仲裁法》规定，仲裁委员会可以在直辖市和省、自治区人民政府所在地的市设立，也可以根据需要在其他设区的市设立，不按行政区划层层设立。

➤ **名师点拨：**县和未设区的市不能设立仲裁委员会。

考点 3 仲裁协议的形式和内容★★★

扫码听课

一、仲裁协议的形式

仲裁协议应当采用书面形式。

口头方式订立的仲裁协议无效，当事人以此申请仲裁的，仲裁机构不予受理。

➤ **名师点拨：**书面形式包括合同书、信件和数据电文（包括电报、电传、传真、电子数据交换和电子邮件）等。

二、仲裁协议的内容

根据《仲裁法》，仲裁协议包括合同中订立的仲裁条款和以其他书面方式在纠纷发生前或者纠纷发生后达成的请求仲裁的协议。

仲裁协议应当具有下列内容：

（1）请求仲裁的意思表示。该意思表示须协商一致、真实、自愿。

（2）仲裁事项。合同纠纷或其他财产权益纠纷。

（3）选定的仲裁委员会。

《最高人民法院关于适用〈中华人民共和国仲裁法〉若干问题的解释》进一步规定：

（1）仲裁协议约定的仲裁机构名称不准确，但能够确定具体的仲裁机构的，应当认定选定了仲裁机构。

（2）仲裁协议仅约定纠纷适用的仲裁规则的，视为未约定仲裁机构，但当事人达成补充协议或者按照约定的仲裁规则能够确定仲裁机构的除外。

（3）仲裁协议约定两个以上仲裁机构的，当事人可以协议选择其中的一个仲裁机构申请仲裁；当事人不能就仲裁机构选择达成一致的，仲裁协议无效。

（4）仲裁协议约定由某地的仲裁机构仲裁且该地仅有一个仲裁机构的，该仲裁机构视为约定的仲裁机构。该地有两个以上仲裁机构的，当事人可以协议选择其中的一个仲裁机构申请仲裁；当事人不能就仲裁机构选择达成一致的，仲裁协议无效。

三、仲裁协议的其他规定

根据《最高人民法院关于适用〈中华人民共和国仲裁法〉若干问题的解释》，当事人约定争议可以向仲裁机构申请仲裁也可以向人民法院起诉的，仲裁协议无效。但一方向仲裁机构申请仲裁，另一方未在《仲裁法》规定期间内提出异议的除外。

➤ **名师点拨：**仲裁协议无效，在新的仲裁协议出来前，只能向有管辖权的法院起诉。

考点 4 仲裁协议的效力★★★

扫码听课

一、仲裁协议的一般法律效力

（一）排除当事人的起诉权

发生纠纷后，一方当事人只能向仲裁协议约定的仲裁机构申请仲裁，而不能就该纠纷向人民法院提起诉讼。

（二）仲裁机构取得仲裁权

仲裁协议既是仲裁机构受理争议案件的依据，同时也是对仲裁机构仲裁管辖权的范围限制，超出仲裁协议中仲裁事项的范围无权仲裁。

（三）排除法院的司法管辖权

根据《仲裁法》，当事人达成仲裁协议，一方向人民法院起诉的，人民法院不予受理，但仲裁协议无效的除外。

当事人达成仲裁协议，一方向人民法院起诉未声明有仲裁协议，人民法院受理后，另一方在首次开庭前提交仲裁协议的，人民法院应当驳回起诉，但仲裁协议无效的除外；另一方在首次开庭前未对人民法院受理该案提出异议的，视为放弃仲裁协议，人民法院应当继续审理。

二、仲裁协议效力的独立性

根据《仲裁法》，仲裁协议独立存在，合同的变更、解除、终止或者无效，不影响仲裁协议的效力。仲裁庭有权确认合同的效力。

根据《最高人民法院关于适用〈中华人民共和国仲裁法〉若干问题的解释》，合同成立后未生效或者被撤销的，仲裁协议效力的认定适用《仲裁法》的规定（即不影响仲裁协议的效力）。

当事人在订立合同时就争议达成仲裁协议的，合同未成立不影响仲裁协议的效力。

三、仲裁协议效力的确认

（一）管辖机构

根据《仲裁法》，当事人对仲裁协议的效力有异议的，可以请求仲裁委员会作出决定或者请求人民法院作出裁定。一方请求仲裁委员会作出决定，另一方请求人民法院作出裁定的，由人民法院裁定。

《最高人民法院关于适用〈中华人民共和国仲裁法〉若干问题的解释》规定，当事人向人民法院申请确认仲裁协议效力的案件，由仲裁协议约定的仲裁机构所在地的中级人民法院管辖；仲裁协议约定的仲裁机构不明确的，由仲裁协议签订地或者被申请人住所地的中级人民法院管辖。

申请确认涉外仲裁协议效力的案件，由仲裁协议约定的仲裁机构所在地、仲裁协议签订地、申请人或者被申请人住所地的中级人民法院管辖。

涉及海事海商纠纷仲裁协议效力的案件，由仲裁协议约定的仲裁机构所在地、仲裁协议签订地、申请人或者被申请人住所地的海事法院管辖；上述地点没有海事法院的，由就近的

第八章

海事法院管辖。

➤ **名师点拨**：当事人向人民法院申请确认仲裁协议效力的案件，由仲裁协议约定的仲裁机构所在地、仲裁协议签订地、申请人住所地、被申请人住所地的中级人民法院或者专门人民法院管辖。

（二）时间要求

《仲裁法》规定，当事人对仲裁协议的效力有异议的，应当在仲裁庭首次开庭前提出。

《最高人民法院关于适用〈中华人民共和国仲裁法〉若干问题的解释》规定，当事人在仲裁庭首次开庭前没有对仲裁协议的效力提出异议，而后向人民法院申请确认仲裁协议无效的，人民法院不予受理。

实战演练

［**2021 真题·单选**］关于仲裁协议效力确认的说法，正确的是（　　）。

A. 当事人对仲裁协议效力有异议的，应当在仲裁裁决作出前提出

B. 当事人既可以请求仲裁委员会作出决定，也可以请求人民法院裁定

C. 当事人对仲裁委员会就仲裁协议效力作出的决定不服的，可以向人民法院申请撤销该决定

D. 当事人向人民法院申请确认仲裁协议效力的案件，只能由仲裁协议约定的仲裁委员会所在地的中级人民法院管辖

［**解析**］选项A错误，当事人对仲裁协议效力有异议的，应当在仲裁庭首次开庭前提出。选项C错误，仲裁机构对仲裁协议的效力作出决定后，当事人向人民法院申请确认仲裁协议效力或者申请撤销仲裁机构的决定的，人民法院不予受理。选项D错误，当事人向人民法院申请确认仲裁协议效力的案件，由仲裁协议约定的仲裁机构所在地、仲裁协议签订地、申请人住所地、被申请人住所地的中级人民法院或者专门人民法院管辖。

［**答案**］B

［**2018 真题·单选**］关于仲裁的说法，正确的是（　　）。

A. 没有仲裁协议或者仲裁协议无效的，法院对当事人的纠纷应当予以受理

B. 对于仲裁协议有效的仲裁案件，法院仍具有管辖权

C. 只要一方当事人申请仲裁，仲裁委员会都应当予以受理

D. 仲裁裁决作出后，当事人就同一纠纷向法院起诉的，法院应当予以受理

［**解析**］选项B错误，有效的仲裁协议排除了人民法院对仲裁协议约定的争议事项的司法管辖权。选项C错误，《仲裁法》规定，没有仲裁协议，一方申请仲裁的，仲裁委员会不予受理。仲裁协议是当事人自愿原则的体现，当事人申请仲裁、仲裁委员会受理仲裁以及仲裁庭对仲裁案件的审理和裁决，都必须以当事人依法订立的仲裁协议为前提。选项D错误，仲裁实行一裁终局的制度。仲裁裁决作出后，当事人就同一纠纷再申请仲裁或者向人民法院起诉的，仲裁委员会或者人民法院不予受理。

［**答案**］A

［**2017 真题·单选**］关于仲裁协议效力的说法，正确的是（　　）。

A. 当事人对仲裁协议效力有异议的，可以在仲裁进行中随时提出

B. 如果合同终止，则合同中仲裁条款的效力也终止

C. 当事人对仲裁协议效力有异议的，只能请求仲裁机构作出决定

D. 未约定仲裁机构的仲裁协议无效

［**解析**］选项 A 错误，当事人对仲裁协议效力有异议的，应当在仲裁庭首次开庭前提出。选项 B 错误，仲裁协议独立存在，合同的变更、解除、终止或者无效，以及合同成立后未生效、被撤销等，均不影响仲裁协议的效力。当事人在订立合同时就争议达成仲裁协议的，合同未成立也不影响仲裁协议的效力。选项 C 错误，当事人既可以请求仲裁委员会作出决定，也可以请求人民法院裁定。一方请求仲裁委员会作出决定，另一方请求人民法院作出裁定的，由人民法院裁定。选项 D 正确，仲裁协议是仲裁委员会受理仲裁案件的前提，是仲裁庭审理和裁决案件的依据。没有有效的仲裁协议，仲裁委员会就不能获得对争议案件的管辖。

［**答案**］D

［**2016 真题·单选**］关于仲裁协议的说法，正确的是（　　）。

A. 仲裁协议是合同的附属协议，合同无效则仲裁协议无效

B. 仲裁机构可就当事人在仲裁协议中的约定事项和未约定事项进行裁决

C. 仲裁协议可以约定仲裁裁决的强制执行机构

D. 当事人只能向仲裁机构申请仲裁，不可以直接提起诉讼

［**解析**］选项 A 错误，仲裁协议独立存在，不是合同的附属协议，合同的效力不影响仲裁的效力。选项 B 错误，仲裁委员会只能对当事人在仲裁协议中约定的争议事项进行仲裁，对超出仲裁协议的约定范围的其他争议事项无权仲裁。选项 C 错误，仲裁协议不得约定仲裁裁决的强制执行机构。

［**答案**］D

［**经典例题·单选**］下列仲裁协议约定的内容中，属于有效条款的是（　　）。

A. 仲裁协议约定两个仲裁机构，且当事人不能就仲裁机构选择达成一致

B. 当事人约定争议可以向仲裁机构申请仲裁也可以向人民法院起诉

C. 劳动合同约定发生劳动争议向北京仲裁委员会申请仲裁

D. 双方因履行合同发生纠纷向北京仲裁委员会申请仲裁

［**解析**］选项 A 错误，仲裁协议约定两个仲裁机构，且当事人不能就仲裁机构选择达成一致的，仲裁协议无效。选项 B 错误，仲裁协议合法有效，即对当事人产生法律约束力，发生纠纷后，一方当事人只能向仲裁协议约定的仲裁机构申请仲裁，而不能就该纠纷向人民法院提起诉讼。选项 C 错误，劳动争议仲裁和农业集体经济组织内部的农业承包合同纠纷不受《仲裁法》的调整。

［**答案**］D

[**经典例题·多选**] 关于仲裁协议的说法，正确的有（　　）。

A. 仲裁协议必须在纠纷发生前达成

B. 当事人对仲裁协议效力有异议的，应当在仲裁庭首次开庭前提出

C. 仲裁协议可以采用口头形式，但需双方认可

D. 合同解除后，合同中的仲裁条款仍然有效

E. 仲裁协议约定两个以上仲裁机构，当事人不能就其选择达成一致的，可以由司法行政主管部门指定

[**解析**] 仲裁协议是指当事人自愿将已经发生或者可能发生的争议通过仲裁解决的书面协议。仲裁协议包括合同中订立的仲裁条款和其他以书面形式在纠纷发生前或者纠纷发生后达成的请求仲裁的协议。仲裁协议应当采用书面形式，口头形式达成的仲裁意思表示无效。仲裁协议约定两个以上仲裁机构的，当事人可以协议选择其中的一个仲裁机构申请仲裁；当事人不能就仲裁机构选择达成一致的，仲裁协议无效。当事人对仲裁协议效力有异议的，应当在仲裁庭首次开庭前提出。仲裁协议独立存在，合同的变更、解除、终止或者无效，以及合同成立后未生效、被撤销等，均不影响仲裁协议的效力。当事人在订立合同时就争议解决达成仲裁协议的，合同未成立也不影响仲裁协议的效力。

[**答案**] BD

考点 5 仲裁的申请和受理★

一、申请仲裁的条件

根据《仲裁法》，当事人申请仲裁应当符合下列条件：①有仲裁协议；②有具体的仲裁请求和事实、理由；③属于仲裁委员会的受理范围。

当事人申请仲裁，应当向仲裁委员会递交仲裁协议、仲裁申请书及副本。

二、仲裁的受理

根据《仲裁法》，仲裁委员会收到仲裁申请书之日起 5 日内，认为符合受理条件的，应当受理，并通知当事人；认为不符合受理条件的，应当书面通知当事人不予受理，并说明理由。

考点 6 仲裁庭的组成★

根据《仲裁法》，仲裁庭的组成的相关内容如下：

一、合议仲裁庭

当事人约定由 3 名仲裁员组成仲裁庭的，应当各自选定或者各自委托仲裁委员会主任指定 1 名仲裁员，第 3 名仲裁员由当事人共同选定或者共同委托仲裁委员会主任指定。第 3 名仲裁员是首席仲裁员。

二、独任仲裁庭

当事人约定由 1 名仲裁员成立仲裁庭的，应当由当事人共同选定或者共同委托仲裁委员会主任指定仲裁员。

当事人没有在仲裁规则规定的期限内约定仲裁庭的组成方式或者选定仲裁员的，由仲裁委员会主任指定。

三、仲裁员的回避

（一）回避的理由

仲裁员有下列情形之一的，必须回避，当事人也有权提出回避申请：①是本案当事人或者当事人、代理人的近亲属；②与本案有利害关系；③与本案当事人、代理人有其他关系，可能影响公正仲裁的；④私自会见当事人、代理人，或者接受当事人、代理人的请客送礼的。

（二）回避申请的提出时间

当事人提出回避申请，应当说明理由，在首次开庭前提出。回避事由在首次开庭后知道的，可以在最后一次开庭终结前提出。

（三）回避的决定权

仲裁员是否回避，由仲裁委员会主任决定；仲裁委员会主任担任仲裁员时，由仲裁委员会集体决定。

（四）回避的后果

仲裁员因回避或者其他原因不能履行职责的，应当依照《仲裁法》规定重新选定或者指定仲裁员。因回避而重新选定或者指定仲裁员后，当事人可以请求已进行的仲裁程序重新进行，是否准许，由仲裁庭决定；仲裁庭也可以自行决定已进行的仲裁程序是否重新进行。

考点 7　开庭和裁决★★

根据《仲裁法》，仲裁开庭和裁决的内容如下：

一、仲裁的审理方式

仲裁应当开庭进行。当事人协议不开庭的，仲裁庭可以根据仲裁申请书、答辩书以及其他材料作出裁决。

仲裁不公开进行。当事人协议公开的，可以公开进行，但涉及国家秘密的除外。

➢ **名师点拨：**仲裁以开庭审理为原则，书面审理为例外；不公开审理为原则，公开审理为例外。

二、撤回仲裁申请和缺席裁决

申请人经书面通知，无正当理由不到庭或者未经仲裁庭许可中途退庭的，可以视为撤回仲裁申请。

被申请人经书面通知，无正当理由不到庭或者未经仲裁庭许可中途退庭的，可以缺席裁决。

三、仲裁和解

当事人申请仲裁后，可以自行和解。

（一）和解的时间

仲裁委员会受理案件后，作出裁决前。

（二）和解后的选择

（1）可以请求仲裁庭根据和解协议作出裁决书。

（2）可以撤回仲裁申请。当事人达成和解协议，撤回仲裁申请后反悔的，可以根据仲裁协议申请仲裁。

四、仲裁调解

仲裁庭在作出裁决前，可以先行调解。当事人自愿调解的，仲裁庭应当调解。调解不成的，应当及时作出裁决。

调解达成协议的，仲裁庭应当制作调解书或者根据协议的结果制作裁决书。调解书与裁决书具有同等法律效力。

调解书应当写明仲裁请求和当事人协议的结果。调解书由仲裁员签名，加盖仲裁委员会印章，送达双方当事人。调解书经双方当事人签收后，即发生法律效力。在调解书签收前当事人反悔的，仲裁庭应当及时作出裁决。

五、仲裁裁决

裁决应当按照多数仲裁员的意见作出，少数仲裁员的不同意见可以记入笔录。仲裁庭不能形成多数意见时，裁决应当按照首席仲裁员的意见作出。

裁决书自作出之日起发生法律效力。

考点 8 申请撤销/不予执行裁决★★

一、撤销仲裁裁决或不予执行的法定情形

根据《仲裁法》，当事人提出证据证明裁决有下列情形之一的，可以向仲裁委员会所在地的中级人民法院申请撤销裁决：

（1）没有仲裁协议的。

➤ **名师点拨：** 仲裁协议被认定无效或者被撤销的，视为没有仲裁协议。

（2）裁决的事项不属于仲裁协议的范围或者仲裁委员会无权仲裁的。

（3）仲裁庭的组成或者仲裁的程序违反法定程序的。

➤ **名师点拨：** 违反《仲裁法》规定的仲裁程序和当事人选择的仲裁规则可能影响案件正确裁决的情形。

（4）裁决所根据的证据是伪造的。

（5）对方当事人隐瞒了足以影响公正裁决的证据的。

（6）仲裁员在仲裁该案时有索贿受贿，徇私舞弊，枉法裁决行为的。

根据《民事诉讼法》，被申请人提出证据证明仲裁裁决有下列情形之一的，经人民法院组成合议庭审查核实，裁定不予执行：①当事人在合同中没有订有仲裁条款或者事后没有达成书面仲裁协议的；②裁决的事项不属于仲裁协议的范围或者仲裁机构无权仲裁的；③仲裁庭的组成或者仲裁的程序违反法定程序的；④裁决所根据的证据是伪造的；⑤对方当事人向仲裁机构隐瞒了足以影响公正裁决的证据的；⑥仲裁员在仲裁该案时有贪污受贿，徇私舞弊，枉法裁决行为的。

二、撤销仲裁裁决的申请期限

根据《仲裁法》，当事人申请撤销裁决的，应当自收到裁决书之日起6个月内提出。

人民法院应当在受理撤销裁决申请之日起2个月内作出撤销裁决或者驳回申请的裁定。

三、撤销仲裁裁决的法律后果

根据《仲裁法》，裁决被人民法院依法裁定撤销或者不予执行的，当事人就该纠纷可以根据双方重新达成的仲裁协议申请仲裁，也可以向人民法院起诉。

考点 9　仲裁的执行★★

根据《仲裁法》，当事人应当履行裁决。一方当事人不履行的，另一方当事人可以依照《民事诉讼法》的有关规定向人民法院申请执行。受申请的人民法院应当执行。

《最高人民法院关于适用〈中华人民共和国仲裁法〉若干问题的解释》规定，当事人申请执行仲裁裁决案件，由被执行人住所地或者被执行的财产所在地的中级人民法院管辖。

法律对仲裁时效有规定的，适用该规定。法律对仲裁时效没有规定的，适用诉讼时效的规定。（具体内容详见本章诉讼部分）

实战演练

[2021真题·单选] 关于仲裁裁决的不予执行和撤销的说法，正确的是（　　）。

A. 仲裁的程序违反法定程序的，当事人只能申请撤销仲裁裁决，不得申请不予执行仲裁裁决

B. 当事人申请撤销仲裁裁决的，应当在收到裁决书之日起3个月内提出

C. 当事人可以向仲裁委员会所在地的中级人民法院申请撤销仲裁裁决

D. 仲裁裁决被人民法院依法撤销后，当事人就该纠纷不得再行申请仲裁，只能向人民法院起诉

[解析] 选项A错误，被申请人提出证据证明裁决有下列情形之一的，经人民法院组成合议庭审查核实，裁定不予执行：①当事人在合同中没有仲裁条款或者事后没有达成书面仲裁协议的；②裁决的事项不属于仲裁协议的范围或者仲裁机构无权仲裁的；③仲裁庭的组成或者仲裁的程序违反法定程序的；④裁决所根据的证据是伪造的；⑤对方当事人向仲裁机构隐瞒了足以影响公正裁决的证据的；⑥仲裁员在仲裁该案时有索贿受贿，徇私舞弊，枉法裁决行为的。选项B错误，当事人申请撤销裁决的，应当在收到裁决书之日起6个月内提出。选项D错误，仲裁裁决被人民法院依法撤销后，当事人之间的纠纷并未解决。根据《仲裁法》的规定，当事人就该纠纷可以根据双方重新达成的仲裁协议申请仲裁，也可以向人民法院起诉。

[答案] C

[2021真题·单选] 关于仲裁裁决效力的说法，正确的是（　　）。

A. 仲裁裁决具有强制执行力，一方当事人不履行，对方当事人可以向仲裁委员会申请强制执行

B. 仲裁裁决在《纽约公约》缔约国或地区，不能直接承认和执行

C. 当事人向人民法院申请撤销裁决的，该裁决书不发生法律效力

D. 仲裁裁决作出后，当事人不得就已经裁决的事项再行申请仲裁，也不得就此提起诉讼

[解析] 选项A错误，仲裁裁决作出后，当事人应当履行裁决。一方当事人不履行的，另一方当事人可以依照《民事诉讼法》的规定，向人民法院申请执行，受申请的人民法院应当执行。选项B错误，涉外案件的仲裁裁决或者外国仲裁裁决，均可依据《纽约公约》，向有管辖权的缔约国或者地区的法院申请承认和执行。选项C错误，申请撤销裁决，并不等于已经被撤销。当事人申请人民法院撤销裁决的，应当依法进行。

[答案] D

[2021真题·单选] 关于仲裁调解的说法，正确的是（　　）。

A. 仲裁调解书经双方当事人签收后，即发生法律效力

B. 仲裁裁决书的法律效力高于仲裁调解书

C. 仲裁调解达成协议的，仲裁庭应当根据协议的内容制作裁决书

D. 仲裁调解书签收前当事人反悔的，当事人应当重新申请仲裁

[解析] 调解达成协议的，当事人可以撤回仲裁申请，也可以请求仲裁庭根据调解协议的内容制作调解书或者裁决书。调解书经双方当事人签收后即与裁决书具有同等法律效力。在调解书签收前当事人反悔的，仲裁庭应当及时作出裁决。调解不成的，仲裁庭应当及时作出裁决。

[答案] A

[2020/2016真题·单选] 仲裁委员会就某施工合同纠纷案件进行仲裁，首席仲裁员甲认为应当裁定合同无效，仲裁员乙和丙认为应当裁定合同有效，则仲裁庭应当（　　）。

A. 按甲的意见作出裁决

B. 请示仲裁委员会主任，并按其意见作出裁决

C. 按乙和丙的意见作出裁决

D. 重新组成仲裁庭，经评议后作出裁决

[解析] 裁决可以按照多数仲裁员的意见作出，少数仲裁员的不同意见可以记入笔录或者附在裁决书后，但该少数意见不构成裁决书的组成部分。仲裁庭无法形成多数意见时，按照首席仲裁员的意见作出。因此，本题应按乙和丙的意见作出裁决。

[答案] C

[2017真题·单选] 关于仲裁裁决执行的说法，正确的是（　　）。

A. 一方当事人不履行仲裁裁决的，另一方当事人可以向仲裁机构申请执行

B. 申请仲裁裁决强制执行的期间为2年，不能中止、中断

C. 仲裁裁决作出后，当事人不服裁决，可以就裁决的事项提起诉讼

D. 仲裁裁决被法院裁定不予执行后，当事人就该纠纷可以重新达成仲裁协议，申请仲裁

[解析] 选项A错误，仲裁委员会没有司法强制执行权。当事人申请执行仲裁裁决案件，由被执行人所在地或者被执行财产所在地的中级人民法院管辖。选项B错误，申请仲裁裁决强制执行的期间为2年，适用法律有关诉讼时效中止、中断的规定。选项C错误，仲裁实行一裁终局的制度，仲裁裁决作出后，当事人不得针对同一纠纷再次申请仲裁，也不得向法院起诉。

[答案] D

[2015真题·单选] 某施工合同纠纷案经仲裁裁决，将已经竣工工程的部分楼层折价给施工单位抵偿工程欠款，但建设单位拒绝履行裁决。因此，施工单位决定申请执行仲裁裁决。关于申请执行仲裁裁决的说法，正确的是（　　）。

A. 施工单位申请执行的期间为1年

B. 申请执行本案的仲裁裁决，由施工单位所在地的中级人民法院管辖

C. 申请执行本案的仲裁裁决，由本案工程合同签订地的中级人民法院管辖

D. 施工单位有权向人民法院申请执行

[解析] 选项A错误，申请仲裁裁决强制执行的期间是2年。选项B、C错误，施工单位可以向被执行人所在地或被执行财产所在地的中级人民法院申请执行。

[答案] D

[经典例题·单选] 关于仲裁庭组成的说法，正确的是（　　）。

A. 首席仲裁员应当由仲裁委员会指定

B. 当事人双方必须各自选定合议仲裁庭中的1名仲裁员

C. 当事人未在规定期限内选定仲裁员的，由仲裁委员会主任指定

D. 仲裁庭应当由3名仲裁员组成

[解析] 选项A、B错误，根据仲裁规则的规定或者当事人约定由3名仲裁员组成仲裁庭的，应当各自选定或者各自委托仲裁委员会主任指定1名仲裁员，第3名仲裁员由当事人共同选定或者共同委托仲裁委员会主任指定。第3名仲裁员是首席仲裁员。选项D错误，仲裁庭的组成形式包括合议仲裁庭和独任仲裁庭两种，仲裁庭可以由3名仲裁员或者1名仲裁员组成。

[答案] C

[经典例题·多选] 当事人有证据证明仲裁裁决存在（　　）情形的，可以向人民法院申请撤销该仲裁裁决。

A. 双方当事人均不满意仲裁结果

B. 没有仲裁协议

C. 仲裁员隐瞒了应该回避的事由

D. 没有对另一方当事人形成强制作用

E. 裁决事项超出仲裁委员会权限

［解析］当事人提出证据证明裁决有下列情形之一的，可以向仲裁委员会所在地的中级人民法院申请撤销裁决：①没有仲裁协议的；②裁决的事项不属于仲裁协议的范围或者仲裁委员会无权仲裁的；③仲裁庭的组成或者仲裁的程序违反法定程序的；④裁决所依据的证据是伪造的；⑤对方当事人隐瞒了足以影响公正裁决的证据的；⑥仲裁员在仲裁该案时有索贿受贿，徇私舞弊，枉法裁决行为的。

［答案］BCE

第五节　民事诉讼制度

民事诉讼是指法院在当事人和其他诉讼参与人的参加下，以审理、判决、执行等方式解决民事纠纷的活动以及由这些活动产生的各种诉讼关系的总和。

考点 1 民事诉讼的特点★

一、公权性

民事诉讼以司法方式解决平等主体之间的纠纷，由法院代表国家行使审判权解决民事争议。它既不同于群众自治组织性质的人民调解委员会以调解方式解决纠纷，也不同于由民间性质的仲裁委员会以仲裁方式解决纠纷。

二、强制性

强制性是公权力的重要属性。民事诉讼的强制性既表现在案件的受理上，又反映在裁判的执行上。调解、仲裁均建立在当事人自愿的基础上，只要有一方不愿意选择上述方式解决争议，调解、仲裁就无从进行，民事诉讼则不同，只要原告起诉符合民事诉讼法规定的条件，无论被告是否愿意，诉讼均会发生。

诉讼外调解协议的履行依赖于当事人的自觉，不具有强制力，法院裁判则不同，当事人不自动履行生效裁判所确定的义务，法院可以依法强制执行。

三、程序性

民事诉讼是依照法定程序（一审程序、二审程序和执行程序）进行的诉讼活动，无论是法院还是当事人和其他诉讼参与人，都需要按照民事诉讼法设定的程序实施诉讼行为，违反诉讼程序常常会引起一定的法律后果。

考点 2 民事诉讼的法院管辖★★

扫码听课

一、法定管辖（立法者角度）

（一）级别管辖

级别管辖是指人民法院系统内划分上下级人民法院之间受理第一审案件的分工和权限（纵向坐标）。我国法院级别分为基层人民法院、中级人民法院、高级人民法院、最高人民法院。

根据《民事诉讼法》，级别管辖的规定如下：

1. 基层人民法院管辖

基层人民法院管辖第一审民事案件，但本法另有规定的除外。

2. 中级人民法院管辖

中级人民法院管辖下列第一审民事案件：①重大涉外案件；②在本辖区有重大影响的案件；③最高人民法院确定由中级人民法院管辖的案件。

➢ **名师点拨：**掌握认定仲裁协议效力的案件、申请撤销仲裁裁决的案件、仲裁裁决强制执行的案件等由中级人民法院管辖。

3. 高级人民法院管辖

高级人民法院管辖在本辖区有重大影响的第一审民事案件。

4. 最高人民法院管辖

最高人民法院管辖下列第一审民事案件：

（1）在全国有重大影响的案件。

（2）认为应当由本院审理的案件。

综上所述，每一级人民法院均受理第一审民事案件，如何选择级别法院取决于案件的性质、影响和诉讼标的金额。

（二）地域管辖

地域管辖是指同级人民法院之间受理第一审民事案件的分工和权限（横向坐标）。从体系类型方面来看，地域管辖分为一般地域管辖、特殊地域管辖、专属管辖、共同管辖、选择管辖、协议管辖和合并管辖。

1. 一般地域管辖（原告就被告）

（1）被告是公民。

对公民提起的民事诉讼，由被告住所地人民法院管辖；被告住所地与经常居住地不一致的，由经常居住地人民法院管辖。

根据《最高人民法院关于适用〈中华人民共和国民事诉讼法〉的解释》（法释〔2020〕20号），公民的住所地是指公民的户籍所在地。

（2）被告是法人或者其他组织。

对法人或者其他组织提起的民事诉讼，由被告住所地人民法院管辖。

根据《最高人民法院关于适用〈中华人民共和国民事诉讼法〉的解释》（法释〔2020〕20号），法人或者其他组织的住所地是指法人或者其他组织的主要办事机构所在地。法人或者其他组织的主要办事机构所在地不能确定的，法人或者其他组织的注册地或者登记地为住所地。

（3）同一诉讼的几个被告住所地、经常居住地在2个以上人民法院辖区的，各辖区人民法院都有管辖权。

2. 特殊地域管辖

根据《民事诉讼法》，因合同纠纷提起的诉讼，由被告住所地或者合同履行地人民法院管辖。

因侵权行为提起的诉讼，由侵权行为地（行为实施地＋结果发生地）或者被告住所地人民法院管辖。

3. 专属管辖

专属管辖，是指法律规定某些诉讼标的的特殊案件专门由特定的人民法院管辖。

根据《民事诉讼法》，下列案件由规定的人民法院专属管辖：

（1）因不动产纠纷提起的诉讼，由不动产所在地人民法院管辖。

根据《最高人民法院关于适用〈中华人民共和国民事诉讼法〉的解释》（法释〔2020〕20号），不动产纠纷是指因不动产的权利确认、分割、相邻关系等引起的物权纠纷。农村土地承包经营合同纠纷、房屋租赁合同纠纷、建设工程施工合同纠纷、政策性房屋买卖合同纠纷，按照不动产纠纷确定管辖。不动产已登记的，以不动产登记簿记载的所在地为不动产所在地；不动产未登记的，以不动产实际所在地为不动产所在地。

（2）因港口作业中发生纠纷提起的诉讼，由港口所在地人民法院管辖。

（3）因继承遗产纠纷提起的诉讼，由被继承人死亡时住所地或者主要遗产所在地人民法院管辖。

4. 共同管辖

2个以上人民法院都有管辖权的诉讼，原告可以向其中1个人民法院起诉；原告向2个以上有管辖权的人民法院起诉的，由最先立案的人民法院管辖。

5. 协议管辖

根据《民事诉讼法》，合同或者其他财产权益纠纷的当事人可以书面协议选择被告住所地、合同履行地、合同签订地、原告住所地、标的物所在地等与争议有实际联系的地点的人民法院管辖，但不得违反本法对级别管辖和专属管辖的规定。

二、裁定管辖（法院角度）

裁定管辖，是指根据人民法院的裁定来确定诉讼的管辖法院，主要有移送管辖、管辖权转移和指定管辖。

（一）移送管辖

根据《民事诉讼法》，人民法院发现受理的案件不属于本院管辖的，应当移送有管辖权的人民法院，受移送的人民法院应当受理。受移送的人民法院认为受移送的案件依照规定不属于本院管辖的，应当报请上级人民法院指定管辖，不得再自行移送。

根据《最高人民法院关于适用〈中华人民共和国民事诉讼法〉的解释》（法释〔2020〕20号），当事人在答辩期间届满后未应诉答辩，人民法院在一审开庭前，发现案件不属于本院管辖的，应当裁定移送有管辖权的人民法院。

1. 移送管辖的条件

（1）移送案件的法院已经受理该案件。

（2）移送法院对该案件无管辖权。

（3）受移送法院被认为对该案件有管辖权。

2. 移送管辖的次数

只能移送1次，受移送的人民法院认为自己对该案件没有管辖权，只能报请上级人民法院指定管辖，不得再自行移送。

➢ **名师点拨**：移送管辖属于“无权转有权”，限 1 次。

（二）管辖权转移

根据《民事诉讼法》，上级人民法院有权审理下级人民法院管辖的第一审民事案件；确有必要将本院管辖的第一审民事案件交下级人民法院审理的，应当报请其上级人民法院批准。下级人民法院对它所管辖的第一审民事案件，认为需要由上级人民法院审理的，可以报请上级人民法院审理。

➢ **名师点拨**：管辖权转移属于“有权转无权”，下向上移或上向下移。移送管辖与管辖权转移的区别见表 8-5-1。

表 8-5-1　移送管辖与管辖权转移的区别

项目	移送管辖	管辖权转移
功能	纠错	微调和变通
性质	移送的仅限案件	移送案件＋管辖权
主体	地域管辖：同级法院（主要） 级别管辖：上下级法院之间	级别管辖：上下级法院之间
后果	受移送的人民法院认为自己对该案件没有管辖权，只能报请上级人民法院指定管辖	上级法院认为错误的，可以直接撤销下级法院的转移裁定

（三）指定管辖

根据《民事诉讼法》，指定管辖是指：

（1）有管辖权的人民法院由于特殊原因，不能行使管辖权的，由上级人民法院指定管辖。

（2）人民法院之间因管辖权发生争议，由争议双方协商解决；协商解决不了的，报请它们的共同上级人民法院指定管辖。

（3）移送管辖，受移送的人民法院认为自己对该案件没有管辖权，报请上级人民法院指定管辖。

三、管辖权异议

管辖权异议，是指人民法院受理案件后，被告在答辩期间向受诉人民法院提出的认为人民法院对受诉的案件无管辖权的意见或主张。

根据《民事诉讼法》，人民法院受理案件后，当事人对管辖权有异议的，应当在提交答辩状期间提出。人民法院对当事人提出的异议，应当审查。异议成立的，裁定将案件移送有管辖权的人民法院；异议不成立的，裁定驳回。当事人未提出管辖异议，并应诉答辩的，视为受诉人民法院有管辖权，但违反级别管辖和专属管辖规定的除外。

（1）主体：通常管辖权异议由被告提出。

（2）时间限制：应当在提交答辩状期间提出。

根据《民事诉讼法》，原审人民法院收到上诉状，应当在 5 日内将上诉状副本送达对方当事人，对方当事人在收到之日起 15 日内提出答辩状。

考点 3 民事诉讼当事人和代理人的规定★★

诉讼参与人是指在诉讼过程中，除了公安机关、人民检察院和人民法院以外，所有依法参与诉讼的公民、法人和其他组织，如图 8-5-1 所示。

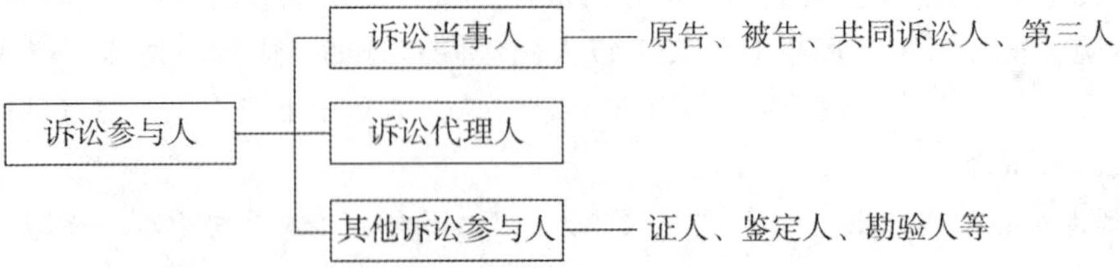

图 8-5-1　诉讼参与人

一、民事诉讼当事人

根据《民事诉讼法》，公民、法人和其他组织可以作为民事诉讼的当事人。法人由其法定代表人进行诉讼。其他组织由其主要负责人进行诉讼。

民事诉讼当事人，是请求或被请求对自己作出裁决，接受法院为解决民事纠纷行使民事审判权并接受法院裁判约束的人。简言之，是因民事权利义务发生争议，以自己名义进行诉讼，要求法院行使民事裁判权的人。广义的民事诉讼当事人有原告、被告、共同诉讼人、第三人、诉讼代表人等。

（一）原告与被告

原告，狭义当事人之一，是指为保护自己的合法权益，以自己的名义向法院提起诉讼，从而引起诉讼程序发生的人。

被告，在民事案件中，是指侵犯原告利益，需要追究民事责任，并经法院通知其应诉的人。

（二）共同诉讼人

根据《民事诉讼法》，当事人一方或者双方为 2 人以上，其诉讼标的是共同的，或者诉讼标的是同一种类、人民法院认为可以合并审理并经当事人同意的，为共同诉讼。

（1）必要共同诉讼，指当事人一方或双方为 2 人以上，诉讼标的是共同的，人民法院必须合并审理的诉讼。例如，以挂靠形式从事民事活动，当事人请求由挂靠人和被挂靠人依法承担民事责任的，该挂靠人和被挂靠人为共同诉讼人。

（2）普通共同诉讼，指当事人一方或双方为 2 人以上，其诉讼标的为同一种类，经当事人同意，法院认为可以合并审理而将其合并审理的。例如，数个业主欠缴物业管理费，物业管理人向业主提起缴纳管理费的诉讼。

（三）第三人

民事诉讼第三人，是指对原、被告之间的诉讼标的享有独立请求权，或者与案件处理结果有利害关系，而参加到原、被告之间正在进行的诉讼中的人。我国民事诉讼第三人分为两类，一是有独立请求权的第三人，二是无独立请求权的第三人。

1. 有独立请求权的第三人

对当事人双方的诉讼标的，第三人认为有独立请求权的，有权提起诉讼。例如，第三人参加诉讼，将以正在进行诉讼的双方当事人为共同被告。

2. 无独立请求权的第三人

对当事人双方的诉讼标的，第三人虽然没有独立请求权，但案件处理结果同他有法律上的利害关系的，可以申请参加诉讼，或者由人民法院通知他参加诉讼。例如，债权人转让合同权利后，债务人与受让人之间因履行合同发生纠纷诉至人民法院，债务人对债权人的权利提出抗辩的，可以将债权人列为第三人。

二、诉讼代理人

民事诉讼代理人是指以当事人的名义，根据法律规定或当事人授权，为当事人的利益进行诉讼活动的人。因代理权的不同可分为法定诉讼代理人和委托诉讼代理人。

(一) 法定代理人

根据《民事诉讼法》，无诉讼行为能力人由他的监护人作为法定代理人代为诉讼。法定代理人之间互相推诿代理责任的，由人民法院指定其中一人代为诉讼。

(二) 委托代理人

根据《民事诉讼法》，当事人、法定代理人可以委托1～2人作为诉讼代理人。下列人员可以被委托为诉讼代理人：①律师、基层法律服务工作者；②当事人的近亲属或者工作人员；③当事人所在社区、单位以及有关社会团体推荐的公民。

➤ **名师点拨：**与当事人有夫妻、直系血亲、三代以内旁系血亲、近姻亲关系以及其他有抚养、赡养关系的亲属，可以当事人近亲属的名义作为诉讼代理人。

(三) 授权委托书

根据《民事诉讼法》，委托他人代为诉讼，必须向人民法院提交由委托人签名或者盖章的授权委托书。授权委托书必须记明委托事项和权限。诉讼代理人代为承认、放弃、变更诉讼请求，进行和解、提起反诉或者上诉，必须有委托人的特别授权。

根据《最高人民法院关于适用〈中华人民共和国民事诉讼法〉的解释》（法释〔2020〕20号），当事人向人民法院提交的授权委托书，应当在开庭审理前送交人民法院。授权委托书仅写“全权代理”而无具体授权的，诉讼代理人无权代为承认、放弃、变更诉讼请求，进行和解、提出反诉或者提起上诉。

考点 4 民事诉讼证据的种类、保全和应用★★

一、民事诉讼证据的种类

根据《民事诉讼法》，证据包括当事人的陈述、书证、物证、视听资料、电子数据、证人证言、鉴定意见、勘验笔录。证据必须查证属实，才能作为认定事实的根据。

(一) 当事人的陈述

《最高人民法院关于民事诉讼证据的若干规定》（法释〔2019〕19号）规定，在诉讼过程中，一方当事人陈述的于己不利的事实，或者对于己不利的事实明确表示承认的，另一方当事人无须举证证明。

(二) 书证和物证

(1) 书证：以其所记载的内容或思想证明案件事实的证据，如合同书、票据、提单、车票、发票等。

（2）物证：以其外部形态、存在状态和物质属性来证明案件事实的证据，如物理存在、形状、痕迹、质量等物理特性。

根据《民事诉讼法》，书证应当提交原件，物证应当提交原物。提交原件或者原物确有困难的，可以提交复制品、照片、副本、节录本。提交外文书证，必须附有中文译本。

《最高人民法院关于民事诉讼证据的若干规定》（法释〔2019〕19号）进一步规定，当事人向人民法院提供证据，应当提供原件或者原物。如需自己保存证据原件、原物或者提供原件、原物确有困难的，可以提供经人民法院核对无异的复制件或者复制品。

以动产作为证据的，应当将原物提交人民法院。原物不宜搬移或者不宜保存的，当事人可以提供复制品、影像资料或者其他替代品。人民法院在收到当事人提交的动产或者替代品后，应当及时通知双方当事人到人民法院或者保存现场查验。

（三）视听资料

视听资料是指利用录音、录像以及其他高科技手段储存信息，并需要借助特定设备反映所储存信息来证明案件事实的证据。根据《最高人民法院关于适用〈中华人民共和国民事诉讼法〉的解释》（法释〔2020〕20号），视听资料包括录音资料和影像资料，如录像带、录音带、电影胶片、微型胶卷、X光片等。

根据《民事诉讼法》，人民法院对视听资料应当辨别真伪，并结合本案的其他证据，审查确定能否作为认定事实的根据。

根据《最高人民法院关于民事诉讼证据的若干规定》（法释〔2019〕19号），当事人以视听资料作为证据的，应当提供存储该视听资料的原始载体。

（四）电子数据

根据《最高人民法院关于适用〈中华人民共和国民事诉讼法〉的解释》（法释〔2020〕20号），电子数据是指通过电子邮件、电子数据交换、网上聊天记录、博客、微博客、手机短信、电子签名、域名等形成或者存储在电子介质中的信息。存储在电子介质中的录音资料和影像资料，适用电子数据的规定。

根据《最高人民法院关于民事诉讼证据的若干规定》（法释〔2019〕19号），电子数据包括下列信息、电子文件：①网页、博客、微博客等网络平台发布的信息；②手机短信、电子邮件、即时通信、通讯群组等网络应用服务的通信信息；③用户注册信息、身份认证信息、电子交易记录、通信记录、登录日志等信息；④文档、图片、音频、视频、数字证书、计算机程序等电子文件；⑤其他以数字化形式存储、处理、传输的能够证明案件事实的信息。

（五）证人证言

根据《民事诉讼法》，凡是知道案件情况的单位和个人，都有义务出庭作证。有关单位的负责人应当支持证人作证。不能正确表达意思的人，不能作证。

经人民法院通知，证人应当出庭作证。有下列情形之一的，经人民法院许可，可以通过书面证言、视听传输技术或者视听资料等方式作证：①因健康原因不能出庭的；②因路途遥远，交通不便不能出庭的；③因自然灾害等不可抗力不能出庭的；④其他有正当理由不能出庭的。

《最高人民法院关于民事诉讼证据的若干规定》（法释〔2019〕19号）进一步规定，证人作证前不得旁听法庭审理，作证时不得以宣读事先准备的书面材料的方式陈述证言。审判人员可以对证人进行询问。当事人及其诉讼代理人经审判人员许可后可以询问证人。询问证人时其他证人不得在场。人民法院认为有必要的，可以要求证人之间进行对质。

（六）鉴定意见

鉴定意见是我国法定证据种类之一。鉴定意见是司法鉴定人针对案件中的专门性问题进行鉴定后就鉴定过程、鉴定结果所作出的书面报告。

根据《民事诉讼法》，当事人对鉴定意见有异议或者人民法院认为鉴定人有必要出庭的，鉴定人应当出庭作证。经人民法院通知，鉴定人拒不出庭作证的，鉴定意见不得作为认定事实的根据；支付鉴定费用的当事人可以要求返还鉴定费用。

根据《最高人民法院关于民事诉讼证据的若干规定》（法释〔2019〕19号），当事人申请重新鉴定，存在下列情形之一的，人民法院应当准许：①鉴定人不具备相应资格的；②鉴定程序严重违法的；③鉴定意见明显依据不足的；④鉴定意见不能作为证据使用的其他情形。

（七）勘验笔录

勘验笔录是人民法院指派的勘验人员对案件的诉讼标的物有关证据进行现场勘验、调查后所作的记录。勘验笔录的制作主体是审判人员，也包括审判人员指导下的人。

根据《民事诉讼法》，勘验物证或者现场，勘验人必须出示人民法院的证件，并邀请当地基层组织或者当事人所在单位派人参加。当事人或者当事人的成年家属应当到场，拒不到场的，不影响勘验的进行。有关单位和个人根据人民法院的通知，有义务保护现场，协助勘验工作。勘验人应当将勘验情况和结果制作笔录，由勘验人、当事人和被邀参加人签名或者盖章。

根据《最高人民法院关于适用〈中华人民共和国民事诉讼法〉的解释》（法释〔2020〕20号），人民法院认为有必要的，可以根据当事人的申请或者依职权对物证或者现场进行勘验。勘验时应当保护他人的隐私和尊严。人民法院可以要求鉴定人参与勘验。必要时，可以要求鉴定人在勘验中进行鉴定。

二、民事诉讼证据的保全

根据《民事诉讼法》，民事诉讼证据保全的内容如下：

（一）民事诉讼中的证据保全

在证据可能灭失或者以后难以取得的情况下，当事人可以在诉讼过程中向人民法院申请保全证据，人民法院也可以主动采取保全措施。因情况紧急，在证据可能灭失或者以后难以取得的情况下，利害关系人可以在提起诉讼或者申请仲裁前向证据所在地、被申请人住所地或者对案件有管辖权的人民法院申请保全证据。

（二）保全的适用条件和程序

人民法院对于可能因当事人一方的行为或者其他原因，使判决难以执行或者造成当事人其他损害的案件，根据对方当事人的申请，可以裁定对其财产进行保全、责令其作出一定行为或者禁止其作出一定行为；当事人没有提出申请的，人民法院在必要时也可以裁定采取保全措施。人民法院采取保全措施，可以责令申请人提供担保，申请人不提供担保的，裁定驳回申请。人民法院接受申请后，对情况紧急的，必须在48小时内作出裁定；裁定采取保全措施的，应当立即开始执行。

（三）诉前财产保全

利害关系人因情况紧急，不立即申请保全将会使其合法权益受到难以弥补的损害的，可以在提起诉讼或者申请仲裁前向被保全财产所在地、被申请人住所地或者对案件有管辖权的人民法院申请采取保全措施。申请人应当提供担保，不提供担保的，裁定驳回申请。人民法院接受申请后，必须在48小时内作出裁定；裁定采取保全措施的，应当立即开始执行。申请人在人民法院采取保全措施后30日内不依法提起诉讼或者申请仲裁的，人民法院应当解除保全。

（四）保全方式

财产保全采取查封、扣押、冻结或者法律规定的其他方法。人民法院保全财产后，应当立即通知被保全财产的人。财产已被查封、冻结的，不得重复查封、冻结。

根据《最高人民法院关于民事诉讼证据的若干规定》（法释〔2019〕19号），人民法院进行证据保全，可以要求当事人或者诉讼代理人到场。根据当事人的申请和具体情况，人民法院可以采取查封、扣押、录音、录像、复制、鉴定、勘验等方法进行证据保全，并制作笔录。

三、民事诉讼证据的应用

（一）举证与证据交换

1. 举证期限的确定方式

（1）法院指定。根据《最高人民法院关于民事诉讼证据的若干规定》（法释〔2019〕19号），人民法院应当在审理前的准备阶段向当事人送达举证通知书。举证通知书应当载明举证责任的分配原则和要求、可以向人民法院申请调查收集证据的情形、人民法院根据案件情况指定的举证期限以及逾期提供证据的法律后果等内容。

（2）当事人协商。根据《最高人民法院关于民事诉讼证据的若干规定》（法释〔2019〕19号），举证期限可以由当事人协商，并经人民法院准许。

2. 举证期限的具体时间

根据《最高人民法院关于民事诉讼证据的若干规定》（法释〔2019〕19号），程序类型和举证期限见表8-5-2。

表8-5-2 程序类型和举证期限

程序类型	举证期限
第一审普通程序	≥15日
提供新证据的第二审案件	≥10日
简易程序审理的案件	≤15日
小额诉讼案件	≤7日

3. 举证期限的延长

根据《民事诉讼法》，当事人在该期限内提供证据确有困难的，可以向人民法院申请延长期限，人民法院根据当事人的申请适当延长。

根据《最高人民法院关于民事诉讼证据的若干规定》（法释〔2019〕19 号），当事人申请延长举证期限的，应当在举证期限届满前向人民法院提出书面申请。申请理由成立的，人民法院应当准许适当延长举证期限，并通知其他当事人。延长的举证期限适用于其他当事人。申请理由不成立的，人民法院不予准许，并通知申请人。

4. 逾期举证的法律后果

根据《民事诉讼法》，当事人逾期提供证据的，人民法院应当责令其说明理由；拒不说明理由或者理由不成立的，人民法院根据不同情形可以不予采纳该证据，或者采纳该证据但予以训诫、罚款。

5. 证据交换

根据《民事诉讼法》，需要开庭审理的，法院通过要求当事人交换证据等方式，明确争议焦点。

根据《最高人民法院关于民事诉讼证据的若干规定》（法释〔2019〕19 号），证据交换应当在审判人员的主持下进行。

➢ **名师点拨：** 证据交换不是必经的程序阶段。

（二）质证

质证指的是当事人、诉讼代理人及第三人在法庭的主持下，对当事人及第三人提出的证据就其真实性、合法性、关联性以及证明力的有无、大小予以说明和质辩的活动或过程。

1. 主体的特定性

质证是当事人的活动，法院不是质证的主体。

2. 质证的方式

以公开质证为原则，不公开质证为例外。

《民事诉讼法》规定，证据应当在法庭上出示，并由当事人互相质证。对涉及国家秘密、商业秘密和个人隐私的证据应当保密，需要在法庭出示的，不得在公开开庭时出示。

➢ **名师点拨：** 不公开质证是指不在公开开庭时质证、出示证据，仍需要质证。

3. 质证的内容

证据的真实性、合法性、关联性以及证明力的有无、大小。

4. 质证的法律后果

未经当事人质证的证据，不得作为认定案件事实的根据。

（三）认证

认证是指法官在审判过程中对诉讼双方提供的证据，或者法官自行收集的证据进行审查判断，确认其证据能力和证据效力的活动。简言之，认证就是对证据的认定。

根据《最高人民法院关于民事诉讼证据的若干规定》（法释〔2019〕19 号），审判人员对单一证据可以从以下几方面进行审核认定：①证据是否为原件、原物，复制件、复制品与原件、原物是否相符；②证据与本案事实是否相关；③证据的形式、来源是否符合法律规定；④证据的内容是否真实；⑤证人或者提供证据的人与当事人有无利害关系。

根据《最高人民法院关于民事诉讼证据的若干规定》（法释〔2019〕19号），下列证据不能单独作为认定案件事实的根据：①当事人的陈述；②无民事行为能力人或者限制民事行为能力人所作的与其年龄、智力状况或者精神健康状况不相当的证言；③与一方当事人或者其代理人有利害关系的证人陈述的证言；④存有疑点的视听资料、电子数据；⑤无法与原件、原物核对的复制件、复制品。

实战演练

[2022 真题·单选] 关于民事诉讼中移送管辖的说法，正确的是（　　）。

A. 移送管辖是没有管辖权的法院把案件移送给有管辖权的法院管理

B. 移送管辖限于上下级法院之间

C. 受移送的人民法院认为受移送的案件不属于本院管辖的，可以再自行移送

D. 移送管辖与管辖权转移的程序完全相同

[解析] 人民法院发现受理的案件不属于本院管辖的，应当移送有管辖权的人民法院，受移送的人民法院应当受理，选项A正确。受移送的人民法院认为受移送的案件依照规定不属于本院管辖的，应当报请上级人民法院指定管辖，不得再自行移送，选项C错误。移送管辖可以在上下级法院之间进行，也可以在同级法院之间进行，选项B错误。管辖权转移，是指上级人民法院有权审理下级人民法院管辖的第一审民事案件；确有必要将本院管辖的第一审民事案件交下级人民法院审理的，应当报请其上级人民法院批准；下级人民法院对它所管辖的第一审民事案件，认为需要由上级人民法院审理的，可以报请上级人民法院审理，可见移送管辖与管辖权转移的程序不同，选项D错误。

[答案] A

[2021 真题·单选] 关于民事诉讼中第三人的说法，正确的是（　　）。

A. 第三人属于狭义的民事诉讼当事人

B. 人民法院判决承担民事责任的第三人，有当事人的诉讼权利和义务

C. 对当事人双方的诉讼标的，第三人认为有独立请求权的，只能参加诉讼，不得提起诉讼

D. 对当事人双方的诉讼标的，第三人虽然没有独立请求权，但案件处理结果同他有法律上的利害关系的，只能由人民法院通知其参加诉讼

[解析] 选项A错误，狭义的民事诉讼当事人包括原告和被告。广义的民事诉讼当事人包括原告、被告、共同诉讼人和第三人。选项C错误，对当事人双方的诉讼标的，第三人认为有独立请求权的，有权提起诉讼。选项D错误，对当事人双方的诉讼标的，第三人虽然没有独立请求权，但案件处理结果同他有法律上的利害关系的，可以申请参加诉讼，或者由人民法院通知其参加诉讼。

[答案] B

［2020 真题・单选］关于民事诉讼管辖权异议的说法，正确的是（　　）。

A. 人民法院受理案件后，当事人对管辖权有异议的，应当在法庭辩论终结前提出

B. 人民法院对当事人提出的异议，审查后认为异议成立的，裁定驳回起诉

C. 当事人未提出管辖权异议并应诉答辩的，视为受诉人民法院有管辖权

D. 对人民法院就级别管辖权异议作出的裁定，当事人不得提起上诉

［解析］选项 A 错误，人民法院受理案件后，当事人对管辖权有异议的，应当在提交答辩状期间提出。选项 B 错误，人民法院对当事人提出的异议，应当审查。异议成立的，裁定将案件移交有管辖权的人民法院；异议不成立的，裁定驳回。选项 D 错误，对人民法院就级别管辖权异议作出的裁定，当事人不服提起上诉的，第二审人民法院应当依法审理并作出裁定。

［答案］C

［2018 真题・单选］施工企业向某律师出具的民事诉讼授权委托书中仅写明代理权限是"全权代理"。下列与诉讼有关的行为中，该律师享有代理权的是（　　）。

A. 放弃诉讼请求

B. 与对方当事人进行和解

C. 提起上诉

D. 提供证据

［解析］诉讼代理人代为承认、放弃、变更诉讼请求，进行和解、提起反诉或者上诉，必须有委托人的特别授权。针对实践中经常出现的授权委托书仅写"全权代理"而无具体授权的情形，最高人民法院特别规定，在这种情况下不能认定为诉讼代理人已获得特别授权，即诉讼代理人无权代为承认、放弃、变更诉讼请求，进行和解、提起反诉或者上诉。

［答案］D

［2016 真题・单选］根据《民事诉讼法》，关于证据的说法，正确的是（　　）。

A. 书证只能提交原件

B. 涉及商业秘密的证据需要在法庭出示的，应当在公开开庭时出示

C. 经过公证证明的文书，人民法院可以作为认定事实的根据

D. 证据应当在法庭上出示，并由当事人互相质证

［解析］书证应当提交原件，提交原件或者原物确有困难的，可以提交复制品、照片、副本、节录本，选项 A 错误。对涉及国家秘密、商业秘密和个人隐私的证据应当保密，需要在法庭出示的，不得在公开开庭时出示，选项 B 错误。经过法定程序公证证明的法律行为、法律事实和文书，人民法院应当作为认定事实的根据，选项 C 错误。

［答案］D

［2016 真题・单选］关于人民法院管辖权的说法，正确的是（　　）。

A. 原告向两个以上有管辖权的人民法院起诉的，由最先受理的人民法院管辖

B. 有管辖权的人民法院由于特殊原因，不能行使管辖权的，移送上级人民法院直接管辖

C. 两个以上人民法院都有管辖权的诉讼，原告可以向其中一个人民法院起诉

D. 人民法院之间因管辖权发生争议，报请共同上级人民法院直接管辖

[解析] 两个以上人民法院都有管辖权的诉讼，原告可以向其中一个人民法院起诉；原告向两个以上有管辖权的人民法院起诉的，由最先立案的人民法院管辖，选项A错误，选项C正确。有管辖权的人民法院由于特殊原因，不能行使管辖权的，由上级人民法院指定管辖，选项B错误。人民法院之间因管辖权发生争议，由争议双方协商解决；协商解决不了的，报请它们的共同上级人民法院指定管辖，选项D错误。

[答案] C

[2015真题·单选] 甲装饰公司拖欠某劳务公司10万元工程款，劳务公司多次索要无果，当决定起诉时发现，甲装饰公司已经分立为乙装饰公司和丙运输公司，而乙、丙两个公司对10万元工程欠款的偿还事宜并未做明确约定，劳务公司便以乙装饰公司为被告诉至法院，法院受理后通知丙公司应诉。此时，丙公司作为当事人属于（　　）。

A. 原告　　B. 有独立请求权的第三人

C. 共同诉讼人　　D. 无独立请求权的第三人

[解析] 企业法人分立、合并，其权利和义务由变更后的法人享有和承担。因此，甲公司分立为乙、丙两公司后，乙、丙两公司对分立前甲公司的债务应承担责任。在诉讼中，劳务公司状告乙公司，法院又追加了丙公司，丙公司的身份应等同于乙公司。因此，乙、丙为共同被告，共同诉讼人。

[答案] C

[2015真题·单选] 根据《民事诉讼法》，下列证据中，属于书证的是（　　）。

A. 录音录像资料　　B. 建筑材料样品

C. 工程质量鉴定报告　　D. 施工合同

[解析]《民事诉讼法》规定，根据表现形式的不同，民事证据有以下8种：当事人的陈述、书证、物证、视听资料、电子数据、证人证言、鉴定意见、勘验笔录。书证是指以所载的内容或思想来证明案件事实的证据，如合同书、各种信函、会议纪要、电报、传真、电子邮件、图纸等。

[答案] D

[经典例题·单选] 关于民事诉讼基本特征的说法，正确的是（　　）。

A. 自愿性、独立性、保密性　　B. 公权性、强制性、程序性

C. 强制性、程序性、保密性　　D. 独立性、专业性、强制性

[解析] 民事诉讼的基本特征：①公权性；②程序性；③强制性。

[答案] B

[经典例题·单选] 下列人员中，可以被委托为民事诉讼代理人的是（　　）。

A. 知名法学家

B. 基层法律服务工作者

C. 当事人的亲属

D. 建设行政主管部门推荐的公民

［解析］下列人员可以被委托为诉讼代理人：①律师、基层法律服务工作者；②当事人的近亲属或者工作人员；③当事人所在社区、单位以及有关社会团体推荐的公民。

［答案］B

［2021 真题·多选］下列当事人提交的证据中，可以单独作为认定案件事实的有（　　）。

A. 与书证原件核对无误的复印件

B. 有其他证据佐证并以合法手段取得的、无疑点的视听资料

C. 与一方当事人或者其代理人有利害关系的证人出具的证言

D. 无法与原件、原物核对的复印件、复制品

E. 无正当理由未出庭作证的证人证言

［解析］不能单独作为认定案件事实根据的证据：①当事人的陈述；②无民事行为能力人或者限制民事行为能力人所作的与其年龄、智力状况或者精神健康状况不相当的证言；③与一方当事人或者其代理人有利害关系的证人陈述的证言；④存有疑点的视听资料、电子数据；⑤无法与原件、原物核对的复制件、复制品。无正当理由未出庭的证人以书面等方式提供的证言，不得作为认定案件事实的根据。

［答案］AB

［2019 真题·多选］合同双方当事人可以在书面合同中协议选择（　　）人民法院，以解决争议纠纷。

A. 被告住所地　　B. 合同备案地

C. 合同签订地　　D. 合同履行地

E. 原告住所地

［解析］合同或者其他财产权益纠纷的当事人可以书面协议选择被告住所地、合同履行地、合同签订地、原告住所地、标的物所在地等与争议有实际联系的地点的人民法院管辖，但不得违反《民事诉讼法》对级别管辖和专属管辖的规定。

［答案］ACDE

［2018 真题·多选］在施工合同纠纷的诉讼中，能作为证据的有（　　）。

A. 法律规定　　B. 当事人的陈述

C. 施工企业偷录的谈判录音　　D. 工程设计图纸

E. 工程质量司法鉴定机构出具的鉴定报告

［解析］根据《民事诉讼法》，证据包括当事人的陈述、书证、物证、视听资料、电子数据、证人证言、鉴定意见、勘验笔录。证据必须查证属实，才能作为认定事实的根据。

［答案］BCDE

［2015 真题·多选］无独立请求权的第三人，其诉讼权利包括（　　）。

A. 申请提起诉讼　　B. 申请参加诉讼

C. 提起反诉　　D. 由法院通知参加诉讼

E. 申请提起公益诉讼

[解析] 无独立请求权的第三人无权提出诉讼，但是由于案件处理结果与其有法律上的利害关系，因此，无独立请求权第三人可以加入诉讼中，方式包括两种，即申请参加诉讼或由人民法院通知其参加诉讼。因此，只能选择选项B、D。

[答案] BD

[经典例题·多选] 关于民事诉讼管辖制度的说法，正确的有（　　）。

A. 甲区基层法院受理某技术转让合同纠纷案件后，发现自己没有级别管辖权，将案件移送至甲市中级人民法院审理，属于管辖权转移

B. 因房屋买卖合同纠纷提起的诉讼能由房屋所在地人民法院管辖

C. 房屋买卖合同纠纷案件不可约定管辖法院

D. 移送管辖有可能是因为受理法院违反了级别管辖的规定所导致

E. 当事人可以通过协议变更案件的级别管辖

[解析] 选项A错误，属于移送管辖。所谓管辖权转移，是指上级人民法院有权审理下级人民法院管辖的第一审民事案件；确有必要将本院管辖的第一审民事案件交下级人民法院审理的，应当报请其上级人民法院批准。选项E错误，当事人不可以通过协议变更案件的级别管辖。

[答案] BCD

考点 5 民事诉讼时效的规定★★★

扫码听课

一、诉讼时效概念

诉讼时效是指民事权利受到侵害的权利人在法定的时效期间内不行使权利，当时效期间届满时，义务人获得诉讼时效抗辩权，即诉讼时效届满后，义务人可拒绝履行其义务，但权利人请求权的行使仅发生障碍，权利本身及请求权并不消灭。当事人超过诉讼时效后起诉的，人民法院应当受理。

➤ **名师点拨：** 权利人的起诉权不消灭，消灭的是胜诉权。

《民法典》规定，诉讼时效期间届满的，义务人可以提出不履行义务的抗辩。诉讼时效期间届满后，义务人同意履行的，不得以诉讼时效期间届满为由抗辩；义务人已经自愿履行的，不得请求返还。

人民法院不得主动适用诉讼时效的规定。

诉讼时效的期间、计算方法以及中止、中断的事由由法律规定，当事人约定无效。当事人对诉讼时效利益的预先放弃无效。

《最高人民法院关于审理民事案件适用诉讼时效制度若干问题的规定》（法释〔2020〕17号）进一步规定，当事人违反法律规定，约定延长或者缩短诉讼时效期间、预先放弃诉讼时效利益的，人民法院不予认可。

当事人未提出诉讼时效抗辩，人民法院不应对诉讼时效问题进行释明及主动适用诉讼时效的规定进行裁判。

二、诉讼时效的相关规定

（一）诉讼时效的期间及起算

根据《民法典》《保险法》的规定，诉讼时效的期间及起算见表 8-5-3。

表 8-5-3　诉讼时效的期间及起算

诉讼时效	期间及起算
最长诉讼时效期间	自权利受到损害之日起超过 20 年的，人民法院不予保护
普通诉讼时效	期间：3 年
	起算时间：自权利人知道或者应当知道权利受到损害以及义务人之日起计算
特殊诉讼时效	因国际货物买卖合同和技术进出口合同争议提起诉讼或者申请仲裁的时效期间为 4 年
	人寿保险以外的其他保险的被保险人或者受益人，向保险人请求赔偿或者给付保险金的诉讼时效期间为 2 年，自其知道或者应当知道保险事故发生之日起计算；人寿保险的被保险人或者受益人向保险人请求给付保险金的诉讼时效期间为 5 年，自其知道或者应当知道保险事故发生之日起计算

（二）诉讼时效期间的起算规则

普通诉讼时效自权利人知道或者应当知道权利受到损害以及义务人之日起计算。换言之，从权利人"能够"行使权利之日需要同时满足两个条件：

（1）知道或者应当知道权利受到损害。

（2）知道义务人。

诉讼时效期间的起算规则见表 8-5-4。

表 8-5-4　诉讼时效期间的起算规则

法律法规	诉讼时效期间的起算规则
《民法典》	（1）当事人约定同一债务分期履行的，诉讼时效期间自最后一期履行期限届满之日起计算； （2）无民事行为能力人或者限制民事行为能力人对其法定代理人的请求权的诉讼时效期间，自该法定代理终止之日起计算； （3）未成年人遭受性侵害的损害赔偿请求权的诉讼时效期间，自受害人年满 18 周岁之日起计算
《最高人民法院关于审理民事案件适用诉讼时效制度若干问题的规定》（法释〔2020〕17 号）	（1）合同被撤销，返还财产、赔偿损失请求权的诉讼时效期间从合同被撤销之日起计算； （2）返还不当得利请求权的诉讼时效期间，从当事人一方知道或者应当知道不当得利事实及对方当事人之日起计算； （3）管理人因无因管理行为产生的给付必要管理费用、赔偿损失请求权的诉讼时效期间，从无因管理行为结束并且管理人知道或者应当知道本人之日起计算。本人因不当无因管理行为产生的赔偿损失请求权的诉讼时效期间，从其知道或者应当知道管理人及损害事实之日起计算

（三）不适用诉讼时效的请求权

不适用诉讼时效的请求权见表 8-5-5。

表 8-5-5　不适用诉讼时效的请求权

法律法规	不适用诉讼时效的请求权
《民法典》	(1) 下列请求权不适用诉讼时效的规定： ①请求停止侵害、排除妨碍、消除危险； ②不动产物权和登记的动产物权的权利人请求返还财产； ③请求支付抚养费、赡养费或者扶养费； ④依法不适用诉讼时效的其他请求权； (2) 人格权受到侵害的，受害人有权依照本法和其他法律的规定请求行为人承担民事责任。受害人的停止侵害、排除妨碍、消除危险、消除影响、恢复名誉、赔礼道歉请求权，不适用诉讼时效的规定
《最高人民法院关于审理民事案件适用诉讼时效制度若干问题的规定》(法释〔2020〕17 号)	当事人可以对债权请求权提出诉讼时效抗辩，但对下列债权请求权提出诉讼时效抗辩的，人民法院不予支持： (1) 支付存款本金及利息请求权； (2) 兑付国债、金融债券以及向不特定对象发行的企业债券本息请求权； (3) 基于投资关系产生的缴付出资请求权； (4) 其他依法不适用诉讼时效规定的债权请求权

（四）诉讼时效中止与中断

根据《民法典》，诉讼时效中止与中断见表 8-5-6。

表 8-5-6　诉讼时效中止与中断

中止与中断	事由	特征		限制	届满时间
中止	不可抗力	客观外界因素	想行使却不能行使请求权	最后 6 个月	自中止时效的原因消除之日起满 6 个月，诉讼时效期间届满
	权利被侵害的无民事行为能力人或者限制民事行为能力人没有法定代理人，或者法定代理人死亡、丧失民事行为能力、丧失代理权				
	继承开始后未确定继承人或者遗产管理人				
	权利人被义务人或者其他人控制				
中断	权利人向义务人提出履行请求	当事人之间主观因素	已行使请求权	—	重新算 3 年
	义务人同意履行义务				
	权利人提起诉讼或者申请仲裁				

考点 6　民事诉讼的审判程序★★

民事诉讼的审判程序分为民事诉讼程序和民事非诉程序两大类，如图 8-5-2 所示。此考点主要对其中的一审民事诉讼程序、二审民事诉讼程序、特别程序、监督程序进行讲解。

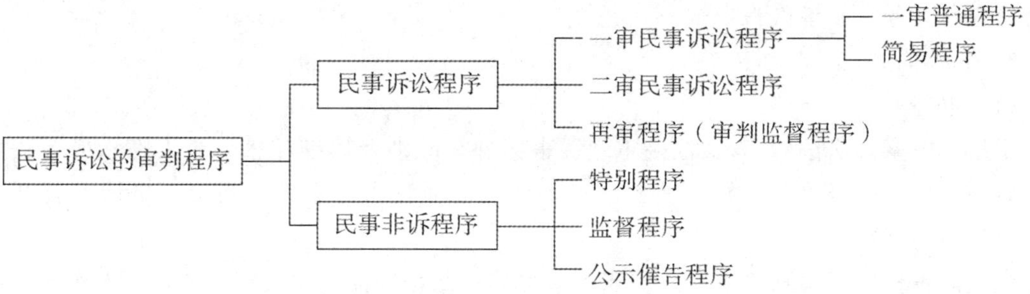

图 8-5-2　民事诉讼的审判程序

一、一审民事诉讼程序

一审民事诉讼程序包括一审普通程序和简易程序。

(一) 一审普通程序

1. 起诉和受理

根据《民事诉讼法》，起诉必须符合下列条件：①原告是与本案有直接利害关系的公民、法人和其他组织；②有明确的被告；③有具体的诉讼请求和事实、理由；④属于人民法院受理民事诉讼的范围和受诉人民法院管辖。

➢ **名师点拨：**起诉不要求证据完整充分，符合具体的要求即可。

起诉应当向人民法院递交起诉状，并按照被告人数提出副本。书写起诉状确有困难的，可以口头起诉，由人民法院记入笔录，并告知对方当事人。

起诉状应当记明下列事项：①原告的姓名、性别、年龄、民族、职业、工作单位、住所、联系方式，法人或者其他组织的名称、住所和法定代表人或者主要负责人的姓名、职务、联系方式；②被告的姓名、性别、工作单位、住所等信息，法人或者其他组织的名称、住所等信息；③诉讼请求和所根据的事实与理由；④证据和证据来源，证人姓名和住所。

➢ **名师点拨：**原告起诉的方式有两种，书面方式和口头方式。为了充分保障当事人的诉权，对于原告书写起诉状确有困难的，也可以允许当事人用口述的方式起诉，即以书面起诉为原则，口头起诉为例外。

当事人起诉到人民法院的民事纠纷，适宜调解的，先行调解，但当事人拒绝调解的除外。

人民法院应当保障当事人依照法律规定享有的起诉权利。对符合条件的起诉，必须受理。符合起诉条件的，应当在 7 日内立案，并通知当事人；不符合起诉条件的，应当在 7 日内作出裁定书，不予受理；原告对裁定不服的，可以提起上诉。

2. 审理前的准备

根据《民事诉讼法》，人民法院应当在立案之日起 5 日内将起诉状副本发送被告，被告应当在收到之日起 15 日内提出答辩状。答辩状应当记明被告的姓名、性别、年龄、民族、职业、工作单位、住所、联系方式；法人或者其他组织的名称、住所和法定代表人或者主要负责人的姓名、职务、联系方式。人民法院应当在收到答辩状之日起 5 日内将答辩状副本发送原告。被告不提出答辩状的，不影响人民法院审理。

人民法院对决定受理的案件，应当在受理案件通知书和应诉通知书中向当事人告知有关的诉讼权利义务，或者口头告知。

3. 开庭审理

（1）审理。

根据《民事诉讼法》，人民法院审理民事案件，除涉及国家秘密、个人隐私或者法律另有规定的以外，应当公开进行。离婚案件、涉及商业秘密的案件，当事人申请不公开审理的，可以不公开审理。

法庭调查按照下列顺序进行：①当事人陈述；②告知证人的权利义务，证人作证，宣读未到庭的证人证言；③出示书证、物证、视听资料和电子数据；④宣读鉴定意见；⑤宣读勘验笔录。

当事人在法庭上可以提出新的证据。当事人经法庭许可，可以向证人、鉴定人、勘验人发问。当事人要求重新进行调查、鉴定或者勘验的，是否准许，由人民法院决定。

原告增加诉讼请求，被告提出反诉，第三人提出与本案有关的诉讼请求，可以合并审理。

法庭辩论按照下列顺序进行：①原告及其诉讼代理人发言；②被告及其诉讼代理人答辩；③第三人及其诉讼代理人发言或者答辩；④互相辩论。

法庭辩论终结，由审判长或者独任审判员按照原告、被告、第三人的先后顺序征询各方最后意见。

（2）调解。

根据《民事诉讼法》，法庭辩论终结，应当依法作出判决。判决前能够调解的，还可以进行调解，调解不成的，应当及时判决。

人民法院进行调解，可以由审判员一人主持，也可以由合议庭主持，并尽可能就地进行。人民法院进行调解，可以用简便方式通知当事人、证人到庭。

人民法院进行调解，可以邀请有关单位和个人协助。被邀请的单位和个人，应当协助人民法院进行调解。

调解达成协议，必须双方自愿，不得强迫。调解协议的内容不得违反法律规定。

调解达成协议，人民法院应当制作调解书。调解书应当写明诉讼请求、案件的事实和调解结果。调解书由审判人员、书记员署名，加盖人民法院印章，送达双方当事人。调解书经双方当事人签收后，即具有法律效力。

下列案件调解达成协议，人民法院可以不制作调解书：①调解和好的离婚案件；②调解维持收养关系的案件；③能够即时履行的案件；④其他不需要制作调解书的案件。对不需要制作调解书的协议，应当记入笔录，由双方当事人、审判人员、书记员签名或者盖章后，即具有法律效力。

调解未达成协议或者调解书送达前一方反悔的，人民法院应当及时判决。

（3）宣判。

根据《民事诉讼法》，原告经传票传唤，无正当理由拒不到庭的，或者未经法庭许可中途退庭的，可以按撤诉处理；被告反诉的，可以缺席判决。被告经传票传唤，无正当理由拒不到庭的，或者未经法庭许可中途退庭的，可以缺席判决。

宣判前，原告申请撤诉的，是否准许，由人民法院裁定。人民法院裁定不准许撤诉的，原告经传票传唤，无正当理由拒不到庭的，可以缺席判决。

书记员应当将法庭审理的全部活动记入笔录，由审判人员和书记员签名。法庭笔录应当当庭宣读，也可以告知当事人和其他诉讼参与人当庭或者在5日内阅读。当事人和其他诉讼参与人认为对自己的陈述记录有遗漏或者差错的，有权申请补正。如果不予补正，应当将申请记录在案。法庭笔录由当事人和其他诉讼参与人签名或者盖章。拒绝签名盖章的，记明情况附卷。

人民法院对公开审理或者不公开审理的案件，一律公开宣告判决。当庭宣判的，应当在10日内发送判决书；定期宣判的，宣判后立即发给判决书。

(4) 审理期限要求。

根据《民事诉讼法》，人民法院适用普通程序审理的案件，应当在立案之日起6个月内审结。有特殊情况需要延长的，经本院院长批准，可以延长6个月；还需要延长的，报请上级人民法院批准。

4. 诉讼的中止和终结

根据《民事诉讼法》，诉讼的中止和终结见表8-5-7。

表 8-5-7　诉讼的中止和终结

中止诉讼	终结诉讼
有下列情形之一的，中止诉讼： (1) 一方当事人死亡，需要等待继承人表明是否参加诉讼的； (2) 一方当事人丧失诉讼行为能力，尚未确定法定代理人的； (3) 作为一方当事人的法人或者其他组织终止，尚未确定权利义务承受人的； (4) 一方当事人因不可抗拒的事由，不能参加诉讼的； (5) 本案必须以另一案的审理结果为依据，而另一案尚未审结的； (6) 其他应当中止诉讼的情形 中止诉讼的原因消除后，恢复诉讼	有下列情形之一的，终结诉讼： (1) 原告死亡，没有继承人，或者继承人放弃诉讼权利的； (2) 被告死亡，没有遗产，也没有应当承担义务的人的； (3) 离婚案件一方当事人死亡的； (4) 追索赡养费、扶养费、抚养费以及解除收养关系案件的一方当事人死亡的

5. 判决和裁定

根据《民事诉讼法》，公众可以查阅发生法律效力的判决书、裁定书，但涉及国家秘密、商业秘密和个人隐私的内容除外。

(二) 简易程序

根据《民事诉讼法》，简易程序内容如下：

1. 适用对象

基层人民法院和它派出的法庭审理事实清楚、权利义务关系明确、争议不大的简单的民事案件。

基层人民法院和它派出的法庭审理上述规定以外的民事案件，当事人双方也可以约定适用简易程序。

2. 起诉方式

对简单的民事案件，原告可以口头起诉。当事人双方可以同时到基层人民法院或者它派出的法庭，请求解决纠纷。基层人民法院或者它派出的法庭可以当即审理，也可以另定日期审理。

3. 时间限制

人民法院适用简易程序审理案件，应当在立案之日起3个月内审结。有特殊情况需要延长的，经本院院长批准，可以延长1个月。

二、第二审程序

根据《民事诉讼法》，第二审程序内容如下：

（一）上诉时限要求

1. 对判决的上诉期限

在判决书送达之日起15日内向上一级人民法院提起上诉。

2. 对裁定的上诉期限

在裁定书送达之日起10日内向上一级人民法院提起上诉。

➤ **名师点拨：** 判决是结果，裁定是程序。

可以上诉的裁定有：①不予受理；②对管辖权有异议的；③驳回起诉。

（二）上诉状

根据《民事诉讼法》，上诉应当递交上诉状。上诉状的内容，应当包括当事人的姓名，法人的名称及其法定代表人的姓名或者其他组织的名称及其主要负责人的姓名；原审人民法院名称、案件的编号和案由；上诉的请求和理由。

上诉状应当通过原审人民法院提出，并按照对方当事人或者代表人的人数提出副本。当事人直接向第二审人民法院上诉的，第二审人民法院应当在5日内将上诉状移交原审人民法院。

原审人民法院收到上诉状，应当在5日内将上诉状副本送达对方当事人，对方当事人在收到之日起15日内提出答辩状。人民法院应当在收到答辩状之日起5日内将副本送达上诉人。对方当事人不提出答辩状的，不影响人民法院审理。原审人民法院收到上诉状、答辩状，应当在5日内连同全部案卷和证据，报送第二审人民法院。

（三）二审的审理方式

根据《民事诉讼法》，第二审人民法院对上诉案件应当开庭审理。经过阅卷、调查和询问当事人，对没有提出新的事实、证据或者理由，人民法院认为不需要开庭审理的，可以不开庭审理。

第二审人民法院审理上诉案件，可以在本院进行，也可以到案件发生地或者原审人民法院所在地进行。

（四）二审案件的调解

根据《民事诉讼法》，第二审人民法院审理上诉案件，可以进行调解。调解达成协议，应当制作调解书，由审判人员、书记员署名，加盖人民法院印章。调解书送达后，原审人民法院的判决即视为撤销。

（五）二审案件的裁判

根据《民事诉讼法》，二审案件的裁判见表8-5-8。

表 8-5-8　二审案件的裁判

<table>
<tr><th>原判决</th><th>二审案件的裁判</th></tr>
<tr><td>认定事情清楚、适用法律正确</td><td>驳回上诉，维持原判决</td></tr>
<tr><td>认定事实错误</td><td rowspan="2">依法改判、撤销或变更</td></tr>
<tr><td>适用法律错误</td></tr>
<tr><td rowspan="2">认定事实不清</td><td>撤销原判决，发回重审</td></tr>
<tr><td>查清事实后改判</td></tr>
<tr><td colspan="2">严重违反法定程序的，裁定撤销原判决，发回原审人民法院重审</td></tr>
</table>

原审人民法院对发回重审的案件作出判决后，当事人提起上诉的，第二审人民法院不得再次发回重审。

（六）二审案件的时限

根据《民事诉讼法》，人民法院审理对判决的上诉案件，应当在第二审立案之日起 3 个月内审结。有特殊情况需要延长的，由本院院长批准。人民法院审理对裁定的上诉案件，应当在第二审立案之日起 30 日内作出终审裁定。

三、特别程序

（一）适用范围

根据《民事诉讼法》，选民资格案件、宣告失踪或者宣告死亡案件、认定公民无民事行为能力或者限制民事行为能力案件、认定财产无主案件、确认调解协议案件和实现担保物权案件，适用特别程序。

（二）时限要求

实行一审终审。

四、审判监督程序

审判监督程序又称再审程序，是指对已经发生法律效力的判决、裁定、调解书，人民法院认为确有错误，对案件进行再审的程序。审判监督程序只是纠正生效裁判错误的法定程序，不是案件审理的必经程序。

（一）再审的对象

根据《民事诉讼法》，再审的对象见表 8-5-9。

表 8-5-9　再审的对象

对象	特殊规定
已经发生法律效力的判决书	特别程序、公示催告程序、督促程序不适用再审
已经发生法律效力的裁定书	不予受理、驳回起诉的裁定可以再审
已经发生法律效力的调解书	—

（二）审判监督程序的启动主体和方式

1. 人民法院启动审判监督程序

（1）本院自行启动再审。

《民事诉讼法》规定，各级人民法院院长对本院已经发生法律效力的判决、裁定、调解书，发现确有错误，认为需要再审的，应当提交审判委员会讨论决定。

➢ **名师点拨：** 本院院长提交+审判委员会讨论决定。

（2）上级法院启动再审。

《民事诉讼法》规定，最高人民法院对地方各级人民法院已经发生法律效力的判决、裁定、调解书，上级人民法院对下级人民法院已经发生法律效力的判决、裁定、调解书，发现确有错误的，有权提审或者指令下级人民法院再审。

➢ **名师点拨：** 上级法院提审（谁启动、谁再审）。

2. 当事人申请再审

当事人申请再审的程序如图 8-5-3 所示。

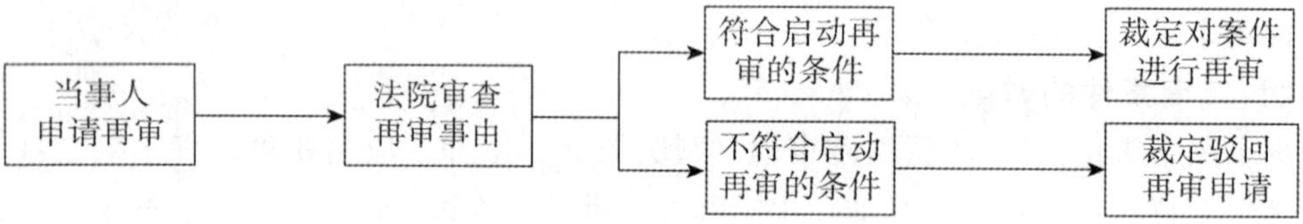

图 8-5-3　当事人申请再审的程序

根据《民事诉讼法》，当事人申请再审的内容如下：

（1）再审法定事由。

当事人的申请符合下列情形之一的，人民法院应当再审：①有新的证据，足以推翻原判决、裁定的；②原判决、裁定认定的基本事实缺乏证据证明的；③原判决、裁定认定事实的主要证据是伪造的；④原判决、裁定认定事实的主要证据未经质证的；⑤对审理案件需要的主要证据，当事人因客观原因不能自行收集，书面申请人民法院调查收集，人民法院未调查收集的；⑥原判决、裁定适用法律确有错误的；⑦审判组织的组成不合法或者依法应当回避的审判人员没有回避的；⑧无诉讼行为能力人未经法定代理人代为诉讼或者应当参加诉讼的当事人，因不能归责于本人或者其诉讼代理人的事由，未参加诉讼的；⑨违反法律规定，剥夺当事人辩论权利的；⑩未经传票传唤，缺席判决的；⑪原判决、裁定遗漏或者超出诉讼请求的；⑫据以作出原判决、裁定的法律文书被撤销或者变更的；⑬审判人员审理该案件时有贪污受贿，徇私舞弊，枉法裁判行为的。

（2）当事人申请再审法院的管辖。

当事人对已经发生法律效力的判决、裁定，认为有错误的，可以向上一级人民法院申请再审；当事人一方人数众多或者当事人双方为公民的案件，也可以向原审人民法院申请再审。当事人申请再审的，不停止判决、裁定的执行。

（3）当事人申请再审的期限。

当事人申请再审，应当在判决、裁定发生法律效力后 6 个月内提出。

当事人有权自知道或者应当知道之日起 6 个月内提出：①有新的证据，足以推翻原判决、裁定的；②原判决、裁定认定事实的主要证据是伪造的；③据以作出原判决、裁定的法律文书被撤销或者变更的；④审判人员审理该案件时有贪污受贿，徇私舞弊，枉法裁判行为的。

（4）申请再审的效力和法律后果。

人民法院应当自收到再审申请书之日起3个月内审查，有特殊情况需要延长的，由本院院长批准。

根据《最高人民法院关于适用〈中华人民共和国民事诉讼法〉的解释》，审查后的处理如下：①再审事由成立且符合法定情形，裁定再审；②再审事由不成立或者当事人申请再审超过法定申请再审期限、超出法定再审事由范围等，裁定驳回再审申请。

3. 检察机关启动再审

（1）检察机关启动再审的方式。

1）抗诉："上抗下"模式，最高人民检察院可以"同级抗"。

根据《民事诉讼法》，最高人民检察院对各级人民法院已经发生法律效力的判决、裁定，上级人民检察院对下级人民法院已经发生法律效力的判决、裁定，发现有《民事诉讼法》中再审法定事由规定情形之一的，或者发现调解书损害国家利益、社会公共利益的，应当提出抗诉。

2）检察建议。

①再审检察建议。根据《民事诉讼法》和《最高人民法院关于适用〈中华人民共和国民事诉讼法〉的解释》，地方各级人民检察院对同级人民法院已经发生法律效力的判决、裁定，发现有《民事诉讼法》中再审法定事由规定情形之一的，或者发现调解书损害国家利益、社会公共利益的，可以向同级人民法院提出检察建议，并报上级人民检察院备案；也可以提请上级人民检察院向同级人民法院提出抗诉。

②对人员的检察建议。根据《民事诉讼法》，各级人民检察院对审判监督程序以外的其他审判程序中审判人员的违法行为，有权向同级人民法院提出检察建议。

3）当事人向人民检察院申请检察建议或者抗诉。

有下列情形之一的，当事人可以向人民检察院申请检察建议或者抗诉：①人民法院驳回再审申请的；②人民法院逾期未对再审申请作出裁定的；③再审判决、裁定有明显错误的。

人民检察院对当事人的申请应当在3个月内进行审查，作出提出或者不予提出检察建议或者抗诉的决定。当事人不得再次向人民检察院申请检察建议或者抗诉。

4. 检察机关的调查核实权

根据《民事诉讼法》，人民检察院因履行法律监督职责提出检察建议或者抗诉的需要，可以向当事人或者案外人调查核实有关情况。

根据《最高人民法院关于适用〈中华人民共和国民事诉讼法〉的解释》，人民检察院因履行法律监督职责向当事人或者案外人调查核实的情况，应当向法庭提交并予以说明，由双方当事人进行质证。

考点 7 民事诉讼的执行★★

民事诉讼的执行，是指义务人不履行法律文书所确定的义务，经权利人申请，法院按照法定程序，运用强制力量，根据执行文书的规定，强制义务人完成其所承担的义务，以保证权利人的权利得以实现。

一、执行依据

执行依据又称执行名义，能够作为人民法院民事执行依据的应当是发生法律效力的法律文书，具体包括：①人民法院制作的生效、具有给付内容的判决书、裁定书和调解书；②人民法院依督促程序发出的支付令；③人民法院已经生效的刑事判决书、裁定书中的财产部分；④仲裁机构的仲裁裁决书、仲裁调解书；⑤公证机关制作的依法赋予执行的债权文书等。

二、执行管辖

（一）执行管辖事项的确定

根据《民事诉讼法》，执行管辖事项的确定见表 8-5-10。

表 8-5-10　执行管辖事项的确定

事项	执行法院
发生法律效力的民事判决、裁定	第一审人民法院或者与第一审人民法院同级的被执行的财产所在地人民法院
刑事判决、裁定中的财产部分	
法律规定由人民法院执行的其他法律文书	被执行人住所地或者被执行的财产所在地人民法院

（二）执行管辖异议

根据《最高人民法院关于适用〈中华人民共和国民事诉讼法〉执行程序若干问题的解释》，人民法院受理执行申请后，当事人对管辖权有异议的，应当自收到执行通知书之日起10 日内提出。

人民法院对当事人提出的异议，应当审查。异议成立的，应当撤销执行案件，并告知当事人向有管辖权的人民法院申请执行；异议不成立的，裁定驳回。当事人对裁定不服的，可以向上一级人民法院申请复议。管辖权异议审查和复议期间，不停止执行。

（三）逾期执行的后果

根据《民事诉讼法》，人民法院自收到申请执行书之日起超过 6 个月未执行的，申请执行人可以向上一级人民法院申请执行。上一级人民法院经审查，可以责令原人民法院在一定期限内执行，也可以决定由本院执行或者指令其他人民法院执行。

《最高人民法院关于适用〈中华人民共和国民事诉讼法〉执行程序若干问题的解释》进一步规定，有下列情形之一的，上一级人民法院可以根据申请执行人的申请，责令执行法院限期执行或者变更执行法院：①债权人申请执行时被执行人有可供执行的财产，执行法院自收到申请执行书之日起超过 6 个月对该财产未执行完结的；②执行过程中发现被执行人可供执行的财产，执行法院自发现财产之日起超过 6 个月对该财产未执行完结的；③对法律文书确定的行为义务的执行，执行法院自收到申请执行书之日起超过 6 个月未依法采取相应执行措施的；④其他有条件执行超过 6 个月未执行的。

根据《最高人民法院关于适用〈中华人民共和国民事诉讼法〉执行程序若干问题的解释》，《民事诉讼法》规定的 6 个月期间，不应当计算执行中的公告期间、鉴定评估期间、管辖争议处理期间、执行争议协调期间、暂缓执行期间以及中止执行期间。

三、执行程序的启动

（一）申请执行的条件

根据《最高人民法院关于适用〈中华人民共和国民事诉讼法〉的解释》，当事人申请人民法院执行的生效法律文书应当具备下列条件：

（1）权利义务主体明确。

（2）给付内容明确。

法律文书确定继续履行合同的，应当明确继续履行的具体内容。

➤ **名师点拨：**申请执行的当事人主要指法律文书确定的权利人或其权利继承人、承受人。

（二）申请执行的期限

根据《民事诉讼法》，申请执行的期间为2年。

（1）申请执行时效的中止、中断，适用法律有关诉讼时效中止、中断的规定。

（2）申请执行期限的计算方法：从法律文书规定履行期间的最后1日起计算；法律文书规定分期履行的，从最后一期履行期限届满之日起计算；法律文书未规定履行期间的，从法律文书生效之日起计算。

（三）执行通知

根据《最高人民法院关于适用〈中华人民共和国民事诉讼法〉的解释》，人民法院应当在收到申请执行书或者移交执行书后10日内发出执行通知，并可以立即采取强制执行措施。

四、执行异议（执行行为异议＋执行标的异议）

（一）对执行行为的异议

根据《民事诉讼法》，当事人、利害关系人认为执行行为违反法律规定的，可以向负责执行的人民法院提出书面异议。当事人、利害关系人提出书面异议的，人民法院应当自收到书面异议之日起15日内审查，理由成立的，裁定撤销或者改正；理由不成立的，裁定驳回。当事人、利害关系人对裁定不服的，可以自裁定送达之日起10日内向上一级人民法院申请复议。

（1）提出主体：当事人、利害关系人。

（2）异议理由：认为执行行为违反法律规定。

（3）形式、程序和时间：①书面形式向负责执行的人民法院提出；②根据《最高人民法院关于适用〈中华人民共和国民事诉讼法〉的解释》，案外人对执行标的提出异议的，应当在该执行标的执行程序终结前提出。

（4）处理方式：人民法院应当自收到书面异议之日起15日内审查，理由成立的，裁定撤销或者改正；理由不成立的，裁定驳回。

（5）救济机制：可以自裁定送达之日起10日内向上一级人民法院申请复议。

（二）对执行标的的异议

根据《民事诉讼法》，执行过程中，案外人对执行标的提出书面异议的，人民法院应当自收到书面异议之日起15日内审查，理由成立的，裁定中止对该标的的执行；理由不成立的，裁定驳回。案外人、当事人对裁定不服，认为原判决、裁定错误的，依照审判监督程序办理；与原判决、裁定无关的，可以自裁定送达之日起 15 日内向人民法院提起诉讼。

（1）提出主体：只能是案外人。

（2）异议理由：案外人对执行标的主张权利。

（3）异议方式和管辖法院：执行过程中向执行法院提出书面异议。

（4）处理方式：根据《最高人民法院关于适用〈中华人民共和国民事诉讼法〉的解释》，处理方式如下：①案外人对执行标的不享有足以排除强制执行的权益的，裁定驳回其异议；②案外人对执行标的享有足以排除强制执行的权益的，裁定中止执行。

驳回案外人执行异议裁定送达案外人之日起 15 日内，人民法院不得对执行标的进行处分。

（5）对执行标的异议裁定不服时的救济途径：①案外人、当事人对裁定不服，认为原判决、裁定错误的，依照审判监督程序办理；②与原判决、裁定无关的，可以自裁定送达之日起 15 日内向人民法院提起诉讼。

五、委托执行

根据《民事诉讼法》，被执行人或者被执行的财产在外地的，可以委托当地人民法院代为执行。受委托人民法院收到委托函件后，必须在 15 日内开始执行，不得拒绝。执行完毕后，应当将执行结果及时函复委托人民法院；在 30 日内如果还未执行完毕，也应当将执行情况函告委托人民法院。受委托人民法院自收到委托函件之日起 15 日内不执行的，委托人民法院可以请求受委托人民法院的上级人民法院指令受委托人民法院执行。

六、执行担保

根据《民事诉讼法》，在执行中，被执行人向人民法院提供担保，并经申请执行人同意的，人民法院可以决定暂缓执行及暂缓执行的期限。被执行人逾期仍不履行的，人民法院有权执行被执行人的担保财产或者担保人的财产。

七、执行和解

根据《民事诉讼法》，在执行中，双方当事人自行和解达成协议的，执行员应当将协议内容记入笔录，由双方当事人签名或者盖章。申请执行人因受欺诈、胁迫与被执行人达成和解协议，或者当事人不履行和解协议的，人民法院可以根据当事人的申请，恢复对原生效法律文书的执行。

《最高人民法院关于执行和解若干问题的规定》进一步规定，被执行人一方不履行执行和解协议的，申请执行人可以申请恢复执行原生效法律文书，也可以就履行执行和解协议向执行法院提起诉讼。

（一）执行和解的性质

执行和解是当事人处分自己民事权利和诉讼权利的行为。执行程序中允许和解，但不允许调解。

（二）执行和解协议的效力

（1）执行和解协议不具有强制执行力，只能由当事人自觉履行，而不能申请法院强制执行。

(2) 执行和解协议具有中止执行或终结执行的效力。

申请执行人与被执行人达成和解协议后：请求中止执行的，法院可以中止执行。

申请执行人与被执行人达成和解协议后：请求撤回执行申请的，法院可以裁定终结执行。

(三) 不履行执行和解时的救济机制

可以申请恢复执行原生效法律文书，也可以就履行执行和解协议向执行法院提起诉讼。

八、执行措施

(一) 一般的执行措施

1. 通常的执行措施

通常的执行措施主要包括：查询、冻结、划拨被执行人的存款；扣留、提取被执行人的收入；查封、扣押、拍卖、变卖被执行人的财产；搜查被执行人的财产；强制执行人交付法律文书指定的财物或票证；强制被执行人迁出房屋或者退出土地；办理财产权证照转移手续等。

(1) 对被执行的财产，法院非经查封、扣押、冻结不得处分。对银行存款等各类可以直接扣划的财产，法院扣划裁定的同时具有冻结的法律效力。法院冻结被执行人的银行存款的期限不得超过1年，查封、扣押动产的期限不得超过2年，查封不动产、冻结其他财产权的期限不得超过3年，但法院可以依申请或者依职权续行上述期限。

(2) 被执行人的财产包括债券、股票、基金份额等类型的财产，并且查询、冻结、划拨存款不得超出被执行人应当履行义务的范围。

(3) 法院在执行中需要拍卖被执行人财产的，可以由法院自行组织拍卖，也可以交由具备相应资质的拍卖机构拍卖。交拍卖机构拍卖的，法院应当对拍卖活动进行监督。

(4) 法院在执行中需要变卖被执行人财产的，可以交由有关单位变卖，也可以交由法院直接变卖。对变卖的财产，法院或者其工作人员不能买受。

2. 不能采取查封、扣押、冻结等措施的财产

(1) 被执行人和其扶养家属必需的生活、教育用品和费用。

(2) 被执行人具有人身属性的物品。

(3) 无法评估价值的知识产权，如未公开的发明或者未发表的著作。

(4) 金融机构交存的存款准备金、备付金、金融机构场所。

(二) 责令被执行人支付延期利息、延迟履行金

(1) 被执行人如果没有按生效法律文书确定的时间履行金钱债务，法院责令其支付延期利息。

(2) 被执行人如果未按判决、裁定和其他法律文书指定的期间履行非金钱给付义务，无论是否已给申请执行人造成损失，都应支付延迟履行金。已经造成损失的，双倍补偿申请执行人已经受到的损失；没有造成损失的，延迟履行金可由法院根据具体案件情况决定。

(三) 对行为的执行措施 (代履行)

被执行人不履行生效法律文书确定的行为义务，法院可以强制执行或委托有关单位或其

他主体（代履行人）完成，费用由被执行人承担。

代履行仅适用于可以由他人完成的行为义务，若相关行为只能由被执行人完成即不具有可替代性，则不得适用代履行。

（四）继续执行

通过执行措施，被执行人仍不能履行义务的，执行暂时中止。但债权人如果发现被执行人还有其他财产的，可以随时请求法院执行。继续执行不受申请执行时效期间的限制。

（五）财产申报（财产报告）

如果被执行人没有按照执行通知履行法律文书确定的义务，就应当报告当前以及收到执行通知之日前1年的财产情况。

如果被执行人拒绝报告或虚假报告的，人民法院可以根据情节轻重对被执行人或者其法定代理人、有关单位的主要负责人或直接责任人员予以罚款、拘留。

被执行人向法院报告，而不是向申请执行人报告，但是申请执行人可以向法院提出查询申请，法院应当允许，但申请执行人对其查询到的信息负有保密义务。

（六）其他威慑措施

1. 限制高消费

根据《最高人民法院关于限制被执行人高消费及有关消费的若干规定》，被执行人为自然人的，被采取限制消费措施后，不得有以下高消费及非生活和工作必需的消费行为：①乘坐交通工具时，选择飞机、列车软卧、轮船二等以上舱位；②在星级以上宾馆、酒店、夜总会、高尔夫球场等场所进行高消费；③购买不动产或者新建、扩建、高档装修房屋；④租赁高档写字楼、宾馆、公寓等场所办公；⑤购买非经营必需车辆；⑥旅游、度假；⑦子女就读高收费私立学校；⑧支付高额保费购买保险理财产品；⑨乘坐G字头动车组列车全部座位、其他动车组列车一等以上座位等其他非生活和工作必需的消费行为。

2. 记入征信系统、失信被执行人名单

被执行人拒不履行法律文书确定的义务，法院可以将被执行人或被执行单位的法定代表人、负责人不履行义务的信息记录在个人征信系统中。

被执行人不履行法律文书确定的义务的，法院除对被执行人予以处罚外，还可以根据情节将其纳入失信被执行人名单，将被执行人不履行或不完全履行义务的信息向其所在单位、征信机构以及其他相关机构通报。

3. 媒体公布

被执行人拒不履行法律文书确定的义务，执行法院可以依职权或依申请将被执行人拒不履行义务的信息通过媒体公布，公布费用由被执行人负担。依申请公布时，相关费用由申请执行人垫付。

九、执行中止和执行终结

执行中止和执行终结见表8-5-11。

表 8-5-11　执行中止和执行终结

执行中止	执行终结
根据《民事诉讼法》，执行中止的情形有： (1) 申请人表示可以延期执行的； (2) 案外人对执行标的提出确有理由的异议的； (3) 作为一方当事人的公民死亡，需要等待继承人继承权利或者承担义务的； (4) 作为一方当事人的法人或者其他组织终止，尚未确定权利义务承受人的； (5) 人民法院认为应当中止执行的其他情形 中止的情形消失后，恢复执行	根据《民事诉讼法》，执行终结的情形有： (1) 申请人撤销申请的； (2) 据以执行的法律文书被撤销的； (3) 作为被执行人的公民死亡，无遗产可供执行，又无义务承担人的； (4) 追索赡养费、扶养费、抚养费案件的权利人死亡的； (5) 作为被执行人的公民因生活困难无力偿还借款，无收入来源，又丧失劳动能力的； (6) 人民法院认为应当终结执行的其他情形

实战演练

[2022 真题·单选] 根据《民事诉讼法》，在生效民事判决的执行中，当事人自行和解达成协议后，一方当事人不履行和解协议的，对方当事人可以（　　）。

A. 向人民法院起诉

B. 向仲裁机构申请仲裁

C. 申请人民法院按照原生效法律文书强制执行

D. 申请人民法院强制执行和解协议

[解析] 根据《民事诉讼法》，在执行中，双方当事人自行和解达成协议的，执行员应当将协议内容记入笔录，由双方当事人签名或者盖章。申请执行人因受欺诈、胁迫与被执行人达成和解协议，或者当事人不履行和解协议的，人民法院可以根据当事人的申请，恢复对原生效法律文书的执行。

[答案] C

[2021 真题·单选] 在执行过程中，人民法院应当裁定中止执行的情形是（　　）。

A. 据以执行的法律文书被撤销的

B. 作为被执行人的公民因生活困难无力偿还借款，无收入来源，又丧失劳动能力的

C. 案外人对执行标的提出确有理由的异议的

D. 追索赡养费、扶养费、抚育费案件的权利人死亡的

[解析] 有下列情况之一的，人民法院应裁定中止执行：①申请人表示可以延期执行的；②案外人对执行标的提出确有理由的异议的；③作为一方当事人的公民死亡，需要等待继承人继承权利或承担义务的；④作为一方当事人的法人或其他组织终止，尚未确定权利义务承受人的；⑤人民法院认为应当中止执行的其他情形，如被执行人确无财产可供执行等。中止的情形消失后，恢复执行。

[答案] C

[2021 真题·单选] 关于诉讼时效的说法，正确的是（　　）。

A. 人民法院应当主动适用诉讼时效的规定

B. 超过诉讼时效期间后权利人起诉的，人民法院不予受理

C. 诉讼时效期间届满后，义务人已经自愿履行的，可以请求返还

D. 当事人对诉讼时效利益的预先放弃无效

[**解析**] 选项A错误，《民法典》规定，人民法院不得主动适用诉讼时效的规定。选项B错误，超过诉讼时效期间权利人起诉的，如果符合《民事诉讼法》规定的起诉条件，法院仍然应当受理。选项C错误，诉讼时效期间届满后，义务人同意履行的，不得以诉讼时效期间届满为由抗辩；义务人已经自愿履行的，不得请求返还。

[**答案**] D

[**2020真题·单选**] 关于民事案件开庭审理的说法，正确的是（　　）。

A. 除涉及国家秘密、商业秘密或者个人隐私的案件外，人民法院均应当公开审理

B. 原告无正当理由拒不到庭的，人民法院应当缺席判决

C. 人民法院对公开审理或者不公开审理的案件，一律公开宣告判决

D. 人民法院宣判前，原告申请撤诉的，一律不予准许

[**解析**] 选项A错误，《民事诉讼法》规定，人民法院审理民事案件，除涉及国家秘密、个人隐私或者法律另有规定的以外，应当公开进行。选项B错误，经人民法院传票传唤，原告无正当理由拒不到庭，或者未经法庭许可中途退庭的，可以按照撤诉处理；被告无正当理由拒不到庭，或者未经法庭许可中途退庭的，可以缺席判决。选项D错误，宣判前原告申请撤诉的，是否准许，由人民法院裁定。人民法院裁定不准许撤诉的，原告经传票传唤，无正当理由拒不到庭的，可以缺席判决。

[**答案**] C

[**2017真题·单选**] 关于民事诉讼执行程序的说法，正确的是（　　）。

A. 具有执行力的裁判文书只能由作出该裁判文书的法院负责执行

B. 执行异议审查和复议期间，暂停执行

C. 执行可以采取查封、扣押、冻结等措施

D. 执行申请人只能是诉讼当事人

[**解析**] 选项A错误，发生法律效力的民事判决、裁定，以及刑事判决、裁定中的财产部分，由第一审人民法院或者与第一审人民法院同级的被执行的财产所在地人民法院执行。法律规定由人民法院执行的其他法律文书，由被执行人住所地或者被执行的财产所在地人民法院执行。选项B错误，执行异议审查和复议期间，不停止执行。被执行人、利害关系人提供充分、有效的担保请求停止相应处分措施的，人民法院可以准许；申请执行人提供充分、有效的担保请求继续执行的，应当继续执行。选项D错误，人民法院的执行依据不只包括人民法院的生效法律文书，因此，申请执行人不一定是诉讼当事人。

[**答案**] C

[**2016真题·单选**] 关于民事诉讼上诉的说法，正确的是（　　）。

A. 上诉期为10日

B. 上诉时应当递交上诉书

C. 上诉状应当向第二审人民法院提出

D. 当事人向原审人民法院上诉的，原审法院应当受理

[解析] 选项A错误，当事人不服地方人民法院第一审判决的，有权在判决书送达之日起15日内向上一级人民法院提起上诉；不服地方人民法院第一审裁定的，有权在裁定书送达之日起10日内向上一级人民法院提起上诉。选项B正确，当事人提起上诉，应当递交上诉状。选项C、D错误，上诉状应当通过原审法院提出，并按照对方当事人的人数提出副本。当事人直接向第二审人民法院上诉的，第二审人民法院应当在5日内将上诉状移交原审人民法院。

[答案] B

[2015真题·单选] 关于民事诉讼审判程序的说法，正确的是（　　）。

A. 原告必须与案件有直接利害关系

B. 一审程序包括普通程序和特别程序

C. 必须以书面形式起诉

D. 提交起诉状的同时提交全部证据

[解析] 选项A正确，《民事诉讼法》规定，起诉必须符合下列条件：①原告是与本案有直接利害关系的公民、法人和其他组织；②有明确的被告；③有具体的诉讼请求和事实、理由；④属于人民法院受理民事诉讼的范围和受诉人民法院管辖。选项B错误，一审程序包括普通程序和简易程序。选项C错误，起诉方式应当以书面起诉为原则，口头起诉为例外。选项D错误，举证时限是指法律规定或法院、仲裁机构指定的当事人能够有效举证的期限。当事人在举证时限内提交证据皆可。

[答案] A

[经典例题·单选] 关于申请执行期间的说法，正确的是（　　）。

A. 申请执行的期间为6个月

B. 规定分期履行的，自最后一次履行期间的最后1日起计算

C. 法律文书未规定的，从法律文书作出之日起计算

D. 自法律文书规定的履行期间最后1日起计算

[解析] 民事诉讼申请执行的期间为2年。申请执行时效的中止、中断，适用法律有关诉讼时效中止、中断的规定。这里的"期间"，从法律文书规定履行期间的最后1日起计算；法律文书规定分期履行的，从规定的每次履行期间的最后1日起计算；法律文书未规定履行期间的，从法律文书生效之日起计算。

[答案] D

[经典例题·单选] 关于民事诉讼中简易程序的说法，正确的是（　　）。

A. 第一审民事案件和第二审民事案件的审理均可适用简易程序

B. 基层人民法院审理的民事案件，当事人双方可以约定适用简易程序

C. 简易程序应当在立案之日起6个月内审结

D. 简易程序的审理期限由本院院长批准可以延长

[解析] 只有一审程序包括普通程序和简易程序，选项A错误。适用简易程序审理的案件，应当在立案之日起3个月内审结，选项C错误。适用普通程序审理的案件，根据《民事诉讼法》的规定，应当在立案之日起6个月内审结。有特殊情况需要延长的，由本院院长批准，可以延长6个月；还需要延长的，报请上级法院批准，选项D错误。

[答案] B

[2021 真题·多选] 下列情形中，可以引起诉讼时效中断的有（　　）。

A. 权利人申请仲裁

B. 义务人同意履行义务

C. 不可抗力

D. 权利人被义务人或者其他人控制

E. 权利人向义务人提出履行请求

[解析] 有下列情形之一的，诉讼时效中断，从中断、有关程序终结时起，诉讼时效期间重新计算：①权利人向义务人提出履行请求；②义务人同意履行义务；③权利人提起诉讼或者申请仲裁；④与提起诉讼或者申请仲裁具有同等效力的其他情形。

[答案] ABE

[2020 真题·多选] 根据《民法典》，关于民事诉讼时效的说法，正确的有（　　）。

A. 向人民法院请求保护民事权利的诉讼时效期间均为 3 年

B. 超过诉讼时效期间，权利人的胜诉权消灭

C. 诉讼时效期间届满后，义务人自愿履行债务的，不得请求返还

D. 当事人违反法律规定，预先放弃诉讼时效利益的，人民法院不予认可

E. 超过诉讼时效期间，当事人起诉的，人民法院不予受理

[解析] 选项 A 错误，普通诉讼时效，即向人民法院请求保护民事权利的期间。普通诉讼时效期间通常为 3 年。选项 E 错误，超过诉讼时效期间权利人起诉，如果符合《民事诉讼法》规定的起诉条件，法院仍然应当受理。

[答案] BCD

[2020 真题·多选] 导致民事诉讼时效中止的事由有（　　）。

A. 权利人向义务人提出履行请求

B. 继承开始后未确定继承人或者遗产管理人

C. 权利人被义务人或者其他人控制

D. 义务人同意履行义务

E. 不可抗力

[解析]《民法典》规定，在诉讼时效期间的最后 6 个月内，因下列障碍不能行使请求权的，诉讼时效中止：①不可抗力；②无民事行为能力人或者限制民事行为能力人没有法定代理人，或者法定代理人死亡、丧失民事行为能力、丧失代理权；③继承开始后未确定继承人或者遗产管理人；④权利人被义务人或者其他人控制；⑤其他导致权利人不能行使请求权的障碍。自中止时效的原因消除之日起满 6 个月，诉讼时效期间届满。选项 A、D 属于诉讼时效中断的情形。

[答案] BCE

[经典例题·多选] 根据《民法典》，起诉必须符合的条件有（　　）。

A. 原告是与本案有直接利害关系的公民、法人和其他组织

B. 有明确的被告

C. 有具体的诉讼请求和理由

D. 事实清楚，证据确实充分

E. 属于人民法院受理民事诉讼的范围和受诉人民法院管辖

[解析] 起诉必须符合下列条件：①原告是与本案有直接利害关系的公民、法人和其他组织；②有明确的被告；③有具体的诉讼请求、事实和理由；④属于人民法院受理民事诉讼的范围和受诉人民法院管辖。

[答案] ABCE

[经典例题·多选] 当事人对债权请求权提出的诉讼时效抗辩中，不能得到法院支持的请求权有（　　）。

A. 延付或拒付租金请求权

B. 寄存财物被丢失的赔偿请求权

C. 兑付国债本息请求权

D. 基于投资关系产生的缴付出资请求权

E. 支付工程款请求权

[解析] 当事人可以对债权请求权提出诉讼时效抗辩，但对下列债权请求权提出诉讼时效抗辩的，法院不予支持：①支付存款本金及利息请求权；②兑付国债、金融债券以及向不特定对象发行的企业债券本息请求权；③基于投资关系产生的缴付出资请求权；④其他依法不适用诉讼时效规定的债权请求权。

[答案] CD

第六节　行政复议和行政诉讼制度

考点 1 行政许可★

行政许可，是指在法律一般禁止的情况下，行政主体根据行政相对人的申请，经依法审查，通过颁发许可证、执照等形式，赋予或确认行政相对方从事某种活动的法律资格或法律权利的一种具体行政行为。

一、行政许可的设定

根据《中华人民共和国行政许可法》（以下简称《行政许可法》），行政许可的设定内容如下：

（一）可以设定行政许可的事项

（1）直接涉及国家安全、公共安全、经济宏观调控、生态环境保护以及直接关系人身健康、生命财产安全等特定活动，需要按照法定条件予以批准的事项。

（2）有限自然资源开发利用、公共资源配置以及直接关系公共利益的特定行业的市场准入等，需要赋予特定权利的事项。

（3）提供公众服务并且直接关系公共利益的职业、行业，需要确定具备特殊信誉、特殊条件或者特殊技能等资格、资质的事项。

（4）直接关系公共安全、人身健康、生命财产安全的重要设备、设施、产品、物品，需要按照技术标准、技术规范，通过检验、检测、检疫等方式进行审定的事项。

（5）企业或者其他组织的设立等，需要确定主体资格的事项。

（6）法律、行政法规规定可以设定行政许可的其他事项。

（二）不可以设定行政许可的事项

上述可以设定行政许可的事项，通过下列方式能够予以规范的，可以不设行政许可。

（1）公民、法人或者其他组织能够自主决定的。

（2）市场竞争机制能够有效调节的。

（3）行业组织或者中介机构能够自律管理的。

（4）行政机关采用事后监督等其他行政管理方式能够解决的。

二、行政许可的设定权限

根据《行政许可法》，行政许可的设定权限如下：

（1）上述所列可以设定行政许可的事项，法律可以设定行政许可。

（2）尚未制定法律的，行政法规可以设定行政许可。必要时，国务院可以采用发布决定的方式设定行政许可。实施后，除临时性行政许可事项外，国务院应当及时提请全国人民代表大会及其常务委员会制定法律，或者自行制定行政法规。

（3）上述所列可以设定行政许可的事项，尚未制定法律、行政法规的，地方性法规可以设定行政许可。

（4）上述所列可以设定行政许可的事项，尚未制定法律、行政法规和地方性法规的，因行政管理的需要，确需立即实施行政许可的，省、自治区、直辖市人民政府规章可以设定临时性的行政许可。临时性的行政许可实施满 1 年需要继续实施的，应当提请本级人民代表大会及其常务委员会制定地方性法规。

地方性法规和省、自治区、直辖市人民政府规章，不得设定应当由国家统一确定的公民、法人或者其他组织的资格、资质的行政许可；不得设定企业或者其他组织的设立登记及其前置性行政许可。其设定的行政许可，不得限制其他地区的个人或者企业到本地区从事生产经营和提供服务，不得限制其他地区的商品进入本地区市场。

《优化营商环境条例》进一步规定，国家严格控制新设行政许可。新设行政许可应当按照行政许可法和国务院的规定严格设定标准，并进行合法性、必要性和合理性审查论证。对通过事中事后监管或者市场机制能够解决以及行政许可法和国务院规定不得设立行政许可的事项，一律不得设立行政许可，严禁以备案、登记、注册、目录、规划、年检、年报、监制、认定、认证、审定以及其他任何形式变相设定或者实施行政许可。

法律、行政法规和国务院决定对相关管理事项已作出规定，但未采取行政许可管理方式的，地方不得就该事项设定行政许可。对相关管理事项尚未制定法律、行政法规的，地方可以依法就该事项设定行政许可。

国家实行行政许可清单管理制度，适时调整行政许可清单并向社会公布，清单之外不得违法实施行政许可。

国家大力精简已有行政许可。对已取消的行政许可，行政机关不得继续实施或者变相实施，不得转由行业协会、商会或者其他组织实施。

对实行行政许可管理的事项，行政机关应当通过整合实施、下放审批层级等多种方式，优化审批服务，提高审批效率，减轻市场主体负担。符合相关条件和要求的，可以按照有关规定采取告知承诺的方式办理。

实战演练

[经典例题·多选] 关于行政许可设定权限的说法，正确的有（　　）。

A. 地方性法规一般情况下不得设定行政许可

B. 省、自治区、直辖市人民政府规章不得设定行政许可

C. 部门规章可以设定临时性行政许可

D. 国务院可以采用发布决定的方式设定行政许可

E. 地方性法规不得设定企业或者其他组织的设立登记及其前置性行政许可

[解析] 法律可以设定行政许可。尚未制定法律的，行政法规可以设定行政许可。必要时，国务院可以采用发布决定的方式设定行政许可。实施后，除临时性行政许可事项外，国务院应当及时提请全国人民代表大会及其常务委员会制定法律，或者自行制定行政法规。尚未制定法律、行政法规的，地方性法规可以设定行政许可；尚未制定法律、行政法规和地方性法规的，因行政管理的需要，确需立即实施行政许可的，省、自治区、直辖市人民政府规章可以设定临时性的行政许可，选项 B、C 错误。

[答案] ADE

考点 2　行政强制★

行政强制是行政强制行为的简称，是指行政机关为达到行政目的，依据法定职权和程序作出的对相对人的财产、人身及行为产生强制力的单方行为的总和，包括行政强制措施和行政强制执行两种独立的具体行政行为。

一、行政强制措施

行政强制措施指行政机关在行政管理过程中，为制止违法行为、防止证据损毁、避免危害发生、控制危险扩大等情形，依法对公民的人身自由实施暂时性限制，或者对公民、法人或者其他组织的财物实施暂时性控制的行为。

（一）行政强制措施的种类

根据《中华人民共和国行政强制法》（以下简称《行政强制法》），行政强制措施的种类有：①限制公民人身自由；②查封场所、设施或者财物；③扣押财物；④冻结存款、汇款；⑤其他行政强制措施。

（二）行政强制措施的设定

根据《行政强制法》，行政强制措施的设定见表 8-6-1。

表 8-6-1　行政强制措施的设定

设定权限	限制公民人身自由	查封场所、设施或者财物	扣押财物	冻结存款、汇款	其他
法律	√	√	√	√	√
行政法规	×	√	√	×	√（法律专属除外）
地方性法规	×	√	√	×	×
部门规章	×	×	×	×	×
地方政府规章	×	×	×	×	×

（三）行政强制措施实施程序

根据《行政强制法》，行政强制措施实施程序的相关内容如下：

1. 实施主体

（1）有法定职权的行政机关。（享有外部管理职能、职责范围内行使）

（2）法律、行政法规授权组织。

（3）行政强制措施权不得委托。

根据《中华人民共和国行政处罚法》，行使相对集中行政处罚权的行政机关，可以实施法律、法规规定的与行政处罚权有关的行政强制措施。

行政强制措施应当由行政机关具备资格的行政执法人员实施，其他人员不得实施。

2. 一般程序

行政强制一般程序如图 8-6-1 所示。

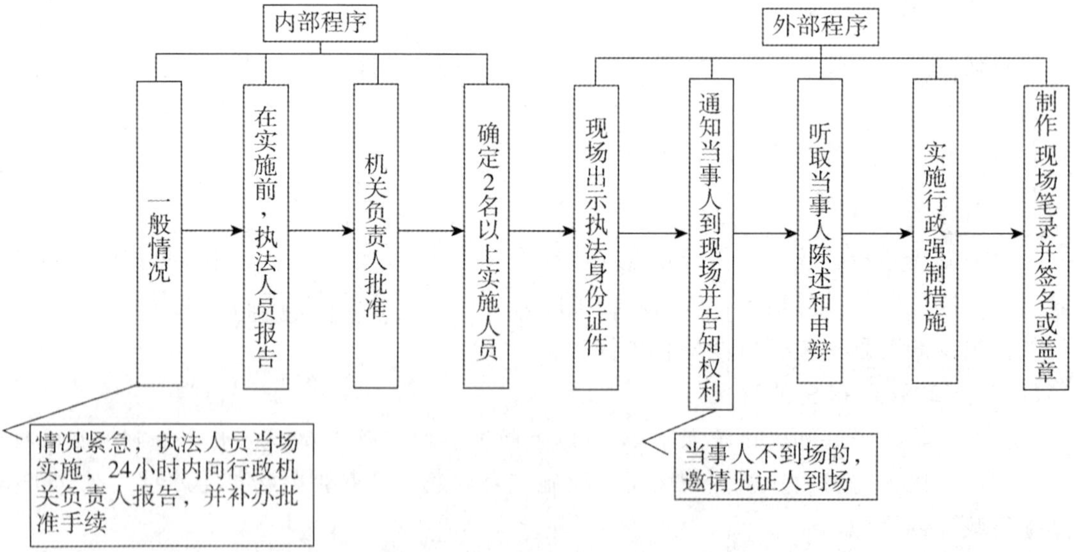

图 8-6-1　行政强制一般程序

二、行政强制执行

行政强制执行指行政机关或者行政机关申请人民法院，对不履行行政决定的公民、法人或者其他组织，依法强制履行义务的行为。

根据《行政强制法》，行政强制执行的内容如下：

（一）行政强制执行的方式

行政强制执行的方式有：①加处罚款或者滞纳金；②划拨存款、汇款；③拍卖或者依法处理查封、扣押的场所、设施或者财物；④排除妨碍、恢复原状；⑤代履行；⑥其他强制执行方式。

（二）行政强制执行的设定

行政强制执行由法律设定。

法律没有规定行政机关强制执行的，作出行政决定的行政机关应当申请人民法院强制执行。

（三）行政机关强制执行的程序

1. 实施主体

公民、法人或者其他组织拒绝履行判决、裁定、调解书的，行政机关或者第三人可以向第一审人民法院申请强制执行，或者由行政机关依法强制执行。

2. 一般程序

（1）催告。

行政机关作出强制执行决定前，应当事先催告当事人履行义务。催告应当以书面形式作出。

经催告，当事人逾期仍不履行行政决定，且无正当理由的，行政机关可以作出强制执行决定。在催告期间，对有证据证明有转移或者隐匿财物迹象的，行政机关可以作出立即强制执行决定。

（2）中止执行。

有下列情形之一的，中止执行：①当事人履行行政决定确有困难或者暂无履行能力的；②第三人对执行标的主张权利，确有理由的；③执行可能造成难以弥补的损失，且中止执行不损害公共利益的；④行政机关认为需要中止执行的其他情形。

中止执行的情形消失后，行政机关应当恢复执行。对没有明显社会危害，当事人确无能力履行，中止执行满3年未恢复执行的，行政机关不再执行。

（3）终结执行。

有下列情形之一的，终结执行：①公民死亡，无遗产可供执行，又无义务承受人的；②法人或者其他组织终止，无财产可供执行，又无义务承受人的；③执行标的灭失的；④据以执行的行政决定被撤销的；⑤行政机关认为需要终结执行的其他情形。

3. 金钱给付义务的执行

行政机关依法作出金钱给付义务的行政决定，当事人逾期不履行的，行政机关可以依法加处罚款或者滞纳金。加处罚款或者滞纳金的标准应当告知当事人。加处罚款或者滞纳金的数额不得超出金钱给付义务的数额。

划拨存款、汇款应当由法律规定的行政机关决定，并书面通知金融机构。金融机构接到行政机关依法作出划拨存款、汇款的决定后，应当立即划拨。

4. 代履行

代履行是指义务人逾期不履行行政法义务，由他人代为履行可以达到相同目的，行政机关可以自己代为履行或者委托第三人代为履行，向义务人征收代履行费用的强制执行制度。

(1) 实施主体。

行政机关依法作出要求当事人履行排除妨碍、恢复原状等义务的行政决定，当事人逾期不履行，经催告仍不履行，其后果已经或者将危害交通安全、造成环境污染或者破坏自然资源的，行政机关可以代履行，或者委托没有利害关系的第三人代履行。

(2) 适用范围。

需要立即清除道路、河道、航道或者公共场所的遗洒物、障碍物或者污染物，当事人不能清除的，行政机关可以决定立即实施代履行；当事人不在场的，行政机关应当在事后立即通知当事人，并依法作出处理。

(3) 代履行的程序。

代履行应当遵守下列规定：①代履行前送达决定书，代履行决定书应当载明当事人的姓名或者名称、地址，代履行的理由和依据、方式和时间、标的、费用预算以及代履行人；②代履行3日前，催告当事人履行，当事人履行的，停止代履行；③代履行时，作出决定的行政机关应当派员到场监督；④代履行完毕，行政机关到场监督的工作人员、代履行人和当事人或者见证人应当在执行文书上签名或者盖章。

代履行的费用按照成本合理确定，由当事人承担。但是，法律另有规定的除外。

代履行不得采用暴力、胁迫以及其他非法方式。

5. 申请人民法院强制执行

(1) 申请人。

当事人在法定期限内不申请行政复议或者提起行政诉讼，又不履行行政决定的，没有行政强制执行权的行政机关可以自期限届满之日起3个月内，依照规定申请人民法院强制执行。

(2) 催告。

行政机关申请人民法院强制执行前，应当催告当事人履行义务。催告书送达10日后当事人仍未履行义务的，行政机关可以向所在地有管辖权的人民法院申请强制执行；执行对象是不动产的，向不动产所在地有管辖权的人民法院申请强制执行。

(3) 执行费用。

行政机关申请人民法院强制执行，不缴纳申请费。强制执行的费用由被执行人承担。人民法院以划拨、拍卖方式强制执行的，可以在划拨、拍卖后将强制执行的费用扣除。划拨的存款、汇款以及拍卖和依法处理所得的款项应当上缴国库或者划入财政专户，不得以任何形式截留、私分或者变相私分。

➢ **名师点拨**：行政强制措施和行政强制执行的区别见表8-6-2。

表 8-6-2　行政强制措施和行政强制执行的区别

种类	实施主体	目的	具体内容	特征
行政强制措施	(1) 行政机关； (2) 法律、行政法规授权组织； (3) 不得委托	预防、调查、制止	(1) 限制公民人身自由； (2) 查封场所、设施或者财物； (3) 扣押财物； (4) 冻结存款、汇款； (5) 其他行政强制措施	(1) 临时性； (2) 使用权
行政强制执行	(1) 有强制执行权的行政机关； (2) 人民法院	实现第一次行为确定的义务	(1) 加处罚款或者滞纳金； (2) 划拨存款、汇款； (3) 拍卖或者依法处理查封、扣押的场所、设施或者财物； (4) 排除妨碍、恢复原状； (5) 代履行； (6) 其他强制执行方式	(1) 终局性； (2) 所有权； (3) 从属性

实战演练

[2020 真题·单选] 关于行政强制的说法，正确的是（　　）。

A. 尚未制定法律、行政法规，且属于地方性事务的，地方性法规可以设定冻结存款、汇款的行政强制措施

B. 查封场所、设施或者财物属于行政强制执行

C. 排除妨碍、恢复原状属于行政强制措施

D. 法律、法规以外的其他规范性文件不得设定行政强制措施

[解析] 选项 A 错误，尚未制定法律、行政法规，且属于地方性事务的，地方性法规可以设定查封场所、设施或财物和扣押财物的行政强制措施。选项 B 错误，行政强制执行包括：①加处罚款或者滞纳金；②划拨存款、汇款；③拍卖或者依法处理查封、扣押的场所、设施或者财物；④排除妨碍、恢复原状；⑤代履行；⑥其他强制执行方式。选项 C 错误，行政强制措施包括：①限制公民人身自由；②查封场所、设施或者财物；③扣押财物；④冻结存款、汇款；⑤其他行政强制措施。

[答案] D

考点 3　行政复议★★★

扫码听课

行政复议是与行政行为具有法律上利害关系的人认为行政机关所作出的行政行为侵犯其合法权益，依法向具有法定权限的行政机关申请复议，由复议机关依法对被申请行政行为的合法性和合理性进行审查并作出决定的活动和制度。

根据《行政复议法》，行政复议的内容如下：

一、行政复议范围

（一）可行政复议事项

有下列情形之一的，公民、法人或者其他组织可以依照《行政复议法》申请行政复议：①对行政机关作出的警告、罚款、没收违法所得、没收非法财物、责令停产停业、暂扣或者吊销许可证、暂扣或者吊销执照、行政拘留等行政处罚决定不服的；②对行政机关作出的限制人身自由或者查封、扣押、冻结财产等行政强制措施决定不服的；③对行政机关作出的有关许可证、执照、资质证、资格证等证书变更、中止、撤销的决定不服的；④对行政机关作出的关于确认土地、矿藏、水流、森林、山岭、草原、荒地、滩涂、海域等自然资源的所有权或者使用权的决定不服的；⑤认为行政机关侵犯合法的经营自主权的；⑥认为行政机关变更或者废止农业承包合同，侵犯其合法权益的；⑦认为行政机关违法集资、征收财物、摊派费用或者违法要求履行其他义务的；⑧认为符合法定条件，申请行政机关颁发许可证、执照、资质证、资格证等证书，或者申请行政机关审批、登记有关事项，行政机关没有依法办理的；⑨申请行政机关履行保护人身权利、财产权利、受教育权利的法定职责，行政机关没有依法履行的；⑩申请行政机关依法发放抚恤金、社会保险金或者最低生活保障费，行政机关没有依法发放的；⑪认为行政机关的其他具体行政行为侵犯其合法权益的。

（二）不可行政复议事项

不服行政机关作出的行政处分或者其他人事处理决定的，依照有关法律、行政法规的规定提出申诉。

不服行政机关对民事纠纷作出的调解或者其他处理，依法申请仲裁或者向人民法院提起诉讼。

二、行政复议申请

（一）申请期限

公民、法人或者其他组织认为具体行政行为侵犯其合法权益的，可以自知道该具体行政行为之日起 60 日内提出行政复议申请；但是法律规定的申请期限超过 60 日的除外。

因不可抗力或者其他正当理由耽误法定申请期限的，申请期限自障碍消除之日起继续计算。

（二）申请对象

依照《行政复议法》申请行政复议的公民、法人或者其他组织是申请人。

有权申请行政复议的公民死亡的，其近亲属可以申请行政复议。有权申请行政复议的公民为无民事行为能力人或者限制民事行为能力人的，其法定代理人可以代为申请行政复议。有权申请行政复议的法人或者其他组织终止的，承受其权利的法人或者其他组织可以申请行政复议。

同申请行政复议的具体行政行为有利害关系的其他公民、法人或者其他组织，可以作为第三人参加行政复议。

公民、法人或者其他组织对行政机关的具体行政行为不服申请行政复议的，作出具体行政行为的行政机关是被申请人。

申请人、第三人可以委托代理人代为参加行政复议。

（三）申请方式

申请人申请行政复议，可以书面申请，也可以口头申请；口头申请的，行政复议机关应当当场记录申请人的基本情况、行政复议请求、申请行政复议的主要事实、理由和时间。

（四）复议机关

1. 被申请人——县级以上地方各级人民政府工作部门

对县级以上地方各级人民政府工作部门的具体行政行为不服的，由申请人选择，可以向该部门的本级人民政府申请行政复议，也可以向上一级主管部门申请行政复议。

对海关、金融、国税、外汇管理等实行垂直领导的行政机关和国家安全机关的具体行政行为不服的，向上一级主管部门申请行政复议。

2. 被申请人——地方各级人民政府

对地方各级人民政府的具体行政行为不服的，向上一级地方人民政府申请行政复议。

对省、自治区人民政府依法设立的派出机关所属的县级地方人民政府的具体行政行为不服的，向该派出机关申请行政复议。

3. 被申请人——国务院部门或者省、自治区、直辖市人民政府

对国务院部门或者省、自治区、直辖市人民政府的具体行政行为不服的，向作出该具体行政行为的国务院部门或者省、自治区、直辖市人民政府申请行政复议。对行政复议决定不服的，可以向人民法院提起行政诉讼；也可以向国务院申请裁决，国务院依照《行政复议法》的规定作出最终裁决。

4. 特殊情况

公民、法人或者其他组织申请行政复议，行政复议机关已经依法受理的，或者法律、法规规定应当先向行政复议机关申请行政复议、对行政复议决定不服再向人民法院提起行政诉讼的，在法定行政复议期限内不得向人民法院提起行政诉讼。

公民、法人或者其他组织向人民法院提起行政诉讼，人民法院已经依法受理的，不得申请行政复议。

三、行政复议受理

（一）审查决定

行政复议机关收到行政复议申请后，应当在5日内进行审查，对不符合《行政复议法》规定的行政复议申请，决定不予受理，并书面告知申请人；对符合《行政复议法》规定，但是不属于本机关受理的行政复议申请，应当告知申请人向有关行政复议机关提出。

除上述规定外，行政复议申请自行政复议机关负责法制工作的机构收到之日起即为受理。

（二）不予受理的救济

法律、法规规定应当先向行政复议机关申请行政复议、对行政复议决定不服再向人民法院提起行政诉讼的，行政复议机关决定不予受理或者受理后超过行政复议期限不作答复的，公民、法人或者其他组织可以自收到不予受理决定书之日起或者行政复议期满之日起15日内，依法向人民法院提起行政诉讼。

公民、法人或者其他组织依法提出行政复议申请，行政复议机关无正当理由不予受理的，上级行政机关应当责令其受理；必要时，上级行政机关也可以直接受理。

（三）行政行为在复议期间的执行力

行政复议期间具体行政行为不停止执行；但是，有下列情形之一的，可以停止执行：①被申请人认为需要停止执行的；②行政复议机关认为需要停止执行的；③申请人申请停止执行，行政复议机关认为其要求合理，决定停止执行的；④法律规定停止执行的。

四、行政复议决定

行政复议机关负责法制工作的机构应当对被申请人作出的具体行政行为进行审查，提出意见，经行政复议机关的负责人同意或者集体讨论通过后，按照下列规定作出行政复议决定。

（1）具体行政行为认定事实清楚，证据确凿，适用依据正确，程序合法，内容适当的，决定维持。

（2）被申请人不履行法定职责的，决定其在一定期限内履行。

（3）具体行政行为有下列情形之一的，决定撤销、变更或者确认该具体行政行为违法；决定撤销或者确认该具体行政行为违法的，可以责令被申请人在一定期限内重新作出具体行政行为：①主要事实不清、证据不足的；②适用依据错误的；③违反法定程序的；④超越或者滥用职权的；⑤具体行政行为明显不当的。

（4）被申请人不按照规定提出书面答复、提交当初作出具体行政行为的证据、依据和其他有关材料的，视为该具体行政行为没有证据、依据，决定撤销该具体行政行为。

行政复议机关责令被申请人重新作出具体行政行为的，被申请人不得以同一的事实和理由作出与原具体行政行为相同或者基本相同的具体行政行为。

实战演练

［2015 真题 · 单选］ 某市质量监督站科长李某因涉嫌制假被公安机关拘留，处以 5 000 元罚款，没收其全部违法所得财产。市质量监督站知道此事后，将李某开除，李某不服公安机关和质量监督站的做法，就以下事项提出行政复议，其中超出行政复议范围的事项是（　　）。

A. 被拘留　　B. 被罚款 5 000 元

C. 被质量监督站开除　　D. 被没收违法所得

［解析］ 下列事项应按规定的纠纷处理方式解决，不能提起行政复议：①不服行政机关作出的行政处分或者其他人事处理决定的，应当依照有关法律、行政法规的规定提起申诉；②不服行政机关对民事纠纷作出的调解或者其他处理，应当依法申请仲裁或者向法院提起诉讼。

［答案］ C

［经典例题 · 多选］ 具体行政行为在行政复议期间不停止执行，但（　　）可以停止执行。

A. 申请人申请停止执行的　　B. 申请人提供担保的

C. 被申请人认为需要停止执行的　　D. 被申请人被撤销的

E. 行政复议机关认为需要停止执行的

［解析］在行政复议期间，行政机关不停止执行具体行政行为，但有下列情形之一的，可以停止执行：①被申请人认为需要停止执行的；②行政复议机关认为需要停止执行的；③申请人申请停止执行，行政复议机关认为其要求合理，决定停止执行的；④法律规定停止执行的。

［答案］CE

［经典例题·多选］A市B区国土资源局以甲施工企业非法占地违规建造为由，责令甲限期拆除其建筑，退还所占土地，甲不服，欲申请行政复议。关于有权受理该案行政复议的行政机关的说法，正确的有（　　）。

A. 可以是A市人民政府

B. 只能是A市国土资源局

C. 可以是A市国土资源局

D. 可以是B区人民政府

E. 只能是B区人民政府

［解析］对县级以上地方各级人民政府工作部门的具体行政行为不服的，由申请人选择，可以向该部门的本级人民政府申请行政复议，也可以向上一级主管部门申请行政复议。

［答案］CD

［经典例题·多选］申请人对县级以上地方各级人民政府工作部门的具体行政行为不服的，可以申请行政复议。关于该行政复议的说法，正确的有（　　）。

A. 申请人可以向该部门的本级人民政府申请行政复议

B. 申请人可以向上一级主管部门申请行政复议

C. 申请人申请行政复议不可以口头申请

D. 申请人应当自知道该具体行政行为之日起60日内提出行政复议申请

E. 行政复议机关应当在收到行政复议申请后15日内进行审查，决定是否受理

［解析］对于行政复议，应当按照《行政复议法》的规定向有权受理的行政机关申请，如对县级以上地方各级人民政府工作部门的具体行政行为不服的，由申请人选择，可以向该部门的本级人民政府申请行政复议，也可以向上一级主管部门申请行政复议。选项C错误，申请人申请行政复议，可以书面申请，也可以口头申请。选项E错误，行政复议机关应当在收到行政复议申请后5日内进行审查，决定是否受理。

［答案］ABD

考点 4　行政诉讼★★

行政诉讼，是指公民、法人或者其他组织认为行使国家行政权的机关和组织及其工作人员所实施的具体行政行为侵犯了其合法权利，依法向人民法院起诉，人民法院在当事人及其他诉讼参与人的参加下，依法对被诉具体行政行为进行审查并作出裁判，从而解决行政争议的制度。

一、行政诉讼受案范围的确定

（一）可以提起行政诉讼的事项

根据《行政诉讼法》，人民法院受理公民、法人或者其他组织提起的下列诉讼：①对行政拘留、暂扣或者吊销许可证和执照、责令停产停业、没收违法所得、没收非法财物、罚款、警告等行政处罚不服的；②对限制人身自由或者对财产的查封、扣押、冻结等行政强制措施和行政强制执行不服的；③申请行政许可，行政机关拒绝或者在法定期限内不予答复，或者对行政机关作出的有关行政许可的其他决定不服的；④对行政机关作出的关于确认土地、矿藏、水流、森林、山岭、草原、荒地、滩涂、海域等自然资源的所有权或者使用权的决定不服的；⑤对征收、征用决定及其补偿决定不服的；⑥申请行政机关履行保护人身权、财产权等合法权益的法定职责，行政机关拒绝履行或者不予答复的；⑦认为行政机关侵犯其经营自主权或者农村土地承包经营权、农村土地经营权的；⑧认为行政机关滥用行政权力排除或者限制竞争的；⑨认为行政机关违法集资、摊派费用或者违法要求履行其他义务的；⑩认为行政机关没有依法支付抚恤金、最低生活保障待遇或者社会保险待遇的；⑪认为行政机关不依法履行、未按照约定履行或者违法变更、解除政府特许经营协议、土地房屋征收补偿协议等协议的；⑫认为行政机关侵犯其他人身权、财产权等合法权益的。

（二）不可以提起行政诉讼的事项

不可以提起行政诉讼的事项见表 8-6-3。

表 8-6-3　不可以提起行政诉讼的事项

法律法规	不可以行政诉讼的事项
《行政诉讼法》	人民法院不受理公民、法人或者其他组织对下列事项提起的诉讼： （1）国防、外交等国家行为； （2）行政法规、规章或者行政机关制定、发布的具有普遍约束力的决定、命令； （3）行政机关对行政机关工作人员的奖惩、任免等决定； （4）法律规定由行政机关最终裁决的行政行为
《最高人民法院关于适用〈中华人民共和国行政诉讼法〉的解释》	下列行为不属于人民法院行政诉讼的受案范围： （1）公安、国家安全等机关依照刑事诉讼法的明确授权实施的行为； （2）调解行为以及法律规定的仲裁行为； （3）行政指导行为； （4）驳回当事人对行政行为提起申诉的重复处理行为； （5）行政机关作出的不产生外部法律效力的行为； （6）行政机关为作出行政行为而实施的准备、论证、研究、层报、咨询等过程性行为； （7）行政机关根据人民法院的生效裁判、协助执行通知书作出的执行行为，但行政机关扩大执行范围或者采取违法方式实施的除外； （8）上级行政机关基于内部层级监督关系对下级行政机关作出的听取报告、执法检查、督促履责等行为； （9）行政机关针对信访事项作出的登记、受理、交办、转送、复查、复核意见等行为； （10）对公民、法人或者其他组织权利义务不产生实际影响的行为

二、行政诉讼的管辖

（一）级别管辖

根据《行政诉讼法》，各级别法院及其管辖案件范围见表 8-6-4。

表 8-6-4　各级别法院及其管辖案件范围

各级别法院	管辖案件范围
基层人民法院	第一审行政案件
中级人民法院	（1）对国务院部门或者县级以上地方人民政府所作的行政行为提起诉讼的案件； （2）海关处理的案件； （3）本辖区内重大、复杂的案件； （4）其他法律规定由中级人民法院管辖的案件
高级人民法院	本辖区内重大、复杂的第一审行政案件
最高人民法院	全国范围内重大、复杂的第一审行政案件

（二）地域管辖

根据《行政诉讼法》，地域管辖分为以下几种：

（1）一般地域管辖。

行政案件由最初作出行政行为的行政机关所在地人民法院管辖。经复议的案件，也可以由复议机关所在地人民法院管辖。

（2）特殊地域管辖。

因不动产提起的行政诉讼，由不动产所在地人民法院管辖。

不动产已登记的，以不动产登记簿记载的所在地为不动产所在地；不动产未登记的，以不动产实际所在地为不动产所在地。

（3）共同管辖。

对限制人身自由的行政强制措施不服提起的诉讼，由被告所在地或者原告所在地人民法院管辖。

2 个以上人民法院都有管辖权的案件，原告可以选择其中一个人民法院提起诉讼。原告向 2 个以上有管辖权的人民法院提起诉讼的，由最先立案的人民法院管辖。

（4）移送管辖。（同民事诉讼）

（5）管辖权转移。（同民事诉讼）

（6）指定管辖。（同民事诉讼）

三、诉讼参加人

（一）原告

根据《行政诉讼法》，行政行为的相对人以及其他与行政行为有利害关系的公民、法人或者其他组织，有权提起诉讼。

（二）被告

根据《行政诉讼法》，诉讼事项及被告见表 8-6-5。

表 8-6-5 诉讼事项及被告

诉讼事项	被告
公民、法人或者其他组织直接向人民法院提起诉讼	作出行政行为的行政机关
经复议的案件，复议机关决定维持原行政行为	作出原行政行为的行政机关＋复议机关
经复议的案件，复议机关改变原行政行为	复议机关
复议机关在法定期限内未作出复议决定	起诉原行政行为：作出原行政行为的行政机关
	起诉复议机关不作为：复议机关
2 个以上行政机关作出同一行政行为	共同作出行政行为的行政机关
行政机关委托的组织所作的行政行为	委托的行政机关
行政机关被撤销或者职权变更	继续行使其职权的行政机关

四、起诉和受理

（一）起诉条件

根据《行政诉讼法》，提起诉讼应当符合下列条件：①原告是符合本法规定的公民、法人或者其他组织；②有明确的被告；③有具体的诉讼请求和事实根据；④属于人民法院受案范围和受诉人民法院管辖。

（二）起诉期限

对属于人民法院受案范围的行政案件，公民、法人或者其他组织可以先向行政机关申请复议，对复议决定不服的，再向人民法院提起诉讼；也可以直接向人民法院提起诉讼。

1. 直接起诉的期限

根据《行政诉讼法》，公民、法人或者其他组织直接向人民法院提起诉讼的，应当自知道或者应当知道作出行政行为之日起 6 个月内提出。法律另有规定的除外。

因不动产提起诉讼的案件自行政行为作出之日起超过 20 年，其他案件自行政行为作出之日起超过 5 年提起诉讼的，人民法院不予受理。

2. 经过复议程序不服复议决定的起诉期限

根据《行政诉讼法》，公民、法人或者其他组织不服复议决定的，可以在收到复议决定书之日起 15 日内向人民法院提起诉讼。

复议机关逾期不作决定的，申请人可以在复议期满之日起 15 日内向人民法院提起诉讼。法律另有规定的除外。

（三）起诉方式

根据《行政诉讼法》，起诉应当向人民法院递交起诉状，并按照被告人数提出副本。书写起诉状确有困难的，可以口头起诉，由人民法院记入笔录，出具注明日期的书面凭证，并告知对方当事人。

五、审理

(一) 庭审方式

《行政诉讼法》规定，人民法院公开审理行政案件。

(1) 法定不公开：涉及国家秘密、个人隐私和法律另有规定的。

(2) 申请不公开：涉及商业秘密的案件，当事人申请不公开审理的，可以不公开审理。

(二) 回避

当事人认为审判人员与本案有利害关系或者有其他关系可能影响公正审判，有权申请审判人员回避。

审判人员认为自己与本案有利害关系或者有其他关系，应当申请回避。

院长担任审判长时的回避，由审判委员会决定；审判人员的回避，由院长决定；其他人员的回避，由审判长决定。当事人对决定不服的，可以申请复议一次。

(三) 调解

人民法院审理行政案件，不适用调解。但是，行政赔偿、补偿以及行政机关行使法律、法规规定的自由裁量权的案件可以调解。

(四) 行政行为在复议期间的执行力

诉讼期间，不停止行政行为的执行。但有下列情形之一的，裁定停止执行：

(1) 被告认为需要停止执行的。

(2) 原告或者利害关系人申请停止执行，人民法院认为该行政行为的执行会造成难以弥补的损失，并且停止执行不损害国家利益、社会公共利益的。

(3) 人民法院认为该行政行为的执行会给国家利益、社会公共利益造成重大损害的。

(4) 法律、法规规定停止执行的。

当事人对停止执行或者不停止执行的裁定不服的，可以申请复议一次。

(五) 诉讼依据

人民法院审理行政案件，以法律和行政法规、地方性法规为依据。地方性法规适用于本行政区域内发生的行政案件。人民法院审理民族自治地方的行政案件，并以该民族自治地方的自治条例和单行条例为依据。人民法院审理行政案件，参照规章。

六、判决

(一) 一审判决

1. 被告胜诉、原告败诉的判决

根据《行政诉讼法》，行政行为证据确凿，适用法律、法规正确，符合法定程序的，或者原告申请被告履行法定职责或者给付义务理由不成立的，人民法院判决驳回原告的诉讼请求。

2. 原告胜诉、被告败诉的判决

(1) 重新作出行政行为。

根据《行政诉讼法》，行政行为有下列情形之一的，人民法院判决撤销或者部分撤销，

第八章

并可以判决被告重新作出行政行为：①主要证据不足的；②适用法律、法规错误的；③违反法定程序的；④超越职权的；⑤滥用职权的；⑥明显不当的。

（2）不撤销行政行为。

行政行为有下列情形之一的，人民法院判决确认违法，但不撤销行政行为：①行政行为依法应当撤销，但撤销会给国家利益、社会公共利益造成重大损害的；②行政行为程序轻微违法，但对原告权利不产生实际影响的。

行政行为有下列情形之一，不需要撤销或者判决履行的，人民法院判决确认违法：①行政行为违法，但不具有可撤销内容的；②被告改变原违法行政行为，原告仍要求确认原行政行为违法的；③被告不履行或者拖延履行法定职责，判决履行没有意义的。

（二）二审判决

根据《行政诉讼法》，人民法院审理上诉案件，按照下列情形，分别处理：①原判决、裁定认定事实清楚，适用法律、法规正确的，判决或者裁定驳回上诉，维持原判决、裁定；②原判决、裁定认定事实错误或者适用法律、法规错误的，依法改判、撤销或者变更；③原判决认定基本事实不清、证据不足的，发回原审人民法院重审，或者查清事实后改判；④原判决遗漏当事人或者违法缺席判决等严重违反法定程序的，裁定撤销原判决，发回原审人民法院重审。

原审人民法院对发回重审的案件作出判决后，当事人提起上诉的，第二审人民法院不得再次发回重审。

人民法院审理上诉案件，需要改变原审判决的，应当同时对被诉行政行为作出判决。

实战演练

[**2021 真题 · 单选**] 下列属于人民法院行政诉讼受理范围的是（　　）。

A. 行政机关为作出行政行为而实施的准备、论证、研究、层报、咨询等过程性行为

B. 驳回当事人对行政行为提起申诉的重复处理行为

C. 认为行政机关滥用行政权力排除或者限制竞争的

D. 调解行为以及法律规定的仲裁行为

[**解析**] 下列行为不属于人民法院行政诉讼的受案范围：①公安、国家安全等机关依照刑事诉讼法的明确授权实施的行为；②调解行为以及法律规定的仲裁行为；③行政指导行为；④驳回当事人对行政行为提起申诉的重复处理行为；⑤行政机关作出的不产生外部法律效力的行为；⑥行政机关为作出行政行为而实施的准备、论证、研究、层报、咨询等过程性行为；⑦行政机关根据人民法院的生效裁判、协助执行通知书作出的执行行为，但行政机关扩大执行范围或采取违法方式实施的除外；⑧上级行政机关基于内部层级监督关系对下级行政机关作出的听取报告、执法检查、督促履责等行为；⑨行政机关针对信访事项作出的登记、受理、交办、转送、复查、复核意见等行为；⑩对公民、法人或者其他组织权利义务不产生实际影响的行为。

[**答案**] C

[经典例题·单选] 根据《行政诉讼法》，因不动产提起的行政诉讼，由（　　）人民法院管辖。

A. 原告住所地

B. 被告住所地

C. 原告选择被告住所地或不动产所在地

D. 不动产所在地

[解析] 因不动产纠纷提起的诉讼，由不动产所在地人民法院管辖。

[答案] D

[经典例题·单选] 关于行政诉讼案件审理的说法，正确的是（　　）。

A. 行政诉讼期间，被诉行政行为停止执行

B. 涉及商业秘密的行政诉讼案件一律不得公开审理

C. 人民法院对行政案件宣告判决前原告申请撤诉的，是否准许，由人民法院裁定

D. 人民法院审理行政赔偿案件不适用调解

[解析] 选项A错误，行政诉讼期间，被诉行政行为不停止执行。选项B错误，“一律”说法太绝对，人民法院公开审理行政案件，但涉及国家秘密、个人隐私和法律另有规定的除外；涉及商业秘密的案件，当事人申请不公开审理的，可以不公开审理。选项D错误，行政赔偿、补偿以及行政机关行使法律、法规规定的自由裁量权的案件可以调解。

[答案] C

考点 5 行使行政职权时侵权的赔偿责任★

国家机关和国家机关工作人员行使职权侵犯公民、法人和其他组织合法权益的情形，造成损害的，受害人有依法取得国家赔偿的权利。

一、可以赔偿范围

根据《中华人民共和国国家赔偿法》，行政机关及其工作人员在行使行政职权时有下列侵犯人身权情形之一的，受害人有取得赔偿的权利：

（1）违法拘留或者违法采取限制公民人身自由的行政强制措施的。

（2）非法拘禁或者以其他方法非法剥夺公民人身自由的。

（3）以殴打、虐待等行为或者唆使、放纵他人以殴打、虐待等行为造成公民身体伤害或者死亡的。

（4）违法使用武器、警械造成公民身体伤害或者死亡的。

（5）造成公民身体伤害或者死亡的其他违法行为。

行政机关及其工作人员在行使行政职权时有下列侵犯财产权情形之一的，受害人有取得赔偿的权利：

（1）违法实施罚款、吊销许可证和执照、责令停产停业、没收财物等行政处罚的。

（2）违法对财产采取查封、扣押、冻结等行政强制措施的。

（3）违法征收、征用财产的。

（4）造成财产损害的其他违法行为。

二、不承担赔偿情形

根据《中华人民共和国国家赔偿法》，属于下列情形之一的，国家不承担赔偿责任：

（1）行政机关工作人员与行使职权无关的个人行为。

（2）因公民、法人和其他组织自己的行为致使损害发生的。

（3）法律规定的其他情形。

参考文献

［1］法律出版社．中华人民共和国宪法［M］．北京：法律出版社，2018.

［2］中国法制出版社．中华人民共和国民法典［M］．北京：中国法制出版社，2021.

［3］法律出版社．中华人民共和国立法法［M］．北京：法律出版社，2015.

［4］中华人民共和国建设部．建筑施工企业项目经理资质管理办法［EB/OL］．（1995-01-07）［2021-10-18］．https：//baike. so. com/doc/25774827-26910281. html.

［5］中国建筑业协会工程项目管理专业委员会．建设工程项目经理岗位职业资质管理导则［EB/OL］．（2011-04-16）［2021-10-18］．http：//www. 360doc. com/content/12/1106/12/6069816 _ 246153389. shtml.

［6］中国法制出版社．中华人民共和国土地管理法：实用版［M］．北京：中国法制出版社，2021.

［7］中国法制出版社．中华人民共和国专利法［M］．北京：中国法制出版社，2021.

［8］中国法制出版社．中华人民共和国商标法［M］．北京：中国法制出版社，2019.

［9］中国法制出版社．中华人民共和国著作权法［M］．北京：中国法制出版社，2020.

［10］中国法制出版社．中华人民共和国保险法：实用版［M］．4 版．北京：中国法制出版社，2015.

［11］中国法制出版社．中华人民共和国行政处罚法：实用版［M］．3 版．北京：中国法制出版社，2021.

［12］中华人民共和国国务院．行政机关公务员处分条例［EB/OL］．（2007-06-01）［2021-10-25］．https：//baike. so. com/doc/5760714-5973477. html.

［13］中国法制出版社．中华人民共和国刑法：实用版［M］．9 版．北京：中国法制出版社，2021.

［14］李恒，马凤玲．建设工程法：法律制度与实务技能［M］．2 版．北京：法律出版社，2014.

［15］中华人民共和国住房和城乡建设部．建筑工程施工许可管理办法［EB/OL］．（2021-03-30）［2021-10-28］．http：//zfcxjw. cq. gov. cn/flfg _ 166/gzgfxwj/202012/t20201216 _ 8645342 _ wap. html.

［16］中国法制出版社．中华人民共和国建筑法：2019 年最新修订［M］．北京：中国法制出版社，2019.

［17］中国法制出版社．中华人民共和国城乡规划法：2019 年最新修订［M］．北京：中国法制出版社，2019.

［18］中华人民共和国国务院．建设工程质量管理条例［EB/OL］．（2019-04-23）［2021-10-28］．http：//www. gov. cn/gongbao/content/2019/content _ 5468867. htm.

［19］中国法制出版社．中华人民共和国消防法：2021 年最新修订［M］．北京：中国法制出版社，2021.

[20] 中华人民共和国国务院．中华人民共和国民用建筑节能条例 [EB/OL]．(2008-08-01) [2021-10-30]. https：//www. 0797cx. cn/page37? article _ id=108539.

[21] 中华人民共和国住房和城乡建设部．建筑业企业资质管理规定 [EB/OL]．(2015-01-22) [2021-10-31]. https：//jjc. chd. edu. cn/2017/0612/c829a27392/page. htm.

[22] 中华人民共和国住房和城乡建设部．建筑业企业资质标准 [EB/OL]．(2015-01-01) [2021-10-31]. https：//zhuanlan. zhihu. com/p/359430558.

[23] 中华人民共和国住房和城乡建设部．住房城乡建设部关于简化建筑业企业资质标准部分指标的通知 [EB/OL]．(2016-10-19) [2021-10-31]. https：//www. mohurd. gov. cn/gongkai/fdzdgknr/tzgg/201610/20161019 _ 229198. html.

[24] 国务院办公厅．国务院办公厅关于开展工程建设项目审批制度改革试点的通知 [EB/OL]．(2018-05-18) [2021-10-31]. http：//www. gov. cn/zhengce/content/2018-05/18/content _ 5291843. htm.

[25] 中华人民共和国住房和城乡建设部．住房和城乡建设部关于取消部分部门规章和规范性文件设定的证明事项的决定 [EB/OL]．(2021-06-25) [2021-10-31]. http：//hzcg. huizhou. gov. cn/gkmlpt/content/4/4321/post _ 4321056. html#494.

[26] 最高人民法院审判委员会．最高人民法院关于审理建设工程施工合同纠纷案件适用法律问题的解释（一）[EB/OL]．(2021-01-01) [2021-11-03]. https：//baijiahao. baidu. com/s? id=1687520814336713462&wfr=spider&for=pc.

[27] 中华人民共和国住房和城乡建设部．房屋建筑和市政基础设施工程施工分包管理办法 [EB/OL]．(2019-03-13) [2021-11-12]. http：//jw. changchun. gov. cn/jssxw/zcfg/202012/t20201210 _ 2642934. html.

[28] 中华人民共和国建设部．注册建造师管理规定 [EB/OL]．(2006-12-28) [2021-10-30]. http：//www. fujian. gov. cn/zcwjk/szjt/202110/t20211022 _ 5748141. htm.

[29] 中华人民共和国建设部．注册建造师执业管理办法（试行）[EB/OL]．(2008-02-26) [2021-10-30]. http：//jst. sc. gov. cn/scjst/zzbz/2020/8/4/24ecd99d72ad4d42921291d53aac426a. shtml.

[30] 中华人民共和国住房和城乡建设部．关于印发《注册建造师继续教育管理暂行办法》的通知 [EB/OL]．(2010-11-15) [2021-10-30]. https：//wenku. so. com/d/658750427441656cdd9320e092297c99.

[31] 中华人民共和国人事部，中华人民共和国建设部．建造师执业资格制度暂行规定 [EB/OL]．(2002-12-09) [2021-10-30]. http：//www. mohrss. gov. cn/xxgk2020/fdzdgknr/zcfg/gfxwj/rcrs/201407/t20140717 _ 136378. html.

[32] 中华人民共和国住房和城乡建设部．住房和城乡建设部办公厅关于做好工程建设领域专业技术人员职业资格“挂证”等违法违规行为专项整治工作的补充通知 [EB/OL]．(2019-02-25) [2021-11-05]. http：//www. tjxzf. gov. cn/xxgk/zdxxgk/zfbz/8679911. html.

[33] 法律出版社．中华人民共和国招标投标法：最新修正版 [M]．北京：法律出版社，2017.

[34] 中华人民共和国国家发展和改革委员会．必须招标的工程项目规定 [EB/OL]．(2018-06-01) [2021-11-05]. http：//www. urumqi. gov. cn/fjbm/%20zwbwglj/zcfg/

487736. htm.

[35] 中华人民共和国国务院．中华人民共和国招标投标法实施条例 [EB/OL]．(2019-03-02) [2021-11-10]. http：//www. gov. cn/zhengce/2020-12/27/content _ 5574548. htm.

[36] 中华人民共和国住房和城乡建设部．建筑工程施工发包与承包计价管理办法 [EB/OL]．(2014-02-01) [2021-11-12]. http：//www. fuding. gov. cn/ztzl/zwgkbzhgfhjsgz/bzml/cszhzf/gcjsgl/202010/t20201025 _ 1378127. htm.

[37] 中华人民共和国国家发展和改革委员会．招标公告和公示信息发布管理办法 [EB/OL]．(2018-01-01) [2021-11-12]. https：//www. ndrc. gov. cn/xxgk/zcfb/fzggwl/201712/W020190905495106208689. pdf.

[38] 中华人民共和国国家发展和改革委员会等九部委．《标准施工招标资格预审文件》和《标准施工招标文件》试行规定 [EB/OL]．(2008-05-01) [2021-11-15]. http：//www. gov. cn/zhengce/2007-12/21/content _ 2603061. htm? from=groupmessage&isappinstalled=0.

[39] 中华人民共和国国家发展和改革委员会等七部委．工程建设项目施工招标投标办法 [EB/OL]．(2013-05-01) [2021-11-15]. https：//hqglc. gltu. edu. cn/gzzd/zcfg/content _ 19227.

[40] 中华人民共和国住房和城乡建设部等部门．关于加快推进房屋建筑和市政基础设施工程实行工程担保制度的指导意见 [EB/OL]．(2019-06-20) [2021-11-18]. http：//www. gov. cn/zhengce/zhengceku/2019-06/20/content _ 5454280. htm.

[41] 国务院办公厅．国务院办公厅关于清理规范工程建设领域保证金的通知 [EB/OL]．(2016-06-23) [2021-11-16]. http：//www. gov. cn/gongbao/content/2016/content _ 5088773. htm.

[42] 国务院办公厅．国务院办公厅关于促进建筑业持续健康发展的意见 [EB/OL]．(2017-02-24) [2021-11-18]. http：//www. gov. cn/zhengce/content/2017-02/24/content _ 5170625. htm.

[43] 中华人民共和国住房和城乡建设部．建筑工程施工发包与承包违法行为认定查处管理办法 [EB/OL]．(2019-01-01) [2021-11-15]. http：//drc. cngy. gov. cn/New/show/20211210113644838. html.

[44] 中华人民共和国住房和城乡建设部，中华人民共和国国家发展和改革委员会．房屋建筑和市政基础设施项目工程总承包管理办法 [EB/OL]．(2019-12-23) [2021-11-15]. https：//ggzyjy. qxn. gov. cn/zwgk _ 500593/fgwj/202202/t20220208 _ 72478185. html.

[45] 中华人民共和国国务院．建设工程质量管理条例 [EB/OL]．(2019-04-23) [2021-11-15]. http：//www. gov. cn/gongbao/content/2019/content _ 5468867. htm.

[46] 中华人民共和国建设部．房屋建筑和市政基础设施工程施工分包管理办法 [EB/OL]．(2019-03-13) [2021-11-15]. http：//jw. changchun. gov. cn/jssxw/zcfg/202012/t20201210 _ 2642934. html.

[47] 中华人民共和国住房和城乡建设部．建筑市场信用管理暂行办法 [EB/OL]．(2018-01-01) [2021-11-18]. https：//jz. docin. com/p-2571259054. html.

[48] 中华人民共和国国家发展和改革委员会．招标投标违法行为记录公告暂行办法 [EB/OL]．(2008-06-18) [2021-11-20]. http：//www. nnxn. gov. cn/xxgk/fdzdgknr/ggzypzly/zfcg/tscljdcf/t4804471. html.

[49] 中华人民共和国住房和城乡建设部，中华人民共和国国家工商行政管理总局．建

设工程施工合同（示范文本）[M]. 北京：中国建筑工业出版社，2017.

[50] 中华人民共和国国务院．保障中小企业款项支付条例 [EB/OL].（2020-09-01）[2021-11-21]. http：//www. gov. cn/zhengce/content/2020-07/14/content _ 5526768. htm.

[51] 全国人大法工委．中华人民共和国消费者权益保护法：最新修正版 [M]. 北京：法律出版社，2013.

[52] 中国法制出版社．中华人民共和国产品质量法：实用版 [M]. 2 版．北京：中国法制出版社，2018.

[53] 中国法制出版社．中华人民共和国劳动合同法 [M]. 北京：中国法制出版社，2012.

[54] 中国法制出版社．中华人民共和国劳动法：实用版 [M]. 2 版．北京：中国法制出版社，2018.

[55] 中华人民共和国国务院．中华人民共和国劳动合同法实施条例 [EB/OL].（2008-09-18）[2021-11-20]. http：//www. gov. cn/zhengce/2020-12/27/content _ 5574489. htm.

[56] 中华人民共和国人力资源和社会保障部．劳务派遣暂行规定 [EB/OL].（2014-01-24）[2021-11-20]. http：//www. mohrss. gov. cn/xxgk2020/gzk/gz/202112/t20211228 _ 431639. html.

[57] 中华人民共和国国务院．保障农民工工资支付条例 [EB/OL].（2020-05-01）[2021-11-21]. http：//www. gov. cn/zhengce/content/2020-01/07/content _ 5467278. htm.

[58] 中华人民共和国劳动和社会保障部．最低工资规定 [EB/OL].（2004-03-01）[2021-11-21]. http：//www. mohrss. gov. cn/xxgk2020/gzk/gz/202112/t20211228 _ 431587. html.

[59] 中华人民共和国国务院．女职工劳动保护特别规定 [EB/OL].（2012-04-28）[2021-11-25]. http：//www. gov. cn/zhengce/2020-12/27/content _ 5574753. htm.

[60] 中国法制出版社．中华人民共和国未成年人保护法：实用版 [M]. 北京：中国法制出版社，2021.

[61] 中国法制出版社．中华人民共和国社会保险法：实用版 [M]. 4 版．北京：中国法制出版社，2018.

[62] 人力资源和社会保障部．拖欠农民工工资“黑名单”管理暂行办法 [EB/OL].（2018-01-01）[2021-11-21]. http：//www. mohrss. gov. cn/wap/zc/zcwj/201709/t20170930 _ 278573. html.

[63] 中国法制出版社．中华人民共和国劳动争议调解仲裁法：实用版 [M]. 北京：中国法制出版社，2008.

[64] 最高人民法院．最高人民法院关于审理劳动争议案件适用法律问题的解释（一）[EB/OL].（2021-01-01）[2021-11-23]. https：//baijiahao. baidu. com/s? id=1687520814347343883&wfr=spider&for=pc.

[65] 法律出版社法规出版中心．中华人民共和国海商法 [M]. 北京：法律出版社，1998.

[66] 环境保护部，国家质量监督检验检疫总局．建筑施工场界环境噪声排放标准：GB 12523—2011 [S]. 北京：中国环境科学出版社，2012.

[67] 中国法制出版社．中华人民共和国大气污染防治法：2018 年最新修订 [M]. 北

京：中国法制出版社，2018.

［68］中华人民共和国建设部．绿色施工导则［EB/OL］.（2007-09-10）［2021-11-25］. https：//www. doc88. com/p-1167881206930. html.

［69］中华人民共和国住房和城乡建设部办公厅．关于进一步加强施工工地和道路扬尘管控工作的通知［EB/OL］.（2019-04-09）［2021-11-25］. http：//www. gov. cn/zhengce/zhengceku/2019-09/29/content _ 5434651. htm.

［70］全国人大常委会办公厅．中华人民共和国水污染防治法［M］. 北京：中国民主法制出版社，2008.

［71］中华人民共和国国务院．城镇排水与污水处理条例［EB/OL］.（2014-01-01）［2021-11-25］. http：//www. gov. cn/zhengce/2020-12/27/content _ 5573765. htm.

［72］中华人民共和国住房和城乡建设部．城镇污水排入排水管网许可管理办法［EB/OL］.（2015-03-01）［2021-11-25］. http：//zfcxjw. cq. gov. cn/flfg _ 166/gzgfxwj/202012/t20201216 _ 8645360 _ wap. html.

［73］人民出版社法律与国际编辑部．中华人民共和国固体废物污染环境防治法［M］. 北京：人民出版社，2020.

［74］中华人民共和国住房和城乡建设部．住房和城乡建设部关于推进建筑垃圾减量化的指导意见［EB/OL］.（2020-05-08）［2021-11-25］. http：//www. gov. cn/zhengce/zhengceku/2020-05/19/content _ 5512923. htm.

［75］中国法制出版社．中华人民共和国节约能源法 中华人民共和国循环经济促进法：2018 年最新修订［M］. 北京：中国法制出版社，2018.

［76］中华人民共和国国务院．民用建筑节能条例［EB/OL］.（2008-10-01）［2021-11-25］. http：//www. gdqy. gov. cn/xxgk/zzjg/zfjg/qyszjj/xxgk/flfg/content/post _ 62829. html.

［77］法律出版社．中华人民共和国文物保护法·中华人民共和国文物保护法实施条例［M］. 北京：法律出版社，2017.

［78］中华人民共和国国务院．中华人民共和国水下文物保护管理条例［EB/OL］.（2011-01-08）［2021-11-28］. https：//www. lawxp. com/statute/s1122628. html.

［79］中华人民共和国国务院．中华人民共和国文物保护法实施条例［EB/OL］.（2017-10-07）［2021-11-28］. http：//www. gov. cn/zhengce/2020-12/26/content _ 5574582. htm.

［80］中华人民共和国国务院．历史文化名城名镇名村保护条例［EB/OL］.（2017-10-07）［2021-11-28］. https：//www. mnr. gov. cn/zt/zh/gtkjgh/zcfg/flxzfg/202201/t20220110 _ 2717101. html.

［81］中华人民共和国国务院．安全生产许可证条例［EB/OL］.（2014-07-29）［2021-11-18］. http：//www. gov. cn/zhengce/2020-12/27/content _ 5574736. htm.

［82］中华人民共和国建设部．建筑施工企业安全生产许可证管理规定［EB/OL］.（2004-07-05）［2021-11-18］. http：//zfcxjw. cq. gov. cn/flfg _ 166/gzgfxwj/202012/t20201216 _ 8645517 _ wap. html.

［83］中国法制出版社．中华人民共和国安全生产法：2021 年最新修订［M］. 北京：中

国法制出版社，2021.

[84] 中华人民共和国国务院．建设工程安全生产管理条例［EB/OL］.（2004-02-01）［2021-11-18］. http：//www. gov. cn/zhengce/2020-12/26/content _ 5575328. htm.

[85] 中华人民共和国住房和城乡建设部．建筑施工企业负责人及项目负责人施工现场带班暂行办法［EB/OL］.（2011-07-22）［2021-11-20］. http：//www. gov. cn/gongbao/content/2012/content _ 2101197. htm.

[86] 中华人民共和国住房和城乡建设部．建筑施工企业安全生产管理机构设置及专职安全生产管理人员配备办法［EB/OL］.（2008-05-13）［2021-11-20］. http：//www. gd. gov. cn/zwgk/wjk/zcfgk/content/post _ 2938449. html.

[87] 中华人民共和国住房和城乡建设部．建筑施工企业主要负责人、项目负责人和专职安全生产管理人员安全生产管理规定［EB/OL］.（2014-09-01）［2021-11-20］. http：//www. gd. gov. cn/zwgk/wjk/zcfgk/content/post _ 2524562. html.

[88] 中华人民共和国国务院．国务院关于进一步加强企业安全生产工作的通知［EB/OL］.（2010-07-19）［2021-11-21］. http：//www. gov. cn/zwgk/2010-07/23/content _ 1662499. htm.

[89] 中华人民共和国住房和城乡建设部．房屋市政工程生产安全重大隐患排查治理挂牌督办暂行办法［EB/OL］.（2011-10-08）［2021-11-21］. https：//js. shaanxi. gov. cn/zixun/2011/12/48599. shtml.

[90] 中华人民共和国住房和城乡建设部．建筑施工特种作业人员管理规定［EB/OL］.（2008-06-01）［2021-11-20］. http：//www. zcsmtw. com/h-nd-1031. html.

[91] 中华人民共和国住房和城乡建设部．危险性较大的分部分项工程安全管理规定［EB/OL］.（2018-06-01）［2021-11-20］. https：//www. mohurd. gov. cn/gongkai/zhengce/zhengceguizhang/201803/20180320 _ 763794. html.

[92] 中华人民共和国国务院．特种设备安全监察条例［EB/OL］.（2009-01-24）［2021-11-26］. http：//www. gov. cn/zhengce/2020-12/26/content _ 5574590. htm.

[93] 中华人民共和国国务院．危险化学品安全管理条例［EB/OL］.（2013-12-07）［2021-11-26］. http：//www. bjtzh. gov. cn/bjtz/c20211224/202112/1504857. shtml.

[94] 中华人民共和国应急管理部．企业安全费用提取和使用管理办法（征求意见稿）［EB/OL］.（2019-07-08）［2021-11-30］. https：//www. shui5. cn/article/70/165849 $ 3. html.

[95] 中华人民共和国住房和城乡建设部，中华人民共和国财政部. 建筑安装工程费用项目组成［EB/OL］.（2013-03-21）［2021-11-30］. http：//jsj. yueyang. gov. cn/54027/54028/54044/54179/content _ 1405999. html.

[96] 中华人民共和国建设部．建筑工程安全防护、文明施工措施费用及使用管理规定［EB/OL］.（2005-09-01）［2021-11-30］. http：//www. lscps. gov. cn/html/2210.

[97] 国务院办公厅．消防安全责任制实施办法［EB/OL］.（2017-10-29）［2021-11-30］. http：//www. gov. cn/zhengce/content/2017-11/09/content _ 5238316. htm.

[98] 中华人民共和国公安部，中华人民共和国住房和城乡建设部．关于进一步加强建设工

程施工现场消防安全工作的通知［EB/OL］.（2009-03-25）［2021-11-30］. http：//www. doc88. com/p-9999428851969. html.

［99］中华人民共和国最高人民法院 . 最高人民法院关于审理工伤保险行政案件若干问题的规定［EB/OL］.（2014-09-01）［2021-12-02］. http：//cq5zy. cqfygzfw. gov. cn/article/detail/2014/08/id/1368237. shtml.

［100］中华人民共和国建设部 . 建设部关于加强建筑意外伤害保险工作的指导意见［EB/OL］.（2003-05-23）［2021-12-02］. https：//www. maxlaw. cn/p-xuzhoujzls-com/artview/861309439343.

［101］中华人民共和国人力资源和社会保障部等四部门 . 关于进一步做好建筑业工伤保险工作的意见［EB/OL］.（2014-12-29）［2021-12-02］. http：//www. mohrss. gov. cn/xxgk2020/fdzdgknr/zcfg/gfxwj/shbx/201501/t20150105 _ 148141. html.

［102］中华人民共和国国务院 . 生产安全事故报告和调查处理条例［EB/OL］.（2007-06-01）［2021-11-22］. http：//www. gov. cn/zhengce/2020-12/27/content _ 5573638. htm.

［103］中华人民共和国国务院 . 生产安全事故应急条例［EB/OL］.（2019-04-01）［2021-11-22］. http：//www. gov. cn/zhengce/2020-12/27/content _ 5574226. htm.

［104］国家市场监督管理总局，国家标准化管理委员会 . 生产经营单位生产安全事故应急预案编制导则：GB/T 29639—2020［S］. 北京：中国质检出版社，2021.

［105］中华人民共和国建设部 . 建筑起重机械安全监督管理规定［EB/OL］.（2008-06-01）［2021-12-02］. http：//www. xinhuaqu. gov. cn/upload/files/2022/4/221752521. pdf.

［106］中国法制出版社 . 中华人民共和国标准化法：2017 年最新修订：含草案说明［M］. 北京：中国法制出版社，2017.

［107］中华人民共和国建设部 . 建设部工程建设国家标准管理办法［EB/OL］.（1992-12-30）［2021-12-02］. http：//www. lscps. gov. cn/html/15893.

［108］国家市场监督管理总局 . 强制性国家标准管理办法［EB/OL］.（2020-06-01）［2021-12-02］. http：//www. standardcnjc. com/index/news/detail/id/117. html.

［109］中华人民共和国国务院 . 中华人民共和国标准化法实施条例［EB/OL］.（1990-04-06）［2021-12-05］. http：//www. gov. cn/zhengce/2020-12/25/content _ 5573973. htm.

［110］中华人民共和国建设部 . 工程建设行业标准管理办法［EB/OL］.（1992-12-30）［2021-12-05］. https：//www. doc88. com/p-00939060180984. html.

［111］中华人民共和国建设部 . 实施工程建设强制性标准监督规定［EB/OL］.（2000-08-25）［2021-12-05］. http：//zfcxjw. cq. gov. cn/flfg _ 166/gzgfxwj/202012/t20201216 _ 8645196 _ wap. html.

［112］中华人民共和国建设部 . 房屋建筑工程和市政基础设施工程实行见证取样和送检的规定［EB/OL］.（2000-09-26）［2021-12-06］. http：//www. nanhai. gov. cn/fsnhq/bmdh/zfbm/qzjhslj/zcfg/gcjc/content/post _ 1062679. html.

［113］中华人民共和国建设部 . 建设工程质量检测管理办法［EB/OL］.（2005-11-01）［2021-12-02］. http：//zfcxjw. cq. gov. cn/flfg _ 166/gzgfxwj/202012/t20201216 _ 8645283 _ wap.

html.

[114] 中华人民共和国建设部．城市建设档案管理规定 [EB/OL]．(2019-03-13) [2021-12-02]．http：//szfhcxjsj. zaozhuang. gov. cn/ztzl/cjda/flfgwj/202207/t20220711 _ 1466601. html.

[115] 中华人民共和国住房和城乡建设部．建设工程文件归档规范：GB/T 50328—2014 [S]．北京：中国建筑工业出版社，2019.

[116] 中华人民共和国住房和城乡建设部，国家市场监督管理总局．建筑节能工程施工质量验收标准：GB 50411—2019 [S]．北京：中国建筑工业出版社，2019.

[117] 中国法制出版社．中华人民共和国环境保护法：2014 年最新修订 [M]．修订本．北京：中国法制出版社，2014.

[118] 中华人民共和国国务院．建设项目环境保护管理条例 [EB/OL]．(2017-07-16) [2021-12-02]．http：//jtt. sc. gov. cn/jtt/c101526/2022/3/25/979e0c4d9ab34a51807831f2a617a661. shtml.

[119] 中华人民共和国财政部，中华人民共和国建设部．建设工程价款结算暂行办法 [EB/OL]．(2004-10-20) [2021-12-12]．http：//www. mof. gov. cn/zhengwuxinxi/zhengcefabu/2004zcfb/200805/t20080519 _ 20883. htm.

[120] 中华人民共和国建设部．房屋建筑和市政基础设施工程竣工验收备案管理办法 [EB/OL]．(2009-10-19) [2021-12-12]．http：//jw. changchun. gov. cn/jssxw/zcfg/202012/t20201210 _ 2642812. html.

[121] 中华人民共和国住房和城乡建设部，中华人民共和国财政部．建设工程质量保证金管理办法 [EB/OL]．(2017-07-01) [2021-12-12]．http：//www. gov. cn/gongbao/content/2017/content _ 5244884. htm.

[122] 黄晶．浅谈民事诉讼中的和解制度 [J]．职工法律天地，2017 (9)：226，228.

[123] 中国法制出版社．中华人民共和国民事诉讼法：实用版 [M]．2 版．北京：中国法制出版社，2020.

[124] 最高人民检察院．人民检察院民事行政抗诉案件办案规则 [EB/OL]．(2001-09-30) [2021-12-15]．http：//www. ahlinquan. jcy. gov. cn/jwgk/gzlc/201807/t20180713 _ 2289867. shtml.

[125] 中国法制出版社．中华人民共和国仲裁法：2017 年最新修订 [M]．北京：中国法制出版社，2017.

[126] 丁洁．试论我国民事纠纷及解决机制 [J]．新校园（中旬刊），2013 (8)：57-58.

[127] 徐黄华，赵昌平．人民调解与民间调解之间的关系 [J]．法制与经济（中旬），2013 (4)：103-104.

[128] 中国法制出版社．中华人民共和国人民调解法 [M]．北京：中国法制出版社，2010.

[129] 韩心怡．韩心怡讲民事诉讼法之精讲 [M]．北京：中国商务出版社，2021.

[130] 最高人民法院．最高人民法院关于适用《中华人民共和国仲裁法》若干问题的解释 [EB/OL]．(2006-09-08) [2021-12-15]．http：//www. gov. cn/ziliao/flfg/2006-09/08/content _ 382267. htm.

[131] 最高人民法院．最高人民法院关于适用《中华人民共和国民事诉讼法》的解释

[EB/OL]. (2022-04-10) [2022-6-15]. https://www. court. gov. cn/jianshe-xiangqing-353651. html.

[132] 最高人民法院．最高人民法院关于民事诉讼证据的若干规定 [EB/OL]. (2020-05-01) [2021-12-13]. http://www. npc. gov. cn/npc/c30834/201912/9bce4fdad6734765b316f06279aba6b8. shtml.

[133] 钟秀勇．钟秀勇讲民法之精讲 [M]. 北京：中国商务出版社，2021.

[134] 最高人民法院．最高人民法院关于审理民事案件适用诉讼时效制度若干问题的规定 [EB/OL]. (2021-01-01) [2021-12-15]. http://www. 0543168. com/msss2/14068. html.

[135] 最高人民法院．最高人民法院关于适用《中华人民共和国民事诉讼法》执行程序若干问题的解释（2020 年修正） [EB/OL]. (2021-01-01) [2021-12-13]. http://www. nbhsfy. cn/art/2021/3/29/art _ 1229571855 _ 1316. html.

[136] 最高人民法院．最高人民法院关于限制被执行人高消费及有关消费的若干规定（2015 年修正）[EB/OL]. (2015-07-20) [2021-12-16]. http://credit. jms. gov. cn/378/20850. html.

[137] 法律出版社．中华人民共和国行政许可法：最新修正版 [M]. 北京：法律出版社，2019.

[138] 全国人大常委会办公厅．中华人民共和国行政强制法 [M]. 北京：中国民主法制出版社，2011.

[139] 中国法制出版社．中华人民共和国行政复议法 [M]. 北京：中国法制出版社，2017.

[140] 中国法制出版社．中华人民共和国行政诉讼法：2017 年最新修订 [M]. 北京：中国法制出版社，2017.

[141] 最高人民法院．最高人民法院关于适用《中华人民共和国行政诉讼法》的解释 [EB/OL]. (2018-02-08) [2021-12-16]. https://www. court. gov. cn/zixun-xiangqing-80342. html.

[142] 中国法制出版社．中华人民共和国国家赔偿法 [M]. 北京：中国法制出版社，2012.

[143] 国家发展和改革委员会法规司，国务院法制办公室财金司，监察部执法监察司．中华人民共和国招标投标法实施条例释义 [M]. 北京：中国计划出版社，2012.

[144] 陈津生．建设工程责任保险与案例评析 [M]. 北京：中国建筑工业出版社，2011.

[145] 李慧民，盛金喜，马海聘．建设工程保险概论 [M]. 北京：科学出版社，2016.

[146] 王东明．建筑工程法律法规 [M]. 北京：清华大学出版社，2019.

亲爱的读者：

如果您对本书有任何**感受、建议、纠错**，都可以告诉我们。我们会精益求精，为您提供更好的产品和服务。

祝您顺利通过考试！

扫码参与调查

建造师考试研究中心